復健諮商手冊

Handbook of Rehabilitation Counseling

編著者：T. F. Riggar & Dennis R. Maki

校　閱：林幸台

譯　者：吳明宜、花敬凱、許華慧、許靖蘭、陳美利

Handbook of
Rehabilitation
Counseling

T. F. Riggar, EdD

Dennis R. Maki, PhD, CRC, NCC,

Editors

作者簡介

編著者

T. F. Riggar 為教育博士，南伊利諾大學 Carbondale 分校復健研究所教授。Riggar 教授曾榮獲十數項地方性和全國性獎章，並在復健專業期刊中發表超過八十篇的論文，本書是 Riggar 教授的第十四本書。

Dennis R. Maki 為哲學博士，合格復健諮商人員，愛荷華大學諮商教育系復健研究所教授。Maki 教授是美國復健諮商協會（American Rehabilitation Counseling Association, ARCA）前任理事長，也榮獲許多獎章，包括全國復健教育協會（National Council on Rehabilitation Education, NCRE）所頒發的年度復健教育人員獎。他也經常發表許多復健方面的文獻，並與 Riggar 教授在 1983～1984 年擔任《應用復健諮商學刊》（*Journal of Applied Rehabilitation Counseling*）特刊的共同編輯。

Riggar、Maki 和 Wolf 教授在 1986 年為國家復健諮商協會（National Rehabilitation Counseling Association, NRCA）共同編輯 Springer 系列的第一本復健諮商教科書，題名為《應用復健諮商》（*Applied Rehabilitation Counseling*）。1997 年，Riggar 和 Maki 教授為美國復健諮商協會（ARCA）共同編輯另一本教科書，題名為《復健諮商：專業與實務》（*Rehabilitation Counseling: Profession and Practice*），也是由 Springer 出版社所出版。本書題名為《復健諮商手冊》（*Handbook of Rehabilitation Counseling*），是為全國復健教育協會（NCRE）所編輯。

共同作者

Lyndon J. Aguiar, MS, Psychology, Florida International University. Graduate Assistant (Applied Psychology Bachelor of Science), Department of Applied Psychology, New York University.

Norman L. Berven, PhD, Department of Rehabilitation Psychology and Special Education, University of Wisconsin—Madison.

Chad Betters, MHS, CRC, University of Florida. Doctoral student, Rehabilitation Science Program, University of Florida, Gainesville.

Brenda Cartwright, EdD, Department of Counselor Education, University of Hawaii, Honolulu.

Jack L. Cassell, PhD, Professor, Department of Educational Psychology and Counseling, University of Tennessee, Knoxville.

Fong Chan, PhD, Professor, Rehabilitation Psychology Program Area, Department of Rehabilitation Psychology and Special Education, University of Wisconsin—Madison.

Chih Chin Chou, MS, Rehabilitation Counseling, University of Wisconsin—Stout. Doctoral candidate, Rehabilitation Psychology Program Area, Department of Rehabilitation Psychology and Special Education, University of Wisconsin—Madison.

William Crimando, PhD, CRC, Program Coordinator of Rehabilitation Administration and Services and the Concentrated Rehabilitation Training Program, Rehabilitation Institute, Southern Illinois University at Carbondale.

Michael D'Andrea, EdD, Department of Counselor Education, University of Hawaii, Honolulu.

Dennis D. Gilbride, PhD, Associate Professor and Coordinator, Rehabilitation Counseling Program, Counseling and Human Services, School of Education, Syracuse University.

James T. Herbert, PhD, CRC, Professor-in-Charge, Department of Counselor Education, Counseling Psychology and Rehabilitation Services, Pennsylvania State University.

Marvin D. Kuehn, EdD, Professor, Counselor Education and Rehabilitation Programs, Emporia State University.

Michael J. Leahy, PhD, CRC, Professor and Director, Office of Rehabilitation and Disability Studies, Michigan State University.

Gloria Lee, M. Phil., Occupational Rehabilitation, Hong Kong Polytechnic University. Assistant Professor of rehabilitation counseling, Department of Counseling, School, and Educational Psychology, University at Buffalo State—University of New York.

Donald C. Linkowski, PhD, Professor of Counseling and Director of Doctoral Rehabilitation Counseling Leadership Program, George Washington University, Washington, DC, and Executive Director of the Council on Rehabilitation Education.

William M. Liu, PhD, Counseling Psychology, Division of Psychological and Quantitative Foundations, University of Iowa.

Susan M. Miller, MS, Rehabilitation Counseling, University of Wisconsin—Madison. Doctoral student, Rehabilitation Psychology Program Area, Department of Rehabilitation Psychology and Special Education, University of Wisconsin—Madison.

S. Wayne Mulkey, PhD, Professor, Department of Educational Psychology, University of Tennessee, Knoxville.

David B. Peterson, PhD, CRC, NCC, LP, Associate Professor, The Institute of Psychology, Illinois Institute of Technology.

Steven R. Pruett, MS, Rehabilitation Administration, Rehabilitation Institute, Southern Illinois University at Carbondale. Doctoral candidate, Rehabilitation Psychology Program Area, Department of Rehabilitation Psychology and Special Education, University of Wisconsin—Madison.

Rebecca Rudman, ABD, University of Iowa, MA, University of Iowa, and MA, Northern Illinois University. Rehabilitation consultant, Canada. Former National Director of Rehabilitation Services and Evaluation for the Canadian Paraplegic Association.

Caren Sax, EdD, Associate Professor, Department of Administration, Rehabilitation, and Postsecondary Education, San Diego State University.

Marcia J. Scherer, PhD, MPH, CRC, Director, Institute for Matching Person and Technology, Webster, NY.

Linda R. Shaw, PhD, Associate Professor and Graduate Coordinator, Department of Rehabilitation Counseling, University of Florida, Gainesville.

Julie Smart, PhD, CRC, NCC, LPC, ABDA, CCFC, Professor and Director, Rehabilitation Counselor Education Program, Utah State University.

Robert Stensrud, EdD, Associate Professor, Leadership, Counseling, and Adult Development, Drake University, Des Moines, Iowa.

Vilia M. Tarvydas, PhD, LMHC, CRC, Professor and Program Coordinator, Graduate Programs in Rehabilitation, Division of Counseling, Rehabilitation, and Student Development, University of Iowa.

Rebecca L. Toporek, PhD, Assistant Professor, Department of Counseling, San Francisco State University.

校閱者簡介

林幸台

學歷：國立台灣師範大學教育學系學士、碩士
　　　美國威斯康辛大學河瀑校區教育碩士
　　　美國喬治亞大學教育博士

經歷：國立彰化師範大學輔導系講師、副教授、輔導研究所教授（1973-1990）
　　　國立台灣師範大學特殊教育學系教授（1990-2013）
　　　國立彰化師範大學輔導研究所所長（1987-1990）
　　　國立台灣師範大學特殊教育學系系主任（1993-1996）
　　　國立台灣師範大學復健諮商研究所所長（2004-2007）

專長：生涯輔導與諮商、測驗與統計

專著：學校輔導工作的理論與實施（與宋湘玲、鄭熙彥合著，復文，1985）
　　　生計輔導的理論與實施（五南，1987）
　　　生涯輔導（與張德聰、田秀蘭、張小鳳合著，空中大學，2003）
　　　身心障礙者生涯輔導與轉銜服務（心理，2007）

譯者簡介 （按筆畫順序排列）

吳明宜（負責 C11 翻譯）
學歷：美國威斯康辛大學麥迪遜校區復健心理學博士
現職：高雄師範大學諮商心理與復健諮商所助理教授、高屏澎東區身心障礙者
　　　職業重建服務資源中心主任
經歷：成功大學職能治療學系助理教授、成功大學附設醫院精神科兼任職能治
　　　療師

花敬凱（負責 C1～8、12～17、附錄 A～C 翻譯）
學歷：美國北科羅拉多大學特殊教育學系博士、美國北科羅拉多大學復健諮商
　　　研究所
經歷：淡江大學盲生資源中心助理研究員兼輔導老師、中原大學特殊教育學系
　　　兼任助理教授

許華慧（負責 C12～14 翻譯）
學歷：澳洲雪梨大學復健諮商系學士、台灣師範大學復健諮商所碩士
現職：北基宜花金馬區身心障礙者職業重建服務資源中心執行秘書、台灣職業
　　　重建產業工會理事長、幸福宇宙復健諮商員
經歷：北區身心障礙者職業輔導評量資源中心職業輔導評量專員、台北市政府
　　　勞工局職業重建管理組助理督導、財團法人育成社會福利基金會復健諮
　　　商師、財團法人心路基金會辦理台北市萬芳發展中心成人訓練組組長、
　　　中華民國傷殘重建協會就業服務員等

許靖蘭（負責 C1～4、9～10 翻譯）
學歷：澳洲雪梨大學復健諮商所（復健諮商碩士）
現職：北區、南區身心障礙者職業輔導評量資源中心委員（北基宜花金馬、桃
　　　竹苗、雲嘉南與高屏澎東等四區身心障礙者職業重建服務資源中心顧
　　　問）、台東縣政府職業重建個案管理外聘督導、雲林縣政府勞工處職業
　　　重建個案管理外聘督導
經歷：中華民國腦性麻痺協會秘書長、財團法人台北市友好復健技藝社復健諮
　　　商師兼任副主任、北區身心障礙者職業輔導評量資源中心副主任

陳美利（負責 C15 翻譯）
學歷：彰化師範大學諮商輔導系學士、台灣師範大學復健諮商所碩士
現職：台東專科學校專任講師
經歷：台東農工輔導老師、特教組長

原文序

本書《復健諮商手冊》的內容，比作者過去兩本相關著作更為豐富。本書不但更新先前著作中的資訊，更增添許多新的內容，也網羅一些新的作者共同合著，介紹復健諮商領域的發展現況。

本書除了是復健諮商導論的一本很好的教科書，也能夠為實務工作者提供最新的資訊。我強烈推薦在「復健諮商導論」授課時使用這本書，若有人想要準備資格認證考試，這本書也是相當有用。這本書提到的許多議題，能夠幫助讀者對於復健諮商領域有基本的瞭解。這本書也可以激勵我們進行更多研究，以充實復健諮商實務的專業知識。

本書一開始將重點放在復健諮商專業領域的介紹，包括廣泛的典範（paradigms）、社會脈絡、歷史與體系，以及政策與法律基礎。本書同時也介紹實務與倫理標準，並提及合格復健諮商服務提供者的認證與培訓方案。本書也介紹專業人員需注意的消費者議題，尤其是愈來愈多元化的消費者個人與家庭狀況，對於復健諮商服務提供者會產生哪些影響。因此，我們更應該以統整、全面的角度，來看待這個專業的脈絡。

本書的其餘部分，則是介紹專業實務的各個層面，包括公私立部門的各項服務，例如評量、就業安置與個案管理。本書也介紹其餘受到關注的最新議題，包括科技的運用、督導與行政。

編者也選擇在各個議題方面具有相當資歷的學者，分別撰寫各章的內容，幫助讀者回顧復健諮商的最新知識與未來趨勢。對於無論是有志成為復健諮商人員，或已經在從事相關工作的人員而言，這都是一本必讀的書。

本書的完成，要再三感謝編者 Riggar 和 Maki 的努力，他們在復健諮商的領域中，有多年的實務經驗，也有許多傑出的專業著作，得以擔任本書的編輯，更是實至名歸。我經常告訴自己：「絕對不要擔任一本書的編輯，或負責籌備全國性會議」。因為有太多不可預期的狀況操之在人，還需要同時潤飾那麼多篇的報告，對於這兩位教授願意擔任如此艱鉅的工作，我感到十分敬佩。他們必須花很多時間提醒作者注意交稿期限，還需要一再審閱文稿，想到這裡，我覺得必須代表全國復健教育協會（NCRE），向本書的編著者特別致謝。他們確實是熱心投入的專業人員，值得我們衷心地向他們說聲謝謝。在此感謝各章作者做出的卓越貢獻，你們實在做得太好了！

Donald C. Linkowski

校閱序

　　復健諮商在國外已有多年發展歷史，但在國內尚屬首創，雖然過去多年來政府部門已相繼推動若干相關業務，但這項專業工作無論在理論或實務上，仍有許多基礎工程有待積極建設，才能為我國復健諮商專業奠定紮實的根基。

　　《復健諮商手冊》一書係全國復健教育協會（NCRE）有關復健工作的系列叢書之一，名為手冊，顧名思義即以介紹復健諮商領域的發展與現況為主題，提供復健諮商領域基本的認識與瞭解。兩位編者為復健諮商領域的翹楚：Riggar教授係北科羅拉多大學復健諮商博士（1977年），任教南伊利諾州大學Carbondale分校多年；Maki教授於1979年獲威斯康辛大學麥迪遜校區復健心理學博士學位，目前在愛荷華大學擔任 Department of Counseling, Rehabilitation & Student Development系主任一職。兩人皆長年投入復健諮商專業工作，有多年的實務經驗，並有許多傑出的專業著作，且歷任多項專業協會重要幹部、專業期刊主編等職，在復健諮商的領域中，舉足輕重。

　　本書為兩位教授合作編輯的第三本復健諮商相關書籍。前兩本分別為1986年之《應用復健諮商》、1997年之《復健諮商：專業與實務》，均係復健諮商重要的經典，對美國復健諮商專業之推展具重要影響力量。本書係二人再次合作的產品，而受邀撰述各章的作者亦皆一時之選，其內容亦涵蓋1993年Leahy、Szymanksi與Linkowski三位教授所建議之復健諮商十大知識領域。本書實可稱為復健諮商專業必備參考書籍，多篇評論亦頗為推崇此書之價值。也因此三年前本人任教台灣師範大學復健諮商研究所「復健諮商專題研究」時，即選為主要教科書，與該所第一屆研究生共同閱讀討論。

　　由於國內有關復健諮商之書籍頗為缺乏，學生亦可能因文字障礙，而在討論過程中出現似是而非的解讀，乃與華慧、美利等人商議翻譯此書，以嘉惠學子。此事獲心理出版社惠允處理版權事宜後，即組成翻譯小組，商請從事復健諮商工作多年的靖蘭共襄盛舉，並邀具職業輔導評量專業背景的明宜加入此一行列，負責第十一章。惟各人均忙於工作，因此前後歷經一年有餘，仍僅完成部分初稿，是時敬凱參與台灣師大專案研究工作，乃再邀其參與數章之翻譯，亦進一步協助校訂其他篇章，並負責三篇附錄之整理，終而得以完成此項任務！

　　本書之完成實係國內第一本有關復健諮商的專業書籍，惟此一領域相關文獻浩瀚，非一本書即可代表全部。本書初步完成後，敬凱即擬選譯復健諮商另

一重要經典《*Case Management and Rehabilitation Counseling: Procedures and Techniques*》，惜英年辭世，未能遂行宏願。然本書之完成，已為國內復健諮商專業基礎工程踏出關鍵性的第一步，本人得參與整個譯作過程，與譯者共同討論思索文意，亦為校閱者提供專業成長機會，獲益匪淺，特於出書前誌以為序。

林幸台
於台灣師範大學特殊教育學系暨復健諮商研究所

目錄

（正文頁邊數字係原文書頁碼，供索引檢索之用）

第 一 章
概念與典範

Dennis R. Maki and T. F. Riggar ◉ 著

花敬凱、許靖蘭 ◉ 譯

復 健（rehabilitation）是個穩固的概念（robust concept），在各樣情 *1*
境中，指的都是人、事、地的復原（restoration）。在不同的情境
中，這個詞都隱含回到健康狀態，或是回到有用、並具有建設性的活
動。復健諮商（rehabilitation counseling）這個概念則不是那麼穩固，也
還沒普遍的被一般人所瞭解。然而，復健諮商這個概念可用來代表一個
專業，以及在健康照護與人群服務輸送系統（human service delivery sys-
tems）中的一個實務範圍（scope of practice）。在進行討論之前，有必
要釐清其定義，藉由共同的語言，更明確的說明做為一個專業與實務工
作的復健諮商之概念及典範。

　　本章提出下述詞彙的定義，這些定義可做為後續討論的基礎。因
此，我們有必要先單獨瞭解每一個定義，再進一步考慮定義彼此間的關
係，才能夠對這些詞彙之間直接但複雜的連結關係有更深的瞭解。因為
在一個專業中，使用相同的語言和詞彙是相當重要的。

　　復健的定義為「涵蓋醫療、生理、社會心理和職業介入的全面性、
整合性方案，其目的為賦予身心障礙者權利，幫助他們實現個人目標、
從事有意義的社會活動，並提升與周遭環境有效互動的功能」（Banja,
1990: 165）。在復健諮商的領域中，復健過程是「由消費者與復健諮商
人員共同設計的一系列綜合性服務，以協助身心障礙者增進在職場的受 *2*

雇能力（employability），並提升社區生活的獨立性、整合性，與參與程度」（Jenkins, Patterson, & Szymanski, 1991: 2）。

　　復健諮商的定義為「一項幫助身心障礙者適應環境、協助改造環境，以符合個人需求的一種專業，其目的為協助身心障礙者在社會上的全面參與，尤其是勞動參與」（Szymanski, 1985: 3）。就實務範圍的觀點，復健諮商的定義為：

> 是一種系統性的過程，將諮商技術運用於服務歷程中，以協助生理、心理、發展、認知，或情緒障礙者在最融合的環境中，達成其個人、生涯與獨立生活的目標。諮商過程透過自我倡導，以及社會心理、職業、社會和行為上的介入，涵蓋溝通、目標設定，以及有效益的成長或改變。在復健諮商過程中所使用的特殊技術和形式有許多，但最常用的是下列幾種：
>
> - 評估和考核（appraisal）。
> - 診斷和治療計畫。
> - 生涯（職業）規劃。
> - 個人或團體諮商治療活動。
> - 個案管理、轉介與服務統整。
> - 服務方案的評鑑和研究。
> - 進行適當介入，以排除環境、就業，以及態度方面的阻礙。
> - 諮詢服務。
> - 工作分析、職務開發和安置服務，並針對職務進行合理的調整。
> - 提供有關復健科技（rehabilitation technology）的諮詢和轉介服務（Commission on Rehabilitation Counselor Certification, 1994: 1-2）。

有關復健諮商領域中重要專業用語的定義，請參見本書附錄 B 的實務範圍之敘述。

總之，復健諮商是復健專業中的一個專門領域，以諮商為主要核心，與其他相關的諮商領域有所區隔。復健諮商是一項專業，也是一項隨著相關法令與社會觀點的改變、科技與醫療進步，而持續進展的實務。重要的是，我們必須清楚地定義專業用語，並靈活運用這些專業用語背後所隱含的概念和典範，才能對專業和臨床實務的發展有更深的瞭解。因此，在本書中談到這些詞彙的定義，以及本書附錄 A 載錄復健領域中常用的專業用語縮寫，可供相關領域的專業人員參考之用。

復健諮商所依據的哲學基礎，從上述基本詞彙的定義，便可略知一二。為了瞭解這個專業，釐清這些哲學基礎是相當重要的，就跟瞭解這些詞彙的定義一樣重要。

◀◀◀ 復健哲學 ▶▶▶

復健哲學（philosophy of rehabilitation）的前提，是基於對人類尊嚴和價值的信仰，不論有沒有身心障礙，人的獨立性、統整性，以及融入職場和社區的權利，都必須予以重視。復健哲學的意涵是，身心障礙者應該盡可能融入最少限制的環境（least-restrictive environments）。這個哲學基礎隱含一種承諾，基於調整（accommodation）的模式，使身心障礙者都有公平的機會，享受一般人都有的權利和特權，這是一種公平正義的意識。此外，復健哲學還隱含支持身心障礙者權利倡導活動的承諾，使身心障礙者達到生活獨立的目標，進一步增進他們對生命的掌控權。

同時，復健哲學也隱含一種義務，服務輸送模式強調的是整合性、全面性的服務，並由消費者和復健諮商人員在互動的過程中，共同訂定服務計畫。復健哲學主張消費者的選擇和賦權（empowerment），從這兩大精神來看，復健哲學可謂是一種存在哲學（existential philosophy）。也就是說，面對不確定的未來，人們需要從生活中創造意義，並提升自我察覺的能力，他們也需要對他們的選擇和行為承擔更多的責任，進而對生活有更多的掌控權。復健專業人員必須考慮到，身心障礙者同時有經歷成功和失敗的權利，可能的結果牽扯到選擇、成長和風險。

4 　　復健哲學所隱含的另一個精神，是知後同意（informed consent）的原則。知後同意包括兩個主要的層面：第一是諮商人員主動揭露，並幫助察覺所有適切的資訊，使案主在知道這些資訊後，對自己應該接受什麼服務做出決定；再者，在介入或活動的過程中，讓案主擁有自由的同意權，而非強制案主接受某些服務。「知後同意」的基礎，是將案主視為一個擁有自主權，可以引導自己生活方向的個體（Welfel, 2002）。復健哲學主張在職業與私人生活領域中，個人有權利選擇要與他人維持什麼樣的關係，並選擇自己的目標。在本書附錄B的「隱含之價值」，讀者可以對復健哲學有更清楚的瞭解。

　　復健哲學著重問題解決的方法，並強調個人的優勢能力，以及環境中資源的運用。個體（individuals）的概念應從其在多元生活情境（尤其是其家庭與文化脈絡）的互動中產生，就身心障礙者而言，從生態的角度聚焦於適應和調整，朝向有意義的生活品質（quality of life, QOL）邁進。身心障礙的概念與復健的哲學在不同文化中有不同的意義，因此，在定義、瞭解這些概念時，必須考量文化背景與環境因素。

　　Levers 和 Maki（1995）提出民族生態復健學（ethnorehabilitation）的概念，並指出這個概念對於復健哲學的重要性：

　　　民族生態復健學是生態系統性的、實用性的構念（construct），
　　　強調以整體性的觀點瞭解身心障礙者。這樣的構念探討身心障
　　　礙者在各自文化環境中具備的功能性關係（functional relation-
　　　ship），以及他們在環境中與人和社區的適當互動。它透過個
　　　人、家庭、社區和文化階層中靈性的辨證方法，嘗試為生活品

質建立全人性的指標，其中包括生物醫學的、心理的、個人社會的、教育和職業的層面。這種觀點同時允許一種存在性、全人性和生態性的觀點，注意到個人精神層面與環境的協調性。它主張要對於個人／環境的和諧，以及文化特異性保持敏感度，並著重個人存在的現實環境中，從多個角度探討人與環境的互動介面。這個觀點藉由對於身心障礙者的個人、臨床、社區、文化，與形而上層次的需求有更深入的瞭解，而對身心障礙者展現合乎倫理的終極關懷。它（民族生態復健學）的基礎為「賦權」的哲學（philosophy of empowerment）。考量個人的感受、信仰、權利與行為，以及他們的社區環境中，有意義的互動行為。（p. 140）

Cartwright 和 D'Andrea 在第九章進一步闡釋了這個概念。

當代復健哲學同時反映在幾個典範轉換（paradigm shifts）的歷程，包括由個別化問題解決取向（problem-solving approach），轉變成生態性焦點解決的取向（ecological solution-focused approach）；從機構化（institutionalization）到社區參與、從慈善活動到民權運動；從分散式的職業訓練模式，到社區整合性或是社區支持性就業，以及獨立生活模式（independent living models）；從以疾病和病理學為中心的醫療模式（medical model），到考量發展與生命階段的福祉模式（wellness model）。在 Maki 和 Murray（1995）的著作中，對於復健哲學有更完整的討論。這個參考資料和它的來源文件及相關討論都是豐富的資源，可以提供相關人員做更深入的瞭解。

◀◀◀ 身心障礙者 ▶▶▶

復健哲學的基礎，在於相信所有人的價值和尊嚴，實務上所使用的詞彙和語言都必須能夠反映，並強化這種信念。復健臨床人員使用不同

的語詞稱呼服務的對象，醫療人員是用「病人」，而教育人員是用「學生」，法律與心理衛生人員則用「案主」（clients）。傳統上，「案主」這個名詞在復健諮商的專業和實務上已經是主流用法，然而，有些身心障礙者團體卻比較喜歡「消費者」（consumer）或「顧客」（customer）的用語，因為這些用法對於接受相關專業服務的身心障礙者來說，更具有賦權的意義。這些用詞的使用，對於一些人來說可能是比較敏感的議題，因此，問問每個人他們所偏好的用詞為何總是比較適當的做法，在本書中，我們基於對身心障礙者的尊重，將交互使用「案主」或「消費者」兩個語詞，意指尋求或接受復健服務的人。

除了在說話時注意涉及身心障礙者的用詞外，我們也需要在書寫和溝通時注意並遵循類似的原則。《美國心理協會出版手冊》（*Publication Manual of the American Psychological Association, APA, 2001*）提供該領域標準書寫形式的參考指南。往後各章的討論，所使用關於非障礙（non-handicapping）的語言，都是衍生自這個參考指南。在指稱身心障礙者時，我們應該遵守這樣的指導原則，以維持人的完整性與尊嚴。

當以口語或文字溝通有關身心障礙的概念時，APA（2001）指南提供以下的建議規則：

- 將人擺在第一位，而非僅是強調他們的障礙，較理想的表達方式是，避免使用暗示整個人等同障礙的語句。
- 不要用障礙做為一個人的標籤，或過度延伸障礙的嚴重度。因為人不等於障礙，這兩個概念應該是分開的。
- 使用中性情緒的表達。受害者（victim）、受難的／受困的（afflicted）、受難的（suffering），和有病的（confined）這些詞彙都是有問題的用法。因為這些詞彙隱含過多負面的暗示，意味身障者長期處於無助（help-lessness）的狀態。總之，在使用敘述身心障礙者的詞彙時，我們必須小心：(1) 避免將個人和他的狀況劃上等號〔例如「障礙的」（disabled）或「癲癇患者」（epileptics）〕；(2) 避免做負面或過當的

延伸〔例如：愛滋病的受害者（AIDS victim）〕；或是(3)將「障礙」
視為一種恥辱〔例如：「殘廢」（cripple）〕（pp. 75-76）。

　　與實務的概念架構一致，我們只有在描述一個人的特性時，才會使
用「身心障礙」（disability）這個詞語；而「殘障」（handicap）一詞則
是用來描述造成限制的來源，例如態度上、法律上，或是建築上的障
礙。因此，「身心障礙」和「殘障」並不是同義詞。另外，「挑戰性
的」和「特別」常被認為是較為委婉的用詞，只有在接受服務的案主喜
歡這種用法時才能使用。專業人員考慮要使用「案主」或是「消費者」
等詞彙，就和用以描述參與復健服務提供者的語言一樣，使用時都需要
格外謹慎。

　　有些身心障礙者可能會選擇其他的慣用語，例如，有些聽障團體的
成員較喜歡被統稱為「聾人」（the deaf），或是個別地稱為「一個聾
人」（a deaf person）。這種語言上的偏好也常見於某些視障團體的成員
當中。但無論如何，我們要盡量避免誤用「正常」（normal）這個字眼，
當專業人員與身心障礙者或非身心障礙者共事時，溝通方式務必做到清
晰而有禮。當我們與其他專業人員共事，並討論到所服務的某個身心障
礙者時，通常可以是一個彼此討論的機會，雙方可以選擇要使用什麼樣
的用詞，做為後續溝通的依據。選擇使用怎樣的語言，可以透露出一個
專業領域和個人的哲學理念與態度。

◀◀◀ 身心障礙的定義 ▶▶▶

7

　　復健諮商人員對於不同的障礙、不同的用詞，以及用詞之間的關連性
必須非常敏感，這些用詞的定義，通常決定身心障礙者適合接受哪些服務。
例如，對於一個受到美國身心障礙者法案（Americans with Disabilities
Act, ADA, 1990）保障的人而言，該法特別定義一個身心障礙者為：(1)
具有生理或心理損傷（impairment），而間接影響到個人一個或以上的

主要日常活動（major life activities）；(2)曾經有這樣一個損傷的紀錄；或(3)被認為具有這樣的損傷。主要的日常生活活動包括自我照顧、手部功能、走路、看、聽、呼吸、學習和工作。法律定義反映出的觀點，與醫療及復健領域中的適應（adaptation）和調整的概念是一致的。最近 ADA 法庭上的案例上訴到美國最高法院，在這個訴訟案的文件中，法官可能從嚴解釋主要日常活動的定義，而窄化 ADA 原立法者所界定的適用範圍。

美國社會安全局（Social Security Administration, SSA）對於身心障礙則有不一樣的定義。從社會安全的角度來講，障礙係指一個不能工作，而需要依賴全面性、長期所得補助（income payments）的人；只是部分或短期障礙的人，不會收到任何補助。根據社會安全局的規定，當一個人不能從事他生病或是受傷前的工作時，就被認為是身心障礙。如果社會安全局認定他們無法適應其他的工作，這樣的情況也可算是身心障礙，身心障礙的情形必須延續至少一年，或可能造成死亡，才能獲得補助（SSA, 2002）。對於障礙不同的定義，就像 ADA 和 SSA 各自所主張的，已經有一些共識的議題，不過這些議題到目前為止尚未完全解決。被社會安全規定認定有障礙的人，是沒有能力做任何一種工作的人，而被 ADA 認定有障礙的人，不論是不是透過職務再設計，都必須有能力從事工作。這兩套規定的意旨並非互相排斥，也不會造成案主無法符合資格，以致得不到服務的情形。

根據美國復健服務局（Rehabilitation Services Administration）的規定，有資格申請州與聯邦合作方案提供之職業復健（vocational rehabilitation, VR）服務的人，必須是在求職或維持工作時面臨明顯困難的身心障礙者，需要接受職業重建服務而找到適當的工作，這項規定的法源是1973 年的復健法的修正案（the amendment of Rehabilitation Act of 1973, Pub. L. No. 93-112）。申請人除了必須符合服務資格外，還需要有醫學專業人員所開立的身心障礙證明，以決定障礙程度與類別。如果適合的話，這樣的證明也可以用來協助發展並完成服務計畫，以幫助案主達成

8

適當的就業目標，這個目標會寫在案主的個別就業計畫（Individual Plan for Employment, IPE）中。

如何界定身心障礙，對哪些人適合什麼樣的服務和計畫會產生很大的影響。在本書的第二章，Smart 提供三個模式，我們可以根據這些模式，瞭解身心障礙是如何被界定的。在本書的第三章，Peterson 和 Aquiar 簡介職業和獨立生活重建方案的歷史與體系，並介紹美國職業復健系統如何認定身心障礙者接受服務的資格。在第四章中，Rudman 則簡介加拿大復健服務的歷史和系統，並闡述該國社會政治系統對身心障礙定義，以及服務計畫性質所產生的影響。最後，Kuehn 在第五章「政策與法令」，將深入探討身心障礙定義、觀點的演變與相關議題。由各種不同的觀點瞭解障礙的定義對於復健諮商人員是很重要的，而且可以有效地提供案主全面的復健。

◀◀◀ 復健臨床實務典範 ▶▶▶

Hershenson（1990）提出一個概念模式來區分復健諮商與醫學、心理學等其他復健相關專業，這個模式是從障礙的初級、二級和三級預防的觀點來看復健服務：

- **初級預防**（primary prevention）：是指直接針對預防疾病或障礙的發生而採取的介入活動。傳統上，公共衛生和職業衛生與安全專家所提供的服務，便屬於初級預防。
- **二級預防**（secondary prevention）：初級預防失敗時，針對不可預防的情況進行介入，以降低疾病或障礙對人的影響。醫學、心理學或醫療相關領域的專家，傳統上便是提供這一層級的預防。
- **三級預防**（tertiary prevention）：一旦二級預防已盡其所能治療或控制疾病或身心障礙後，三級預防即進而避免因身心障礙所產生的長期負面影響。復健諮商和相關領域的專業人員，傳統上便是提供這一層級

9

的預防。

Hershenson（1990）指出，每個層級的預防措施，對於身障者個人與環境的關注各不相同。例如，初級預防的重點在於改善環境條件（例如飲用水的供應、工作場所的安全性、汽車的安全帶），並考量環境對於個人所造成的影響程度。二級預防主要針對個人（例如治療或限制個人身上的病理因素），並檢視環境因素如何促進或是阻礙個人治療過程的進行。三級預防跟以上兩種的預防不一樣，因為第三級預防同時注重環境與個人。這樣的雙重焦點是必要的，因為根源於環境的障礙以及個人的限制，都可能是引發障礙的原因。

復健就如同三級預防的介入活動，我們可以將它視為有特定目標的治療介入過程。這樣的三重介入模式（tripartite model of intervention）（Livneh, 1995）也可見於 Hershenson 先前的著作。同時，我們在此也指出復健活動的三個階段或組成要素，這三個要素包含在更廣泛的治療性介入模式（model of therapeutic interventions）中，分別為：(1)身心障礙最小化（disability minimization），就是盡量減少障礙對於生活的影響；(2)發展技巧（skill development），以補償永久性障礙所造成的功能限制；(3)藉由控制環境因素，以促進生理、社會心理以及社會態度方面的可及性（accessibility）。

這個典範是衍生自三級預防的概念，也幫助我們在科際整合（interdisciplinary）復健過程中，理解、分辨不同專業的角色與功能。一個專業代表一個層級，也就是說，公共衛生之於初級預防、醫學／病理學之於二級預防、復健諮商之於三級預防。各個專業和層級，在基礎科學、焦點、介入的策略和目標等方面各有不同，但在復健服務的過程中，所有的專業都有其獨特而重要的貢獻。

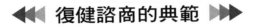 復健諮商的典範

要產生有計畫的、系統性的實務，復健諮商人員一定要憑藉某個概念模式（conceptual model）或典範，來引導他們的工作。Cottone 和 Emener（1990）指出，諮商人員至少可以依循三種不同的典範，以充實他們在教學、研究、臨床實務的概念，這些典範包括心理醫學模式（psychomedical model）、系統模式（systems model），以及生態模式（ecological model）。這三方面各有好處，而且彼此的不同在於對於人、環境，以及兩者互動關係的強調多寡。在簡短介紹心理醫學模式和系統模式後，會對生態模式有較詳細的描述。

心理醫學模式

心理醫學模式注重個人問題的診斷，專家通常是醫生或是精神科醫生，身心障礙者在治療的過程中，被放在較低的位置。從這個觀點來看，身心障礙者被視為病人一般。心理醫學模式代表著一個生物醫學的取向，用科學性的描述呈現個人的身心狀況，同時使用診斷性的類別（diagnostic classification），一方面便於行政管理上的分類，一方面也依照身心障礙的成因「對症下藥」。這個模式對於瞭解醫學及相關健康專業對復健團隊的貢獻是相當有效的，意味復健人員所提供的是「恢復性的服務」（restorative services），與之前提到的二級預防的方法有關。

系統模式

然而，Cottone 和 Cottone（1986）對於復健諮商服務的概念化提供另一個觀點，這樣的觀點強調分析的單位不只是個人，也不只是環境，分析的單位其實應該是兩者之間的關係。這個觀點認為注重個人的觀點（心理醫學式的），或是注重個人與環境的改變（生態性的），都是不適當的，因為人的天生本質是系統性的。障礙會影響與身心障礙者有關

係的所有人，很重要的一點是，這樣的觀點強調專業人員必須注重並理解身心障礙者生活、學習、工作和娛樂的環境中的各種關係。這個觀點認為在復健諮商的發展競爭力的課程中，應該加入家庭諮商和系統訓練。

復健諮商的生態模式

復健諮商的生態模式（Ecological Model of Rehabilitation Counseling）便具有三預防模式的意涵，對於個人和環境同等的重視（圖1.1）。Cottone 和 Emener（1990）認為，這個模式並不隸屬於心理醫學模式和系統模式。從歷史的觀點來看，復健的生態觀點是從特質—因素（trait-factor）的傳統衍生而來，強調個人的特質與環境的因素，藉由評估這些特性和因素的契合性，再根據評估所得的資訊，決定一個人可能成功安置的職業環境、生活環境，或是其他環境。這個模式以存在哲學做為基礎，賦予案主充分的權利，從他們的經驗中尋求意義，協助他們對於自己的選擇與需求有更深入的洞察力，進而幫助案主對於他們所做的決定負起責任，並拾回對生活的掌控權。

明尼蘇達工作調適理論（Minnesota Theory of Work Adjustment; Dawis, 1996; Lofquist & Dawis, 1969）便是職業重建實務上，特質—因素取向的一個明顯例子。Maki、McCracken、Pape 和 Scofield（1979）提出具有發展性傾向的生態觀點，把特質—因素取向轉變為一個職業重建領域中可使用的理論架構。Lofquist 和 Dawis（2002）也同意此觀點，並提出人與環境調和理論。

基本上，生態模式同時考量個人特質和環境因素，提供復健諮商專業和臨床的模式一種概念性的內在結構，這些概念性討論同時可以應用在身心障礙者和一般人身上。此外，這個模式可以適用於職業以外的活動和環境。例如個人特質可與環境因素互相比對，以看出個人是否有足夠能力在環境中進行獨立生活、教育、娛樂等活動。個人特質和環境因素都可以用量化的方式呈現，藉以顯示個人在環境中從事各項活動的能

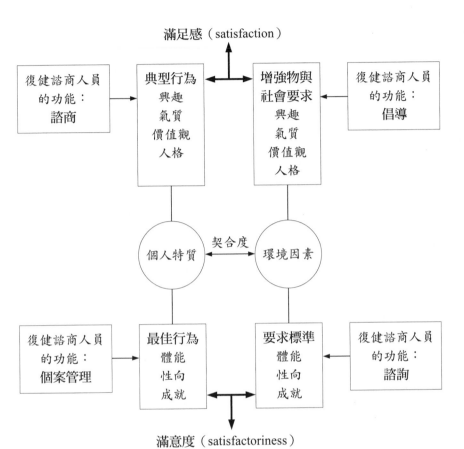

12

圖 1.1　復健諮商的生態模式。這是一個交互關係取向（transactional ap-
proach）的模式，著重典型與最佳行為、環境中的標準、增強物與要
求之間的契合度。該模式也點出復健諮商人員的四個主要功能

力水準。以下的簡短描述，可以幫助讀者更瞭解生態模式。

　　特質是指人所具備的潛在特性。特質代表個人可觀察的行為一致性
（behavioral consistencies），以及穩定而持久的差異性。一般認為，所
有人都具備相同的特質，只是在程度上有所差異。Cronbach（1990）將
所謂典型表現的特質，和最佳表現的指標做出區隔。在評估個人特質的
過程中，復健諮商人員必須從行為的例證中取得資訊，因為特質不像是
關節活動度等物理性質可以直接被測量，復健諮商人員必須根據評估的

目的來決定要評估哪些特質。

典型表現是具有指標性的特質，可以描繪個人在各種情況中出現的典型行為。在此，我們可以運用行為一致性的原則提出以下假設，亦即過去的表現是預測未來行為的最好指標。這些特質包括一個人的興趣、氣質、價值觀，和其他人格的指標。典型行為必須透過晤談、觀察，或偶爾使用的問卷加以評估。換言之，我們可以透過觀察外顯行為或使用測驗等策略，去瞭解案主的典型行為。評估這些特質後，將這些特質與潛在環境條件做比較，評估彼此是否具有一致調和性，便可更準確地預測案主對於環境中各種因素的滿意程度。藉由評估案主的滿意程度，復健諮商人員可以更準確地預測個人留在特定工作環境中的意願。相對於個人的典型行為特質，環境中的增強物也需要被評估，包括薪水、升遷的可能性、職位的聲望，以及其他社會人際因素。因此，確認案主的需求、興趣，和人格特質是很重要的，同時也需分析存在於環境中的增強物和社會／人際因素，這些需求或因素是否獲得滿足，可以幫助我們在與案主做某些決定時，提供重要的資訊。

14

最佳表現的指標特質，可用於描述一個人的才幹和能力。這些特質包括生理能力、性向、成就，以及其他能力的指標，我們可以透過測驗、觀察外顯行為等策略，評估案主的最佳表現行為。評估這些特質可以幫助我們較為準確地預測案主在教育、就業、獨立生活，和其他主要日常活動的表現是否能夠達到令人滿意的程度。案主的表現與工作或任務兩者之間相符或一致的程度，稱為「滿意程度」，影響準確評估個人最佳表現的因素包括環境基本條件與邊際功能（marginal functions），包括生理、教育與技能等要求。

在評估個人特質時，必須同時考慮他們想做什麼（典型行為），以及他們能做什麼（最佳表現行為）。因此，考慮個人興趣和環境條件是否符合需求也是相當重要的，瞭解他們在職場中能夠執行基本功能，才能延長他們留在職位上的時間。然而在一些案例中，復健評估和資料蒐集的過程，可能需要將案主轉介給心理師或其他專業人員，復健諮商人

員可以透過晤談、觀察，或使用評量表去取得這些資訊。至於誰去取得哪些資訊，這是屬於各專業實務範圍的問題，也與工作人員在特定人類服務和復健體系中所界定的功能可獲得的資源有關。

◀◀◀ 生態適應模式 ▶▶▶

　　復健諮商的生態模式為諮商人員執行工作，或幫助案主做決定時提供另一個架構。光是特質—因素取向的模式，並不足以解釋身心障礙者的社會心理適應問題，復健諮商人員在實務上的參考架構，一定要考慮到障礙造成的心理社會影響。生態適應模式（Ecological Adaptation Model，圖 1.2）便提供了這樣的一個架構，相較於復健諮商的生態模式，這個穩固的典範更有助於我們瞭解復健諮商的專業與服務歷程。

　　生態適應模式基於社會學習的原理，主張人與環境之間的互動性。Scofield、Pape、McCracken 和 Maki（1980）指出，運用生態適應模式，

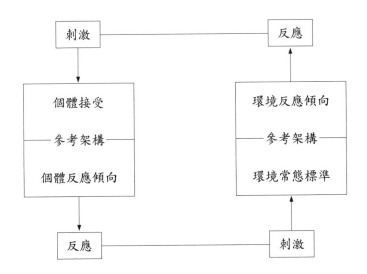

圖 1.2　生態適應模式

我們便能將人與環境的互動關係加以概念化，也就是說，(1)身心障礙者的本質，會在他們與環境互動以及不同程度的適應各種環境時顯現出來；(2)同時，環境也會展現能力以容納身心障礙者。這個模式不只強調了特質和因素，也動態性地描述人與環境間的互動本質。適應（adaptation）是一個動態的觀念，意指一個人接受自身障礙為他們眾多特點之一，並且是一個比調適（adjustment）更好的概念，因為當它指的是個人對障礙的接受度，具有一個更持久、靜態而明確的意涵。

生態適應模式提供一個架構，幫助我們評估常態性標準（normative standards）、參考架構（frames of reference），以及環境中與身心障礙者有著不同程度親密關係的人會有哪些反應傾向（response tendencies）。環境的常態性標準，包括文化價值觀、社會道德規範，和環境中為人所接受的行為標準的政策和法律。在這個環境中的人們，以這個常態性標準為基礎，發展出他們解釋他人行為的參考架構。這個模式認為，環境反應傾向（environmental response tendencies）則是考量身心障礙者的能力是否符合常態性標準的參考架構。身心障礙者偏離標準的程度，如同參考架構所說明的標準，使環境中的人們以符合參照標準的方式，回應他們所接觸的身心障礙者。其中一種類似的反應傾向就是態度，態度被定義為後天學習的先入為主的想法而以評價性的方式反應，在評估身心障礙者時，考量態度的潛在影響顯得特別地重要。這個模式也著重環境中的口語與非口語反應，也就是說，這些訊息與行為確實被表現出來而且是可觀察的，對於個人來說就是個刺激。

除了考量環境因素外，這個模式也強調對個人的評估，特別是評估個人環境中顯性和隱性訊息的能力。個人的參考架構，包括自我概念（self-concept）和自我效能（self-efficacy），也是一種瞭解個人如何對於所接收到的訊息賦予意義的方法，和個人的反應傾向，或與特定個人、特定環境和人與環境傳達的訊息的典型互動方式。障礙可能干擾個人接收訊息以及認知上賦予這些訊息意義能力，或建立他們能否接受障礙事實的反應傾向能力。這個反應傾向代表個人所發出真實的行為或訊

息，爾後，這些訊息成為刺激，並同時回饋一些訊息給環境，此訊息將增強常態性標準，亦或成為個人表現出不當行為的催化劑。

生態適應模式的觀點也提供復健諮商人員一個系統性架構，讓他們在面對複雜的身心障礙者復健工作時，能有更清楚的組織和概念，將身障者所處居住、學習、工作和休閒娛樂環境中，其他重要他人的因素考量在內。這個模式可連接自我效能理論（self-efficacy theory），解釋身心障礙者對於自我的判斷，此一判斷會影響人們選擇的環境、參與的活動，和他們面對障礙時展現的努力和堅持。

這個理論提供了整體的架構，以解釋為什麼有些案主在復健的努力中是成功的，而有些案主則不是，它也強調諮商人員如何能夠以最有效率的方式幫助案主發揮最大的復健潛能（rehabilitation potential）。Brodwin 和 Brodwin（1993）指出，Bandura（1982）的自我效能理論對於復健領域的確有其實用性，他們從個人反應傾向的相關研究歸納出一個假說，認為自我效能的信仰是堅定、有目的與持續行為的認知調節機制（cognitive mediators），身心障礙者必須發展或增進這些行為能力，才能從多樣化的復健體系中獲得最大的效益。

其他學者則認為，復健潛能有三個特性：(1)以最大生理和情緒成長的方針獲得功能的增加；(2)有安適感；(3)促進個人獨立滿意程度的發展。這些作者也提出不同的復健體系（例如勞工補償、長期障礙、社會安全、州立的職業復健、獨立生活）定義一案主在特定組織母數的環境背景中的復健潛能。Crimando 和 Riggar（1991）強調諮商人員必須對於每個提供服務的復健體系的不同要求有所瞭解。

◀◀◀ 復健概念 ▶▶▶

一旦復健諮商人員對於復健哲學、障礙概念、他們自己的角色和實務範圍，以及引導臨床實務的系統性典範有清楚的尊重與瞭解，便有可能對於復健的相關概念，有重新而深入的理解。Maki（1986）用一個全

面性的、個別化的過程去定義復健概念，認為復健概念的本質，應該導向功能性獨立（functional independence）與生活品質的恢復與發展。傳統上，職業復健以經濟上的自給自足來做為評估身障者是否能達到功能性獨立的指標；而獨立生活復健（independent living rehabilitation）則是以社區整合和自主性的生活，來定義所謂的功能性獨立。不論是職業重建計畫或是獨立生活復健計畫，在評估其成效時，兩者都已逐漸將生活品質納入其定義之中。在瞭解復健概念時，我們必須釐清以下重要元素：

18

- **復健的範圍是全面性的，本質上是全人的。** 復健過程是個有先後順序的活動歷程，跟個人的整體需求有關。雖然全面性的服務會依不同案主的需求而有差異，但我們可以從一定的基本面向，對案主做整體的瞭解，最主要的面向包括醫學、心理、個人—社會、文化、教育、職業和靈性的層面。若只從其中一個生活功能的面向去瞭解案主或以此提供服務，而不考慮其他面向以及彼此之間的相互關係，復健的努力非但不能達到效果，而且可能導致全盤的失敗。因此，有效的復健通常需要多重專業（multidisciplinary）或是專業（interdisciplinary）間的團隊合作，復健諮商人員則扮演團隊的整合者。

- **復健是個別化的過程。** 每個人在技巧、剩餘能力（residual capacities）、功能限制、資源和人格特質方面，都是獨一無二的個體，個人障礙隨著環境因素不同，也會衍生不同的復健需求。復健乃是基於個別案主的需求與長處提供服務的過程，復健諮商人員一定要持續地對於標籤化和刻板印象的現象有所察覺。很多學者（Feist-Price, 1995; Nathan-son, 1979）指出，諮商專業人員對於身心障礙難免都有些偏見，所以諮商人員一定要省察自己的態度和期待。

- **復健服務具有規範的（prescriptive）本質。** 也就是說，需要依照案主的個別情況設計規範。服務的型態與數量，必須視案主的個別狀況而定。所選擇的服務策略，必須能夠排除、減輕，或補償（compensate）

案主的功能與社會限制，並能夠達成個別化服務計畫中的目標。在提供服務時，一方面要考量如何調整環境，同時也應該思考如何增進案主的適應力。

- **復健的功能在於「培訓」或「恢復」。**培訓（habilitation）是指發展或學習之前沒有的技巧或功能，這個詞通常指的是為缺乏訓練與經驗的身心障礙者所提供的服務，初期目標是發展他們的功能性獨立能力；培訓是指一個最初的技巧學習或容許個體發揮社會功能的角色。復健則是指重建或重新獲得在受傷、疾病，或創傷中失去的活動技巧或功能；此詞在這裡與全文中的用法，則是指增進身心障礙者功能性獨立的任何過程。

- **復健的目標是增進身心障礙者的功能性獨立和生活品質。**功能性獨立是指具備處理個人事務的能力。功能性獨立是一個廣泛的目標；在這個目標之下包括經濟上的自我充足，以及個人、社會和社區生活技巧（Morris, 1973）。這也反映出成功和可以行使功能的定義之本質是個別化的，功能性獨立考慮全面的個人和他所處的所有環境。

　　復健諮商的生活品質觀點，是將許多互相競爭的計畫目標（諸如案主的獨立性或就業），整合成更高層次、多面向的復健成果。諮商人員從安適感和全人的角度，達成改善案主生活品質的工作目標，其中強調個人的發展與適應，並進行個人生活、學習、工作與休閒環境的調整。生活品質的概念，可以直接應用在如何定義成功復健成果（successful outcomes in rehabilitation）這些需要長時間解決的問題。復健專業人員對於到底復健的首要目標應該是促進案主的功能性獨立或是職業安置一向缺乏共識，生活品質的概念提供較高階的目標，亦即，合理的復健成果應該同時包含獨立和就業能力的提升（Roessler, 1990）。

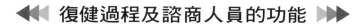

◀◀◀ 復健過程及諮商人員的功能 ▶▶▶

傳統上，身心障礙者所接受的完整服務，依程序應該包含下列要素：接案、評量、服務與成果，由這樣的模式來看，顯見復健服務具有多重專業本質。Maki 等人（1979）提供了一個描述復健過程的架構，但他們所提出的服務程序，並不足以代表支持性就業（supported employment）和障礙管理（disability management）的服務輸送。再者，這些服務必須由合格的諮商人員，以合乎倫理的方式來提供。在本書第六章，Tarvydas 討論提供復健服務時所涉及的重要倫理議題，並如何以倫理決策整合性模式（Integrated Model of Ethical Decision Making）做出合乎倫理的決定。在第七章，Leahy 將討論復健服務提供者的資格和認證標準。

從接案開始，案主便進入復健服務系統。在此時，服務人員會評估案主是否符合接受服務的資格，而做出行政上的決定。接受服務的資格認定必須基於幾項標準，例如年齡、符合障礙認定標準與否、主要居住地或財務狀況等。如果案主被認定不符合申請服務的資格，可以選擇向各州與聯邦職業重建方案中的案主扶助方案（Client Assistance Program, CAP）提出申訴。如果案主符合服務的資格，則進入個別化的評估，準確與有效的評估是成功復健計畫的必要條件，評估過程中應該要瞭解案主目前的功能程度、復健目標、和達成目標所需的服務，並依據評估結果設計個別化書面復健計畫（Individual Written Rehabilitation Plan, IWRP）。在第十一章中，Berven 對於評估案主將有更多的討論。

案主和復健諮商人員必須善用解決問題和資源分析的技巧，在評估和計畫的過程中一起合作，幫助案主達成特定目標需要哪些必要服務，必須包含在服務計畫中，並說明是由誰提供服務，以及完成計畫或檢討計畫的時間點。諮商人員和案主必須共同設定在實際環境中可以完成的目標，這裡所指的環境可能是公立機構、非營利服務方案，或私人營利組織，實務環境也會影響復健諮商人員可以發揮的功能和職務範圍。

　　復健諮商人員在為身心障礙者提供服務時，主要能發揮四個功能：提供案主之間諮商、個案管理服務，與案主的其他重要他人之間的諮詢和權益倡導、針對影響該案主的環境因素進行諮詢與倡導。在十五章中，Scherer 和 Sax 將探討科技的議題，透過科技的運用，可以同時滿足個人和環境的需求。

　　復健諮商人員提供的個人服務，通常都是在個案管理或諮商服務的範疇之內。Moxley（1989）將個案管理定義為案主層級的服務策略，用來提升人類服務的協調性，他認為個案管理人員是「任命一個人（或團隊）去組織、協調和維持正式及非正式支持和活動的網絡，以提升多重需求者的福祉與功能」（p. 17）。個案管理人員分派適當的人員與設施並確保及時且有效地運用資源，Mullahy（1995）認為個案管理是多元化的過程，牽涉到的任務包括評估、計畫、介入、協調、監督和評定可供選擇的服務，以滿足個人的健康需求，並運用溝通策略與現有資源，提升服務的品質和經濟效益（p. 9）。

21

　　復健諮商人員通常會進行兩種典型領域的個案管理，分別是教育服務和重建服務。教育服務的目的，通常在於補強案主所缺乏的知識技能，以幫助案主達成復健計畫中的長期或短期目標。教育服務可以是正式或非正式的，且通常不在復健諮商人員的實務範疇之中。當復健諮商人員認為必須增進案主的生理功能時，便會提供義肢、工作強化（work hardening）或語言治療等復健服務。在教育體系中，這樣的服務通常由復健諮商人員進行協調或管理，因為這不算是學校輔導人員的服務範圍。

　　諮商是一種治療或心理教育性的服務（therapeutic or psychoeduca-tional service），復健諮商人員通常會在機構、組織或具有特定諮商功能的場合、媒介與關係下提供這些服務。在執行這項功能時，復健諮商人員會選擇個別、團體，或家庭諮商理論做為引導其實務的依據。在第八章，Chan 等人根據有效、可靠的諮商服務研究成果，探討「有實證基礎的最佳實務」（evidenced based best practices）的重要性。不管復健諮商

人員在什麼場合提供諮商服務，或負有什麼功能與責任，在整個復健過程中持續提供的核心功能，就是諮商。G. N. Wright（1980）認為諮商是：

> 復健諮商人員責無旁貸的義務。諮詢和其他復健服務，或許可
> 以用「購買」的方式，尋求其他專業人員的支援，但諮商功能
> 是復健諮商人員最大的專業責任，絕不能被取代。專業的諮商
> 在適當選擇、提供，及運用其他復健服務上不可或缺（p. 55）。

Herbert 在第十六章探討臨床監督對諮商能力培訓在職前發展階段的重要性，以及在復健諮商人員的生涯中，維持諮商能力的重要性。

當環境因素影響到案主的復健計畫能否順利推展時，復健諮商人員就必須針對環境因素或環境中的人提供諮詢服務或進行倡導。Moxley（1989）將這兩個功能界定為環境介入（environmental interventions）與間接服務（indirect services），因為這些介入並非直接與案主有關，而是牽涉到案主周邊的外圍系統與人員。這些服務也能幫助案主達成計畫目標、提升環境系統回應案主需求的能力，並幫助案主獲取所需的資源（Steinberg & Carter, 1983）。

諮詢是諮商人員「在協助（身心障礙者）調整環境的過程中，與案主的家人、雇主，以及社區人士進行諮詢」所發揮的功能（Hershenson, 1990: 275）。Lynch、Habeck 和 Sebastian（1995）曾經探討與復健諮商人員諮詢功能有關的主要技巧、知識、倫理和專業議題，本書也根據他們所提出的論點，來討論諮詢的功能。Brown、Pryzwansky 和 Schulte（1995）認為，諮詢是提供給被諮詢者的一個間接服務，這種服務可能基於正式合約，也可能是非正式的。諮詢常常需要多重專業介入的，不論提供諮詢的人員來自組織內部或外部。外部諮詢人員（external consultants）通常比較會被認為是專家，但相對於內部諮詢人員（internal consultant），可能會較缺乏關於組織的重要背景資訊。

　　諮詢可以分為專家諮詢（expert consultation）或過程諮詢（process consultation）兩種形式，Kurpius 和 Fuqua（1993）曾經針對這兩種形式的諮詢活動加以區隔。進行專家諮詢時，諮詢人員需要對介入方案的設計、實施，以及成功與否負責。進行過程諮詢時，諮詢人員和諮詢對象形成主動的夥伴關係，共同設計並實施必要的改革措施，並共同承擔介入的成敗。

　　諮詢可能著重於級級、二級、三級預防，每一層級預防的服務，對象都有可能是個人、團體、組織，或社區。初級預防的諮詢重於加強溝通、決策和對應策略的擬訂；二級預防的諮詢重於工作充實方案（job-enrichment programs）一類的學習障礙的補救方法；三級預防的諮詢則注重減少功能性限制的影響（Brown et al., 1995）。Shaw 和 Betters 在第十三章會更進一步地討論復健諮商人員在私立機構中所提供的諮詢服務。

23

　　倡導，正如 Liu 和 Toperek 在第十章所探討的，是諮商人員透過讓案主參與環境事務，以協助他們達成目標所採取的一種行動，他們也探討倡導在諮商、個案管理、諮詢其他功能中的角色。教導案主成為自我倡導者，是這個過程的另一個重要課題，在所有的案例中，服務目標是為了成長和發展而改變環境。Sosin 和 Caulum（1983）認為，案主所擁有的權限通常不及於決策者，為了維護案主的福利，必須有第三者發揮影響力，一方面與決策者抗衡，一方面為案主的權益代言。這時候，復健諮商人員便是案主最佳的代言人。

　　服務輸送系統的最後元素是「成果」，這個階段包括安置與追蹤服務。在第十二章討論的「安置」，復健諮商人員可能自己執行這部分的工作，或將案主轉介給具備相關專長的專業人員。各州與聯邦職業重建的方案，通常會以狀態 26（Status 26）的代碼，或案主成功地在同一個職位持續工作九十天以上，做為判定案主就業成功與否的基準。此外，獨立生活與生活品質成效，也都是評估當代復健實務成效的基準。

　　諮商人員同時需要提供直接與間接服務，而他們管理時間和活動的方式，對於復健過程的效率和效益會造成顯著的影響。在第十四章中，

Cassell 和 Mulkey 提到諮商人員必須發展「個案量管理」（caseload management）的技巧，以有效分配服務案主所需的時間和資源，同時克盡職責。最後，Crimando 在第十七章探討服務輸送系統中行政人員的角色。

◀◀◀ 摘要 ▶▶▶

24　　　本章的目的為介紹專業與復健諮商實務最基本的概念和典範，以及主要的定義與臨床實務範疇。同時，本章也點出復健諮商有其統整性的本質，並強調復健哲學及其隱含的知能、身心障礙的概念和定義，以及幾個關於復健和復健諮商臨床實務的典範，也描述了復健諮商的生態模式和生態適應模式，以提供有效和意圖性臨床實務的架構。過程中也介紹復健諮商人員的四個基本功能，這些功能分別為案主工作的諮商和個案管理，以及與影響案主的環境和重要他人有關的諮詢和倡導。在討論包括生活品質的復健成果的重要性之後，也強調有關使用適當和尊重之語言與詞彙的議題。本章也做為本書的導論，並依序介紹其他各章的重要性，以幫助讀者瞭解整體復健（total rehabilitation）的意義。

第 二 章

身心障礙模式：生物學和
社會建構的並列結構

Julie Smart ◉ 著

花敬凱、許靖蘭 ◉ 譯

要將身心障礙的經驗加以概念化，其中一個方法便是探討不同的身心障礙模式（models of disability）。Smart（2001）曾經這樣定義身心障礙模式，他認為模式是「一系列導引假設、關係，以及詮釋自然現象或人類經驗的觀點，模式通常是人所創造出來的工具，其功能在於增進我們對於某些現象的理解，並提供行動的指南。」（p. 33）。此外，模式為重要的構念提供定義，也可用來解釋事物的歸因（attribution），提供問題的解決之道。簡短地說，模式提供一扇視窗，引領我們去理解身心障礙。

本章將探討三種主要的身心障礙模式，包括生物醫學模式（biomedical model）、經濟模式（economic model）以及社會政治模式（sociopolitical model）。本章首先討論這些模式的目的和結果，然後針對這些模式進行比較，並做出結論。

◀◀◀ 身心障礙模式的目的 ▶▶▶

身心障礙模式提供障礙定義

若不先就身心障礙的概念加以定義，我們便無從討論，人們怎樣對

26　身心障礙做反應。本章所探討的三種模式，對於「身心障礙是什麼？」「誰有身心障礙？」這些問題都有不同的答案，每個模式都只是將身心障礙的概念化約成簡單、狹隘的特質（Bickenbach, 1993），因此沒有單一模式能夠完全闡述、解釋或描繪身心障礙的經驗，也沒有一種診斷或分類系統能夠代表身心障礙者的完整經驗。再者，身心障礙的定義因不同的目的、價值觀、需求，以及學科領域的不同觀點而不同。正如 Zola（1993）在一篇名為〈身心障礙統計，我們計算了什麼、它能告訴我們什麼〉（*Disability Statistics, What We Count and What It Tells Us*）的文章中指出，身心障礙模式提供一個絕佳的導引，幫助我們理解不同的身心障礙定義、提出這些定義的人所抱持的價值觀為何，他們的價值觀和他們所提出的定義之間有何關係。模式提供定義，結果導致標籤（labels，或刻板印象），這些標籤對於所指涉的個人會造成極大的影響，無論是臨床的、法律的、行政的、文化的和個人的身心障礙定義，都可能從這些模式衍生而來（Goffman, 1963; Hahn, 1993; Nagi, 1969; Zola, 1989）。當你閱讀本章時，你將會更清楚，許多身心障礙定義的基本概念都僅是由人類的假設所虛構的。

身心障礙模式提供因果歸因和責任歸因的解釋

　　在建構身心障礙模式之前，我們必須先解決兩個必要的問題，一是因果歸因（causal attribution），也就是解釋和理解身心障礙的原因或來源，再者是責任歸因（responsibility attribution）也就是對身心障礙反應的責任歸屬問題。換句話說，歸因性的理論會探究，並試著去答覆以下問題：誰要對身心障礙負責？誰應該負責解決問題？或者，社會需要對身心障礙者負起什麼責任嗎？正如 Yelin（1992）所提出的問題，這樣做對誰有利？誰付了代價？以生物醫學模式的觀點來看，個人要為問題負責，同時也要負責解決問題。然而目前的趨勢則是將因果歸因的問題擱置不論，而只專注在解決問題的方法。

　　利用身心障礙模式探討因果歸因時，我們可能會面臨三個困難：首

先，身心障礙的原因並非這麼容易被理解；這些原因不易被衡量，而且經常是難以劃分的（Berkowitz & Hill, 1986）。身心障礙的原因經常未明，或經常有許多原因造成（諸如不同形式的精神疾病），甚至歸因的理論可能也會改變（Kiesler, 1999）。第二，誰該對身心障礙的成因負責，這個問題通常指向單一的個人──通常是指身心障礙者，而非制度性的原因，例如貧窮、危險的工作環境，或缺乏保險的保障。第三，我們在決定身心障礙的原因前，通常要問一個問題，身心障礙是如何發生的？在問這個問題時，人們經常帶著偏見。為什麼身心障礙會發生？科學和醫學專家嘗試回答「如何」的問題，但是這些專家不會，也不能回答「為什麼」的問題。的確，在任何專業領域的人員，都無法確實掌握身心障礙為何發生。最後，因果和責任歸因的理論基礎固然可以在我們對於責任做理解、解釋，或系統性陳述時，提供一定的指引。然而，不明確的解釋可能會被曲解，而讓我們錯把責備與道德責任加諸在身心障礙者身上。

身心障礙模式建立在（所認為的）需求上

　　若能確認需求的存在，我們便可找出滿足這些需求的方法，並加以執行，然而，首要任務必須先清楚界定這些需求。這三個身心障礙模式中，每一個模式都只從狹隘的單一面向來描繪身心障礙者的需求。在生物醫學模式中，需求被認定是醫學的，因此解決之道在於匯集資源，以滿足患者的醫療需求；在經濟模式中，需求被認為是經濟上與職業上的；在社會政治模式中，身心障礙者的需求被認為是完全的社會整合和平等的政治權。

模式導引政策的建立和執行

　　要追溯這些模式的發展歷史並不難，我們可以從政策、法律和大眾態度的結果加以探討而得知。法令和政策反映和影響社會的價值觀和期望，因為模式是用來定義和描述身心障礙者的需求，自然必須透過明確

的政策加以實踐。同樣地,如果我們運用模式來決定問題的所在,那麼想要解決問題就需要透過集體的公眾行動(collective public action)。一般來說,多數的勞工補償法律(workers' compensation law)是障礙醫學模式所導致的結果;州與聯邦的職業重建系統,則是障礙經濟模式的產物;美國身心障礙者法案是建立在障礙社會政治模式的原則基礎上。從立法和政府機構的前例可以看出,美國從未有統整性和統一的身心障礙政策,這樣缺乏清晰焦點的現象,乃是因為運用不同身心障礙模式所產生的結果(Berkowitz, 1987)。

28

身心障礙模式並非價值觀中立

因為身心障礙模式都是由人所創造出來的表徵,所以這些模式會反映出模式創立者的需求和價值觀,沒有一種價值中立的語言可以用來描述身心障礙。其中,生物醫學模式和經濟模式都源自固有的宗教價值觀體系,此外,形式化的集體定義(formalized collective definitions)和政策,都是在立法過程中具體成形的(Wolfensberger, 1972)。這些因素,包含對身心障礙的定義和診斷,以及基於這些模式所設計、執行的政策與法律,都是形成模式的力量(Hahn, 1988)。人們擁有力量和資源去定義身心障礙,並決定身心障礙者應該接受什麼形式的服務(Albrecht, 1981; David, 1997)。有權做決策的人,通常都不是身心障礙者,他們定義身心障礙經驗,並發展出回應身心障礙者需求的機制(Hannah & Midlarsky, 1987)。例如,由於大眾普遍相信身心障礙的生物醫學模式,通常會認為臨床的定義才是中立的,這樣的觀念卻使得多數身心障礙者的地位,被既定的法律剝削或邊緣化。因此,本章所提到的這三個身心障礙模式,並非全然實際而客觀。

身心障礙模式會影響學術研究的領域,以及我們理解身心障礙者的方式

在過去,身心障礙被認為是醫學或者生物學的單一現象,而且只有

醫學院的課程才會教導身心障礙的類別，因為身心障礙不被認為是一項社會議題，或是社會應當承擔的責任。在社會科學的領域中，包括心理學、社會學和社會工作，很少會談到身心障礙的議題，身心障礙者也很少出現在大學院校的課堂中（Bauman & Drake, 1997）。因此，專業人員在學校畢業時，對身心障礙者並不瞭解，或錯誤地認為他們無法提供障礙者的服務。如同身心障礙模式所推論，一旦身心障礙者的人數增加，身心障礙社群會發展出更強大的倡導系統，專業培訓課程也會開始提及有關障礙經驗的知識。

身心障礙模式形塑身心障礙者的自我認同

模式提供標籤、診斷、有關成因的理論，以及責任歸屬的推論，這些（似乎）全都建立在權威性、有聲望的基礎上，這些信念廣泛地被堅守、深信，社會態度也持續增強這些信念。因為這些信念是普及且廣為流傳的，許多身心障礙者也接受這些信念，並以此做為自我認同的基礎（Hannah & Midlarsky, 1987）。簡單地說，因為他們太常聽到這些刻板說法，也因為身心障礙者經常缺乏同為身障者的角色模範，使得他們接受這些刻板印象，並相信他們事實上就是這樣。所以，社會有效地將許多身心障礙者「教化」成，認為他們自己是較差的、需要依賴人的。

身心障礙模式會導致偏見和歧視

身心障礙模式並不是無害的抽象概念或理論（Bickenbach, 1993; Eisenberg, Griggins, & Duval, 1982）（它們是抽象和理論，但並非無害）。確切地說，身心障礙模式引導大眾的態度、形成立法、決定服務的提供，並且影響專業人員的訓練，這些種種都會造成偏見和歧視。此外，身心障礙模式對於身心障礙者在大眾媒體中如何被描寫有很重大的影響，在強調常規的社會中，身心障礙被視為不平等，悖離常規的價值與標準。如果身心障礙模式有一個常規性的要素（normative element），則結果就是導致偏見、歧視、邊緣化，並使得身心障礙者的機會減少。在

29

本章提到的身心障礙模式中，生物醫學與經濟模式認為，社會中沒有身心障礙者，才是最理想的狀態，反之，這兩個模式認為，身心障礙的存在是不好的、悖離常態的。實際上，社會大眾的偏見態度，便是來自這些身心障礙模式。進一步地說，一般大眾並不會覺得社會對身心障礙者的偏見和歧視是存在的，只因為這些身心障礙模式有悠遠的歷史背景，早就形成根深蒂固的觀念。特別是生物醫學和經濟兩個模式，由於都是建立在科學規範之下，更能夠凸顯其權威性，而受到社會大眾的支持。

◀◀◀ 模式的結果 ▶▶▶

在探討身心障礙模式的基本要素和功能之後，我們可以歸納出兩個明確的議題：第一，身心障礙模式雖然只是抽象概念，卻深深影響身心障礙者的日常生活經驗、身心障礙者所接受的服務，以及他們融入社會的情形。事實上，身心障礙者的所有生活面，都深深受到個人所採信的身心障礙模式所影響。第二，身心障礙的經驗，以及大眾對身心障礙者的反應，兩者的本質並非全然是生物性的，同時也根植於社會與文化的結構中（Higgins, 1992）。

檢視我們如何描述事物和理解周圍環境，包含環境中的人，是相當重要的。我們的理解有時可能是錯誤或不完整，縱使如此，清楚理解並正確運用身心障礙模式，包含瞭解各個模式的限制仍然是必要的。因此，我們現在將簡短地回顧這三個主要的身心障礙模式（生物醫學、經濟、社會政治）。從事身心障礙學研究的學者，雖然也提出其他的身心障礙模式，但本章提及的三個模式被認為是最普遍的。此外，這三個模式有時也會被冠以不同名稱。例如生物醫學模式也被稱為疾病模式（disease model），經濟模式有時候被稱為功能性模式（functional model），有時，社會政治模式會被稱做弱勢團體典範（minority group paradigm）。

身心障礙的生物醫學模式：
完美的世界是個沒有身心障礙的世界

在本章討論過的三種模式，其中生物醫學模式有長遠的歷史：這個模式已經被沿用長達幾個世紀，Bickenbach（1993）將生物醫學的身心障礙模式定義為：

（該模式）代表一般人對於失能（disablement）所抱持最普遍的信念，認為在個人身上的缺陷、缺損、功能不良、異常、失敗，或醫學上的「問題」。經過一些嚴肅的爭辯後，我們認為「失能」是身障者最明顯的特徵。那些有功能限制或者自主表現異常、有疾病、病理徵兆的人，那些不完整、不健康、不適合或沒有活力的人，那些生物學上屬於落後於正常表現的人，以這個觀點來說，障礙的本質表示這個身心障礙者出了某些問題。

這模式有兩個重要的要素，第一，強調（身心障礙的）病理現象（pathology），第二，認為病理現象存在於障礙者身上。身心障礙並不被認為是個值得關注的差異，而是脫離一個公認的常態或評估標準；再者，身心障礙更被視為是客觀的情況，只存在於身心障礙者身上（Albrecht, 1992）。當然，當臨床醫師判定身心障礙的等級時，並不會考慮障礙標籤本身的社會污名程度（degree of societal stigma），以及標籤對於身心障礙者本身所造成的影響。根據生物醫學模式，身心障礙者是不幸的受害者，應該感謝任何可能給予的同情、憐憫和慷慨援助。進一步說，他們的「個人不幸或者缺陷」（障礙），反而因此減輕了身心障礙者的完全公民權的社會責任。生物醫學模式認為身心障礙不是互動的特質，因為障礙的問題全都存在於個人本身，因此，社會向身心障礙者傳

達一個訊息：「世界就是那麼現實，無法接受就請離開」。所以，身心障礙者以及他們的期待，才是需要被修正的。

為了確立身心障礙的存在（或病理學），診斷式的檢測（diagnostic testing）和評估是必須的，常用的診斷式分類系統，例如國際損傷、身心障礙與殘障分類法（International Classification of Impairment, Dis-abilities and Handicaps, ICIDH），和國際功能、身心障礙與健康分類法（International Classification of Functioning, Disability, and Health, ICF）（World Health Organization, 1980, 2001），以及《精神疾病的診斷與統計手冊》（*Diagnostic and Statistical Manual of Mental Disorders*）第四版修訂版（DSM-IV-TR）（American Psychiatric Association, 2000）應該加以確立。因此，診斷和其他的醫學標籤，與這些診斷工具、測驗和分類系統都具有一樣的效力（Smart & Smart, 1997）。許多學者指出，這些工具和分類系統是有缺陷的：「診斷式的類別（diagnostic categories）和分類基模（classification schemes）都只是基於想像，而非實際的事物。……我們不能誤把這些診斷、分類，看成實際存在的事物」（Eisenberg, 1996: xv）。Stone（1984）曾寫過一篇名為〈身心障礙的臨床觀點〉（*Disability as a Clinical Concept*）的章節中，便質疑過這些診斷分類系統〔他將這些系統稱為「假性精確」（false precision）〕，認為這些診斷並非「毫無疑問地有效的、無誤科學程序」的產物。Stone 也指出，這些診斷是「無法達成所謂的中立」。簡單來說，一位醫生雖然做了診斷，然而醫學診斷可能是主觀的，基於印象的，充滿價值觀的個人判斷（Kirk & Kutchins, 1992; Smart & Smart, 1997）。醫學診斷的程序愈來愈標準化，障礙等級也就變得更中立了，但兩者依然有其主觀和不盡完善之處（Clendinen & Nagourney, 1999）。舉例而言，職業評量諮商人員非常清楚，即使兩個個案有相同的診斷，障礙的程度也相似，可能也會有相當不同的評量成果。

臨床醫師設計這些分類診斷系統時，已經將環境議題所帶來的影響考量在內。例如在 1980 年，世界衛生組織（World Health Organization,

WHO）已清楚地分別損傷（impairments）、身心障礙（disabilities）和
殘障（handicaps），ICIDH 的架構建立也是在這三個概念上。基本上，
損傷被定義為單純的醫學現象；身心障礙被定義為沒有能力去扮演社會
上的角色；障礙被定義為在環境中的阻礙。二十年後，Peterson（2000）
也注意到最近 WHO's ICF 版本的改變，先前 ICIDH 版本的缺點獲得解
決。顯然，目前的版本將個人障礙、功能程度和環境因素，做了更明確
的區分。此外，Peterson 將 ICF 稱做是「人類功能的分類系統」（a clas-
sification system of human functioning）（p. 1），其焦點放在健康和適應
功能上，而非病理和功能不良情形。

　　儘管 ICF 近來已做了些許改變，它仍然是專業人員利用的一個分類
系統，社會依舊需要依據這些診斷去評定身心障礙者（Davis, 1997）。
生物醫學模式是以「正常」的概念為基礎，認為非身心障礙者才是正
常。這些關於正常的概念與定義，經常被認為只是文字遊戲。然而，
「正常」的概念卻引導人為環境的發展，物理環境是為了一般人使用的
目的而被建造，但一般人卻很少會注意到環境改善、進出便利性的缺
失，以及偏見與差別待遇的問題（Kleinfield, 1979）。更重要的是，身
心障礙者無法完全參與社會的問題，通常不會被注意到，環境建築不但
不利於身心障礙者的全面參與，一般人甚至不會在意身心障礙者被隔離
的問題（Gleeson, 1999）。一位從事身心障礙學研究的學者（Higgins,
1992）便認為，這樣的現象等同於把自己國家的身心障礙者視為「外國
人」，讓他們在分隔（通常是次等）的環境中接受教育、居住和工作。

　　每個身心障礙者，無論他們擁有哪些特權、經濟資源、教育或成
就，都知道他們屬於不被重視的族群。許多身心障礙者（特別是聽障
者）感覺到他們即使嘗試融入不尊重他們的社會，也似乎無法獲得任何
益處。此外，生物醫學模式認為，身心障礙者是有能力去調整和適應
的。生物醫學模式中的完美的世界是一個沒有身心障礙者的世界，身心
障礙應該被避免。極端來說，這可以被扭曲解釋為身心障礙者應該要被
消滅（eliminated）。美國復健服務局的理事，Joanne Wilson 曾簡短地評

論這個概念，她認為「一個人一旦有了身心障礙，便很不受尊重。」

　　生物醫學模式可以解釋成對身心障礙者在類別上的鄙視（categorical devaluation），臨床醫師和臨床醫療人員很清楚地理解，他們寫出的診斷描述的是一回事，但這樣的描述並不代表個案本身，或個案所經歷的事物。然而，抱持生物醫學模式觀點的專業人員，傾向以身心障礙者的診斷與分類來決定如何對待他們，這不僅是醫療診斷分類，它們更是貶低和污蔑的分類。類別上鄙視使得社會大眾傾向以某個人所屬的類別去看待他，在同類中無法與其他人區隔，因此，被標籤化的人不被視為是個體，而只是一個類別。

> 有些人藉由污蔑的標籤來貶低他人，使得個人的品質和行動變得不重要……被輕視和分類的人被對待得像是個……彼此的替代品……被污蔑的人們，他們的價值被貶低，被自己所獲得的分類標籤所取代……其他人也許會含蓄、不明確地宣稱，以剝削和輕視的角度去對待被污名化的個人，是合理的做法。（Schur, 1971: 30-31）

　　對一般大眾來說，以生物醫學模式來解釋身心障礙，是最熟悉且最容易被理解的概念。其中有兩個原因：這個模式有長久的歷史，並採用看似客觀和科學的分類以及診斷系統，使得生物醫學模式在直覺上容易被大多數人所理解。一位身心障礙學研究的學者，Bickenbach（1993）認為大眾之所以輕易接受生物醫學模式，還有第三種解釋，他認為這個模式根植在傳統宗教信仰體系，在這樣的體系裡，身心障礙通常被看做是一個道德上的瑕疵（moral defect），身心障礙者或他們的父母就如同罪犯一般。在傳統的宗教體系裡，生物學上的全人概念（biological wholeness）才能被認為是美德和正義。因此，生物醫學模式在宗教信仰的基礎上，又加入看似科學的堅定立場，這種宗教和科學的組合會是根深蒂固、強而有力的。

在生物醫學模式中，身心障礙是個人的問題，雖然臨床醫師認為採取生物醫學模式，並非要求身心障礙者要為障礙負起責任或予以譴責，但 Smart（2001）卻對該模式做了以下摘述：

認為應該有人要為障礙負起責任，其自然結果是表示同樣的人要為障礙的治療和照顧負起責任。理由是，無論是誰造成這個狀況，也都應該要處理它，因此，個人和他的家人應該處理障礙所產生的問題，而非指定其他人（完全無關此事的人），去要求協助、調整、資源或者權利。（p. 103）

既然問題在個人身上，所有的注意力和努力都應該放在如何補救，或協助個人進行復健。物理環境或社會環境都不會被視為解決方案的一部分，或問題的一部分，問題的產生與解決的責任歸屬，都與身心障礙者有所關連。在這個模式中，身心障礙是個人的事，此外，個人完全要為障礙的成因負責，但這樣的假設其實是將身心障礙者污名化。將障礙的成因導向個人，只會導致偏見、歧視與個人的機會減少，因為社會大眾認為，當事者至少應該採取一些行動來預防障礙的發生（Smart, 2001）。對身心障礙成因（病原學）的解釋，往往導致身心障礙者受到責怪，大眾為身心障礙的發生尋求一個原因，並強烈地譴責個人，這正是身心障礙模式如何造成偏見與歧視的一個寫照。

在生物醫學模式中，「專業人員通常將服務提供給被動的接收者，服務接收者被認為是順從的，所獲得的資訊和可選擇的治療方案也不多」（Smart, 2001: 35）。因為醫療專業要求高度的技巧與多年的訓練，生物醫學模式是專家慣用的模式，因此身心障礙者並不會被視為一個主動的決策者，因為他們（大多）沒有像醫生的教育背景、專業知識或經驗。

再者，當人們被標籤為身心障礙者，他們就在社會化的過程中，成為那個角色。每個人無論是否為身心障礙者，都會在社會化的過程中成

為某一種角色（並接受這些角色所規範）。這個模式會引導一般大眾的思考，認為身心障礙是個人的「主要地位」（master status）或定義的特色（defining characteristic）（McCarthy, 1993; B. A. Wright, 1991）；然而大多數的身心障礙者並不以他們的障礙做為主要的認同（primary identifier），但生物醫學模式已經賦予身心障礙者一個烙印，將他們視為具有特殊需求的受害者。從事身心障礙者權利運動的人士，遂將此視為一種「社會造成的障礙」。

Claire Liachowitz（1988），在她的《身心障礙做為社會建構》（*Disability as a Social Construct*）一書中指出，主張儘管 ICIDH 做了些修正，根據醫學模式，身心障礙者要為照顧自己付出雙重責任。也就是說，個人要為兩種形式的反應負責：障礙的醫學／生理管理（medical/physical management of the disability），以及情緒／認知反應（emotional/cognitive response）：

> 以傳統的醫學觀念來說，身體的損傷造成長久的或永久的功能限制稱做身心障礙，近來的醫學參考書進一步解釋障礙就如同一個隨機依賴動機與適應性的特色以及依賴受限的疾病與傷害的剩餘能力。然而，兩個層面的醫學觀點認為個人功能不良是障礙的充分基準。（p. 12，由作者強調）

該模式也將焦點放在個人的動機和適應性上，認為在物理和社會環境中尋找解決方法是不必要的。身心障礙者被期待要成為愉快的、勇氣十足、並展現自我掌控和樂觀的精神，障礙權利運動把這個期待視為「再努力」癥候（"Try Harder" syndrome），這是很容易理解的。如果個人都能完全為自己的障礙管理負責任，一般大眾也就不需要再提供調整措施（例如電梯、斜坡和盲人點字課本），大眾也不需要過度關心身心障礙者的公民權。

Stone（1984）也認為，世界衛生組織 （WHO）嘗試將醫學、生物

學和個人現象從個人角色功能加以切割，其實是麻煩的事。她指出，醫療診斷其實是不精確的，這個論點相當受到注目。此外，她認為臨床醫師判斷的角色功能甚至是基於印象的、主觀且充滿價值判斷的：

> 損傷概念的第三要素，即損傷的單純醫學判斷的想法，與更主觀且具價值觀的障礙判斷分離，在美國醫療協會（American Medical Association）提供的一系列的指南中被具體化，以協助醫師確認他們的角色。（p. 110）

生物醫學模式的意涵

多數公、私立的身心障礙服務方案，在一定的程度上，都是依循生物醫學模式的基礎而建立，設計和管理這些方案的人員，也多半仰賴醫療專家的意見（Tannebaum, 1986: 136）。是否符合接受服務的資格，必須視身障者是否能提出足以證明其病理狀況，以及角色限制的文件。醫師經常被視為障礙服務的守門員，因為他們同時能定義障礙者的障礙情況，及其相關的後果，從事身心障礙權利運動的人士將之稱做「身心障礙的醫學化」（medicalization of disability）。直到 ADA 通過才在美國立法，政策方向才逐步改變，從醫學模式的基礎上修正法規與政策（Bickenbach, 1993）。換句話說，醫療專業人員和政府機構兩者都已經有效地教育大眾（包括身心障礙者），認識到哪一種情況才是真正的障礙。

障礙生物醫學模式源自於傳統上只強調兩個結果的醫療典範，在過去，醫療有兩種結果：完全康復或死亡。對醫藥專業來說，長期慢性照護（long-term chronic care）是比較新的概念，因為醫學界向來只提供急切需求的短期照護。目前障礙管理方式包含治療慢性情況，避免二次障礙，維持一個高生活品質，以及治療症狀。所以很自然地，醫療實務已經進展到包含長期慢性照護，但強調兩個結果的典範，仍然見於保險政策和障礙方案上，當完全康復的進度停止時，治療和津貼便會被取消。

36

這是合理的，因為商業保險、公立和私立障礙計畫，原本就是依據身心障礙的生物醫學模式的假說發展而成的。

　　相較於認知、智能、情緒和心理方面障礙的復健，身心障礙的生物醫學模式較適用於生理方面的障礙。這是可以理解的，因為幾世紀以來，唯獨生理障礙被認為是障礙的情形，雖然身心障礙的定義至今仍持續演進。因此像是學習障礙（learning disabilities）、精神疾病（mental illness），和成癮問題（addiction disorders），都不適用於生物醫學模式，不論是為了定義假設、原因和責任歸屬，或是治療和政策考量。

　　Harlan Hahn（1988, 1993）是一位有天分的作家，同時也是一位積極從事身心障礙運動的活躍份子，他批評身心障礙的生物醫學模式，指出它在社會公義議題上的沉默（因為障礙被認為是私人、個人的事情）、並將一般大眾對身心障礙的歧視（handicapism）合法化，及製造身心障礙族群之間的分裂。我們已經觀察到科學和醫學權威如何讓一般大眾與身心障礙議題做區隔。

　　根據Hahn（1988）的說法，他對生物醫學模式最大的批評，或許在於這個模式會導致身心障礙族群間的分裂，生物醫學模式將個人分成不同的診斷分類（例如盲人、心理疾病或HIV陽性反應者），專業人員和臨床醫師根據這些分類來提供服務，而一般大眾也依照這些分類來認定身心障礙者，這些分類使身心障礙者被物化（objectified），也喪失人之所以做為「人」的價值（dehumanized）。通常一位身心障礙者不被一般人認為是「我們的一份子」，更重要的是，身心障礙者也認為他們自己就是屬於這個（障礙）類別的人。與其專注於所有類別身心障礙者面臨的共通問題，倒不如讓障礙族群依照其診斷、臨床分類、爭取資源與公民權而分裂。Bickenbach（1993）總結道：

　　　　Hahn相信藉著強調功能特質來切割他們，更甚於他們所面對的
　　　　是一般問題的外在阻礙，使得身心障礙族群已經被分裂。代表
　　　　身心障礙族群權利的組織都是不變地圍繞著診斷類別，以及他

們必須互相競爭已取得社會的關注，結果導致很少能寬廣地去
建構聯盟或結合，以浮現各種類型障礙公民的一個廣泛、社會
和政治運動。（p. 85）

身心障礙者位居下層、弱勢的概念，因為生物醫學模式所隱含的權
力形式而受到強化，因為這個模式極度仰賴醫師的專門技術和教育，及
他們所運用的診斷系統，身心障礙者在社會化的過程中，遂成為一個順
從、被動的角色。因此身心障礙的醫學模式以第二個方式導致障礙族群
的分裂：它讓身心障礙者成為依賴的、次等的、且不具政治性動力，自
然也就不會去要求權利與環境的改造。

Hahn（1988, 1993）總結他關於生物醫學模式的批評，並將該模式
稱為「障礙中的障礙」（metahandicap），亦即這個模式導致先入為主
的觀念和歧視，更進一步說，模式本身就是個障礙。Hahn 對於該模式強
調身心障礙成因和結果的關連性曾提出諸多批評，他主張這兩個現象並
沒有關連，唯有導致更多的偏見和歧視而已。藉著將焦點從社會和物理
環境轉移，醫學模式在社會正義的議題上是默不作聲的，此外，擁有權
力的專業人員和政策者已賦予醫學模式一個科學、客觀和真實的面向，
立法的精神也反映一般大眾對障礙的歧視態度。

生物醫學模式是我們可選擇用於探討身心障礙經驗的方法之一，沒
有一個從事身心障礙學研究的學者會主張完全放棄醫學模式。但根據每
一位身心障礙學者的主張，醫學模式在某種程度上來說，又不得不完全
放棄。的確，許多醫療專業人員，也正逐漸捨棄醫學模式的基本假設。

身心障礙的經濟模式：
在完美世界裡，每個人都有助於經濟

身心障礙的生物醫學模式和經濟模式，根植於兩個發展得相當成熟
的學科領域——生物學和經濟學，一般大眾並無從挑戰這兩個模式，因

37

為從這兩個模式發展出的身心障礙概念,是很容易理解而平鋪直敘的。基本上,根據身心障礙的經濟模式,所謂「身心障礙」是指一個人無法扮演社會中「有價值」的角色,大多是指工作角色〔有時,這樣的現象被稱為角色失敗(role failure)〕。與身心障礙的醫學模式類似地,經濟模式也強調「常態」,也就是說,一個人必須有能力工作才叫做「正常」,沒有工作能力就是「不正常」。總之,正如生物醫學模式將身心障礙的定義化約到生物學的單一面向,經濟模式則將身心障礙的定義化約成經濟面向。

抱持經濟模式觀點的人,傾向因身心障礙者所具有的工作潛能,予以適度的尊重、調整、重視其應有之權益,並提供相對的經濟資源。在經濟模式中,每個人是否能融入社會,端賴大眾認為他可以發揮多少成本效益。如同生物醫學模式,經濟模式所隱含的價值觀,同樣源自宗教體系。在許多宗教中,個人的價值觀、道德與社會價值,和工作能力與意願是息息相關的,而大多數美國法案的立法,也都是基於這些原則。明確的說,美國文化奉行自給自足和個人主義的原則,就長久歷史看來,我們會根據個人賺取的財富或生產力,下意識地評估個人的價值。因此,這個模式也可能塑造身心障礙者的自我認同感,因為那些有工作而不需要大眾協助的人,自然會受到社會的尊重。那些消耗有限大眾資源的人,特別是那些他人認為不需獲得津貼補助的人,會受到他人的鄙視。許多重度和多重障礙者不僅不能工作、不能生產資源,他們也消耗資源,一位沒有工作的身心障礙者,將會永久處於一個依賴和負債的位置,這些人通常都會被標籤為「麻煩」或「負擔」。Liachowitz(1988)指出,大眾認為不事生產的身心障礙者是「次等公民」(civil inferiority),Higgins(1992)則提出更有力的論點:「實用性(utility)這個概念……其實是藐視身心障礙者……事實上,我們只是『利用』身心障礙者。如果他們(和針對他們而設計的政策)不能產生『利益』(例如,社會所獲得的利益低於所付出的代價),則他們只有一點點價值,或甚至沒有價值。」(p. 199)。

　　就前所述，「常態」代表有能力工作和生產，根據這個觀念，生物醫學模式和經濟模式對身心障礙的定義是有衝突的。在經濟模式中，並非全部的損傷和身心失調（如同醫學模式所定義）都稱做障礙，例如一位乘坐輪椅的教授或者一位有糖尿病的會計師，都被認為是沒有障礙的；然而，一位罹患糖尿病的飛行員，雖然他的障礙可能比較容易控制而不帶有太多社會烙印，但因為無法順利執行工作，反而是有障礙的。因此在經濟模式中，身心障礙的定義與個人是否能達到工作要求息息相關，很明顯地，某一工作類型的障礙，也許不會是另一工作類型的障礙。在生物醫學模式中，障礙被認做是個人的事情（或問題），但環境中的每個環節都會關連到身心障礙者個人，因此相對於生物醫學模式，以經濟模式決定一個人是否有障礙，就顯得更加困難與複雜。

39

　　就理論來看，經濟模式被認為是一個互動的模式（interactive model），在定義身心障礙時，必須考量個人與環境之間的關係，正如 Reno、Mashaw 和 Gradison（1997）所陳述：

> 雖然慢性的健康問題和損傷，是身心障礙的重要元素，但考量一個人是否有工作障礙時，除了看個人的損傷之外，還需要考量他是否有其他的能力，以及職務的要求而定，因為更廣泛的環境因素，才是決定此人是否能順利執行工作任務的關鍵。（p. 3）

　　在 Reno 等人的定義中，要界定一個人是否有工作障礙，必須考量個人具備的其他能力和技巧。如果我們廣泛地解釋工作的必要條件包括「無法使個人執行工作職務的環境因素」，假使這些態度無法使個人找到工作，並維持就業狀態，那麼職場中的偏見和歧視也可能造成個人就業的阻礙。因此在經濟模式中，我們可能必須去評估個人受到偏見和歧視的程度（然而在現實社會中，偏見的確可能存在）。同樣地，如果轉移看問題的角度，政策和法律的焦點必定也會轉移。例如根據現行法令的規定，就業歧視其實是違法的，如此一來便將一部分責任轉移到雇主

身上（就不僅是關注身心障礙的求職者）。

　　基於經濟模式所建立的政策有其歷史根源，舉例來說，許多人認為1920年的職業復健法（Vocational Rehabilitation Act），便是這個模式下的產物。因為「這個法案的精神意味，唯有對國家經濟有貢獻的人，才值得融入社會當中。然而，甚至那些『值得』融入社會的人，可能是被認為先天有缺陷的，所以他們僅能從事一些相對卑微的工作」（Liachowitz, 1988: 65）。

　　正如我們可以預期，勞工補償法令也是基於障礙經濟模式，或許更精確的說法可能是，職業復健和勞工補償立法均同時隱含生物醫學模式和經濟模式的理論基礎。相反地，社會安全身心障礙保險（Social Security Disability Insurance, SSDI）政策，似乎只是生物醫學模式下的產物，Berkowitz 和 Hill（1986）解釋：

　　　　美國國會似乎反常地不受（障礙經濟模式）這個構想所影響。
　　　　在強調醫學進步的同時，他們也藉機從更嚴格的基準，來認定
　　　　某些身障者是否還符合接受 SSDI 補助的資格，這些立法者似
　　　　乎不重視經濟學者強調的人口統計、人員資金與社會經濟等變
　　　　數。（p. 26）

　　障礙經濟模式在許多方面受到批評，首先，身心障礙運動的活躍份子，特別是從事獨立生活運動的人士，對於該模式中僅考量工作能力，而不探討休閒、社區服務等活動的概念提出質疑。有些人將經濟模式標籤為「功能模式」，但經濟模式這個詞是較精確的說法，因為在這個模式中，一個人的工作和賺錢能力，視為一被考量的功能。此外，在全國性的大型統計調查中，工作能力一向是被調查的指標：在這些大型統計中，年齡小於十六歲和年齡大於六十四歲的身心障礙者，通常被摒除在工作能力的調查名單之外，因為他們被認為沒有工作的條件。我們可以從以下的敘述中，對經濟模式有更清楚的瞭解：

40

我們可以從職災意外的發生，隱約找出損傷概念的智識基礎（intellectual foundations of the concept of impairment），因為每發生一種生理或醫療狀況，多少都會造成當事人一定比例的功能損失。因此從早期職災的發生情形，我們可以歸納出損傷概念的兩個基本假設。首先，具體的身體狀況和抽象的損失存在一定的關連，有些人將此描述為「賺錢能力」的損失、「經濟損失」或者「功能的損失」，但他們都假設身體情況和某些表現的抽象概念有關連。第二，一個人（更適切來說，一個人的功能能力）其實是可以用量化方法加以操控的分割實體，人的功能被分割成百分比，則障礙被認為是喪失的部分，損傷變成從個人的整體抽取出來的實體。（Stone, 1984: 110）

學者對於經濟模式的另一個批評是，在於這個模式無法解釋勞動市場中瞬息萬變的實際需求，當工作性質改變時，工作障礙的定義也會改變。Smart（2001）敘述：

美國的經濟從勞力為主的農業、礦業和手工業，轉移到以服務和資訊處理為主的經濟環境，這樣的歷程已經影響了障礙的定義。以勞動力為基礎的經濟市場裡，許多認知障礙者，例如學習障礙或者輕微的智能障礙，都可能是成功的工作者；相對的，在這樣的經濟環境中，一位肢體障礙者（特別是男性）可能會有嚴重的限制。但以今日的經濟來看，一位認知障礙者比肢體障礙者的限制則要來得多，由於服務類型工作和技術／資訊處理的工作需要高度的認知功能，現在，一位肢體障礙者，如果藉助輔助科技，反而可以有許多工作機會。（p. 39）

許多政策和法令，都以身心障礙的經濟模式為基礎，然而在這些法令當中，有許多仍然反映二十世紀早期勞動市場的狀況，因此這些法令

41

並不適用於今天的身心障礙者。此外，這些法令並未考量輔助科技進展的因素，若藉助輔具，許多身心障礙者就能夠工作。反觀今日，許多為身心障礙者設計的輔具，都是電腦化、高科技的，並且能夠依照個人的需求而調整，如此的技術改革改變了工作條件的定義（或說個人能力符合工作條件）（Tannebaum, 1986; Thomason, Burton, & Hyatt, 1998）。

社會人口學特質的改變以及對於勞動市場的影響，可以反映相關法令對於工作能力的定義是否仍具有彈性或已經過時。Sobsey（1994）在評論智能障礙時曾經清楚地指出：「戰爭和勞工短缺的情況，會不斷重複地重新定義誰是智能障礙者的問題」（p. 132）。Hahn（1997）曾經用工業後備軍隊（industrial reserve army）這個詞來指稱身心障礙者，當美國經濟需要他們，他們就會被雇用，並且有好的表現，當他們不再被需要時，則會被解雇。

> 在第二次世界大戰期間，體檢和其他雇用的條件均被免除，因為許多公司開放職缺給身心障礙者，以及其他後備的成員，他們展現了生產與工作表現的紀錄。戰爭期間，成年障礙者的失業率短暫的下降，只有在戰後返國的軍人重新返回職場時，身心障礙者的失業率才會再次上升。（p. 173）

我們從以上的敘述可以瞭解到，身心障礙者或障礙本身並沒有改變，改變的是勞動市場的環境。第二次世界大戰的確給予許多弱勢族群，包括身心障礙者，一個進入職場的良好時機。

身心障礙的社會政治模式：
◀◀◀ 在一個完美的世界裡，身心障礙者享有 ▶▶▶
完整的公民權，並獲得必要的調整

身心障礙的社會政治模式主張觀點的徹底改變，特別是改變對於障

礙問題的歸因，也就是說，這樣的歸因可以決定我們對身心障礙的反應，並提出相對應的解決方案。解決方案若可以改變，才可能反映在政策的制訂上。但這樣的徹底改變並非簡單而快速，在社會政治模式中，環境才被認定是問題的因素，也因此法律和政策的關注焦點，將放在如何調整環境。這個模式的歷史短暫，許多學者認為，這個模式可以溯及1960 年代的獨立生活運動（Independent Living movement）和身心障礙權利運動（Disability Rights movement）。

在社會政治模式中，身心障礙被定義為一個社會和公民構念（a social and civil construction），亦即障礙本身或身心障礙者並不必然導致偏見、刻板印象和機會減少。這個模式的支持者通常將身心障礙與損傷（個人的生物情況）和殘障（社會、態度上和制度上妨礙了障礙者的經驗）的概念加以區隔，換句話說，社會結構可以誇大身心障礙的效果，甚至建構出障礙的概念。其他人的行為和態度（機會減少和合理的偏見歧視）並不對障礙造成影響，只是這些缺陷在社會化的過程中不斷被建構。如此他們可以被改變或者改良，卻不對身心障礙者做出任何的改變，如果「身心障礙」是在社會化的過程中被建構出來的，它可以被重新建構或摧毀。

在二十年前，Tamara Dembo 便主張，身心障礙的有無，純粹是當事人的觀點：「身心障礙的情況，只存在於人與人之間，而非個人身上……令人好奇的是，如果障礙不在個人身上，那麼世上就沒有身心障礙者了……『殘障人士』（handicapped persons）只存在於那些旁觀者的眼裡」（Dembo, Leviton, & Wright, 1975: 131）。Itzak Perlman 是國際知名的小提琴家，也是一名小兒麻痺患者，他認為身心障礙者面臨兩個問題：(1)有障礙的物理環境；(2)非障礙者對於身心障礙者的態度（Smart, 2001）。Perlman 的觀察，澄清障礙社會政治模式：他認為身心障礙本身就是一個困難，但大多數的困難並不是障礙本身或是身心障礙者造成的結果。此外，以上兩種困難其實都是可以被改變的。

在許多情況下，所謂的正常與身心障礙之間，應該存在一條明確的

界線（Gleeson, 1999），有時這樣的界線可能是非常武斷的。生物醫學模式和經濟模式儘管有一定的精確度客觀性，專業人員在正常和障礙之間畫了一條線。因而憑藉著專業的區隔力（differential power），我們得以去界定誰是身心障礙者。

有些學者認為，身心障礙者處於公民社會中的劣勢，Liachowitz（1988）便曾解釋道（殘障和身心障礙兩個詞彙在這裡可交互使用）：

43　　　法律有三個方式，制約了損傷人士表現功能的……能力，(1)法律藉由規定身心障礙者的活動使得……他們成為殘障；(2)較不直接的，或許較有效的方法，是藉著提高群眾有能力者之間的特殊期待，法律也製造障礙；以及(3)因為這些期待的知識可以塑造身心障礙者的人格和行為，法律可以導向明顯的「自殘的」（self-inflicted）障礙。（p. 19）

當我們回顧這些想法時，可以看出（根據 Liachowitz 的說法）法律其實才是造成障礙（並非個人生物上的損傷）的原因。此外，法律和政策將社會大眾教育成認為一群人有身心障礙，另一群人沒有身心障礙；法律的權威，也可能將對身心障礙者的機構化措施、偏見和歧視加以合法化。Liachowitz 的另一個論點主張，身心障礙是一個經過學習的社會角色，而非障礙所直接導致的行為與態度。換句話說，社會教導身心障礙者去相信標籤的意義，此標籤是社會的既定組織（和立法機關）賦予他們的，同時也導致偏見、歧視和機會的減少——這真是個大玩笑，Liachowitz 將這些現象稱為自殘的障礙。

法律和政策有醫療分類系統的權力（例如 ICIDI、ICF 和 DSM-IV-R），因為這些形式化、集體的大眾行為已經變成標籤製造者和分類者，個人根據這些法律的規定，接受不同的限制、對待和教育。當團體接續地成為政府立法的對象時，這些人的障礙經驗變成他們的類別、他們的標籤，以及就某部分來說，變成他們的自我認同。如此一來在社會政治

模式中，身心障礙變成一個被政治力量操弄的類別，這些被操弄的類別影響身心障礙者的日常生活，解構了社會大眾對身心障礙者的評價與尊重，並影響身障者的自我認同。

　　社會政治模式是個互動的模式，因為它同時考量身心障礙者和他們的處境，政策制訂者、專業服務提供人員和一般社會大眾都是身心障礙問題的一部分。換個說法，假如我們認為身心障礙的產生是社會集體行動的結果，則反應必然是個集體的責任，如果社會沒有反應，我們便可以認為整個社會選擇拒絕付出代價，以排除身心障礙者所面臨的阻礙與歧視。Bickenbach（1993）引用加拿大人權法（Bill of Human Rights）說：「所有的加拿大人都有責任去做必要的改變，這給予身心障礙者參與非身心障礙者享有的選擇權。」（p. 161），這個共同責任的概念明定在加拿大法律裡。

44

　　在這個模式裡，身心障礙者聲稱他們才具有定義障礙的權力──包括定義身心障礙經驗和反應的方法，但相較於生物醫學模式和經濟模式，社會政治模式並沒有學術／專業領域專家提供理論基礎。就我們所知，一個專業領域應該是以下四個要素構成的結果：第一，專業領域定義並且描述障礙和它的治療方式；第二，一個權力區隔會出現；第三，也許最重要的是，身心障礙者在不同的分類系統、服務提供者和官僚體系中被隔離劃分；第四，它使社會藉故去忽視反應身心障礙者，因為社會大眾認為專業人員能夠滿足障礙者的需求。換句話說，根基於專業領域的模式，將身心障礙的責任轉嫁到不同類型的服務者身上。

　　有身心障礙經驗的人，逐漸開始表達他們對於障礙的看法，通常是透過與專業照顧提供者的直接接觸。最明顯的例子就是聾啞的文化，相較於障礙族群，他們認為他們有一個獨特的文化，也就是使用手語（一個豐富的文化、傳統和互相認同的寶庫）來表達他們的群性。聾啞文化拒絕去接受一個「失能」的角色規範，這麼做可以讓他們在專業壓迫之下獲得解放；另一個例子是美國盲人協會（American Association for the Blind）的前任主席，他指出視覺雖然是有用的、方便的和愉悅的，但這

個主張也暗示，即使沒有視覺，並不表示生活就此不圓滿。在某個程度來說，如果身心障礙者建立障礙的社會政治模式，則合理的推論是，這個模式將會最接近反應這些身心障礙者每天的日常生活經驗。

一些從事身心障礙研究的學者，特別是 Hahn，將社會政治模式稱做身心障礙的弱勢團體模式（minority group model of disability）（Hahn, 1988）。弱勢團體模式和社會政治模式採用一樣的基礎，但加入種族、人種／文化方面的少數族群、性別導向族群與女性議題。Hahn 指出，美國的身心障礙者也和其他的弱勢團體一樣，經歷過相同的歧視。此外也許更重要的是，對少數民族、同性戀者和女性歧視的合理性（或正義），是建立在相同的原則基礎上，就如同歧視身心障礙者一樣，這四個族群被不公平的對待，因為社會認為他們是生物學上的次等階級或病態。近年來，已經有很少人會真正相信少數民族、同性戀者和女性是生物學上的次等，這樣的轉變導因於這些族群開始為自己尋求定位，為自己爭取權益，並主張自己與其他美國人一樣享有同等的權利。

有些身心障礙研究學者甚至主張，以一個群體而言，身心障礙者比其他弱勢團體，經歷更多的歧視。

> 近來許多的研究認為，針對傷殘者的歧視，較其他弱勢族群來的強烈。Bowe（1978）指出，雇主對於傷殘工作者的態度是「……相較於老年人、少數族群、前科罪犯和行為激進的學生，雇主更不喜歡傷殘人士。」

Hahn（1983）發現，殘障人士「相較於社會中的其他族群，更是強大的厭惡態度和偏見」的受害者，Bowe 和 Hahn 均認同 Yuker（1988）的看法，認為傷殘形式愈為外顯，愈容易導致偏見（Berkowitz & Hill, p. 245）。因此，為了個人和政治的認同，身心障礙者被迫藉著加入「他們自己的」族群，以達成他們的訴求。

障礙權利運動和獨立生活運動，以其他公民權運動為借鏡，其結果

導致美國身心障礙者法案（ADA）的立法。但許多身心障礙權益倡導者認為，身心障礙者與其他權益長期被剝奪的族群相比，仍處於相對弱勢。這些批評者指出，身心障礙者身為一個族群，並沒有擁有世代間的連續性（intergenerational continuity）和歷史，或擁有文化認同，包括種族／文化／語言族群的經驗。雖然每個少數種族／民族族群在社會、文化和經濟方面有很大的變異性，但身心障礙族群有著更大的變異性。的確，各類的身心障礙者唯一普遍擁有的資源，就是偏見和被歧視的經驗。不僅如此，少數族群的定義確實有其價值，因為這樣可以建立並延展公民權利的影響。再者，普遍流傳的錯誤觀念，可能也需要好幾代的時間才能被矯正過來。這些錯誤觀念認為，某些族群應該被當做次等公民對待，而這樣做也是合法的，因為這些人依照生物病理學的觀點，早已被認為是次等公民。

　　許多人認為，在此討論的三種模式中，社會政治模式是強而有力的身心障礙模式，因為這個模式是唯一可以賦予身心障礙者動能的模式。相較之下，生物醫學和經濟模式堅持將身心障礙視為個人及生物現象，藉以將身心障礙者加以區隔孤立。如果身心障礙模式的價值有兩個層面（盡可能正確和簡潔地解釋，並發展人類行為的指引），則身心障礙的社會政治模式，無論在準確性和力量方面都是最好的。

46

◀◀◀ 競爭論和資源競爭 ▶▶▶

　　當我們開始討論這些身心障礙模式之前，必須先強調一點，沒有一個模式能夠代表實際狀況。儘管如此，一般大眾仍經常認為這些模式都能反映真實。同時我們也知道，沒有一個模式能夠完整的描述障礙的經驗，在大部分的情況下，每個模式都只從一個向度來定義身心障礙。身心障礙是存在於社會中一個複雜而多變的經驗，當我們採用不周延的定義時，我們所呈現出來的經驗便是扭曲的。

　　這些模式對於身心障礙的界定若不周延，便只會關注某一類的問

題，如此一來，我們就無法清楚描繪身心障礙者的生活經歷。例如一個人若無法找到工作或維持就業狀態，經濟模式大概最能描繪這樣的身心障礙經驗，但問題是，並沒有一個身心障礙者的生活經驗，能夠精確地分割成這三種模式。本章所探討的三個模式之中，社會政治模式大概最能精確而完整地描述障礙者的日常生活，因為這個模式強調，身心障礙者所遭遇的困難，大多是屬於社會性的，比起先前大眾對身心障礙的認知，確實是一項創見。然而，社會政治模式也代表對傳統思想和行動的挑戰（Albrecht, 1981; Berkowitz, 1987; Reno et al., 1997）。

還有一個值得討論的問題，許多身心障礙法令與政策都是源自單一身心障礙模式的理論基礎。因此許多專家（例如，Bickenbach, 1993）認為，身心障礙法令和政策的發展並不完整而一致，他們認為，許多國家的法令（ADA 例外）所帶來的只是漸進式的改變，而非從體制上做根本而劇烈的改革。例如，Liachowitz（1988）認為 1920 年職業復健法是基於障礙生物醫學模式，因此後續的職業復健法及修正案（直接是 1920 年職業復健法的延伸），也承襲了身心障礙生物醫學模式「失能」和「限制」觀點的影響。

48

所有模式都是可以改變的，事實上，這些模式都需要做些改變，才可能持續為人所用。障礙生物醫學模式已經把「身心障礙」和「殘障」的概念，納入「傷殘」的定義之中。隨著勞力市場和輔助科技的進展，經濟模式也不斷的被修正。然而，可能是由於這兩個模式的發展歷史相當久遠，大眾直覺上認為非常容易理解，加上它們在宗教、醫學，以及經濟學方面，都有其根深蒂固的基礎，不禁使人懷疑，社會大眾是否能瞭解，或意識到這兩個模式的轉變。例如，Nagi（1980）曾經對於傷殘、身心障礙與殘障三個概念加以區辨分類，並試圖讓醫學模式更具有互動性（將較為廣泛的環境因素納入考量）。這個說法早在二十五年前提出，但至今絕大部分的人，包括專業服務提供者，仍把這三個名詞視為同義字，並認為這些名詞可以交互使用。新版的 ICF 定義，已經讓臨床工作者對於環境、功能狀況概念的認知更加敏銳；顯然醫療專業人員

已逐漸跳脫醫學模式的思考。相對地，社會政治模式的主要假定認為，身心障礙是由社會所製造出來的，所以如果社會可以製造出身心障礙，那麼社會也可以再製造身心障礙。

這些模式之間存在競合關係嗎？或者說，這些身心障礙模式的歷史都只是前人的軌跡，而其中社會經濟模式應該是最有力和最準確的？但反過來說，沒有人（包括身心障礙者）會贊成完全捨棄醫學模式；另一方面，也沒有人（包括身心障礙者）認為社會政治模式能夠完整的界定身心障礙經驗，並提供理想解決方案。然而，大部分從事身心障礙研究的學者都質疑，單單採用生物醫學模式，就能涵蓋身心障礙者的政治需求。

這三個模式可說是相互建立在彼此的基礎上，更精確地說，生物醫

47

表 2.1　身心障礙的模式

模式	專門領域	歸因	解決方案／責任	強調常態？	互動性？	需求	形成政策	動員身障者的能力
身心障礙生物醫學模式	醫學生物學	病理	個人	是	否，身心障礙是個人的問題	只注重醫學	SSDI SSI	無
身心障礙經濟模式	經濟學	經濟問題角色失敗	個人	是	否，角色失敗導致個人的障礙	只注重經濟和職業	VR 工作者補償	些許
身心障礙社會政治模式	無	無關	社會	否	是	人權、完整的政治及經濟參與、調整	ADA	有

註：SSDI＝社會安全身心障礙保險
　　SSI＝安全生活補助金（Supplemental Security Income）
　　VR＝職業復健
　　ADA＝美國身心障礙者法案

學模式是瞭解身心障礙的起點。然而在資源和服務有限的現實情況下，這些模式是互相競爭的，因為每個模式引導出的政策和介入服務的範圍都不一樣。顯然社會上的資源不可能同時滿足這三個模式。Leslie Milk很幽默地描述這樣的現實：「就當我們終於有機會分到一塊派時，別人卻決定我們不能再吃甜點了。」（引自 Bowe, 1980: xv）。

此外，每個模式均對身心障礙提出定義和假設前提，並影響到社會大眾的認知。但這些定義彼此衝突，社會要怎樣決定哪個是最準確的定義？身心障礙如何塑造他們的自我認同？

討論過這三個身心障礙的模式之後，我們所發現的問題似乎比答案還要多。這些模式間是否存在競合關係？或只是前人的軌跡？以上兩個問題的答案都是肯定的。身心障礙的概念，確實是生物學與社會構念的結合，也因此我們也有一定的基礎，可以繼續鑽研這些問題。

第 三 章
美國復健服務的
發展歷史與體系

David B. Peterson and Lyndon J. Aguiar ◉ 著

花敬凱、許靖蘭 ◉ 譯

許多探討身心障礙政策發展相關主題的教科書，都對復健諮商的歷史與體系做了完整的回顧（Jaet & McMahon, 1999; Maki & Riggar, 1997; Obermann, 1965; Parker & Szymanski, 1987, 1992, 1998; Rubin & Roessler, 1978, 1987, 1995, 2001; Weed & Hill, 2001; G.N. Wright, 1980），這些文獻的精闢回顧，對於本章的完成有很大的幫助。儘管先前有許多學者努力回顧復健諮商的歷史，包括本章在內的所有文獻的重點，均強調身心障礙政策發展如何滿足身心障礙者的職業、獨立生活以及教育需求；移除環境與態度上的障礙，以達到完全社會融合的目的；並確立身心障礙者的公民權（civil rights），使身心障礙者免於受到歧視。

◀◀◀ 身心障礙與社會服務的歷史觀 ▶▶▶

瞭解復健諮商的歷史與體系，是提升當代復健諮商實務效能的根本方法，因為我們可以從過去的經驗中學到，必須要尋求有彈性、創新的做法，才能造成必然的工業、社會與政策變革。我們不可能因為任何風吹草動就調整自己的做法，雖然這些可以為我們的專業帶來實質性而具有挑戰性的改變。但是想想在過去兩個世紀以來，工業革命、南北戰爭與世界大戰，或民權運動為身心障礙相關的健康與社會服務立法，曾帶

來多少衝擊。

Rubin 和 Roessler（2001）指出，社會大眾對待身心障礙者的方式，隨著對障礙發生的歸因、醫學知識的進展、對非障礙者的威脅態度、當時的經濟狀況，與優勢社會中的文化哲學觀念演進而有所不同。文學作品中反映社會大眾對於身心障礙者的觀感，最早可追溯到古希臘羅馬時期，我們可以由此開始進行歷史回顧。

古希臘羅馬時期

在古希臘羅馬時期之前（西元前 450 年），身心障礙者，例如癲癇患者與智能障礙者，被認為是超自然力的受害者（victims of supernatural forces），人們認為身心障礙者的靈魂或許是遭到惡魔附身（Hergenhahn, 2001）。巫醫常使用魔法與宗廟藥物，企圖想要治療這些人，在古希臘時期，許多身心障礙者常常遭到虐待或殺害。在幾世紀後的古羅馬時期，許多剛出生的身心障礙兒童也有類似遭遇，基於優生學（藉著控制選擇血統來改良人類品種）與經濟因素的考量，殺嬰行為（infanticide）遂被合理化（Rubin & Roessler, 2001）。

在古希臘，哲學家 Pythagoras（大約西元前 580-500 年）相信，健康有賴於身體內各種元素的調和，他對希臘名醫 Hippocrates（西元前 460-377 年）的影響甚深，這位名醫相信，所有的生理與心理失調都「導因於自然因素，諸如，器官傷害、體液不平衡，或其他遺傳性疾病」（Hergenhahn, 2001: 33）。因為這個典範，當時一般人用較為人性（但仍離理想很遠）的方式來治療身心障礙者。

隨後，斯多噶哲學（Stoicism）思想於羅馬帝國（大約西元前 27 年到西元 14 年）發揚光大。這一派的思想認為，萬物的發生都有原因，因此個人應該心平氣和地接受所有事件，猶如看待神的旨意與自然法則一般。身心障礙者被期待接受他們的情況，並且不可抱怨或尋求協助。不論是否有身心障礙，來自較高社會階層的人所受的待遇，要比起那些來自較低階層的人要來得有人性化一些（Rubin & Roessler, 2001）。西元

395 年之後，羅馬帝國分裂與後來屈服於異國侵略者，到最後西元 476
年落入德國哥得人手中，身心障礙者身處的苦境可想而知。

中世紀

52

中世紀時期，在古代與文藝復興之間（西元 476 到 1453 年），基督
教教會掌握全歐洲的政經大權，教會教條的焦點放在宗教罪惡（sin）與
處罰（retribution）上，身心障礙有時被視為神的處罰或惡魔附身——又
回到希臘羅馬古典時期前的觀點。這個時期的醫師不但醫術差，也深受
這樣的觀念所影響，精神疾病患者常常是被僧侶醫治的，他們所採取的
醫術，可以從溫柔的祈禱到殘暴的懲處，以驅逐可惡的惡魔（Rubin &
Roessler, 2001）。1400 年代以前，身心障礙者被視為惹麻煩的靈魂，大
眾對身心障礙者的反應可以從文化性的壓迫，到具有社會制裁意涵的撲
殺。

文藝復興時期

十四到十六世紀間，從中古世紀到現代的過渡期，科學也有實質進
展。許多科學家指出，精神疾病和心智障礙的成因是生物性的，精神疾
病患者與心智障礙者都該被送往收容所治療。例如，位於伯利恆聖瑪莉
醫院（Hospital of St. Mary of Bethlehem），以及在十五到十六世紀惡名
昭彰的倫敦貝勒姆（Bedlam）精神病院。然而，「這些早期收容所提供
的治療，往往不具治療效果……在暗房裡用鐵鍊套住病人，是相當常見
的做法」（Rubin & Roessler, 2001: 4）。

1600 年代期間，歐洲為聾人發展手語溝通，後來由 Thomas Gallaudet
引進美國（Obermann, 1965），在他的努力下，聾童教育得以在美國紮
根。此舉雖然使得聾人教育大有進展，但多數的身心障礙者仍在掙扎，
試圖希望社會大眾以更人性化的方式對待他們。這時，早期歐洲在復健
方面的革新做法，還沒有很快地流傳到美洲殖民地。

美國殖民時期

十七與十八世紀時，精神疾病患者與心智障礙者仍舊處境堪憐，直到十九世紀中期，Dorothea Dix 試圖改善精神病患的治療方式，開始她在當時相當有名的改革運動。早期的殖民地美國，移民政策限制肢體障礙者和精神病患進入美國，因為這塊新領土會是「兇猛的與殘酷」的。許多早期的殖民者仍然認為身心障礙是來自神的懲罰，類似的態度也持續在其他國家裡流傳。然而在十八世紀中，Benjamin Franklin 與基督教貴格會（Quaker）信徒結盟，在美國費城建立第一座殖民地的公立醫院，為十九世紀更為現代的醫療技術奠定基礎（Grob, 1973）。

53

十九世紀早期

1800 年代的美國是一個小政府的時代，由於在前一世紀奮力脫離英格蘭而獨立，政府會採取這樣的政策，自然是可以理解。儘管資源有限，十九世紀的前半葉，仍有許多人為身心障礙者服務，並留下深遠的影響，其中兩個最著名的人物就是 Gallaudet 與 Dix。Gallaudet 在他的法國同僚 Laurent Clerc 的幫助下，1817 年在康乃狄格州的哈特福郡（Hartford）創建美國收容所（American Asylum），教導聽障者如何溝通。Gallaudet 對聾人復健領域的影響，引領聾人較高教育的第一間教育機構的成立，他在 1857 年創立高老德大學（Gallaudet University）。

正如前述，Dix 曾直接揭露精神疾病患者接受不人道治療的情形，此舉在 1841 年與 1854 年間將此類患者的治療，引領至更為人道化的治療，她的努力產生了很大的影響，促使各州和聯邦政府提撥經費，改善精神治療機構的設施。關於十九世紀障礙服務發展的詳細回顧，特別是針對盲人（例如Samuel Gridley Howe 的工作）、發展障礙者、精神疾病患者與肢體障礙者的服務，請參考 Rubin 和 Roessler（2001）的著作。

十九世紀末期

　　從 1861 年到 1865 年，美國爆發南北戰爭，肢體障礙者的急速增加，也間接促成復健運動（rehabilitation movement）的推動。雖然醫療與外科技術仍是非常粗糙，傷者的存活率也很低，但是受傷退伍軍人的真正數目，卻導致大量肢體障礙的存活者。十九世紀晚期，美國也歷經工業革命，人們從鄉村農地社區搬遷到城市，從事日益蓬勃的製造業工作，以賺取金錢。

　　美國國內在 1880 年與 1990 年間盛行社會福音（Social Gospel）運動，強調宗教在社會改革中扮演的角色。當時 Washington Gladden 領導並支持「向弱勢者行善」（beneficence to the disadvantage）的運動，這項運動也使得身心障礙者受到的待遇獲得改善。然而十九世紀晚期的幾項發展，並非都是有益的。與社會福音運動同時期的其他三個相反的運動也在進行，首先，Sir Francis Galton 提出優生學（eugenics）的概念，無疑是回復到古希臘羅馬時代的哲學思想。這項運動導致各州政府訂定限制婚姻與非自願結紮的政策，這樣的政策甚至延續到二十世紀（例如在 1907 年通過首次的法律同意智能障礙者結紮的條款）。

　　第二個與社會福音運動反向的發展，便是 Herbert Spencer 在這個時期提出「社會達爾文主義」（social Darwinism）的理論，並主張政府應該採放任主義（laissez-faire），「適者生存」是這個理論的格言。無論是優生學或者是社會達爾文主義，對身心障礙者而言都不是有利的社會氛圍。第三股社會動力則是，由於政府採行放任主義政策，除了建立強制性教育方案（compulsory education programs）與國防安全計畫之外，政府部門盡量不介入其他事務，協助身心障礙者的工作，遂大多轉嫁到社區中的慈善團體。

　　十九世紀末，我們見證到各州政府開始支持那些需要較多扶助人士的相關事務，也見證慈善組織的發展，對身心障礙者而言都是很大的幫助。很不幸地，許多像這樣的組織仍謹守宗教的教條規範，認為一個人

54

的不幸遭遇是由於道德淪喪所致。姑且不論這些慈善組織的活動是否尚有不足，畢竟他們為將來職業復健（VR）服務，奠定了一定的基礎（Rubin & Roessler, 2001）。

◀◀◀ 二十世紀身心障礙政策 ▶▶▶

二十世紀早期

55

　　從 1890 年代到 1900 年代早期，人民黨員所帶領的運動，促使政府為經濟與社會服務議題負起責任，特別是那些農夫與勞工的議題更甚於有特權的中間份子，以對抗先前的放任主義傳統。類似地，一群共和黨的反對者組成進步黨，他們所發起的運動，企圖為所有人創造一個「公平的交易」（square deal），反對政策因少數人累積的財富與權力而存在的趨勢。兩個運動都主張政府應該做更多的介入，以維持社會公義。今日的復健系統，就像當年的進步黨運動，透過政府的介入幫助社會中擁有較少資源的人，以提升他們的社會地位。然而政府介入的增加，也需付出相對的社會成本，聯邦政府需要增加稅賦，以籌措龐大的復健服務經費，這樣的制度建立於 1913 年。

　　第一個現代復健機構，克里夫蘭復健中心（Cleveland Rehabilitation Center）創建於 1899 年俄亥俄州的克里夫蘭市。它是其他建於二十世紀早期的中心學習的典範，其目的為提供身心障礙者的復健治療。但直到半個世紀後，美國才建立第一個專屬的復健醫學研究機構。在 1948 年，Howard Rusk 在紐約大學成立第一個復健醫學中心，以當時最為先進的醫藥科技，為身心障礙者提供醫療服務（Rusk, 1977a, 1977b）。

　　1908 年通過的聯邦員工補償法（Federal Employees' Compensation Act, FECA），是美國第一個通過的勞工補償法案。起初該法案的適用對象僅涵蓋工作性質最為危險的聯邦雇員，諸如海巡防衛隊（Nordlund, 1991）。很不幸地，1916 年美國的絕大多數勞工都不是聯邦雇員，所以

FECA 並不適用於一般勞動階級。

　　二十世紀初期由於工業革命的進展，從事製造業的勞工大量增加。雖然從事農業貿易的人口也可能面臨職業相關的傷害，不過工業貿易相關的職業災害程度與範圍卻是空前的，進而導致勞工補償的範圍，擴大到所有工作者。1916 年時，聯邦雇員補償法的適用範圍擴及所有的聯邦雇員，以提供遭受職業災害或患有職業病的雇員薪資替代、職業復健，以及醫療津貼等福利（U.S. Department of Labor, n.d.）。

　　雖然紐約州在 1910 年是第一個通過強制性勞工補償法的州，但隔年即被宣告該法令違憲，威斯康辛州的勞工補償法在 1911 年通過，並取得法院的認可（Texas Workers' Compensation Commission, n.d.）。直到 1917 年，隨著美國最高法院決定，准許各州盡力去推動相關法令，許多州也才開始制訂勞工補償法。

　　第一次世界大戰的發生，對復健服務造成很大的衝擊。戰爭自 1914 年延續到 1918 年，美國與同盟國抵禦德國與軸心國的武力，和美國南北戰爭一樣，第一次世界大戰後，肢體障礙者的人數大量增加。1900 年代，由於外科技術的進步，使得大量的受傷退伍軍人得以生還，直接導致的結果是 1916 年國家防禦法（National Defense Act）的通過，以協助返家的士兵準備回歸平民生活。

　　1917 年，史密斯—修司法（Smith-Hughes Act）促使聯邦政府提供經費，開始為退伍軍人設立職業教育方案（貿易與農業學校），這些服務都是具有教育性質的，而非復健服務。由於該法案的通過，聯邦職業教育委員會（Federal Board for Vocational Education）也隨之成立。

　　1918 年軍人復健法（史密斯—喜而斯法等）〔Soldiers Rehabilitation Act（Smith-Sears Veterans Rehabilitation Act）〕，提供美國第一個身心障礙退伍軍人職業復健方案，第一次世界大戰的傷患，成為該法案通過的主要推動力。雖然反對該法案的人士，認為它「太像是塗過蜜蠟的社會主義」，但該法案所提供的服務，最終還是成為公民職業復健方案（civilian VR program）的基礎。

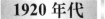 1920 年代

　　1920 年平民職業復健法（史密斯—費斯法）〔Civilian Vocational Re-habilitation Act（Smith-Fess Act）〕，將服務延伸到一般平民百姓，由聯邦政府配合州政府執行相關業務，相對提撥 50%的經費，針對十六歲以上的肢體障礙者，提供監護、教育、義肢與其他復健、職業訓練，以及最終的工作安置。雖然該法案本可服務許多亟需服務的障礙者，但許多州尚未訂定相關法令，提撥相對的職業復健經費。

　　禁酒令時期（period of Prohibition）始於 1920 年，當美國憲法第 18 號修正案禁止酒精飲料的製造與販售。社會上對禁酒令似是而非的言論，在喧囂的 1920 年代，一般人對於權威採取毫不在乎的態度，囂張長達一世紀的地下酒吧、放縱與過度的生活，利他主義（altruism）的思維，並不見容於當時的社會。大眾不是十分支持理想的改革者，以致於復健服務的進展十分有限。

　　1920 年代的衰敗，隨著黑色星期四（ Black Thursday）達到極點，1929 年 10 月 24 日股市大崩盤。諷刺地，其後的經濟大蕭條，使得商業活動減少、錢幣貶值、高失業率，成為這個時期最明顯的標記。但也在這個時期，有人開始強調協助人們返回工作，這也是職業重建服務所強調的價值。

1930 年代

　　禁酒令在 1933 年終止，羅斯福總統提議降低 25%的職業復健服務，但是這樣的做法卻失敗了，一個可能的解釋是，由於羅斯福總統個人能夠冷靜而成功地克服自己的障礙，以致他服務身心障礙者的意願不高。另一方面，在 1930 年代，美國人在經濟上面臨重大挑戰，在全國面臨重大危難之際，身心障礙者的需求反而被忽略。羅斯福總統當時所推行的新政，雖以提高經濟復甦以及社會改革，以緩和當時的國家困頓為目標，但沒有特別考量身心障礙者。

1935 年社會安全法（Social Security Act, SSA）的通過，促使聯邦政府第一次動用永久性資源，以解決就業方面的問題。當時透過聯邦經費，設立了第一個永久性、非實驗性質的職業復健方案，也為老年退休人士設立收入津貼的服務。社會安全法也為藍雪法案（Randolph-Shepard, 1936）以及威格拿—歐爹法案（Wagner-O'Day Act, 1938）奠定基礎，藉由社會安全法的落實，要求聯邦政府開發盲人所製造的產品市場。

1936 年藍雪法案為盲人調查潛在的工作，以幫助盲人在刻板印象職業之外擴大工作機會，該法案最即時的條款，是允許盲人在政府機構內設立販售攤位。1938 年威格拿—歐爹法案，也為盲人建置非營利國家工業（nonprofit National Industries），並規定政府單位採購他們的產品。

在 1938 年，公平勞動基準法（Fair Labor and Standards Act）訂有最低薪資以及超時加班費的相關規定，並禁止雇用童工。該法案仍對身心障礙者產生間接影響，降低身障者被雇主惡意剝削的可能性。

1940 年代

第二次世界大戰於 1939 年到 1945 年展開，當時美國與同盟國對抗德國、義大利與日本。當時因為軍人投入戰事，造成美國的勞工短缺，使得身心障礙者證明他們有能力進入勞動市場。由於醫療技術的進步，導致外科與藥物徹底改善一些傷患的死亡率，使得更多的傷者得以存活，而產生了大量的身心障礙人口。

1943 年職業復健法修正案（巴登—拉法葉法案）〔VR Act Amendments（Barden-Lafollette Act）〕，將服務延伸到肢體障礙以外的身心障礙者，包括智能障礙者和精神病患。此外，當時也發展出更多生理復健（physical restoration）的方法，提供職業復健服務的情境，也更明確地被定義（例如：服務的提供是建立在財務的需求之上）。該法案也是類似法令中，第一個規定為盲人設立職業復健方案的法令，結果，類似服務在往後的數年內得以快速成長（Rubin & Roessler, 2001）。

58

1943 年也通過身心障礙退伍軍人法（Disabled Veteran's Act），授權政府提供任何需要的服務，以協助身心障礙的現役軍人在榮譽除役後能夠適應職場生活。在 1944 年，現役軍人再適應法（Servicemen's Readjustment Act）規定提供訓練與教育協助方案，給因為軍旅服務而中斷教育的現役軍人。1952 年的退伍軍人再適應法案（Veteran's Readjustment Assistance Act），則提供所有參與韓戰的退伍軍人，所需的教育與訓練。

1950 年代

1950 年代被認為是復健的黃金時代（golden era of rehabilitation）（Rusalem, 1976），當時通過許多修正法案與法律，這些法令大大地增加身心障礙者的利益與服務。從 1954 年到 1965 年復健基金持續戲劇性地增加，歷經三任總統包括艾森豪、甘迺迪以及詹森。

這期間所建立的新法令，是 1954 年職業復健法修正案（VR Act Amendments of 1954），還有眾所周知的 565 公法，提供盲人、貧窮、年老，或其他障礙者的津貼所得（社會安全生活補助金）。該修正案也將聯邦政府提撥相對經費的比率，從 1：1 增加到 3：2，並擴大服務到智能障礙者與精神障礙者（請參照先前所提的 1943 年巴登—拉法葉法），並提供研究與設立示範方案的獎助金，同時也促成復健諮商研究所課程方案的設立，與復健機構的持續發展。

1956 年社會安全法修正案（SSA Amendments of 1956）授權提撥社會安全障礙補助金給五十歲以上，可能沒辦法再返回競爭性職場工作的永久性身心障礙者（persons with permanent disabilities）。該修正案並非與職業復健有關，但可提供補助金替代方案給具資格領取津貼的人。在接下來的十年中，社會安全法的擴充也成為立法方向改革的推動力，改革方向從依賴津貼，逐漸朝向透過職業復健，提升身心障礙者的獨立性。

1960 年代

在 1962 年通過的大眾福利修正案（Public Welfare Amendments），雖然開啟職業復健與公立協助部門（departments of public assistance）之間合作的里程碑，雙方合作的情形卻不盡理想。該法案企圖運用職業訓練與社會服務，將福利接受者從依賴福利的角色，逐漸轉變成勞動參與者。同樣地，1964 年通過的經濟機會法（Economic Opportunities Act）也藉由自助與再教育（self-help and reeducation programs）方案，幫助經濟上的弱勢者獲得更大的自主權。這樣的構想乃是希望協助依賴福利補助的人士，幫助他們獲得就業機會，進而成為納稅人的角色。只是要同時執行這兩個方案任務過於龐雜，加上缺乏規劃、資源有限，以致這兩個法案的目的無法達成。

1964 年的民權法案（Civil Rights Act of 1964）禁止對任何人在雇用、終止雇用關係、補償，或任何其他言語、狀況，或就業基本人權等方面有差別待遇，包括種族、膚色、宗教、性別或原國籍〔最終的修正案包括 1978 年懷孕歧視法（Pregnancy Discrimination Act in 1978）〕。平等就業機會委員會（Equal Employment Opportunity Commission, EEOC）也在該法案的催生下成立，這是諸如 Ralph Nader 等民權運動與消費者保護主義（consumer protectionism）先鋒所努力而產生的自然結果。

1965 職業復健法修正案（VR Act Amendments of 1965）把聯邦提撥補助各州的職業復健經費，從比率 3：2 提高到 75%，並將服務延伸至幾類未獲服務的身障人口，包括行為異常者（behavior disorders，需有心理師或精神醫師的診斷）、藥物濫用者、公共犯罪紀錄者，以及在社會上處於弱勢的其他族群。延展性的評量（extended evaluation）也首度被引進職業復健系統，讓專業人員有更多的適當評估時間與機會，以評估重度障礙者。身障者在經濟上獲得的補助，不會因為接受職業復健服務而被取消，但補助的金額仍會視需要而調整。修正案也提撥經費，支持州政府設立服務輸送方案，並成立新的復健中心。職業復健修正案在

1968 年再度修訂，將聯邦政府補助職業復健方案的經費比例改為 80%，增加促進身障者就業穩定的追蹤服務（follow-up services）、提供身障者家屬所需的服務，並擴充職業評量（vocational evaluation）與工作適應服務（work adjustment services）。

全國建築障礙委員會（National Commission on Architectural（Barriers）也在 1965 年職業復健修正案的授權下成立，委員會成員的任務，是為身心障礙者檢驗公共場所是否達到無障礙可近性（accessibility）的標準。他們的努力成果，促使建築障礙法（Architectural Barriers Act, ABA）在 1968 年通過，並訂定無障礙建築標準。根據 ABA 的規定，由聯邦提供資金建造、租借或改建的建築物，必須達到方便「障礙者」出入的標準（參見 Access Board, n.d.）。建築與運輸障礙申訴委員會〔Architectural and Transportation Barriers Compliance Board，後來更名為「無障礙委員會」（Access Board）〕成立於 1973 年，其目的為確保聯邦機構符合建築障礙法的規定。然而，直到 1990 年美國身心障礙者法案的第一章和第二章（Titles I and II）裡，對於建築無障礙設施才有更詳盡的規定，相關細節將於 1990 年的段落中詳細說明。

60

獨立生活運動於 1960 年代開始萌芽，由全國復健協會（National Rehabilitation Association）透過國會推動相關法案，並提供相關經費，將獨立復健服務（independent rehabilitation services）納入多數案主的職業方案中，但由於衛生、教育與福利部（Department of Health, Education, and Welfare）擔心許多人尚在等待接受職業復健服務，立法過程因而中止。

另一個在 1965 年通過的重要政策，是社會安全法修正案，重要內容包括建立社會安全身心障礙保險，以給付津貼給已加入並支付聯邦保險計畫的身心障礙者，並由州立職業復健機構負責提供服務，給社會安全障礙保險的被保險人。

幾個重要的政策在 1967 年時，於詹森總統的背書確立，他首先簽署 11246 號執行令（Executive Order 11246），以擴充 1964 年民權法的使用範圍，並要求與聯邦政府簽訂十萬美元以上肯定行動（**affirmative ac-**

tion）契約的雇主，必須確保就業機會平等。老年就業歧視法（Age Discrimination in Employment Act）也於同年通過，確保四十歲以上的人不會因他們的年齡而受到差別待遇。最後在 1967 年職業重建修正案的授權下，國家聾盲青年與成人中心（National Center for Deaf-Blind Youths and Adults）也得以成立，同時聯邦政府也提供經費，為移民勞工及其家屬設立領航方案（pilot projects）。

1970 年代

1970 年代可說是身心障礙政策的黑暗時期，特別是尼克森總統在位時期（如同 1980 年代雷根總統的時期一樣）。尼克森總統企圖廢止職業重建服務，但是幸好並沒有成功。對一般勞動力有用的政策，是 1970 年發展的職業安全與衛生法（Occupational Safety and Health Act），它建立了安全與衛生工作環境的聯邦標準。同年，都市大眾運輸法（Urban Mass Transit Act）也開始為行動不便者規劃並設計交通運輸方案。

1972 年社會安全法修正案透過聯邦政府資助的醫療保險（Medicare）提供健康照護權利，州政府也利用醫療保險金，提供健康照護所需的經費。除了教育修正案禁止在所有聯邦補助方案中的性別歧視之外，平等就業機會委員會（EEOC）成功地倡導平等就業機會法（Equal Employment Opportunity Act），確保州與地方政府、政府機構，以及政府相關局處提供所有人民平等的就業機會。

1973 年復健法也是眾所周知的「十億美元方案」（billion dollar program），該法案包含六章（請參見表 3.1），強調增加極重度身心障礙者的相關服務，以及消費者參與復健服務規劃的歷程。該法案的第七章是在 1978 年增訂的，主要內容確立「支持性獨立生活服務」（supported independent living service）的政策（相關內容將在稍後討論），有關復健法所有條文的說明，請參見表 3.1。

1975 年的 94-142 公法，全體殘障兒童教育法（Education for All Handicapped Children's Act），明令身心障礙兒童接受免費、適性的公眾

教育（free appropriate public education），強調盡可能完全整合的無障礙環境（fully integrated and barrier-free environment）接受教育，並強制要求每位學生都有個別化教育計畫（individual education plans, IEPs）。在1990年，該法再度經過授權，並更名為身心障礙者教育法（Individuals with Disabilities Education Act, IDEA）。隨後，有鑑於美國教育改革的趨勢，1997年IDEA的修正案企圖將較多的重點放在檢視身心障礙兒童的教育成果。在這些修正案當中最大的改變，便是強調身心障礙兒童評量與再評估的做法，在設計IEP時，也需要思考身心障礙兒童的教育需求，如何整合到一般課程當中。

1970 年代後期

1970年後期的重要發展，在於幾個法案的相繼立法。1976年通過發展性障礙協助與權利法（Developmental Disabilities Assistance and Bill of Rights Act, DDA），其目的在於幫助身心障礙兒童達成他們的最大潛能。在1978年，美國政府開始提撥目標工作稅預備款（Targeted Jobs Tax Credit），供那些雇用高失業率特定障礙族群的雇主申請，雇員大多是從職業復健機構轉介而來的；同時也通過健康維持組織法（Maintenance Organization Act），以鼓勵目前普遍設立的健康維持組織的發展。此外，民權委員會（Civil Rights Commission）的職權也經由1978年民權委員會修正案（Civil Rights Commission Amendments of 1978）的通過，擴及保護障礙者免於歧視；最後，平等就業機會委員會（EEOC）、美國人事管理辦公室（U.S. Office of Personnel Management），以及勞工與司法部（Department of Labor and Justice）共同編著《就業選擇程序統一指南》（*Uniform Guidelines on Employment Selection Procedures*）。該指南對於測驗與遴選、雇用、升遷、降職、會員權（如在勞工組織裡）、轉介、留任、執照與證照、訓練或轉職等程序，都有重點式的說明。

到了1970年代晚期，隨著教育部組織法（Department of Education Organization Act, 1979）的通過，教育部也得以成立，在教育部內，各州

表 3.1　1973 年復健法

章節	內容說明
第一章	在設計個別化書面復健計畫（IWRP，現名為「個別就業計畫」）時提升消費者參與（consumer involvement）的程度。當復健服務的申請者對於自己是否符合資格有疑慮時，提供申訴管道，設立案主扶助方案，並擴充身心障礙的定義，包含行為異常（障礙者的定義是「任何人具有生理或心理損傷，導致一或多個日常生活活動受到限制，或具有如此損傷的紀錄」）。同時，本章明訂提供重度身心障礙者服務，並提供 90% 對等資金給美國原住民部落族群。
第二章	設立全國性障礙與復健研究組織，以便於管理研究方案，設立研究與訓練中心以及傳播資訊機制。
第三章	提供訓練與特殊方案，包括與研究所的建教合作機制、支持性就業方案、從高中到職場轉銜服務、報讀與手譯員服務的服務，以及休閒娛樂方案。
第四章	成立國家身心障礙總會（National Council on Disability）。
第五章	「民權條款」包括 501-504 節： 501 節：聯邦雇用反歧視（nondiscriminatory federal hiring）條款，或稱為聯邦雇用的肯定行動原則：機構需要訂定一肯定行動計畫，此計畫用來做為一模式方案，但方案並不適用於公家單位。 502 節：成立建築與運輸障礙申訴委員會，以推動 1968 年建築障礙法的無障礙標準，適用於接受聯邦政府經費補助而改建的大樓。 503 節：聯邦政府與其補助對象間的「肯定行動」契約：在禁止歧視身心障礙者的基礎下，要求雇主依照肯定行動雇用身心障礙者，並提供合理的調整，幫助身障者執行工作中的主要功能（essential functions）。接受聯邦政府 25,000 美元以上補助的事業機關必須承諾遵守規定，美國勞工部（Department of Labor）是負責執行肯定行動相關規定的主管單位。 504 節：聯邦方案中的機會均等（equal opportunities in federal programs）：接受聯邦政府經費補助的方案或活動，禁止任何形式的歧視，不得因為身心障礙的理由，歧視在其他方面符合資格的候選人（an otherwise qualified candidate）。
第六章	開發身心障礙者的就業機會，包括與產業合作專案（Projects with Industry）、政府資助的合作—訓練協議、小型企業機會，以及支持性就業。不過，許多這類的經費都已遭到刪減。

（續）

章節	內容說明
第七章 （1978 年增訂）	本章於 1978 年增訂，第七章授權提撥經費，補助身心障礙者的獨立生活服務，以協助不具就業潛能者。服務重點在於提供隨身照護、倡導、技能訓練、居家與交通轉介，以及社區群體生活，相關立法也於 1992 年完成修正。

與聯邦職業復健服務，目前都是由特殊教育與復健服務辦公室（Office of Special Education and Rehabilitative Services）所管理。總結 1970 年代復健服務的發展，我們將把討論重點放在下一個階段最重要的政策發展之一，那就是獨立生活服務（independent living services）。

獨立生活服務

除了以上回顧的政策外，在 1978 年通過的法令，也為獨立生活服務奠定法源基礎，使得那些不見得能達到就業目標的身心障礙者，也能得到相關的復健服務。除了納入 1973 年復健法增加第七章「復健、綜合服務」外，1978 年發展性障礙法（Developmental Disabilities Act of 1978）明令將獨立生活服務，納入權利法案（Bill of Rights）成為第五章，並成立障礙者全國評議會（National Council on the Handicapped，現今是全國獨立生活評議會），「跨機構殘障研究委員會」（Interagency Committee on Handicapped Research）也隨之成立。獨立生活中心成為各州與聯邦職業復健系統的重要夥伴，提供身心障礙者全面性的支持服務。1992 年復健法修正案進一步提升獨立生活服務的位階，相關修法進程，請詳見「當代身心障礙政策」段落的介紹。

當代身心障礙政策

當我們回顧到二十世紀晚期的身心障礙政策，似乎應該要花一點時間來探討要如何維持最新的身心障礙政策發展潮流，很顯然地，本章的回顧已涵蓋許多資料。各方面利害關係人參與法案的推動，從提案到制

訂新法律的民主過程中,身心障礙權益倡導者應該積極發出聲音,表達他們的意見。在立法發展的過程中,新的法律不斷產生,權益倡導的工作也需要持續進行,才能使制訂出來的新法律,維持原本的意旨。最後,正在訴訟中的司法案件,必然會對既定政策在未來如何推行產生影響,但我們又如何能跟上這些變化?

要確保身心障礙政策發展同步,專業組織是最有用的資源之一。美國復健諮商協會(ARCA)及其母組織全國諮商協會(American Counseling Association)、全國復健教育協會(NCRE),以及全國復健諮商協會(National Rehabilitation Counseling Association)及其母會全國復健協會,均透過網站、通訊,以及其他溝通形式,以協調會員所擁有的資源,致力於身心障礙的權利倡導,進而服務所屬會員。與其他復健諮商專業人員連結成網絡,能夠在身心障礙政策的推動上得到驚人、有經驗基礎的協助,最終,網絡才是維持最新發展最好的資源。湯姆斯:網路上的法令資訊(http://thomas.loc.gov/)提供一個服務,就是經由國會圖書館(Library of Congress)提供在國會會議之前所有政策事宜的最新資訊。ADA(後文討論)科技輔具的資訊在網址 http://www.adata.org/ 裡找得到。SSA 提供工作券方案網(Ticket to Work Program Web)(於本章後文討論)的網址是 www.ssa.gov/work/Ticket/ticket_inf.html。還有許多其他像這樣的資源都在網路上,我們只要鍵入特定身心障礙政策的重要關鍵字,就可瀏覽一系列豐富的資訊。

64

接下來,我們將回顧 1980 年代身心障礙政策的發展,並介紹美國身心障礙者法案(ADA)、1992 年職業復健法修正案、勞動力投資法(Workforce Investment Act, WIA),以及工作券與促進工作誘因法(Ticket to Work/Work Incentive Improvement Act, TWWIIA),來做為本章的總結。

1980 年代

1980 年代最明顯的發展,便是政府減少在教育、衛生、職業復健和

身心障礙議題的投入程度。同時,社會充斥著功利主義的觀點,政府所關注的議題是「最好的事是最大的數字」(the greatest good for the greatest number)。雷根總統在他不甚有名的演講中說,他實在很厭倦聽到那些特殊利益團體的訴求,他想要支持的對象,是那些為了家人好而終日工作的一般美國人。雷根總統並沒有建立支持身心障礙相關服務的氛圍,包括他所支持的防治愛滋病毒/後天性免疫不全症候群(愛滋病)傳染病擴散的專業活動,最終也宣告失敗(Shilts, 2000)。

1982 年工作訓練夥伴關係法(Job Training Partnership Act of 1982)是一個促進政府與雇主之間合作關係的法案,以幫助青年人與不具技術的成年人進入勞動市場。該法案也針對處於經濟弱勢,以及其他需要特殊訓練的人士,提供職業訓練的機會。

1973 年與 1978 年的復健法,於 1984 年再次修訂,並正式設立案主扶助方案在州一聯邦職業復健體系提供消費者職業復健服務時,做為全力倡導機制。障礙者全國評議會也從教育部脫離,成為一個獨立的單位。同時在 1984 年,為了要確保獨立生活中心(Centers for Independent Living)雇用身心障礙者,一項法律規定,亦即獨立生活中心 51%的雇員與董事必須是身心障礙者。

1986 年同時有兩個重要的政策發展,無障礙航空器法(Air Carrier Access Act)禁止所有航空器歧視任何身心障礙者,並由交通部推行該法令。另外,復健法也在同年再度修正,規定提供復健工程(rehabilitation engineering)與支持性就業方案(提供身心障礙者在求職與維持工作方面持續性的支持),並促進身心障礙者的獨立與社區融合。支持性就業的最初目標,是幫助身心障礙者從事競爭性職場工作,而非僅是在庇護性的環境中工作。

1990 年美國身心障礙者法案

1990 年美國身心障礙者法案對身心障礙者所提供的民權保障,與那些提供其他少數族群保障的法規類似。美國身心障礙者法案的兩大目的

為，幫助身心障礙者融入美國的主流經濟與社會生活，並保障身心障礙者免受歧視。為達到以上目的，美國身心障礙者法案擴充 1973 年復健法的民權保障措施，從原本僅是規範各州和聯邦單位進用身心障礙者的措施，延伸至私人企業的進用政策。其他規定還包括公共建築物（例如，旅館、飯店）的無障礙設施、州與地方政府所提供的服務、交通運輸，以及為聾人與聽力困難者提供的電子通訊替代服務（telecommunication relay services）。有關 ADA 各章主要內容之介紹，詳見表 3.2。

ADA 立法的目的，是為了彌補從 1968 年到 1988 年期間通過的一連串法律之間所形成的落差，這些法令雖然也都強調身心障礙者免於歧視的議題，但都僅是針對某一部分的問題（National Council on Disability, NCD, n.d.）。這些防止身心障礙者遭到歧視的法令包括建築障礙法（ABA, 1968）、復健法第 501 節、503 節與 504 節（1973）、發展性障礙協助與權利法案（DDA, 1975）、無障礙航空器法（1986）、公民權恢復法（Civil Rights Restoration Act, 1987），以及公平住屋修正法（Fair Housing Amendments Act, 1988）。

透過美國身心障礙者法案，幾個與身心障礙及就業相關的詞彙得以進一步獲得澄清。例如：根據 ADA 的定義，所謂身心障礙，就個人的觀點來說，是指足以對個人在一個以上的主要日常活動造成限制的生理或心理損傷，或是有這樣一個損傷的紀錄，或是個人被認為具有這樣的損傷。主要日常活動所涵蓋的功能，諸如自我照顧、手操作技巧、走路、看、聽、說、呼吸、學習與工作。職務功能（functions of a job）是否重要，取決於三個要件：工作存在的目的，是為了執行某一項功能、在一個職場中，只有少數員工可以執行該項功能、該項功能是高度特定化的，且需要特殊的專業或能力，決定某一特定功能是否重要，可以運用雇主判斷、工作描述（job descriptions）、工作分析等方法，或採納其他專家的意見。合理的調整包括改造或調整一個工作或工作環境，使它們能夠讓一位夠格的身心障礙求職者執行一工作的基本功能，或任何其他使一位身心障礙者享有與非身心障礙者一樣的平等機會的改造及調整

66 表 3.2　1990 年美國身心障礙者法案（ADA）各章內容

各章	內容說明
第一章	就業（employment），要求雇主為合格身心障礙者提供合理的調整（使其能夠執行一個工作的基本功能），除非這樣的措施會造成雇主的窒礙難行，或造成其他人在工作上的直接威脅（適用於十五個以上員工的事業單位）。
第二章	公共服務（public services），諸如州或地方政府單位、服務、方案與活動，均禁止歧視身心障礙者（延伸到 1973 年之前接受聯邦政府經費補助的單位）。第一部涵蓋公共汽車系統，包括無障礙公車或其他形式的公共運輸，或為那些不能利用固定路線服務的人提供可利用的副轉運系統。第二部涵蓋無障礙的公共鐵路系統。
第三章	公共調整（public accommodations），適用於私人事業單位，必須提供使用下列勞務或設施的平等機會，包括貨物、服務、設備、基本人權、便利性與任何公共調整場所的環境改造（飯店、旅館、專業人員辦公室、藥房、雜貨店、商場、私立學校、溫泉浴池、老人中心、復健診所、葬儀社、博物館、圖書館、公園、日間照護中心、其他相似的建築物）。無障礙環境的改造必須因地制宜，以不造成過多困難與花費（通常定義在法律條文內）為原則。禮拜教堂則不適用本章之規定。
第四章	電子通訊（telecommunications），這是專為聾人或聽力困難者所設計的重要措施，要求行動電話公司提供電子通訊替代服務，以容許聽障者使用類比系統（TDD）與他人電話溝通，其費率比照一般電話。
第五章	附則（miscellaneous provisions）：強調 ADA 與其他州與聯邦法律之間的關係（例如，州與地方政府若違反 ADA 的相關規定，也不能免除於聯邦法庭的制裁行動，雖然這項規定在法院中曾引起激烈爭辯）；對於違反 ADA 的情事，個人也可以採取法律行動，勝訴方可獲相關訴訟費用補助。

67　方法；環境改造（environmental modifications）和工作再構（job restructuring），便是兩個例子。窒礙難行之處則指雇主進行調整時面臨困難，或額外付出過多花費的行動結果。

　　顯然，ADA 對於私人企業造成許多挑戰，雇主必須盡力瞭解許多與 ADA 有關的特殊詞彙，並注意許多判例的發展情形。ADA 的相關規定，卻

為復健諮商人員提供前所未有的機會，提供雇主諮詢與技術支援，幫助雇主遵守 ADA 的相關規定（Jaet & McMahon, 1999）。

其他與 ADA 相關的法案，包括 1990 年通過的收益調節法（Revenue Reconciliation Act of 1990），該法案提供遵守 ADA 規定的企業，每年營收之第一筆 10,000 美元，可獲得 50%的減稅優惠。企業若需排除職場物理環境的障礙，也可獲得 15,000 美元的減稅。近來，由於雇主與身心障礙者對於 ADA 所界定之職務調整定義時有爭訟，美國最高法院遂決議限縮 ADA 部分條文的適用範圍（NCD, n.d.）。

1991 年民權法案

1991 年民權法案推翻先前最高法院的決定，此決定與因為性別、宗教與身心障礙偏見之故，而遭受就業歧視者的利益互相違背。該法案規定必須針對損失進行潛在證據蒐集，以提供陪審團審判時參考。該法案也要求 EEOC 建立科技輔具訓練機構，以提供工作偏見下的受害者教育與教育之外的活動，並成立玻璃頂委員會（Glass Ceiling Commission），以研擬婦女與弱勢族群面臨的障礙。

1992 年復健法修正案

1992 年，布希總統正式簽署復健法修正案（Rehabilitation Act Amendments of 1992）。該修正案強調許多復健領域重要的議題，包括日益受到重視的獨立生活服務，以及身心障礙者就業成果不佳的問題。1992 年復健法修正案在理念上最受矚目的貢獻，在於提升案主在復健服務規劃與落實過程中的參與程度。強調案主的重要性，若以服務提供的專業術語來說，也就是眾所周知，在各州推行的「案主中心計畫」（client-centered planning）與「消費者導向計畫」（consumer-driven planning）。有關 1992 年復健法修正案各章的內容，詳見表 3.3。

69

表 3.3　1992 年針對 1973 年復健法之修正案

章節	內容說明
第一章	1. 復健機構必須證明案主個人無法從所提供的服務得益，並利用現有的紀錄，來決定案主是否符合服務資格。 2. 逐漸增加消費者對於個別化書面復健計畫（IWRP）的掌控權〔IWRP 為消費者的聲明文件，陳述他們在發展 IWRP 過程中的參與程度；現稱為個別化就業計畫（IPE）〕。 3. 完全融合（full inclusion）反映平等機會、全面整合、獨立生活遠景、提升經濟與自給自足的價值觀。 4. 強調服務少數族群、以及長久未獲得足夠服務人口。 5. 納入案主協助方案（Client Assistance Project）。 6. 幫助中學生順利進入職場的轉銜服務。 7. 增加科技的運用，與職場評估（worksite assessments）的運用。 8. 各州與聯邦政府方案，必須與獨立生活中心（CILs）更加緊密合作。 9. 各州復健諮議會（rehabilitation advisory council）的成員中，身心障礙者需占多數。 10. 服務提供的範圍包括個人協助服務（personal assistant services）、轉銜服務與支持性就業。
第二章	1. 經由國家障礙與復健研究機構的研究，建立相關研究與訓練中心〔例如復健工程研究中心（rehabilitation engineering research centers）〕。 2. 成立復健研究諮議會（rehabilitation research advisory council）。
第三章	1. 設立訓練與示範方案。 2. 授權加強復健機構的現有設施改善與人員訓練（生涯進階、科技專業技術、在職訓練）。 3. 支持性就業方案（自然支持的運用，服務「低功能」的身心障礙者）。
第四章	鼓勵身心障礙者加入國家障礙評議會成為會員（增加至多數人）。
第五章	1. 適用 1973 年美國身心障礙者法 501、503、504 節的標準。 2. 成立建築與運輸障礙申訴委員會（ATBCB）的無障礙委員會，以便電子媒體與數據資料的傳輸。
第六章	透過與產業合作專案持續增加身心障礙者的就業機會，建置企業諮議會（Business Advisory Councils），它涵蓋身心障礙者成員，並鼓勵運用支持性就業。

（續）　　69

章節	內容說明
第七章	1. 消費者控管的獨立生活中心。
	2. 社區化與跨障別（cross-disability）服務。
	3. 提升非住宅的住屋問題。
	4. 獨立生活中心限為私立、非營利的組織。
	5. 區域社區的獨立生活中心由身心障礙者經營。
	6. 建立州級的獨立生活諮議會（independent living councils）。
第八章	建立特殊示範訓練方案。

1998 年勞動力投資法

1998 年勞動力投資法透過消費者可（參與）回應的（consumer-responsive）工作訓練與就業系統，來提升消費者的選擇權。勞動力投資法案的設計，在於提供勞工所需的資訊與訓練，並給予雇主所需的技術勞工。這項新系統的目標為提升勞動力的品質，並減少福利依賴性，同時又可增進美國在全球市場中的生產力與競爭力。

WIA 將各種不同提供人士，包括身心障礙者尋求就業機會的工作訓練方案結集在一起。行政經費提供者包括聯邦政府（復健服務行政處、勞工部，以及其他聯邦機構）、州政府〔各州勞動力投資委員會、州長，以及州立統一計畫（state unified plans）〕，與地方政府。勞動力投資委員會得設立於州與地方政府層次（在某些情況下，州立投資委員會是設立在地方政府層次），但無論如何，這些單位都是在同一體系內的合作夥伴。委員會需在州長的授權下組成，大多數的成員都是由企業的高階主管所組成，包括委員會的主席在內。州立統一計畫統籌敘述合作夥伴方案與活動的使用方法。

七項主要原則

為使新政策的推展更為順利，美國勞工部訂定七項主要原則，以引導新的勞動力投資系統：

1. 提供順暢、有效率的服務（單一窗口輸送系統）。

2. 增進案主權益（案主有權選擇他們要接受哪些訓練，並選擇由誰來提供服務）。

3. 普遍性的無障礙通路（任何人都可以從單一窗口系統獲得就業相關的核心服務）。

4. 績效責任制（accountability，獲得的經費補助，將與執行績效相互連結）。

5. 加強區域委員會（local boards）與私立機構的角色〔由產業主導的委員會（business-led boards）〕。

6. 彈性（州與地方政府可調整輸送系統，以迎合社區的特殊需求）。

7. 青年方案（將「學習」與區域勞力市場相互連結）。

70　　　　該法案內容共分成五章，如表 3.4 所列。

表 3.4　1998 年勞動力投資法案（WIA）

章節	內容描述
第一章	授權新的勞動力投資系統，建立州與地方政府的勞動力投資委員會，以及單一窗口輸送系統。
第二章	成人教育與識字方案。
第三章	修正威格拿—皮瑟法案（Wagner-Peyser Act），以便將就業服務活動納入，成為單一窗口輸送服務的一部分。
第四章	復健法的重新授權，並將職業復健與勞動力投資系統加以整合。
第五章	州一致化計畫、獎勵金、轉銜自工作訓練夥伴關係法。

單一窗口夥伴

　　單一窗口輸送系統使消費者（求職者與雇主）能夠更容易取得各種服務資訊，以及相關的培訓和就業方案，單一窗口夥伴經區域委員會同意後，即可在區域的系統內運作。夥伴需要參與的系統包括：

1. WIA第一章所授權的服務：包括成人、青年、就業中斷的勞工（dis-located worker）、美國原住民方案、工會，以及移民工作者方案。

2. 就業服務（根據威格拿—皮瑟法案的相關規定）。

3. 年長者社區服務就業（Senior Community Service Employment）〔美國老年人法案第五章（Title V, Older Americans Act）〕。

4. 州立失業補償方案。

5. 復健法第一章轄下的方案。

6. 就業福利方案。

7. HUD 就業與訓練活動。

8. 社區服務區塊補助金（Community Services Block Grant）就業訓練活動。

9. 成人教育與識字活動。

10. 中學後職業教育活動〔保金斯法案（Perkins Act）〕。

11. 貿易適應協助（Trade Adjustment Assistance）與北美自由貿易協定（NAFTA）協助活動。

12. 區域退伍軍人就業代表（local veterans employment representatives）與障礙退伍軍人擴大方案（Disabled Veterans Outreach programs）。

13. 由州長指定的其他夥伴。

理解備忘錄

　　理解備忘錄（Memorandum of Understanding）的設計，與所有的單一窗口夥伴息息相關，這份文件必須經過協商而簽署，以確認夥伴願意在系統內運作。根據 WIA 的規定，單一窗口系統的經費可來自不同來源，對於經費如何使用也有限制，服務執行的績效，也將決定夥伴可從州或地方政府獲得多少經費補助。

服務金字塔

　　單一窗口服務的措施，也可以從服務金字塔（pyramid of services）

的概念加以理解，分成基礎或核心服務（base or core services）、中等或密集服務（middle or intensive services），以及頂端或訓練服務（top or training services）。核心服務沒有資格要求，且多半屬於自我服務（self-service）：這種基本勞動交換服務（labor exchange services），例如提供求職者和雇主勞動市場資訊、服務的初始評估、追蹤、擴大或接案、技能與支持服務需求的初步評估、就業福利或金融補助資訊、十二個月的職場諮商，或協助找工作或安置。

密集服務可能包括綜合全面性或特定的評估、發展個人就業計畫（類似於州─聯邦系統的個別化就業計畫：確認就業目標與目的，並描述達成目標所需的密集服務）、諮商／生涯規劃、個案管理，或短期職前服務。

特殊服務可能包括訓練，可提供給能夠展現成功潛能，且無法獲得其他財務補助〔例如培爾補助金（Pell grant）等〕的消費者。若經費有限，補助的對象將以公立協助的接受者（recipients of public assistance）與低收入成人為優先。個人訓練帳戶（Individual Training Accounts）則可給予消費者選擇服務提供者的權利。

1998 年復健法修正案

復健法雖被納入 WIA 的第四章，不過各州與聯邦系統仍可維持單一窗口系統的自主性。除了重申在先前復健法修正案的優先施政重點外，也提出若干新的重點。包括將服務擴及低度代表性的群體（underrepresented groups，例如種族性的少數民族），加強復健諮商人員在學校至工作轉銜計畫中的角色〔依 94-142 公法規定，納入個別化教育計畫（IEP）當中，增加案主對個別化就業計畫〔先前為個別化書面復健計畫（IWRP）〕的掌控權，建立服務提供者之間更好的網絡連結，並由合格的人員提供服務（所謂提供職業復健諮商服務的合格專業人員，必須取得復健諮商人員的資格或認證）。

1999 年工作券與促進工作誘因法

工作券與促進工作誘因法（TWWIIA）的內容，在 Peterson 和 Growick（2000）的著作中曾經介紹過。該法案牽涉五億美元的經費，並有可能是自 1990 年 ADA 通過以來，最重要的身心障礙立法。WIIA 的通過，可提升美國身心障礙者的被雇用率（受惠者預估有八百萬人），與 ADA 增進身心障礙者參與並接觸公共事務的功能是相同的。WIIA 為社會安全法受益者排除就業障礙，可說是關鍵的第一步，並可提升社會安全法信託基金（SSA trust fund）的財務償付能力。WIIA 提供年金受益人接受回復工作服務，而不致完全損失補償金與健康照護津貼。ADA 的法律用語，跳脫先前身心障礙立法的慣例，是因為其立法意旨是基於民權觀點，而非只考慮是否符合接受服務資格。WIIA 的創新之處，在於將以上兩者加以整合，在提供回復工作服務的同時，亦不取消其身心障礙津貼，進而達到 ADA 的終極目標。

WIIA 的成本效益

此一新方案的成本效益預估如下，假定有七萬人願意放棄社會安全局（SSA）的身心障礙身分而重返工作，經費的收支便可達到平衡。若有二十一萬人願意這麼做（這個人數僅占願意接受新機會之身心障礙者的 10%），政府每年花費的身心障礙津貼，預計可節省十億美元。最好的情況是，社會安全局每年預計可以省下超過一百億美元的身心障礙信託基金。

為使 WIIA 更加落實，根據法案規定，得成立工作誘因諮議審查小組（Work Incentives Advisory Panel），成員由十二個不同政黨背景的人組成，其任務為協助社會安全局訂定方案的規章。整體而言，法案的不同部分（健康照護津貼的展延、回復工作服務的提供等），開始實施的日期也不相同，但整套法令必須在五年內逐步落實。

WIIA 中有三大措施，對於復健諮商人員及其消費者極為重要，分

別是：⑴擴充健康照護的範圍；⑵全新而改良的就業服務；以及⑶排除回復工作的障礙。

擴充健康照顧服務的可及性：WIIA 讓社會安全保險受益人在返回職場的過程中，仍有機會保留其醫療照顧的權利。對於具有醫療保險的社會安全保險的受益人，WIIA 解除了身心障礙者投保上的限制。根據法律規定，州政府可以取消收入上限的規定，不再設有最低收入之250%（大約每年21,000美元）的門檻。這樣的措施使得身障者依薪資投入醫療保險時，不會因為薪資過低，而影響到自己的投保權益。WIIA 也給予各州權限，當投保人的健康情況改善，而不再達到醫療保險的給付標準時，仍可保留若干保險權益。最後，WIIA 也在五年的期間，補助各州一億五千萬美金，執行相關的福利方案（例如：各州可用這筆經費，做為健康保險的預備金）。

根據先前的法律規定，領有醫療保險的社會安全保險的受益人，雖然也能透過醫療保險的A與B部分，在就業後保有每月三百五十美元的醫療津貼，但只有為期三年半。但根據 WIIA 的規定，身心障礙者返回工作後，將能夠延長醫療保險 A 部分長達四年半（扣除之前提到的費用，身障者在持續就業後八年內，大約每月多領四十六美元）。此外，處方藥補助可適用於全國，甚至在有些州沒有特定醫療保險項目的情況下，仍可獲得補助。

根據該法案，另設有一個2.5億美元的示範方案，針對那些有工作，但醫療狀況還沒惡化到需要離開職場的人士，可以盡早接受醫療服務的介入。肌肉萎縮、帕金森氏症、愛滋病或糖尿病患者，均可獲得醫療保險的保障，以預防病情進一步惡化而失去工作。

更新而改良的回復工作服務：WIIA 的部分措施，也能增進社會安全生活補助金（SSI）與社會安全身心障礙保險（SSDI）受益人的就業機會。該法案規定，受益人可以視需要選擇適當的公私立機構，提供他

們所需的職業復健（VR）與就業服務。除了接受傳統上主要由聯邦或各州職業復健體系所提供的服務外，受益人也可選擇經註冊的私立機構，來提供相關服務，以形成足以幫助受益人回復工作的就業網絡（employment network）。若受益人能夠從事實質有薪的就業，服務提供者還可每年從信託基金中獲得部分補貼，直到受益人就業五年後為止。這樣的補貼，可以鼓勵服務提供者保持聯繫，並提供後續追蹤服務，以降低消費者再度失業的情況。

74

　　為了鼓勵消費者利用這些新式的服務，該法案也設立工作誘因外展方案（work-incentives outreach programs），以幫助身心障礙者取得就業服務與支持，期待此一新式的服務輸送典範，能夠使更多人得以接受復健與訓練服務。工作誘因外展方案的經費，也分五年提撥總計兩千三百萬美元，以幫助消費者瞭解此項新措施的好處。

　　排除回復工作的特定障礙：身心障礙者返回工作崗位所面臨的最大障礙，便是原有的津貼突然完全被取消，從事實質有薪工作的身心障礙者，往往因為收入增加，以致身心障礙津貼逐漸被取消。與其訂定一個突然中斷津貼的政策，倒不如建立一個遞減的尺度，亦即，每當受益人賺取兩元的收入，便可酌減一元補助〔目的在於排除社會安全身心障礙保險方案中「現金峭壁」（cash cliff）的障礙〕，這是身心障礙者在就業歷程中經常面臨的阻礙之一。此外，受益人並不會因為獲得工作機會，其身心障礙狀況就必須被檢視，以決定是否達到結案標準。該法案明令禁止在受益人接受補助的二十四個月之內，社會安全局以是否從事工作相關活動，做為檢視身心障礙狀況的基準。最後，當受益人的社會安全津貼因就業而遭到終止，可在津貼終止起五年內自行要求回復，該項請求不需經過社會安全局的司法裁定。

 未來政策發展

　　身心障礙政策的前景，是由新的立法提案，尚待行諸條文的政策，以及能反映未來政策適法性的法律案件所構成。對於新進的復健諮商專業人員來說，要隨時瞭解最新的身心障礙政策發展，可能需要耗費相當心力，但對於資深的專業人員來說，也未嘗不是如此。其實我們都可以盡一份心力，遊說政府通過新的法案，起草法規，以利執行新的政策，或根據新的發展方向，建議法案應如何修訂。我們也有責任認識選區內的國會議員，與他們保持聯繫，並提出有待討論的重要議題。透過專業協會與網際網路，我們便能夠隨時掌握最新的身心障礙政策發展。

75

第四章
加拿大復健服務的
發展歷史與體系

Rebecca Rudman ◉ 著

花敬凱、許靖蘭 ◉ 譯

◀◀◀ **加拿大的復健哲學** ▶▶▶

聯合國將 1991 年訂為國際身心障礙者年（United Nations' International Year of Disabled Persons），對於加拿大的復健體系與身心障礙政策的發展無疑是一項推動力。在加拿大許多關切身心障礙議題的人士，經常認為該年度是加拿大身障政策與服務體系的轉捩點。聯合國轄下的世界衛生組織，發展了許多界定身心障礙的關鍵辭彙，雖然各個社福方案在認定身障者是否符合資格時，常因服務目的的不同，而採用不同的詞彙，但是世界衛生組織對於身心障礙的定義，確實是形成加拿大社會政策與身心障礙議題的基礎（Federal/ Provincial, 1997; McKenna, 1998; Torjman, 2001）。McKenna（1998）針對聯合國所制訂的詞彙，做了以下總結：

- 傷殘：任何心理、生理解剖結構、功能的喪失或異常。
- 身心障礙：因為傷殘的緣故，使得個人在一般認為正常的範圍內或狀況下，無法進行特定活動，或活動的能力受限。
- 殘障：由於個人的傷殘或身心障礙所造成的弱勢狀況，而使得個人在

年齡、性別、社會與文化因素等方面，無法扮演一般人的正常角色。
（p. 163）

77　　　雖然有些學者批評，這些定義完全將焦點放在個人的問題，對於社會情境的關注不夠（Crichton & Jongbloed, 1998）。不過，這些詞彙所隱含的哲學，與重視個人的精神，和社會—政治模式的概念卻相當一致。

　　　近來，加拿大身心障礙政策取向與復健服務措施，也受到社會—政治模式所引導，強調完全公民權與身心障礙者的全面參與，與先前著重個人缺陷與矯治方法，而非社會責任的生物醫學模式相反（McKenna, 1998; Titchkosky, 2001; Torjman, 2001）。這樣注重參與權與社會責任的價值觀，也常見於復健服務的其他傳統與取向當中，例如復健諮商〔加拿大復健專業人員協會（Canadian Association of Rehabilitation Professionals, CARP, 1999）；復健諮商人員資格認定委員會（Commission on Rehabilitation Counseling Certification, CRCC, 1990; Leahy, Chan, & Magrega, 1977）〕、社區復健（community rehabilitation）（Browne et al., 1994）、獨立生活（Boschen, & Krane, 1992; Hutchinson, Dunn, Lord, & Pedlar, 1996）、消費者倡導團體模式（consumer advocacy group approaches）（Holleman, 1991; Torjman, 2001; Walker, Johnson, Sanders, & Nikias, 1998），以及身心障礙研究取向（disability studies approaches）（CARP, 1999; CRCC, 1990; Leahy et al., 1997）。

　　　整體而言，加拿大的復健哲學，與第一章所介紹的復健哲學之間，有許多相似之處。本章將就政治、醫療與法律體系的角度，探討兩者在復健取向上還有哪些異同之處。

◀◀◀ 政治、醫療、法律與社會系統 ▶▶▶

　　　加拿大的政治結構與美國不同，因而其醫療、法律與社會政策系統亦不同於美國。加拿大的政治體系由一個聯邦政府、十個省政府和三個

區域政府所組成，聯邦政府、省政府與司法單位之間的結構與關係，在身心障礙相關法規與政策發展的過程中，扮演主要的角色。關於聯邦與省政府間的責任劃分、國家健康照顧機制的建立、民權與身心障礙政策的走向，都有非常明確的立法規定。這些法令與政策，構成加拿大復健服務輸送的政治、醫療與法律背景條件，同時也界定身心障礙者可以享有哪些權益與服務。

聯邦政府與省政府的權責劃分

78

加拿大政府結構與司法權威單位，是根據 1867 年不列顛北美法案（British North America Act of 1867）而建立，在 1982 年憲法（Constitution Act）當中，則有更詳盡的規定（Banting, 1987; Choudry, 2000; Crichton & Jongbloed, 1998; Jones, 1994; Torjman, 2001）。根據不列顛北美法案，聯邦政府有「維護和平、法治，以及國家政府良好運作」的責任，聯邦政府的權責，也包括涉及國家安全的各方面，諸如武器軍力、國際貿易與通訊（Banting, 1987; Choudry, 2000; Torjman, 2001）；至於衛生與福利方面，則屬於省政府的權責（Choudry, 2000; Torjman, 2001）。該法案也允許聯邦政府提供經費，補助辦理不屬於特定政府部門權責範圍的業務（Torjman, 2001）。

1938 年，加拿大最高法院（Supreme Court of Canada）與樞密院（Privy Council）做了兩個重要的決定，為加拿大國家衛生體系和社會政策體系建立憲政基礎。根據法院裁定，省政府應提供失業保險給付。Choudry（2000）闡述這項規定對於衛生和社會方案的法律意涵：

〔法規〕包含更廣泛的意義，意味公營的保險制度可彌補聯邦司法權之不足，保障人民免於疾病和貧窮的風險。結果傳統上引導聯邦社會政策的立法，包括訂定健康保險所依據的原則，反而變成是違憲的。然而這些決策也顯示，聯邦政府經由轉帳給省政府並附帶基金條款而耗費巨額，在省政府司法權的範圍

內，是全然合於憲法的。（pp. 33-34）

該法案為加拿大未來的國家健康照顧和社會政策進展，奠定了一定的基礎。

國家健康照護

加拿大健康保險始於 1966 年，根據 1964 年皇家健康服務委員會（Royal Commission on Health Services）的提議而設立。健康保險方案雖然開創了全國健康照護體系，但實際上卻是結合各省政府健康照護系統的產物。設立健康保險方案時，聯邦政府與省政府需各自負擔 50%的經費，若想建立保險方案，必須遵守五項原則：普遍符合資格（universality of eligibility）、全面性適用（comprehensiveness of coverage）、各省之間方便互通、直接由稅收支付經費、非營利的公共行政措施（Dickinson & Bolari, 2002: 23）。健康保險方案原本著重於支付醫師所提供的服務，無論是醫院內或醫院外的服務。聯邦政府過去並不會對方案成本多加控制，因為他們是根據省政府的支出總額而給付的。但這樣的安排卻讓省政府感到不滿，因為如果他們勵行節約經費，將損失聯邦政府的經費補助（Dickinson & Bolari, 2002）。

隨著聯邦─省協定與建立方案金融法案（Federal-Provincial Arrangements and Established Programs Financing Act）的通過，健康保險方案也進行若干修正。該法案增加社區照護的獎勵金（incentives for community-based care），使聯邦政府分擔健保方案的經費大約降低 25%，省政府的支出額也不需計算在聯邦政府的成本之中。同時聯邦政府經費的支出，也必須依據總體國民生產毛額的成長情形而有所限制。然而，該法案的改革卻導致更高的成本，一般民眾的保險費用增加，政府縮減經費，導致更多人等候接受醫療服務、更多醫療專業人員尋求自行開業的機會，急診等候室也因而人滿為患（Dickinson & Bolari, 2002）。

1984 年，省政府與聯邦政府同時提出申請再議，檢視它們在原始健

康保險系統條例的適用範圍原則，於是起草加拿大健康法案（Canada Health Act），以確立這些權限範圍。再者，該法案明令禁止使用者付費，顯然是要將聯邦政府增加支付健康照護的費用，挪為省政府可動用之經費，並允許聯邦政府在健保方案推展不利的情況下，保留經費的使用權（Choudry, 2000; Dickinson & Bolari, 2002; Himmelstein & Woolhandler, 1998; Torjman, 2001）。原本健康保險方案所列的原則，而後在加拿大健康法中重新更新，不只是形成加拿大健康照護服務輸送的基礎，更加影響了其他社會與身心障礙的政策。此外，這些原則也在加拿大的社會與身心障礙政策中予以落實。

民權立法

如本章先前所述，聯合國「國際身心障礙者年」是加拿大身心障礙政策與法律的重要轉捩點，主要的理由之一是它所引領的身心障礙權利與議題探討，在加拿大歷史上占有一席重要關鍵點。公議局（House of Commons）成立失能與殘障特殊委員會（Special Committee of the Disabled and Handicapped）向國會進行政策議題的建言（Boschen & Krane, 1992; Crichton & Jongbloed, 1998; Jones, 1994）。該委員會將為身心障礙者服務的各種團體組織結合在一起，這些團體組織過去多半只針對單一障別的身心障礙者提供支持，但彼此之間少有合作與聯繫（Crichton & Jongbloed, 1998）。該團體發表一份名為〈障礙〉（*Obstacles*）的報告，其中確認若干身心障礙者關切的重要政策目標，包括賺取適當收入、公平地出入公共建築物、平等就業機會、住屋、交通、溝通、資訊，並增加社區支持，以減少機構化比例的需求（Crichton & Jongbloed, 1998）。其中的討論與成果報告，均記載在權利與自由憲章（Charter of Rights and Freedoms）裡，在促進身心障礙者融合的歷程中，扮演一個主要的角色（Boschen & Krane, 1992; Crichton & Jongbloed, 1998; Torjman, 2001）。

80

權利與自由憲章

1982 年憲法補充 1867 年不列顛北美法的不足之處，憲法包含權利與自由憲章，此憲章列舉所有加拿大人基本的權利。與不列顛北美法一樣，它成為加拿大國內的最高法律，所有司法權必須尊重，並符合憲章的規定（Torjman, 2001）。

憲章規範加拿大國民的基本權利，包括民主、行動、法律、平等，以及少數民族的語言教育權（Campbell, 2001; Crichton & Jongbloed, 1998; McKenna, 1998; Torjman, 2001）。其中對身心障礙者而言，最重要的權利是行動權與平等權（Crichton & Jongbloed, 1998; Torjman, 2001）。

平等權列於憲章的第十五小節，其內容是：

> 每個人在法律前與法律下都是平等的，並享有平等保護權，以及免於遭受歧視的法律平等權，特別是免於遭受種族、國家或民族裔、膚色、宗教、性別、年齡，或生理或心理障礙等方面的歧視。（Crichton & Jongbloed, 1998: 183; Torjman, 2001: 155）

「平等權」的概念，形成聯邦與省政府保護與提升身心障礙者平等的附帶法令基礎（Crichton & Jongbloed, 1998; Torjman, 2001）。此外，平等權也確立聯邦政府在身心障礙政策應扮演的角色，由於先前不列顛北美法司法的授權，身心障礙政策的執行，一向被認為主要是省政府的責任（Torjman, 2001）。

81

Torjman（2001）也認為，憲章中有關行動權的條款，是聯邦政府的責任，以確保所有加拿大人無論其語言或居住地，都能廣泛地受到同等的對待。Torjman（2001）也引用憲章三十六節來詮釋這項權利，可以「提供所有加拿大人合理品質的實質公共服務」（p. 156）。

在推動加拿大社會全面平等參與和公民議題方面，權利與自由憲章成為一項有力的基礎。身心障礙團體也瞭解到，僅僅著重推動耗費衛生及社會成本的方案，並無法讓身心障礙者達到就業、教育、交通與通訊

方面的平等機會。公民議題的焦點應該放在如何幫助身心障礙者獲得這些機會，並如何提供相關的支持與服務（Torjman, 2001）。憲章的主要焦點，便是規範政府與個人的關係。

人權立法

至於人與人之間的個別關係，則是由各省的人權立法中的相關條文加以規範（Campbell, 2001）。在加拿大，每一省都有各自的人權規範，以保障包括身心障礙者等弱勢團體的權利與自由。1962 年，安大略省首先通過人權規範（Campbell, 2001）。除了在憲章內的共同內容外，各省對於身心障礙的定義，以及身心障礙者享有的特定權利均有所不同。各省的人權規範中，有一個與身心障礙者有關的中心概念，便是政府要提供身心障礙者所需的調整（McKenna, 1998）。

這些人權規範也受到一些批評，其中最主要的是缺乏一套具有一致性的個人保障機制。要順利推行人權立法，必須先建立一套申訴系統。假如市民覺得他們的權利被侵犯了，他們必須向人權法庭提出申訴，結果只是一些法律訴訟案件的集合，卻無法形成一項有力的法律保障體系（McKenna, 1998）。

聯邦層次的立法也逐漸加強對於人權的保障，就業公平法（Employment Equity Act）便是其中一例，其立法目的在於提高弱勢團體的勞動參與。但與各省人權規範相同的是，就業公平法常被批評缺乏強而有力的執行機制（McKenna, 1998）。就業公平法最近雖經過修訂，但仍無法在短期看出這樣的修訂是否能夠生效（Torjman, 2001）。

社會與身心障礙政策架構與方案

82

加拿大的社會與身心障礙政策結構，與健康照護方案類似，社會方案由省政府負責執行。然而，有些方案仍是經由聯邦與省政府協議，撥付經費而設立的。

政策架構

從聯邦政府發展法令的過程與內容，可以衍生出兩個主要的政策架構。其一是社會聯合會（Social Union），這個組織由各省總理召集，其任務為因應聯邦政府單方面縮減的社會方案，並研擬配套措施。正當各省政府思考如何更具彈性的編列經費預算時，聯邦政府將社會、健康與教育方案的經費加以整合，並降低整體聯邦經費預算。因應這些單方面的改變，各省總理便提出一項合作策略。社會聯合會協議的主要特色，在於詳列聯邦政府與省政府共同商議的原則與過程，這些影響社會政策的實質議題的原則與過程。許多身心障礙團體擔憂的一點是，由於聯邦政府採取合作機制的角色，可能會因此降低對身心障礙議題的關切程度（Choudry, 2000; Torjman, 2001）。

第二主要的政策架構是一份題名為〈團結：加拿大身心障礙議題取向〉（*In Unison: A Canadian Approach to Disability Issues*）的文件。該文件詳述如何實現身心障礙者的完整民權（full citizenship）的未來願景，並提出身心障礙政策應包含的三個主要元素或立基點：包括對身心障礙者提供的支持、就業與收入。該願景也強調透過增加身心障礙者的收入與就業機會，來提升對身心障礙者的支持，藉以保障身心障礙者的行動權，並強調所提供的支持應該符合個人需求，在身心障礙者所處的不同環境中提供服務（Torjman, 2001; Federal/Provincial, 1997）。

社會與身心障礙方案

許多社會與身心障礙方案的目的，都在於提供身心障礙者收入支持與就業協助。這些方案的任務，在聯邦政府與省政府的層次上有所區隔，聯邦政府主責收入方案，省政府主責福利、教育、健康與社會方案。

83　　　聯邦政府的收入方案包括加拿大津貼計畫（Canada Pension Plan）〔以及相關方案，包括魁北克津貼計畫（Quebec Pension Plan）〕與就業

保險（Employment Insurance）。加拿大津貼計畫提供個人的收入保障，申請者必須在職場上工作一定的年數，才能符合給付資格。身心障礙者若要申請補助，則需出示完全和永久性障礙的證明文件（Crichton & Jongbloed, 1998; Torjman, 2001）。加拿大津貼計畫發展一些前導方案（pilot programs），其目的在於排除妨礙工作的經濟問題，並授權職業復健服務的提供，這些方案的成效，最近也經過一些檢討（Crichton & Jongbloed, 1998; Torjman, 2001）。就業保險是一個聯邦所設立的方案，提供因失業、疾病或身心障礙而致工作中斷的人短期津貼補助（Crichton & Jongbloed, 1998; Torjman, 2001）。聯邦政府也透過與身心障礙相關的租稅減免制度，以間接的方式提供收入補助（Torjman, 2001）。

　　除了收入方案補助外，聯邦政府也和第一國家（First Nations）等組織簽訂雙邊協議，提供經費給區域團隊，以設立屬於自己的就業方案。同時，加拿大政府也特別為「第一國家」等組織，設立獨自的健康服務體系（Torjman, 2001）。

　　在就業服務方面，聯邦與省政府互有分擔的責任。身心障礙者就業協助（Employment Assistance for People with Disabilities, EAPD）體制協議提供就業支持與方案的經費，以提升並增進身心障礙者的就業能力（employability）。這些方案的經費部分來自聯邦政府，由地方政府負責執行，有幾個省提供的方案包含就業輔導（Torjman, 2001）。此方案取代先前的身心障礙者職業復健法（Vocational Rehabilitation of Disabled Persons Act, VRDP），以經費分擔的方式，在各省層級設立的職業復健方案。自從 VRDP 移至 EAPD 之後，大多數省政府開始與私立復健機構與非政府組織建立協議機制，將公立復健服務轉變成公辦民營的服務輸送方式（Torjman, 2001; Walter et al., 1998）。

　　身心障礙者還可利用的社會與身心障礙相關服務方案，則是省政府的管轄範圍。這些系統包括勞工補償系統、福利與身心障礙相關支持的收入補助，例如居家照顧、科技輔助工具與設備，以及其他的保健方案。各省分別設立哪些方案，則是因地制宜（Torjman, 2001）。

與美國的服務輸送系統不同，加拿大的聯邦身心障礙服務方案，以及各省設立的大部分方案，並不規定復健服務提供者的資格條件。此外，大部分的方案重點在於提供收入補助，以及與身心障礙相關的支持服務，較不注重如何在復健諮商的架構內提供服務。少數方案則把復健諮商或職業復健當成主要元素，並納入特定方案中。雖然定義合格的（服務）提供者（qualified providers）與實際將復健專業人員納入服務體系，彼此之間仍有一些差距，許多服務體系仍然借重復健諮商人員與其他（服務）提供者的專業知識。

84

◀◀◀ 復健服務機制 ▶▶▶

許多身心障礙相關方案與年金，都是透過各式各樣的復健服務機制執行，這些機制包括勞工補償系統（workers' compensation systems）、私人保險系統（private insurance systems）、私立復健中心（private reha-bilitation centers）、非政府組織（non-governmental organizations）與獨立生活資源中心（independent living resource centers, ILRC）等。

加拿大在1900年代初期，某些職業復健方案經費是由勞工補償系統所支付。這些系統運用復健諮商與個案管理系統，有效管理遭受職業災害的勞工返回工作的過程（Crichton & Jongbloed, 1998）。

私人保險系統包括汽車保險業者（auto insurers），以及長期障礙保險業者（long-term disability insurers）。汽車保險業者要求復健服務的提供，做為身心障礙者回復生活品質目標的一部分；長期障礙保險業者所提供的復健服務，乃是基於身心障礙者的自由意願，並以協助身障者盡早回復就業為目標。私人保險業者多半以到府服務或私人契約的方式，透過營利性質的復健公司（for-profit rehabilitation companies）來提供這些服務（Crichton & Jongbloed, 1998; Steeves & Smithies, 1998）。

非政府組織，諸如社區本位團體（community-based groups）、身心障礙組織與其他組織，透過募款的方式籌得提供復健服務所需的經費，

或與聯邦政府和省政府簽訂合約後提供服務。這些組織所提供的服務範圍，從廣泛、全面而整體性的服務，到具有特定目標的服務計畫（Crichton & Jongbloed, 1998；Holleman, 1991; Walter et al., 1998）。

另一種復健服務的類型，是透過獨立生活資源中心提供的服務。與其他復健服務單位不同，ILRC 是以自助哲學（self-help philosophy）為基礎，相信身心障礙者更加確知自己的需求，即使沒有復健專業人員的協助，也能過著有生產力的生活。ILRC的運作方式與美國的獨立生活中心雷同，包括自助、充權、倡導，並協助身障者排除環境的、社會的與經濟的障礙（Boschen & Krane, 1992; Hutchinson, Dunn, Lord, & Pedlar, 1996）。

◀◀◀ **復健服務的提供者** ▶▶▶

雖然加拿大聯邦法令對於復健服務提供者的角色與資格沒有明確的定義，不過仍有一些自發性的認證方案（voluntary credentialing programs）。有些服務也由其他專業人員所提供，包括加拿大合格復健諮商師（Canadian Certified Rehabilitation Counsellor, CCRC）、合格職業評量人員（Certified Vocational Evaluator, CVE）、加拿大合格諮商人員（Canadian Certified Counsellor）、註冊復健專業人員（Registered Rehabilitation Professional）等。因為復健領域在加拿大呈現多元化發展，復健諮商服務也由保健相關領域（allied health fields）、心理學，以及其他專業背景的人員所提供（Adair, Paivo, & Ritchie, 1996; Leahy et al., 1997）。

▌加拿大合格復健諮商人員 ▌

在這些認證方案當中，與本章內容最相關的，便是CCRC的機制。CCRCs 和 CRCs（Certified Rehabilitation Counselors）有共通的核心理念與知能，也有相同的實務範圍聲明（scope of practice statement）（CRCC, 1990; Leahy et al., 1997）。認證運動起始於 1980 年代，當時，

85

消費者要求透過加拿大復健專業人員協會（CARP）進行復健工作人員的認證（Accredited Rehabilitation Worker），使合格專業人員提供給消費者的服務，更具有績效責任（Leahy et al., 1997）。於是，CARP 委請 CRCC 為加拿大發展認證程序（CRCC, 1990; Leahy et al., 1997; Leahy & Holt, 1993）。

於是，相關人員開始研究美國對復健專業人員的認證程序，以及對專業知能的定義，並決定是否符合加拿大的國情。隨著 CARP 與 CRCC 簽訂的聯合聲明書，1990 年便展開認證程序（CRCC, 1990; Leahy et al., 1997）。有關 CCRCs 的角色與功能，Leahy 等人（1997）也在加拿大針對復健專業人員的角色與功能進行一項複製研究，其結果也獲得驗證。

上述的研究顯示，兩國的復健專業人員具備共同的核心知識，但是訓練需求與每一專業知識領域的相關重要性卻是不盡相同。在加拿大，復健專業人員高度重視的項目包括倫理準則、個案管理、復健服務計畫、身心障礙對職業的影響、身心障礙的醫學層面，以及身心障礙者的功能能力。Leahy 等人（1997）指出，除了團體諮商、家庭諮商與學校到工作的轉銜課程之外，這些與美國諮商人員所重視的項目，有若干雷同之處。

要取得 CCRC 所認定的專業資格，必須提出教育訓練及工作經驗的相關證明。這樣的基準反映加拿大教育體系對於復健專業人員的要求，亦即學士學位是最基本的教育程度，且需具備實質的工作經驗，取得碩士與博士學位者，在工作經驗方面的要求則不是那麼嚴格（CRCC, 1990），除了教育訓練和工作經驗之外，專業人員還必須通過資格考試，以證明自己具備有效的專業知識（CRCC, 1990; Leahy et al., 1997; Leahy & Holt, 1993）。為了維持資格認定的有效性，專業人員必須遵從 CRCC 的倫理規範，並完成繼續教育課程，這些都是資格重新認定方案（recertification program）的一部分（CRCC, 1990; Leahy & Holt, 1993）。

合格職業評量人員

　　復健諮商人員若想取得更進一步的專業資格，或特別專注於職業評量領域，也可參加合格職業評量人員（CVE）的資格考試。要取得CVE的專業資格，必須至少取得學士學位，並具有職業評量的工作經驗，且通過資格認定考試。要取得CVE的認證，必須完全遵守倫理規範，並完成資格重新認定方案內的繼續教育課程（Commission on Certification of Work Adjustment and Vocational Evaluation Specialists, 1999）。

加拿大合格諮商人員

　　復健服務提供者可以獲得的另一相關認證，是加拿大合格諮商人員的資格。該項資格是在 1987 年時，加拿大諮商協會（Canadian Counselling Association）所提出，其前身是加拿大輔導與諮商協會（Canadian Guidance and Counselling Association）。這是專為有志成為諮商人員的人士所設的自發性資格認定（voluntary certification）程序，申請者需要具備碩士學位，並提出相關實務範圍的課程修習證明，資格認定過程也包括繼續教育，以及完全遵守倫理規範（Canadian Counselling Association, 2001; Handelsman & Uhlemann, 1998）。要取得該項資格，並不需經過考試程序。

註冊復健專業人員

87

　　CARP 也提供「註冊復健專業人員」的資格，讓廣義的復健領域專業人員，也能夠貢獻其興趣與經驗。要取得註冊復健專業人員的資格，申請者必須具備曾經服務「弱勢族群」的工作經驗與學歷證書，包括學士學位與相關證明文件。註冊的程序包括完成繼續教育，並完全遵守的倫理規範（CARP, 2000），但不需經過考試。

 結論

　　相較於美國的體系,加拿大人對於復健與身心障礙的看法,確實有一些有趣的觀察點。美國和加拿大的復健諮商在實務範圍、理論基礎,與角色功能方面,確實有些共通之處,而且都有實證根據。然而,在加拿大的體系中,提供服務的脈絡略有不同。有些主要的不同包括聯邦政府與各省的協議與合作、不同的立法進程,以及如何提供保健與社會服務的不同觀點。

第 五 章
政策與法令

Marvin D. Kuehn ⊙ 著

花敬凱 ⊙ 譯

復　健諮商的實務，受到許多專業主義、復健機構的優先目標、聯邦立法，以及聯邦方案政策所影響。這些既定的聯邦身心障礙相關立法、施政優先順序與規範，以及若干執行政策，確實對於身心障礙的專業實務產生深遠影響。

　　許多討論復健諮商人員在不同工作環境的角色與功能（實務）的文章，證實復健諮商實務確實有其多元性與獨特性（Kuehn, 1991; Leahy, Szymanski, & Linkowski, 1993; Parker & Syzmanski, 1998; Rubin & Roessler, 2001; Smart, 2001）。這些文章經常指出，諮商人員有責任學習新的技術，並不斷擴充自己的知能領域，以充分發揮其功能，在職場中扮演好應有的角色。然而，本章的重點將放在探討影響復健諮商實務的一般性因素，包括機構工作的優先順序與政策、如何定義身心障礙的問題、專業主義議題、法規與復健諮商角色功能之間的關係，以及復健諮商實務未來所面臨的挑戰。

　　重要的是，我們要先瞭解立法重點和政策議題的演變，如何影響復健諮商實務範圍、就業環境、服務人口、倡導的努力，以及可採取的介入策略。再者，要檢驗專業實務所受到的影響，必須從長期事件發展與決策的角度切入，也就是說，我們要看有哪些長期、系列的因素造成這些轉變，而不僅是關注單一施政重點或法令對復健諮商實務範疇所造成

的影響。

在本書的前幾章,我們已就形成復健諮商專業基礎的歷史與哲學做了一番回顧;然而,我們在此還是需要簡短重新溫習這些影響服務輸送優先順序的歷史背景,以瞭解這些政策與法令,對服務措施造成哪些問題與限制。這些對於復健諮商實務造成影響的例證,從以下幾點便清晰可見,包括對身心障礙一詞的解釋、不同政府機構與方案的類型及目的,以及聯邦立法所強調的重點(E. Berkowitz, 1992; Sales, 2002; Scotch, 2000)。雖然公立與非營利職業復健(VR)的服務範圍與目的,在許多專業文獻中已相當清楚的說明,但這些因素對於復健諮商實務,仍具有間接而隱含性的影響。

 身心障礙定義的意涵 ▶▶▶

要評估有哪些復健諮商的實務與範疇會影響到服務目標,是件具有挑戰性的事。因為就連專業人員、認證機構,甚至身心障礙者本身,對於復健諮商方案中專業實務的某些操作型概念,都無法取得共識。

使得復健諮商實務無法更為有效的一個實質障礙,在於身心障礙一詞有不同定義,這些定義依照不同方案的目的與要求符合的資格而各有不同。此一定義問題持續影響專業實務,以致無法形成強而有力的、合理的、全國性的身心障礙政策。

如何定義身心障礙是件困難的事,因為它本身就是一個複雜而多面向的概念。許多人試圖以簡單的敘述、理論模式、分類表,甚至是不同形式的量尺來定義身心障礙(Altman, 2001)。辨別這些不同的定義、意涵、瞭解每個詞彙在使用上的優缺點,對於瞭解政策法令如何應用這些詞彙以及所造成的影響,是相當重要的事。

若對於身心障礙的意義缺乏清楚的瞭解,便會經常造成衝突、矛盾與混淆。由於缺乏一致的定義,甚至會使得一個人在某種情況下被定義為身心障礙,在另一種情況下卻不是身心障礙。一個人可能因某種嚴重

損傷接受治療，卻可能因為資格不符的緣故，無法取得雇主或政府所提供的身心障礙相關福利。瞭解在何種情況下，採用哪些身心障礙的定義是相當重要的事，包括醫療保險或研究計畫、決定取得服務需符合的資格，或進行收益評估（benefits evaluation）時，都必須清楚瞭解用詞的定義和適用的情境（Altman, 2001）。

若以醫學模式來界定身心障礙政策，身心障礙則被定義為無法執行生理功能或日常活動的慢性病理現象或損傷。醫學模式的政策意涵，強調為確保服務或利益而保留資源，其政策與法令也會受到這樣的概念所影響。身心障礙的非醫學模式，通常注重不同議題之間的動態關係，身心障礙的社會模式便將身心障礙視為一個社會構念，是生理或心理損傷和社會環境兩者之間互動的結果（Barnartt, Schriner, & Scotch, 2001）。

為了釐清這樣的混淆現象，Moore 和 Feist-Price（1999）分別從醫學、經濟與社會政治三個觀點，指出三種身心障礙的定義。醫學觀點強調身心障礙的功能限制，經濟觀點則強調分析身心障礙所造成的影響，應該以個人所能執行的工作量及其限制為基準，社會政治觀點則鼓吹身心障礙者不該因為其缺陷而被冠上「偏差」（deviant）的標籤，但是因為這些標籤始終圍繞著身心障礙者，他們反倒自認是與眾不同的。近來身心障礙逐漸被認為是個人在環境中，受到他人不當態度所面臨的阻礙。自從 1973 年復健法通過後，身心障礙政策推動者已逐漸跳脫身心障礙定義的侷限，轉而強調身心障礙者的公民權與人權 （Bruyere, 2001）。

身心障礙的政策性定義，對於一般與個別方案也是相當重要，因為這些定義經常會影響到相關法令。法律與政府的定義通常是較為正式與特定的，並且視法令、法規或司法的解釋而不同，而這些又有廣義或狹義之分，更增加服務輸送的複雜度。因為身心障礙的定義往往只基於一個觀點，當機構試圖決定一個人或一群人是否為身心障礙者時，經常會造成困擾與誤解（Kuehn, Crystal, & Ursprung, 1988; Smart, 2001）。為了符合勞工補償、社會安全身心障礙保險（SSDI）與社會安全生活補助金

91

的給付資格,個人的障礙狀況必須符合某些醫學、心理或職業的基準條件。但法律是經選舉出的官員所訂定的,這些官員經常受到遊說團體或輿論的影響;而法官乃是根據健康與社會專家、倡導者與個人狀況所呈現的證據做出判決,或許無法完全依照立法者的意旨來解釋這些法律(Hahn, 1993)。

想要進入復健領域,成為服務提供者的人,必須瞭解不同的身心障礙定義有何意涵,而這些定義在他們即將進入的工作環境中,是如何被使用的。在勞工補償方案中與法庭上,身心障礙指的是「個人因受到攻擊或受傷所造成的損失」。在社會安全身心障礙保險(SSDI)方案中,身心障礙意指「與健康不良和失業有關的情況」。此外,政策分析人員經常會花許多時間研究如何區隔功能障礙、損傷、身心障礙、殘障這些詞彙。雖然學者已經盡力解釋這些詞彙之間的關係,但各種方案使用這些詞彙的情形仍相當不一致,甚至因交互使用這些詞彙而產生混淆(Berkowitz, 1987; Sales, 2002)。之所以會產生這些定義和解釋上的問題,顯示復健諮商實務與復健服務的重點是相當廣泛的。根據多數的政策定義,身心障礙是慢性與經常性的永久傷害,然而許多損傷狀況卻不是恆定的(Zola, 1989)。傷殘的漸進惡化特質與結果,通常與特定的社會環境,或個人所處的生命階段有關。通常,針對身心障礙者所做的調整必須視個別狀況而定,且需要定期修正,以反映個人損傷狀況,以及職場內外環境的改變。

最後,缺乏一致性的身心障礙政策,也容易導致專業培訓領域之間不必要的競爭、衝突和分裂、方案行政的不一致,以及專業角色認同的混淆。許多身心障礙方案在服務輸送的優先順序上互相重疊,有時甚至造成重複提供服務、方案目標與行政的不確定性,甚至造成決策上的困擾。有些方案透過法庭系統與私立復健機構,提供身心障礙者相關的福利;有些方案則是透過稅賦系統與公部門來運作,提供身障者所需的服務;其餘的方案則補償具有嚴重生理限制的人士,或透過訓練與其他復健服務,以降低身心障礙所造成的影響(Berkowitz, 1987; Kuehn, 1991;

Meili, 1993）。

◀◀◀ 影響復健服務的變數 ▶▶▶

92

在確立復健服務的優先順序時，各州與聯邦政府官員，以及其他負責決策的人員，需要考慮許多相關因素。他們必須檢視有用且具體的資源，瞭解選民的需求與期望，確認其他的目標群體，並設定經費補助基準，以求達到預期的效果。再者，還有幾個環境、評估與服務輸送的趨勢，也會影響或決定復健服務提供的類型和品質。

當資訊時代的經濟型態來臨，對於教育與訓練的需求逐步提升時，身心障礙者遭到社會隔離的現象也日益惡化。Yelin（1992, 1997）認為這樣的趨勢，加上自 1970 年身心障礙的出現率增加，必然會造成經濟結構與工作性質的改變。許多損傷情況已不再使人無法工作，職場的社會組織反而會成為以知識經濟（knowledge-based economy）為主的導向。

工作性質與工作機會多寡的變化，必定會伴隨社會中經濟情勢的轉變，持續對復健諮商服務和身心障礙政策造成影響。許多在公部門的工作機會將傾向高科技、勞力密集、強調人際互動性，複雜性也逐步增加。許多工作被設計成需要高度依賴溝通技巧、知識或資訊本位，並要求具備科技相關與電腦運用等新式專門知識（Roessler & Schriner, 1991; Roth, 1985）。

將心理測驗當做職業安置的工具之一，並配合其他職業評量技巧，儼然成為復健諮商服務的一個獨特取向。在勞工補償方面，重點已放在運用法律基準與生理功能測驗來決定個人的身心障礙程度。相反地，在公立職業復健方案裡，功能評估技術與心理測驗早已被用於決定個人是否具備成功就業的潛能。

隨著精密的急救醫療與創傷服務、新生兒加護照護，以及先進醫學治療與診斷日益普及，對於替代性與介入服務（alternative and intervention services），以及身心障礙服務品質的改善，也產生實質的影響

（Pope & Tarlov, 1991; Zola, 1989）。這些服務經常牽涉高科技，而且所費不貲，例如，整合通風設備協助呼吸、以電動輪椅代步、運用電腦系統進行溝通與日常生活技巧管理。

93　　　依據 1973 年復健法所定義的權利，後天性免疫不全症候群（愛滋病）也被視為是一種障礙狀況，這對諮商人員來說無疑是一項挑戰，必須提供一系列的服務，以滿足這群消費者多面向的需求。Cohen（1990）指出，諮商人員在決定是否保密，或是否揭露案主隱私的問題時，經常會在倫理和政策層面，面臨實質而獨特的兩難情況。隨著愛滋病的發生率不斷成長，有些復健機構將面對長期醫療年金成本增加的問題。

　　就業轉銜方案（transition-to-work programs）的重要性，也逐漸成為一個主要的議題，轉銜服務人口的多寡確實有其重要的政策意涵，也會影響到資源分配，以及諮商人員的個案服務（時間）與權責。轉銜服務是支持性就業的變通形式，同樣運用工作教練（job coaching）、工業群組（industrial enclaves），與機動工作隊（mobile work crews）等策略。要順利執行轉銜方案，需要校內多重領域的人員，包括復健諮商人員、雇主、家長團體，與消費者之間的通力合作。復健諮商人員與教育人員必須合作發展新的策略，摒除先前對專業角色的偏見，以提供最佳的服務（Benshoff, 1990）。

　　支持性工作的發展，也可擴充現有復健服務的範圍，這些方案的持續成長對於服務輸送方面，主要具有財政上的意涵。支持性就業的特色，是在職場安置的初期給予案主密集的技能訓練，並提供持續性的支持服務，這些功能雖然明顯擴充諮商人員的角色，但並非如同許多專業人員所想的那樣（Thomas, 1991）。這些因素儘管對於諮商人員的日常工作職責產生間接影響，卻對於提供消費者復健諮商服務的經費如何分配，產生更大的影響。

　　許多機構的政策鼓勵或明訂使用電腦科技，但有些研究發現，長時間使用鍵盤與影像螢幕終端機，將可能使得視覺、神經肌肉與頭痛等症狀逐步惡化（Kiernan, Sanchez, & Schalock, 1989）。這些明訂的政策顯

示，復健諮商學術課程確實需要調整，增加有關輔助與電腦科技議題的研討。此外法令也提供經費，落實新科技的運用與適用性，特別是研究工作與個人適配性的人因學（ergonomics），有助於預防或降低職業災害的發生率。

私立復健機構慣用的醫療與職業模式，確實發展出兩套完全不同的哲學導向，當復健諮商人員在進行規劃或檢視服務成果時，容易產生不一致的現象。醫學模式著重提供醫療個案管理，一般是由復健護士提供服務的。該模式強調密集的、有效益的醫療服務，將可幫助身障者即時回到工作崗位。職業模式則與傳統的復健服務類似，強調由復健諮商人員提供職業復健服務的重要性，可與醫療或其他服務的互補。該模式假定，復健的歷程會調和雇主與身心障礙者的需求，使得雙方對於復健的結果更加滿意（Benshoff, 1990）。

訴訟或許是影響身心障礙政策和專業實務最重要的議題之一。自從美國身心障礙者法案（ADA）通過後，經濟可行性、科技可及性，以及歧視等議題，又重新受到注意。因為訴訟的程序通常十分冗長，通常會使得復健服務受到延誤（Holmes, Hull, & Karst, 1989）。也因為身心障礙政策的不一致性與分裂，多數的學術訓練方案並不會適度強調訴訟日益增加的趨勢，行政官員和國會議員自然也不會將它視為一個問題。

◀◀◀ 政策演進與專業主義 ▶▶▶

1954 年職業復健立法的通過，在公共復健輸送系統中，是專業諮商服務者培訓的重要里程碑。那年聯邦政府透過復健服務局獎助公立與非營利機構組織，包括高等教育機構，設立碩士與博士程度的復健諮商課程，目的為提升專業實務的品質，以改善身心障礙者的就業成果（Kuehn et al., 1988）。此項立法也開啟新的聯邦獎助計畫，提撥更多復健研究的相關經費，使得諮商人員可以運用公費投入新的專業發展與教育方案。這對於專業實務造成相當深遠的影響，基本上，復健諮商經由聯邦政府

定義、設立與資助，而得以晉升專業領域。由於專業組織的努力，使得1954 年的法案達成有意義的結果，而促成專業的成長與擴張，對於發展諮商人員學術培訓的基準，產生相當大的助益。結果使得專業實務的重要性大幅提升，目前在美國多數的州內，諮商人員必須具備碩士學位。

95 　　成本效益分析（例如障礙政策的調整）、自我維持專業文化的創造，以及購買或拒絕其他單位服務的能力，對於定義專業職業復健諮商人員的實務範圍，也產生若干助益。以上的各項因素皆可向大眾顯示，職業復健方案其實是希望的來源，而不會造成消費者的更加依賴。然而這些因素相互作用的結果，有效地促使機構跳脫自身利益，發展出更可行的政策，而非僅是訂定出經過深思熟慮、理性的計畫（Berkowitz, 1987）。1970 年代早期，職業復健方案就像許多社會福利方案一樣到了必須轉型的時機，值得注意的是，因為它造成了大眾對於資助復健方案的負面態度，也質疑起諮商服務的價值。經濟成長的速度大不如前，限制了新工作職缺數目的成長，因而使得聯邦政府的經費預算受到擠壓。婦女與嬰兒潮世代（baby-boom generation）的勞動參與率激增，使得問題更加速惡化。保護性的福利方案，諸如社會安全，受到聯邦政府的經費補助逐步減少。反觀職業復健，在聯邦或州預算當中並非是個開放式項目，反而遠較其他身心障礙方案，例如勞工補償以及障礙保險方案，更受到政府財務緊迫的不良影響（Berkowitz, 1987）。顯然這些問題導致服務提供者的士氣低落與悲觀態度。

　　1970 年代另一個新的發展趨勢，涉及復健諮商人員如何選擇他們的個案量。一般而言，諮商人員偏好服務輕度損傷的消費者，而非嚴重損傷的消費者（Berkowitz, 1987）。在 1973 年，國會簽署一項新的職業復健法案，對於公立方案應該服務哪些對象，造成重大的改變。該法案強調的重點是，應該先提供重度障礙者職業復健服務，而非僅是服務那些很快可以就業的身心障礙者。此外，服務提供的重點也應放在智能障礙者、其他發展性障礙者，以及具有嚴重神經損傷與精神疾病的案主。將焦點集中於重度障礙者的目的，在於消除「萃取」（creaming）現象，

（例如：機構實際上僅是針對那些最有就業潛能的案主提供服務），同時，服務資源也因此可以轉移到那些較難就業的案主身上。

根據 1973 年復健法的規定，諮商人員與消費者必須共同簽署個別化書面復健計畫（IWRP），此項新政策成為復健服務規劃過程中，影響諮商人員與消費者合作投入的重要變數。復健諮商人員的核心工作，便包括促進消費者參與、倡導，並提供正確而即時的資訊。消費者也必須徹底瞭解本身的醫療狀況、個人目標、有哪些可利用的復健服務，對於個人職業方面的決定會產生什麼影響，並瞭解個人權益與身心障礙政策。他們也需要在有充分資訊的情況下做決定，實務工作者也需要提供消費者必要資訊，以幫助他們在進行個人復健規劃的過程中更加順利。這樣的努力，使得復健成果評估的重點，轉移到評估消費者的成果，甚或復健機構的成效。政策與法令的焦點，又重新回到消費者身上，對於專業復健諮商人員的培訓、繼續教育與認證，均產生重要影響。

國會也設立案主協助方案（client-assistance projects），在復健機構中配置處理陳情案件的專人（ombudsman），以保障消費者的權益，此外，這些方案也必須獨立於職業復健方案之外。如此一來，有些案主協助方案便成為一項法律諮詢的服務資源，協助對服務不甚滿意的消費者，可以透過法院進行申訴。在過去幾年，法令的優先順序均放在改善就業成果，並提升消費者在復健計畫發展歷程中的參與程度，有助於更明確界定復健諮商實務的範圍與任務（Rubin & Roessler, 2001）。

為強調消費者的參與和權利，Bickenbach（2001）指出，身心障礙倡導（disability advocacy）是為提升身心障礙者的平等參與而奮鬥，最重要的政治發展單一事件。他認為人權取向（human rights approach）便是促進此一倡導運動的機制。就歷史的角度來看，人類有四種基本權利，分別是道德權、法律權、公民權與人權，瞭解每一種權利，對於我們如何服務身心障礙者，都會帶來一些啟示。

人權取向使得身心障礙的社會模式應運而生，社會模式主張，身心障礙是一種被歷史、文化、政治與經濟力量分割所形成的社會現象，模

96

式或許是複雜而難懂的，但主張每個人都有受到平等對待的基本人權，卻是容易理解得多（Bickenbach, 2001）。身心障礙權益倡導的努力，為專業實務帶來更大的啟示，提供給學生的復健諮商人員訓練方案，必須擴充其教育機會與經驗，並強調倫理、倡導、身心障礙權益等議題。

不同於 1973 年的立法意旨，有些方案管理者更關心有多少個案的服務是成功的，重度障礙的個案，反而發現他們經常被排除在職業復健方案之外（Coudroglou & Poole, 1984）。消費者主張，他們是因為受到篩選而被拒絕服務，機構卻聲稱，這樣的做法其實有助於「篩選掉動機不足的案主」（screening out the undermotivated）。此外，案主也對於諮商人員經常將他們安置到低薪資、低階工作的做法表示反對（Percy, 1989; Schriner, 1990）。有時方案目標似乎是互相矛盾的，甚至經常不符合重度障礙者的需求，對於獨立生活的議題也不夠強調這種情形經常造成諮商人員的壓力，因為許多方案目標似乎只注重服務量，而忽略消費者需要哪些服務。

復健諮商專業的發展，同時也受到工作環境日益多元化，以及復健諮商人員功能日益專門化的因素所刺激。復健諮商人員可扮演的多重角色包括個案管理者、服務協調者、職務開發者（job developer）、諮詢者／倡導者、安置專員（placement specialist）、案主評估專員（client assessment specialist）、治療諮商師／促進者（therapeutic counselor/facilitator），以及職業評量人員。雖然面對如此複雜、廣泛的職責，復健諮商人員仍有相當的權限，可以掌控消費者能有哪些選擇、方案的目標，以及應該提供哪些服務。

資格認定（certification）與認證（accreditation）的過程，通常也會在諮商實務中對於專業認同與分類等議題產生影響（Szymanski, Linkowski, Leahy, Diamond, & Thoreson, 1993）。然而 Thomas（1991）認為，在建立實務的專業標準與未來發展方向的過程中，臨床工作者、教育人員、政策制訂者與專業組織的角色與影響，經常是具有爭議性的，而且容易產生衝突，最終的議題似乎落在如何做課程控管（curriculum control）。復健諮商人員對於特殊利益團體，或聯邦法令施政重點轉變的擔憂，可從諮商人員的角色與功能演變的過程中看出端倪，這的確是一個值得關注的議題。

公共職業復健與服務輸送的專業化歷程，儼然成為機構成長、方案評鑑與成功的重要要素。復健諮商專業的形成，並不像其他既有的人類服務專業（human service professions），深受聯邦法令規定所箝制，它的發展與州—聯邦職業復健系統的擴展，存在緊密的關連（Jenkins, Paterson, & Szymanski, 1992; Rubin & Roessler, 2001; Sales, 2002）。諸如其他因素，在公立職業復健體系發展的早期，專業服務與品質成為備受關注的重點（Berkowitz, 1987; Boschen, 1989; Roessler & Schriner, 1991）。即使當各州職業復健方案行政人員每隔幾年便嘗試要求修正聯邦法令，他們仍會在各自的復健服務歷程中，採納若干倫理與專業方法。當復健諮商專業持續成長與演進之際，諮商人員的知能與服務也隨之擴充，以服務特定族群的案主與消費者，這些發展均使得美國更需訂定一套重點明確的身心障礙政策。

最後，專業實務終究要反映獨特的工作環境，與消費者多面向的需求。因此，提倡簡明、單純化的身心障礙政策與復健諮商的未來，或許不是一件討喜而實際的事。然而我們仍需敏於重新評估聯邦立法意旨，並不斷強調那些構成復健諮商實務架構的哲學前提。

◀◀◀ 公共復健輸送系統目標 ▶▶▶

職業復健機構的主要目標，在於協助身心障礙者在整合的工作環境中，獲得有薪的工作。復健諮商服務功利主義的一面，似乎受到較多的注意，因為大部分的企業以賺錢為目的，政府也必須向議會及選民負責。另一方面經由公開闡述的復健目標，也反映了美國社會的價值觀。

復健諮商在其哲學前提之外，似乎還有其他的目標。就業自然是最主要的，但改善身心障礙者的自我形象，提升對人的尊重與每個人的尊

嚴，也是我們的社會所重視的。在美國，這些目標已經透過許多身心障礙政策與方案得以一一達成，且這些政策與方案，有許多其實都導向醫療照顧體系。很不幸地，許多優秀的專業人員的行為與服務，還是以賺錢為主要目的。至於真正的復健目標，提升消費者的心理與職業適應，似乎經常受到服務提供者能獲得多少經濟利益所影響。

當影響專業實務的新障礙政策被推出時，要衡量其重要性與影響，必須同時考慮機構亟欲推展的目標為何。在檢視實務議題時，也需要考慮與學校早期介入方案的關係為何，才能真正對特殊教育人員、高中輔導人員，以及職業教育人員有所幫助（Boschen, 1989）。電腦科技運用的優劣之處，應該被理性地評估。最後，收關特殊族群的政策決定也需要不斷被檢視（Bowe, 1993）。

過去的二十年以來，成本—效益分析（cost-benefit analysis）與成本成效評估（cost effectiveness evaluations）兩種工具，在評估身心障礙政策與復健諮商服務目標時，已經被廣為使用。由於考量到成本與成果，在運用這些評量工具時，必定能將復健服務所耗費的努力加以量化。正面、正當的「數字遊戲」，自然在政策制訂與方案決策的過程中，扮演重要的角色。結果，評估的基準通常只是服務了多少人、有多少人接受評量與就業安置，這樣的基準大大影響了復健輸送體系的政策，與諮商人員的日常實務。

近來，公共職業復健方案試圖透過工作安置與工作訓練，重新恢復身心障礙者的生產力，截至目前為止，在幾個主要的身心障礙政策當中，這算是最為經濟實惠的做法；但社會安全身心障礙保險（SSDI），卻成為最昂貴的國家支出（Bowe, 1993; Kiernan et al., 1989）。

目前除了對於國家健康照顧政策的探討外，似乎還有一些證據，顯示即將進行主要的身心障礙政策改革。各州和聯邦政府雖然持續授權、資助新的方案，但這些方案的目標與服務卻互相重疊，不但沒有考慮方案間相互分工的重要性，整個服務體系甚至出現供需的落差（Kuehn, 1991）。過去五年來，社會安全局和勞工部雖然通過新的法令，成立一

個新的身心障礙方案辦公室（Office of Disability Programs），但是否能就此形成一個和諧、整體性的身心障礙政策，仍是許多人的疑慮。因為政府機構似乎只會提出不同的施政優先順序，並用若干定義與政策推理，為新政策的訂定合理化，但其實背後存在政治動機。

◀◀◀ 立法與政治的影響 ▶▶▶

在經濟情勢令人滿意的時候，國家政策的形成與落實、聯邦與州政府通過哪些法令來規範身心障礙方案，以及需要哪些服務，都不會是主要的議題。然而當工作機會減少、稅賦增加、資源分配不均時，才會產生社會改革的利基點（Hahn, 1985）。當有限的財務資源無法充分地滿足激增的需求時，無可避免地，便需要制訂更合理且重要的政策，以解決歧視和服務輸送的問題。

雖然職業復健已展現其成本成效、獨立生活運動的崛起，以及過去三十年身心障礙權利的革命，但公共政策還是耗費絕大多數的資源補償身心障礙者，因為他們被長期摒除於勞力市場與社會主流之外（Berkowitz, 1987）。

Berkowitz（1996）估算，在 1996 年有 49.47%的聯邦經費花在身心障礙方案的健康照護，42.31%花在收入維持與支持，僅有不到 4%的經費分配到教育與復健之上。我們所支出的公共經費，大多仍是花在減輕損傷對於個人所造成負擔的急難救助方案（ameliorative programs），而非用於提升身心障礙者生產力，並改善日常活動環境的矯治方案（corrective programs）之上。

廣義來說，身心障礙政策是由三個影響復健諮商專業實務的一般性要素所組成，分別是：(1)民權法規；(2)收入與慈善補助方案（income and in-kind assistance programs），例如：醫療；以及(3)技能強化方案（skill enhancement programs），諸如教育與職業復健（Berkowitz, 1987）。不幸地，這些要素並非同步發展，往往也無法反映目前的專業信念，亦即

將身心障礙者視為有生產力，並且需要尊重與尊嚴的公民（Scotch & Ber-
kowitz, 1990）。

對於復健諮商實務形成政策影響的因素當中，其中最具政治意涵
的，便是特殊利益團體為影響政府施政方針所做的努力。從政府不斷改
變人員培訓的優先順序，以及新方案的重點，我們便可看到這些政治意
圖影響施政重點的鮮明例證。學術訓練方案也因應這項改變，不斷即時
修正，試圖瞭解施政優先順序改變的緣由。有時這樣的政策轉變，時常
反映在經費申請的程序上，為了因應聯邦施政優先順序的改變，在申請
經費時必須提出能獲得補助的計畫。

身心障礙服務成本的快速增加，對於就業成果與專業合作的重視，
也形成若干政治壓力，使得 1998 年復健法的修正變得順理成章。然而，
此一修正案有一大部分內容，包括勞動力改革的相關立法，也就是眾所
周知的勞動力投資法案（WIA）。雖然仍以復健為原始意旨，WIA 規
定，各州職業復健機構必須與勞工部門合作，發展單一窗口的就業服務
方案。該法案也將個別化書面復健計畫更名為個別化就業計畫，並允許
復健諮商人員在知會消費者獲得其同意的前提下，賦予其更大的選擇
權，甚至協助消費者撰寫自己的復健計畫（Roessler, 2002）。最後，為
了增進復健成果，勞動力投資法要求人事發展綜合系統（Comprehensive
System of Personnel Development）的落實，其目的在於提供身心障礙者
保護，以確保合格的復健專員（rehabilitation specialists）提供身心障礙者
101 所需的服務。根據規定，各州復健機構的所有工作人員，必須取得該州
所認定的專業資格，或接受相關培訓，若該州沒有專業資格認定的機
制，則復健諮商人員必須通過全國性的資格認定程序。Sales（2002）指
出，在各州與聯邦職業復健方案當中，尚有 43%的復健諮商人員並未達
到這個標準。

近來的立法努力，均對於受過專業培訓之復健諮商人員的需求與角
色產生影響。由於立法造成新的政策轉變，目前的復健諮商實務更強調
倡導、充權，與消費者的知後選擇（informed consumer choice）。在服

務輸送體系中，過去「溫和專制作風」（paternalism）的角色，已逐漸
被消費者掌握的主動及參與（consumer-controlled initiatives and involve-
ment）所取代，為專業領域帶來新的期許與挑戰。總歸來說，這些法令
規範象徵社會態度的轉變，強調多元的價值與個人的能力，而非僅是關
注於個人的障礙（Evenson & Holloway, 2002）。

還有一個因素與復健諮商專業尚未獲得全國性適當的認可有關，這
或許可以說明為何身心障礙方案無法獲得政治勢力的青睞，甚至可以部
分解釋，為什麼我們無法建構一個統整、全國性的身心障礙政策。相對
地，多數老人扶助方案蓬勃發展，也可視為此一現象的另一個例證。許
多具有高度能見度的國會委員會，都對於老人政策提出嚴厲的監督，但
願意為重度障礙者權益發聲、請命的委員會，卻少之又少（Berkowitz,
1987; DeJong & Batavia, 1990）。在 1990 年美國身心障礙者法案
（ADA）通過之前，很少有身心障礙團體的領袖會成為全國性的知名人
物，身心障礙者也不像其他特殊族群那樣受到媒體的持續關注。

在某些身心障礙方案（例如：公共職業復健方案）中，我們可以看
到政策（施政優先順序與服務）如何受到政治（勢力）所影響，因為某
些原因，使得所形成的政策與程序，與被服務的人和機構沒有太大關連
（Berkowitz, 1985）。也因此，身心障礙者試圖主導身心障礙政策，並
希望原本屬於專業行政人員的權利，能夠回歸身障者。這樣的努力，才
促成了獨立生活中心（independent living centers）的設立。這些中心多
半是由身心障礙者自己來經營，而非受制於非身心障礙的專業行政人
員。

目前已開始施行的若干法令與政策，也凸顯專業實務中幾個值得關
注的優先議題。Kuehn 等人（1988）指出，1970 年代當機構開始服務重
度肢體障礙者時，各州復健機構的個案服務量開始下滑，因為需要提供
更加複雜、更長期的服務，才能滿足消費者的需求。除了在 1980 年代通
過的各項反歧視法案之外，聯邦立法的通過，也提升了職業復健方案的
價值與可行性（例如：案主協助服務）。1986 年的復健立法確立了復健

工程服務（rehabilitation engineering services），使得身心障礙者有更多的選擇，同時也有助於設立提供支持性就業服務的合作方案。在1992年的修正案中，消費者參與的議題也受到關注，強調案主應該在接收充分資訊的情況下做出選擇，並提升案主在發展復健目標過程中的主導權。此外，修正案也強調每年檢視 IWRP、評估服務申請者的資格、擴大轉銜服務的適用範圍、擴充支持性就業服務與機構間合作等措施（Rubin & Roessler, 2001）。這些新條款的推動，均促使諮商人員與機構重新評估日常職責的優先順序。

美國身心障礙者法案（ADA）的通過，反映美國身心障礙政策的新動力，在於強調如何消弭歧視的議題。ADA 給予行政部門和國會採取正面行動的機會，以回應身心障礙者在政治地位逐漸提升之際，需求與寄望的改變，同時藉此降低聯邦政府的經費支出。但我們的身心障礙扶助方案，因為某些政治因素，還是抗拒徹底的改革，這使得 ADA 的通過更顯必要。即使 ADA 在消弭歧視方面，能夠發揮偌大功效，但仍無法取代其他需要改革的政策（DeJong & Batavia, 1990），許多在 ADA 通過之前就已經存在的重大政策議題，仍舊是懸而未決。

在美國，各州的身心障礙政策如此混亂，其中的一個原因，在於人們相信，這個國家的身心障礙方案不盡周延，甚至不合理。例如在過去十年間，大眾對於 1990 年通過的 ADA，便產生許多疑慮。國會的保守派、學術界與媒體，均對 ADA 的正當性提出質疑，他們懷疑 ADA 是否真能保障人們的權益，甚至擔心它所帶來的副作用。對許多批評者而言，ADA 是一套欠缺周延考量的法案，因為它過度廣泛地將太多類別的身障者，都視為受害者的角色，而要求社會為他們提供不合理的調整（Scotch, 2000）。形成身心障礙服務方案的政策，已經與身心障礙補助方案（disability benefits programs）混為一談，使得人們對於身心障礙政策的目標，產生更多的誤解。補助方案的設立，通常是以身心障礙的醫學模式為基礎，將損傷與失能（incapacity）自動連結在一起。在這樣的典範中，損傷便是使人無法工作的重要原因，政策的目標便是藉由養護

103

服務（custodial services）與收入補助，來補償個人的損失，如果一個人有工作能力，便不會被視為身心障礙。

Scotch（2000）檢視社會安全身心障礙方案中，對於「失能」的假設——一個人必須具有完全而永久性的障礙，才可以領取補助。這種非黑即白（all-or-nothing）的取向，並未考慮身心障礙所帶來的多元、動態、個別化的影響。注重服務的身心障礙政策模式，諸如身心障礙者教育法或公立職業復健方案，則強調個別化取向。但即使服務於這些方案當中，服務提供者仍受制於資源有限、個案量過多、服務過於例行性而彈性有限等因素，必須面對莫大的壓力。由於個案量過多與經費的限制，對於服務的輸送產生若干負面效應，就算服務人員試圖提高案主的選擇權，卻也不得不提供例行性、一成不變的服務。

為使「失能」的概念更加複雜化，美國最高法院在1999年規定，如果個人的損傷狀況可以透過醫療或輔具等方法加以矯治，便不受ADA反歧視條款的保障。因此，如果一個人真正具有身心障礙，但卻無法工作，也就無法獲得民權法案所規定的相關補助。

1999年工作券與促進工作誘因法（TWWIIA）提供支持與誘因，以獎勵接受社會安全津貼的受益者重返職場。該法案提出多項補助規劃與工作誘因的措施，例如讓身障者在復職後繼續享有補助，並擴大醫療保險的適用範圍。但這些革新是否能發揮其功效，則要看是否能幫助身心障礙者排除就業上的障礙。雖然有些重大的障礙仍舊存在（Marini & Reid, 2001; Marini & Stebnicki, 1999），但許多接受社會安全津貼者，主要還是擔心一旦開始工作後，會因為損失補助而付出代價。TWWIIA的成功之處，在於讓人在返回工作的同時，也不會喪失醫療保險的補助，不會因為需要支付額外的醫療費用，而付出無法接受的高額代價。

即使有關歧視、方案優先順序與政策等議題持續存在，對於職業復健服務目的的理念，以及轉變中的公眾態度，仍舊對於專業復健諮商人員，以及聯邦政府的決策人士產生正面影響。當身心障礙方案的重點，放在調和「失能」與「補助」的概念之時，支撐身心障礙服務的原則與

理念，也獲得更多人的興趣與支持。合乎倫理、自我提升（self-enhancing）的復健策略，使得更多人願意投入復健諮商的專業領域。

◀◀◀ 復健諮商實務的未來 ▶▶▶

在二十一世紀，要辨明專業實務的清楚輪廓，仍舊是件困難的事。因為沒有一個人具備所有需要的專業知識去綜合與身心障礙政策、立法有關的多元經濟與社會現象。或許只有少數人能夠瞭解所有的變數，但大多數的人並不具備充足的背景，以全面的觀點去檢視整個復健體系。舉例來說，立法者往往透過各委員會的運作完成立法程序，其意見往往受到專家、特殊利益團體，和嫻熟政治語言的人士所操弄，使得政策分析的層次很少超越個別方案，也很難對政策有更整體性的瞭解。Schriner（1990）指出，政策擬訂的焦點經常變成「方案的正當化」（justification of program），而非「理性身心障礙政策的發展」（development of rational disability policy）。

有些強烈的經濟因素，仍舊使得由受過專業訓練之人員所組成的身心障礙與復健輸送體系，在現今的社會中難以生存。雖然身心障礙服務的成本逐漸增加，儼然成為一個全國性的問題，有利於復健服務的社會政策，卻不斷的發展並受到檢驗。在此同時，尚有一些社會和政治性的理由顯示，身心障礙服務並不會被削減，許多工商業仍需藉由他人的不幸遭遇，來凸顯其存在的價值。身心障礙補助方案，有時會成為消費者一項穩定的收入來源，消費者所得到的補助，甚至超過就業的薪資，可能使得個人缺乏求職的動機。受過專業訓練的諮商人員，必須幫助消費者瞭解這些誘因和障礙背後的意涵。

另一項改善復健諮商實務，並使它更能反應消費者需求的方法，或許是引進更為創新的復健服務輸送取向，使消費者在職場上更具競爭力。這樣便能使消費者在所接受服務的型態、層次與地點，有更多的選擇。在1990年代，聯邦政府已經提供相當的經費支持，協助服務輸送取

向的革新。復健諮商服務市場的開放，使得消費者和服務提供者重新評估，在復健流程中有哪些重要的目標、需求與服務。這樣的取向也能夠幫助消費者，從一開始便在決策的過程中擁有最大的獨立性。這些成功的替代性服務，對於各州與聯邦政府如何運用並分配預算，以及如何執行依法規定的方案，均產生相當大的啟示。

　　身心障礙消費者所抱怨的，往往在於機構只是象徵性地遵循聯邦法令。例如，個別化計畫的內容，往往只會比事先協議過的服務內容要多一些，視組織內例行的工作事項，或機構可利用多少資源而定。但近來績效責任制的概念，則是強調消費者的賦權，並限制專業的自主性，可能需要機構根據身心障礙的複雜性提供調整。然而，這樣的變革仍充滿爭議，並難以執行。

　　DeJong 和 Batavia（1990）指出，要想促進身心障礙政策的改變並改善專業實務，應該考量其他幾種額外的選擇：

1. 為鼓勵身心障礙者獲得就業機會，應提供更多的經濟獎勵措施與稅賦減免，並修正稅賦政策，讓雇主為身心障礙者付出相關費用時，可以獲得稅賦的扣抵。

2. 在政策決策中避免做出如果一個人不是完全身心障礙，就不是障礙的假定，因為身心障礙並不是一個恆定的狀態。

3. 改變身心障礙必然使工作能力降低的假定，避免過度依賴醫學的資格基準，並予以個人功能更多的考量，並給予身心障礙者可能需要的環境調整。

4. 創造工作的誘因，在決定身障者是否符合方案資格時，就業與否的狀態應該分開考量。無論就業與否，身心障礙者都應享有輔具和健康照顧等福利。

　　這些想法並非特別激進或創新，只是反映強調個人主動、自我決定、私人責任和社區支持的傳統美國價值觀（Berkowitz, 1987; DeJong &

Batavia, 1990）。所有對社會有貢獻、有生產力的人，都應該被鼓勵投入工作，實務工作者應當將復健服務的重點放在提升消費者的尊嚴、獨立與就業成果。

106

美國社會對於復健諮商重要性與價值的觀感，似乎也到了一個轉捩點，由於擔心聯邦政府政策縮減，社會政策議題的討論，基本上也暫緩下來。隨著經濟蕭條、失業的威脅，以及生活開銷日益提高等因素所影響，社會大眾也開始要求政府奉行財政保守主義（fiscal conservatism），並反對設立耗費公帑的方案。能從復健諮商服務得益的身心障礙者，難免也受到這些公眾聲音的影響。由於政府補助方案的優先順序改變，也帶來了意想不到的後果。行政部門和國會不再願意冒險，補助短期會造成政府大量支出，但可能帶來長期經濟利益的方案。經濟成長的趨緩，使得身心障礙方案推展的前景堪慮。由於健康照顧的成本持續迅速成長，國人已經不願再負擔新的稅賦（DeJong & Batavia, 1990）。

◀◀◀ 摘要 ▶▶▶

影響復健諮商實務的因素，某個程度已經成為控制專業的發展與生存力的變數。諸如公共政策、法令與國家健康照護方案等因素，均造成嚴重的衝擊。雖然這些因素對於幫助身心障礙者重新融入主流社會都具有一定的貢獻。然而，唯有職業復健方案才將提升身心障礙者的就業能力列為目標。

也許我們需要再思考以下這些基本的問題，例如：身心障礙者與非身心障礙者有哪些相同和差異之處？身心障礙者能夠在一般性的環境中接受服務嗎？身心障礙有何獨特之處，而需要特殊的方案（Scotch, 2000）？

復健諮商專業對於個人尊嚴相當重視，也認可傳統的清教徒工作倫理強調當一個人有工作時，才能達到個人獨立、個人滿足感的目標。然而，這些價值觀有時卻是互相衝突的，因為服務流程與輸送議題，有關

服務資格與成果的政策，經常有所變動，甚至是懸而未決。

　　在1990年代，要隨時瞭解所有身心障礙服務方案最新的動態，並與之保持適當互動，幾乎是不太可能的事。身心障礙政策與新的立法原理，應力求符合復健諮商實務。要發展一套共通的身心障礙定義相當困難，因此，身心障礙政策應該提供個別獨特方案互通的橋樑。因為這些方案通常各自獨立運作，缺乏交集，甚至各自成為墨守成規、抗拒改變的服務架構。如果各自的服務方案不再閉門造車，轉而共同推動一套更為和諧，並能反映身心障礙者期待與價值觀的身心障礙政策，復健諮商方案才會受到激勵，運作也會更有效率（Schriner, 1990）。

　　在二十世紀初葉，左右復健諮商專業實務的變數確實發人深省、統整，甚至對專業實務造成深遠的影響。這個專業的實務隱含很強的內在價值，便是促進身心障礙者的尊嚴與獨特性。目前，復健諮商服務已經被視為一個能產生經濟效益的事業體（economically profitable enterprise）。技術專業、溝通資訊與快速教育人們的能力，以及私人保險規劃的改變，這些因素都能幫助個人潛能成長到最佳狀態，消弭並預防主要的障礙（Parker & Szymanski, 1998）。

　　整合性的障礙政策與思考周延的法令，將有助於全面障礙與健康照護系統的發展，將孕育所有身心障礙者所嚮往的正面未來。最終結果將使得復健諮商服務更能回應身心障礙者的需求，反映和聯邦障礙法律與政策一致、革新、有開創性的專業實務。

第 六 章
倫理

Vilia M. Tarvydas ⊙ 著

花敬凱 ⊙ 譯

身心障礙案主的生活品質是否得以提升，端賴專業諮商人員是否能夠留意 Samuel Johnson 的提醒：「沒有知識的正直（integrity）是薄弱而無用的，沒有正直的知識是危險而可怕的」。要發展強烈的專業認同，必須先有一套清楚的專業實務標準（professional standards of practice）。案主與諮商人員的關係，必須以問題解決為焦點、受到尊重、不被剝削、能賦予權利的，以及合乎倫理的關係。

顯然，案主期待提供服務的專業人員能夠瞭解其職責背後所隱含的價值觀、有助人的意願和能力，並以適當的知識能力提供協助（Gatens-Robinson & Rubin, 1995）。復健相關專業一向具有格外堅實的傳統，與明確的哲學基礎，這使得復健諮商價值觀本位的本質（value-based nature）在早期就受到認可（B. A. Wright, 1983）。這些珍貴的資產，能夠在我們瞭解復健諮商實務中的倫理原則，學習倫理決定所需的核心技巧時，提供穩固的基礎。

◀◀◀ 專業標準的要素 ▶▶▶

諮商的實務是一項藝術，也是一項科學，需要實務工作者本著價值判斷與理性的決定。事實和價值觀並非互不相容，反而可以互補，在做

理性決定時，必須一併做考量（Gatens-Robinson & Rubin, 1995）。當面臨倫理上的兩難狀況時，實務工作者必須整合個人的道德敏銳度（moral sensitivities）、臨床上規範客觀行為的實務理念，以及案主對於「有效照顧」（efficient care）的要求等因素，做出適當的決定。

所有專業中的實務標準，歷經過去數十年的演進之後，其性質和複雜程度都有相當的變化與成長。專業標準（professional standards）這個詞，已不再僅是專指某一專業內的倫理標準（ethical standards），而是泛指在一個專業中界定「可接受專業表現」（acceptable professional performance）的專業基準（professional criteria）（Powell & Wekell, 1996），可以包含倫理標準和臨床照顧標準（clinical care standards）。一般在描述專業實務時，有三個相關的標準：(1)專業的內部標準（internal standards）；(2)適用於專業中個別實務工作者的臨床標準（clinical standards）；以及(3)外部（external）、規範標準（regulatory standards）。總括來說，這些標準有助於提升專業的地位，與專業本身自我治理（self-governance）的能力，同時提升專業的外部形象，以及對於案主、一般大眾、雇主、外部規範者（external regulators），與納稅人的績效責任（Rinas & Clyne-Jackson, 1988）。有關各類標準的特性與主要成分，可參見圖 6.1 的描述。

內部標準

首先，專業的內部標準形成專業中適當角色與功能的基礎。內部標準的特色，是以提升群體的專業主義為焦點，其目的為提供專業內的實務標準，協助個別實務工作者界定其專業認同與職責。此類標準最明顯的例子，便是各專業的倫理準則（code of ethics），以及任何與該領域相關的專門實務指南（guidelines for specialty practice）。

臨床標準

適用於個別實務工作者的臨床標準，與上述的內部標準相近，兩者都與輸送給個別案主或病患的服務有直接相關。臨床標準的另一項特

專業的外部標準	專業實務工作者的臨床標準	外部規範標準
特色 ❖ 以專業為焦點 ❖ 適用於某項專業的標準 ❖ 個別性的 ❖ 專業認同與義務 **相關成分** ❖ 倫理準則 　理想性的（原則） 　強制性的（標準） ❖ 專門實務指南	**特色** ❖ 以臨床為焦點 ❖ 適用於單一領域或多重領域的標準 ❖ 依案主和情境不同而異 ❖ 可用於評量個別專業人員的表現 ❖ 可用於測量成果 **相關成分** ❖ 同儕檢驗 ❖ 同儕檢驗標準組織 ❖ 臨床照顧通路 ❖ 臨床最佳實務標準	**特色** ❖ 以規範或機構為標準 ❖ 以法律和風險管理的觀點為考量 ❖ 以經費、機構或信託觀點為考量 **相關成分** ❖ 法律的：專業團體的社群標準、被納入法條的倫理準則 ❖ 機構的：品質把關檢驗實用性檢驗

圖 6.1　專業標準的架構

色，在於它著重於單一或多重領域的臨床照顧標準，這些標準可能適用於某個特定的場域，或特定族群的案主，並可依據特定的照顧型態，來評量個別專業人員的能力，因為這樣的標準著重於案主或病患接受照顧的成果。臨床標準的例子包括同儕檢驗（peer review）以及臨床照顧通路（clinical care pathways）。

外部規範團體

　　專業標準的第三個，也是最後一個要素，為各種外部規範團體（external regulatory bodies）所訂定的標準。這些規範鎖定在機構的層次，涉及法律或風險管理的問題，並需考量經費或機構信託（institutional fiduciary）的觀點。這個與司法有關的要素，視為法律或準法律程序（legal or quasi-legal processes），諸如專業團體用以制裁其成員不當行為的社群標準（community standards），或經認證單位採納，用以規範執業者的倫理準則。這些法令和專業價值觀，均隱含一般的社會價值觀，彼此也能夠相容，亦即社會大眾不會容忍一個專業的行事，慣常性地違反其核心價值結構。Corey、Corey 和 Callanan（2003）法律與倫理是類似的，因為它們都構成實務的指引，就某種程度來說，這些指引是具有規範性質的。然而，法律可視為代表社會可以容忍的最低標準，而倫理則是專業本身的理想性標準。法律同時警告諮商人員，出現違規行為時會有什麼後果。外部規範標準的另一個要素，涉及用以評斷整體機構成效與效率的標準，常用的方法包括品質把關（quality assurance）或實用性檢驗（utilization review），這些策略過去常用於醫療單位，目前也逐漸用於諮商輔導機構，藉由以成果為本位的處遇計畫（outcome-based treatment planning）對於專業的管理與加速發展，產生實質的影響。

本章雖著重於探討復健諮商的倫理標準，但注意上述三種專業標準的和諧關係仍十分重要。倫理是由一個群體所採納，用以界定正確行為的規範（Corey et al., 2003）。專業組織的倫理準則，則是經組織正式採納的文件，其目的在於說明該專業目前所認為的合宜與不合宜行為。然而，它們皆屬於常規性的敘述（normative statements），而非特定情境下的絕對標準。

◀◀ 倫理治理 ▶▶

為賦予專業標準某些意義並提升專業整體的社會地位，必須針對倫理實務，設計一套有效的治理程序。這些治理的過程透過教育及社會化，引導實務工作者認識自己所扮演的專業角色，若其行為未達到既定的標準，可以採取若干懲戒措施。專業實務中的倫理要素，可分為強制性的（mandatory）和理想性的（aspirational），提供實務工作者不同層次的指引（Corey et al., 2003）。基礎層次的倫理功能受到強制性倫理

（mandatory ethics）所引導，在這個層次中，個人所關注的焦點是，個人在執行業務的過程中是否遵守法律或倫理準則，所關注的是安全的法律行動與專業的認可。理想層次的規範，則牽涉較複雜的倫理概念，在這個層次中，個人必須針對案主的情況與福利做額外的考量，以及他們的行為會對整個專業造成什麼樣的影響。

　　強制性與理想性倫理的概念，同樣可以用在專業實務倫理標準的整體治理結構（structure of governance）之上。倫理準則只適用於具備特殊認證的人員，例如具備復健諮商人員資格認定委員會（Commission on Rehabilitation Counselor Certification, CRCC）認定之資格的人員，或美國諮商協會（ACA）等協會組織裡的會員。這些專業人員必須根據專業團體中特定的倫理準則和懲戒程序接受倫理的規範，甚至制裁。CRCC 的懲戒程序，便是可以用於復健諮商實務的例子之一。若持有其認證的成員或專業人員違反其倫理準則，該組織便有責任採取制裁措施，經過申訴程序之後，組織便會視違規情節的輕重，施以適當的制裁。在某些專業組織裡，最嚴重的制裁措施包括取消會員資格，或移送其他組織或司法單位，進行進一步的審理。例如 CRCC 的某些諮商人員認證單位，可能會對違規者處以吊銷證照等更嚴重的處分，其他較為輕微的處分，例如警告或申誡，也是有可能的。通常，這些懲戒措施也會伴隨某些教育或復健條件，諸如修習倫理課程、接受密集督導，以幫助實務工作者重新溫習適當的倫理準則，並達到保護案主的目的。若負責懲戒的單位並未發現違反倫理之情事，但認為仍然需要提供實務工作者有關最佳倫理實務（best ethical practices）的相關資訊，則會去函加以告誡，並期待日後能改善提供給消費者的服務。個人一旦被宣告確實違反倫理準則，對於違規情節嚴重性的衡量，會影響到實際的制裁措施。需考量的因素包括意圖、對案主造成什麼程度的危險與傷害、違規者改過的動機與能力，以及違規者再犯的傾向（Keith-Spiegel & Koocher, 1998）。

　　除了瞭解基本的強制性規範外，負責任的實務工作者也應從實務經驗以及相關文獻中，對於最佳的倫理實務做進一步的瞭解。此外，他們

也必須受倫理準則,以及相關的倫理實務專門指南所引導。成熟的實務工作者應當盡力尋找相關資源,除了強制性的倫理標準外,更應追求理想性的原則與倫理觀念。事實上,在某些情況下,基於理想性道德觀點所採取的行動,可能會與強制性倫理的規範相衝突。在這樣的情況下,實務工作者可能因為要權衡兩者,而感受到額外的壓力。

圖 6.2 所呈現的,為適用於諮商人員的倫理規範結構,在圖中,諮商領域裡不同的專業組織,可用金字塔的階層加以排列。圖中的垂直箭頭代表倫理功能的層次,從主要為理想性,一直到主要為強制性的功能層次。

提供專業教育與研究服務的大專院校,會接受復健教育諮議會

114

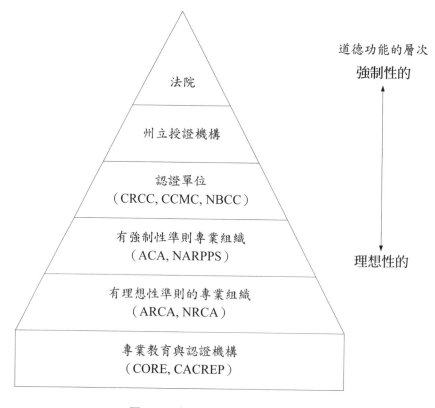

圖 6.2　復健諮商的倫理規範模式

（Commission on Rehabilitation Education, CORE）諮商或與相關教育方案認證委員會（Commission on the Accreditation of Counseling and Related Educational Programs）等認證單位的督導。因此這些單位的功能最為廣泛，因為它們能夠提供理想性的道德指引，也代表倫理治理結構的基礎。此外，這些機構所建立的理論與研究基礎，有助於我們瞭解倫理議題、決策過程，以及倫理教育的方法。這些理想性的知識基礎，對於專業中的倫理發展實屬必須。大專院校也具有提供適當職前教育，以及專業社會化（professional socialization）的功能，幫助未來的實務工作者和教育人員培養適當的倫理基礎，以執行其諮商業務。大專院校的職責包括主動提供角色模範、輔助進行倫理分析、倫理行為的教學、督導，以及實際的臨床實務。教育機構也可成為其他專業發展與規範機構的一項資源，透過教學、研究與服務，提升社群中的理想性與規範性倫理實務。

115

　　其次則是有理想性倫理準則，但沒有強制性執行機制的專業組織，例如團體工作專家協會（Association for Specialists in Group Work），以及美國復健諮商協會，同時也是美國諮商協會（ACA）的分會之一。對於這些組織而言，其首要目的為鼓勵會員追求理想性的道德功能，而非採取強制性的措施。主要因素是由於這些組織並不直接接觸消費者，自然也就不需設計保護消費者權益的違規懲戒與補救措施，同時，這些組織也沒有適當的財源、人力和專業資源去執行這些規範。在某些情況下，強制性規範是透過這些組織的母組織（parent organization）（例如，ACA 便是 ARCA 的母組織）加以落實，或交由其他適當的司法單位執行懲戒程序。

　　因此，有理想性準則的專業組織，在倫理治理結構中可發揮若干重要的功能。在解釋一般性倫理準則之餘，也可提供其會員額外、補充的（supplemental）倫理準則（complementary codes of ethics）。這樣的文件通常以特刊的形式，討論專業人員特別關注的議題，藉以提供倫理實務的指引。對於復健諮商人員而言，這些特刊的主題可能包括評量身心

障礙者的功能限制、科際整合團隊中業務關係議題、管理照顧實務（managed care practice），以及為身心障礙者倡導的責任。補充性準則也可能以實務專門指南的形式加以呈現，探討特定情境與特定功能的議題。其中一個例子，便是 1986 年出版的《美國心理協會電腦本位測驗與解釋指南》（American Psychological Association Guidelines for Computer-Based Tests and Their Interpretation）。

有些具有理想性倫理規範專業組織，除了提供補充性、專門的倫理實務標準外，也會持續蒐集有關倫理議題趨勢發展的資訊，並適時提出需要修正特定或一般倫理準則的需要。由於這些組織居於領導地位，也需要預想以上兩種倫理準則如何修正與改寫。這些組織也必須找出，並指派合乎資格的人員，在強制性規範的執行單位提供服務、提供有關精進知識的教育方案，以提升倫理實務的品質，發揮重要的教育與社會化功能。這些組織還扮演一個新的，同時也是最有意義的角色，便是當復健方案中的工作人員違反（或企圖違反）倫理標準時，提供補救措施。

116

倫理治理的第三個層次，是維持並落實強制性倫理準則的專業組織，例如 ACA 或隸屬私部門的國際復健專業人員協會（International Association of Rehabilitation Professionals）。這些組織為其會員提供最基礎層次的強制性倫理準則，並加以落實。以 ACA 為例，落實倫理準則的方法，便是將申訴案件移交具相關專業背景的會員裁定。這一層次的組織也會與資格認定及認證團體，和其他專門的專業協會進行諮詢，以確保各方在倫理準則落實的過程中都能主動參與，並採納各方觀點，持續修訂倫理準則。這些組織也會適時處理申訴案件，將被控方移送司法處理。這些組織也會針對倫理議題提供培訓課程，或提供會員相關諮詢，主動引導會員遵循倫理實務。

倫理治理結構中接下來的兩個層次，包括主責專業資格認定與認證的專業性規範團體，以及由落實強制性準則成效卓著的專業人士所組成的團體。諸如 CRCC 或全國諮商人員資格認定委員會（National Board for Counselor Certification, NBCC）等國家級資格認定團體，或各州諮商人

員認證機構，均在這個層次運作，這些組織在倫理準則的推廣與落實方面，均扮演重要的角色。然而，這些團體所採行的倫理準則，是取自其他專業組織，因為這些團體並不能稱得上是專業，而僅是依照專業本身的內在標準落實其規範。在專業組織修訂倫理準則時，這些團體也會提供資訊和意見。除了具備倫理規範的功能外，這些團體也會要求符合資格或持有證照的專業人員接受職前教育與繼續教育，以提升其專業倫理。

　　實務上，授與諮商專業人員證照的各州，多半都會採納 ACA 及 NBCC 的倫理準則與實務標準。接受各州認證的諮商人員，也必須受 ACA 或相關準則所規範。此外，2002 年修訂的 CRCC 復健諮商人員專業倫理準則（見本書附錄 C），其內容也與 ACA 的倫理準則非常類似（Tarvydas & Cottone, 2000），這部倫理準則也同時被美國復健諮商協會（ARCA）和國家復健諮商協會（National Rehabilitation Counseling Association）所採納。重要的是，這套準則除了可以做為復健諮商專業領域中統一的倫理準則外，其內容也與 ACA 或其他諮商認證團體所訂定的倫理準則高度相容。

　　倫理治理階層的最上層，為影響諮商人員倫理實務的民事和刑事法庭，或其他法律判決。例如在科羅拉多、威斯康辛、明尼蘇達、密蘇里、德州、華盛頓州、密西根與佛羅里達，若與案主發生性關係，是觸犯刑法的行為（Corey et al., 2003）。然而，以法律規範倫理的主要機制之一，還是要透過民事法庭對不當實務提出訴訟。但在界定何謂不當實務時，重要的仍需確立違規者應負的責任，並決定在這種情況下，什麼樣的作為才是「好的專業實務」。這通常是很難解答的問題，因為所謂好的專業實務的定義通常含混不清，並且需要考量很多情況。在這種情況下，邀請專家證人針對實務做法出庭作證，是常有的事。此外，還需參考專業的倫理標準，才能確定專業人員有無公然違反一般規則的意圖（Thompson, 1990）。

　　另一個可以參考的實務標準，便是考量受到質疑的行動或服務，是

117

否屬於專業的實務範圍（scope of practice of the profession），以及個人的實務範圍（individual's personal scope of practice）（有關 CRCC 的實務範圍，請參見本書的附錄 B）。復健諮商的實務範圍已經被建立，實務工作者必須對此熟悉，並建立合乎倫理的、適當的個人實務範圍（CRCC, 1994）。此外，在美國的許多州，取得執業執照的諮商人員，均受到該州認證單位訂定的實務範圍所規範，同時也必須依照獲得認證的領域，提出個人實務範圍的聲明，並做適度的修訂。在倫理的層次，實務工作者的行為必須符合個人實務範圍，且不得僭越專業實務範圍。他們也需要透過適當型態的教育、督導與專業活動，來提升個人的知能（LaBuda, 1995）。

不同的專業治理實體（professional governance entities）透過這六個層次產生互動，並形成強制性與理想性倫理功能的網絡。這些治理結構十分注重消費者的保護，在處理違反倫理之嚴重情事，或面對他人對組織的指控時，也會合作並分享資訊，以求解決問題。所有的諮商人員認證委員會，以及美國州諮商委員會協會（American Association for State Counseling Boards, AASCB）的周邊組織共同提供相關資訊，並形成規範資訊網路（Disciplinary Information Network），以促進各實體間倫理標準的落實。ACA、CORE 及 CRCC 都是 AASCB 的周邊組織，在認證與會員除籍之時，會將相關資訊提報到資料庫中。整體而言，這些組織將研究、教育、倫理準則的落實，均整合在一個系統內，藉以形塑，並規範諮商人員的倫理實務。總括來說，這些知識、傳統、規則與法令，雖然形成規範性內容（regulatory content），卻不見得是實務工作者在倫理實務方面最重要的工具──實務工作者在進行決策的過程中，固然要留意這些內容，但還是必須憑藉自己的知識和經驗。

118

◀◀◀ 倫理決策過程 ▶▶▶

倫理準則的目的，在於讓復健諮商人員在工作中面臨特殊狀況時，

能夠有參考的指引。然而，權威人士長期認為，倫理準則應盡量用一般
性的詞彙撰寫，才能適用於廣泛的實務情境。也就是說，倫理準則的性
質是反應式的（reactive），僅是強調專業經驗中已經出現的情況（Kit-
chener, 1984; Mabe & Rollin, 1986）。結果，復健諮商人員即使對於倫理
準則有很透徹的瞭解，仍會發現自己在解決某些兩難的問題時，缺乏充
分的指引。他們可能發現自己所面臨的情況，在準則裡缺乏相關的說
明，他們的實務受到超過一套的準則所規範，而不同準則的內容互相衝
突，或是準則的規定與實際狀況相衝突。為此，復健諮商人員必須基於
自己的倫理責任進行專業判斷。在這種情況下，並不表示倫理準則無法
解決問題，而是體認專業判斷在某些情況下，自然是適切而重要的。換
句話說，一個人無論技巧多麼純熟，必須認為自己在克盡專業實務，而
非僅是執行一項工作。為了做好的專業判斷，復健諮商人員需要隨時考
量可以運用哪些倫理原則，以及在某種情況下，各方的利益是否有所衝
突，並運用適當的倫理決策技巧，來解決倫理上的兩難狀況（Francouer,
1983; Kitchener, 1984; Tarvydas, 1987）。所幸，專業人員在執行這項任
務時，除了可以憑藉自己的道德觀外，也有縝密的倫理決策過程模式可
供參考。倫理決策中有很多要素，是可以教導、可以學習的技巧，輔以
專業人員憑藉直覺所發展的專業判斷。

　　目前，有幾類模式可用於解釋倫理決策的結構與歷程（Cottone &
Claus, 2000），有些鮮明的例子將倫理決策歷程視為專業人員的自我探
索（Corey et al., 2003）、道德推理的論述（Kitchener, 1984）、道德發
展歷程的結果（VanHoose & Kottler, 1985）、多面向而統整的心理歷程
（Rest, 1984），或是影響決策歷程的四個脈絡層次（Tarvydas & Cottone,
1991）。一般而言，我們可以認為倫理決策模式同時具有原則性或美德
性倫理（principal or virtue ethics）兩種特質（Corey et al., 2003）。原則
性倫理著重歷程中客觀、理性、認知的層面。遵循這個觀點的實務工作
者傾向運用普遍性、中立的倫理原則、準則與法律，並將其視為倫理的
核心成分。美德性倫理則是強調，諮商者本身的特質，才是形成責任性

119

實務（responsible practice）的關鍵因素。因此，美德性倫理的支持者主張，諮商人員必須反思、澄清自己的道德觀與價值立場。此外，他們也會檢視個人議題對於倫理實務造成的影響，例如，個人尚未解決的情感需求，會對自己的工作與觀點造成何種負面影響（Corey et al., 2003; Meara, Schmidt, & Day, 1996）。此外，尚有一種調和觀點（synergistic approach），對於道德決策也有正面貢獻。Vasquez（1996）推測，若能輔以美德性倫理觀點，必能在與多元文化和殊異背景人士互動的情境中，改善諮商人員的倫理行為。

◀◀◀ Tarvydas 倫理行為整合決策模式 ▶▶▶

　　Tarvydas 倫理行為整合決策模式（Tarvydas integrative decision-making model of ethical behavior）的建構，擷取自幾個在心理衛生和諮商領域中，廣為專業人員所用的著名決策模式，整合幾個決策模式中的主要原則和美德成分，並在過程中考量若干環境脈絡因素。Tarvydas 整合模式強調在決策過程中，原則性和美德性因素會不斷產生交互作用，而諮商者的反思態度，便成為整個歷程的核心。該模式強調，諮商者必須在特定的情境中，實際表現出合乎倫理的行為，而非僅是依據不成熟的分析，便選擇最佳的倫理行動。該模式的內容呈現於表 6.1，模式的取向認為環境和情境因素，對於諮商歷程而言是相當重要的。的確，在檢視若干倫理決策模式後，Garcia、Cartwright、Winston 和 Borzuchowska（印刷中）認為，該模式運用美德性倫理與行為策略，與多元文化的諮商和道德決策方法相當一致。他們也根據 Tarvydas 整合模式的主要精神，提出整合性的跨文化道德決策模式（integrative transcultural ethical decision-making model）。

121

▌主題思想與態度 ▌

　　除了 Tarvydas 整合模式的特定要素和步驟之外，還有四個隱含的主

表 6.1　Tarvydas 倫理行為整合模式　　　　　　　　　　*120*

整合模式中的主軸與態度

1. 保持反思（reflection）的態度
2. 處理倫理兩難狀況時，要在議題和各方人員之間力求平衡
3. 密切注意情境中的脈絡
4. 在過程中取得各方人員的合作

第一階段：透過覺察和發現事實來解讀情境
　　要素 1　提升敏銳度與覺察
　　要素 2　進行反思，以決定是否涉及兩難與其他問題
　　要素 3　決定主要利害關係人在情境中對於倫理的主張
　　要素 4　進行發現事實的過程

第二階段：形成倫理決定
　　要素 1　檢視問題或兩難狀況
　　要素 2　決定什麼倫理準則、法律、倫理原則、機構政策和程序，可用於
　　　　　　處理目前的兩難狀況
　　要素 3　提出可能的行動方案
　　要素 4　考慮每一個行動方案的潛在正面與負面後果
　　要素 5　選擇最佳的倫理行動方案

第三階段：衡量互相競爭、非關道德的價值觀，並選擇行動
　　要素 1　反思並分析與個人價值觀是否互相衝突
　　要素 2　考量同僚、團隊、機構與社會等層次的脈絡因素，如何影響價值
　　　　　　觀的選擇
　　要素 3　選擇偏好的行動

第四階段：規劃並執行所選擇的行動方案
　　要素 1　釐清採取具體行動的合理順序
　　要素 2　預想無法使行動方案有效執行的個人與環境障礙，並設法有效解
　　　　　　決
　　要素 3　執行並評估所採取的行動

要思想和態度，值得專業諮商人員格外留意：(1)有意識地不斷反思個人的問題、價值觀與決策技巧，同時考量某一個狀況下各方人士的立場，以及他們與決策者的關係；(2)在決策過程中，強調在不同的議題、人員和觀點之間保持平衡；(3)在問題情境中，對不同的脈絡因素予以適當的關注，隨時瞭解諮商者—案主關係、處遇團隊、組織與社會因素，如何影響道德決策；(4)在決策的過程中，盡量與各方人士合作，特別是取得案主的合作。

藉由採取反思、平衡、考量脈絡與合作的基本態度，諮商人員可以讓整個決策過程更為嚴謹，並有助於維護各方的立場與尊嚴，即使各方對於結果並不同樣持正面看法。特別是陷入嚴重的兩難情況時，抱持這樣的態度，便顯得格外有意義。的確，Betan 和 Stanton（1999）曾經研究學生對於倫理兩難狀況的反應，並分析情感和關注因素如何影響學生運用倫理知識。他們提出以下結論：「主觀與情感投入，是決定倫理行為最重要的工具，但仍需運用理性分析加以整合」（p. 295）。

反思是落實 Tarvydas 整合模式各階段與要素的過程中最重要的態度。許多複雜的決策歷程，可能使得諮商人員感到無所適從，一方面是做決策本身就很複雜，一方面是日常生活中，事件的發生通常是快速而緊湊的。目前慣用的決策方法，會要求諮商人員在過程中不同的時間點「停下來想一想！」運作的順序並不是那麼重要而絕對，更重要的是以冷靜、有尊嚴、莊重、透徹的態度分析情勢，並進行反思與探究。當我們真正投入決策過程，並體認到其中的關鍵層面時，才能尋求其他資源，來協助決策過程中所牽涉到的人。對於諮商人員來說，採取反思的態度，在過程中的所有階段，都會產生很大的幫助。

122

要素

在 Tarvydas 整合模式的四個主要階段運作的過程中，有幾項特定的要素所組成，包含每一個階段應該採取的步驟在內。以下所摘要的概念，分別擷取自 Rest（1984）、Kitchener（1984）、Tarvydas 和 Cottone

（1991）的著作。

第一階段：透過覺察和發現事實來解讀情境

在這個階段，諮商者的主要任務是敏銳地覺察周遭所有人的需求與福利，以及這些情況對於倫理所產生的影響。這一個層次的覺察，能夠幫助諮商者想像並調查現有情況對於各方所產生的影響，以及採取不同行動時，會產生哪些後果。這樣的覺察與探究，必須同時以感情與認知為基礎，並考量既有事實。在此階段，諮商者的行動分成三個要素。

要素 1 為提升諮商者個人的敏銳度與覺察能力，在要素 2 中，諮商者需要調查在這樣的情況中，各個主要利害關係人能從中獲得什麼成果。重要的是，諮商者必須反思有哪些人可以發揮影響力，有哪些人在案主生活中扮演重要角色，並釐清這些人在法律上與倫理上的確實關係，特別是這些人與問題的中心，也就是案主的關係為何。想像當我們把一塊石頭丟進池塘裡，影響到的當然是池塘的中心點，也就是案主。但在案主周圍，還有與他有不同程度親疏關係的人，例如父母、養父母、親密伴侶、配偶、子女、雇主、朋友和鄰居，這些人在案主周圍，由內而外，與案主的親密程度和承擔的責任也隨之遞減。

圖 6.3 顯示，這些人如何形成影響案主生活的勢力範圍（spheres of influence），這些利害關係人，也與四個層級的專業領域和諮商者產生交集。以這樣的方式思考特定情況下不同利害關係人的關係，可以幫助我們更加瞭解，當諮商人員提供案主服務時，還會牽涉哪些特定的人士。

在做倫理決定時，必然（或應該）要考量到一些人和服務層級，因為這些社會力（social forces）在關乎倫理的情況下，難免會產生正面與負面的影響，在進行倫理分析時，應該將這些因素考慮在內。站在諮商者職責的角度來看，各方的倫理主張（ethical claims）不盡一致。幾乎所有的倫理準則都明確主張，諮商人員首先要對案主負責，但還有其他人，諮商人員對於他們的責任可能不是那麼重，但他們還是很重要。很重要的是諮商人員必須確認，是否有人可以代替案主做決定，例如監護

123

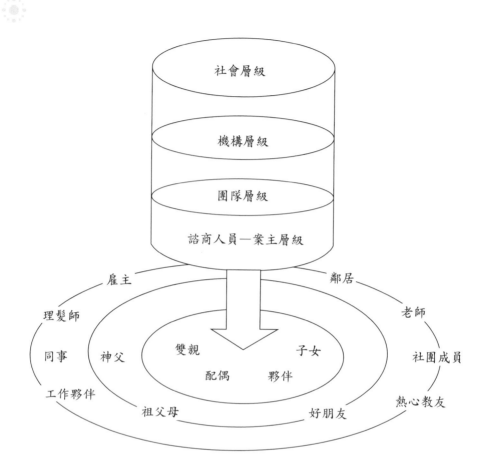

圖 6.3　案主個人世界與諮商者專業層級脈絡的交集

人或法定代理人，這些人可以及早被納入決策過程的核心。在這個歷程中，諮商人員採取敏銳和主動的態度是非常有用的，特別是這些人與案主之間雖然存在法律關係，但並不表示案主與他們有同樣的社會與情緒依附（social and emotional bonds）。在這樣的情況下，特別容易出現兩難。

　　在第一階段的第三，也是最後一個要素中，諮商者必須根據情況所牽涉的適當範圍，進行完整的事實發現調查（fact-finding investigation）。適時發現程序的性質，需要諮商者格外仔細考量，因為這並不

是正式調查，或「準法律程序」（quasi-legal process）。諮商者的意圖
應該是仔細檢視和瞭解手邊的資訊，然後發現新的資訊，但僅限於諮商
者在適當的情況下可以取得的資訊。資訊的範圍和深度應該以正當的方
式取得，若資訊已經超出諮商者的意料之外，則通常不適合全然使用。
例如，適當的資訊來源，可能是與案主的進一步晤談、與案家接觸（經
案主適度同意後）、個案記錄、專家諮詢與報告、法律來源，或機構政
策與程序。

第二階段：形成倫理決定

　　倫理決策過程的這個層面廣為專業人員所知，許多人甚至錯誤地認
為決策過程到此為止。這個階段的核心任務，便是分辨在考量各種情況
之後，採取哪一種行動接近理想的道德狀況（Rest, 1984）。許多諮商領
域的決策模式，都可以套用於這個階段，但後續的要素，則擷取自 Van-
Hoose 和 Kottler（1985）的著作。

　　要素 1 強調諮商者應檢視問題或兩難狀況，並切實瞭解在第一階段
所蒐集到的任何新資訊。在要素 2 中，諮商者則需要研究有哪些法律或
實務標準可適用於目前的情況。此一要素包括 Kitchener（1984）所提到
的倫理準則、法律及倫理原則，以及 Tarvydas 和 Cottone（1991）在檢
視機構政策與程序時，所提到的團隊與組織脈絡，這些都是值得考慮的
領域。諮商者需要分析，在這樣的情況下採取某些行動，是否符合或違
反五項核心的倫理原則，亦即自主（autonomy）、維護利益（benefi-
cience）、不造成傷害（nonmaleﬁcience）、公正（justice）與忠誠（ﬁ-
delity）。這樣的舉措又稱為原則性分析（principle analysis），在分析兩
難狀況時，這是最具有挑戰性，同時也是最關鍵的環節之一。在進行核
心、主要的原則性分析時，諮商者的主要倫理責任，應該放在案主身
上，而非牽涉在情況之內的其他人。要素 3 則涉及提出可能的行動方案，
在決策的過程中，切勿因為對於某些可能的行動做出過早的判斷，而縮
短探索行動方案的歷程，這樣做容易造成最後可選擇方案有限的結果。

要素 4 則是思考行動方案在邏輯上會產生的後果，無論是正面或負面後果，以及各會產生哪些風險，都要經過仔細的分辨與評估，同時要考量有哪些物力和人力資源可供運用。要素 5 提醒諮商者與督導，或值得信賴、知識豐富的同僚進行諮詢或尋求指引，如果過去沒有這樣做的話，就更需如此。實務的專業標準均會強調適度的與同僚進行諮詢，對於解決困難的臨床和倫理兩難情況十分重要。研究顯示，這樣的諮詢對於接受諮詢的人員，會產生相當大的幫助（Cottone, Tarvydas, & House, 1994）。在面臨兩難情況時，若能檢視自己的推理歷程，預想解決方案所帶來的後果，並反思是否已考量所有潛在有用而適當的因素，將會有很大的價值。最後，在要素 6 時，便可決定最佳的倫理行動方案。在這個階段所做的決定，仍不同於第三階段所產生的決定，亦即諮商者實際決定要做什麼。

第三階段：衡量互相競爭、非關道德的價值觀並選擇行動，以及個人的盲點與偏見

　　許多人會認為，倫理決策過程只到第二階段為止，這樣的觀念有很多限制。因為事實上，還有許多額外的因素會影響到諮商者，以致無法實際上執行原先所選擇的倫理行動方案。在第三階段的要素 1，諮商者必須預留一段反思期，並衡量互相競爭、非關道德的價值觀，主動思考諮商者企圖做什麼（Rest, 1984）。在此時，諮商者必須考量任何使他們無法選擇適當倫理行動的個人因素，並進行實質的修正。所謂「非關道德的價值觀」指的是諮商者想得到的任何獎勵或慾望，而非正直一類的道德性價值觀。這樣的價值觀可能只是社會關係的和諧、多花時間與朋友相處、從事個人嗜好，或擁有個人健康。在這個要素中，諮商者必須自我檢視，以決定是否有個人盲點或偏見，以致影響其判斷，或解決倫理問題的方法。例如，是否恐懼受到愛滋病毒感染，或指控男同性戀者較有可能侵犯兒童。這個部分提供諮商者一個很好的機會，檢驗自己是否能適度考量多元文化因素，或在工作中有能力解決兩難狀況，以確保

自己的工作不要陷入偏狹的文化框架中。

　　諮商者也需要讓自己意識到本身價值觀的優點和吸引人之處，同時瞭解這些價值觀如何妨礙他們履行倫理職責。如果他們提升對自己的認知，便更能有效而誠實地彌補內在互相衝突的衝動。諮商者亟需接受督導與同儕的協助，以維持良好的名聲和影響力、避免爭議，並在財務上獲得成功。這些價值取向或許與倫理行動互相衝突，因此，若要使案主得到合乎倫理的服務，諮商者就必須在個人價值與倫理要求之間取得調和。另一方面，諮商者必須重視倫理道德，期許自己符合高度倫理標準，做個受人敬重的專業人員，或向同儕所表現出，合乎高度倫理的專業行為看齊。這些力量都應該促使諮商者選擇更合乎倫理的行為〔有關影響諮商者表現倫理行為的倫理氣氛（ethical climate），在 Tarvydas、O'Roruke 和 Malaski（2003）的著作中，有更為詳盡的探討〕。因此，選擇並保持相當的倫理敏感度，並維繫正向的專業與個人文化，對於完整的專業功能（full professional functioning）來說，是相當重要而關鍵的。在下一個要素中，將會進行更深入的討論。

　　在要素 2 當中，諮商者需要以系統性的方法，在同儕、團隊、機構與社會的層級當中，釐清有哪些脈絡會影響到他們的選擇。這並不僅是衡量影響力的簡單過程，而是真正調查在選擇倫理行動方案的過程當中，有哪些不良，或有建設性的影響，並瞭解在這些層級的因素產生交互作用的過程當中，還凸顯哪些型態的價值觀。諮商者可以藉由這些資訊來思考，他們需要採取哪些策略，來克服這些不良影響，以提供合乎倫理的服務。諮商者必須跳脫目前的狀況對他們所產生的影響，在服務過程中厲行能夠促進良好倫理實務的價值觀。例如，在私人機構工作的復健諮商人員，有時雇主會要求他們在為案主進行法律評估的過程中，附和律師的意見，他們就必須在干犯上級指示的風險下，同時抗拒這些壓力。

　　在第三階段最後的要素 3 中，諮商人員選擇他們認為最能執行的行動方案，並計畫如何執行，這樣的決定可以為第二階段結束時選擇的倫

理行動方案,再進行一次確認。然而,在第二階段所選擇的行動方案,或許不是那麼合乎倫理原則,而需要做適度的修正。但無論最後的選擇是什麼,至少諮商者已經反思過,他們內在有哪些互相衝突的價值觀與個人盲點。

第四階段:規劃並執行所選擇的行動方案

Rest(1984)指出,這個階段最重要的任務,便是規劃並執行先前所計畫要做的事。這個過程包含要素 1,諮商者預想在執行具體行動的合理順序。要素 2,在採取行動前,預想所有影響計畫執行的個人與環境障礙,並適時提出備案。在此,原先所注意到其他利害關係人的關注點,應一併在執行的過程中加以考量,原本在第三階段所考慮的環境影響因素,也可以幫助諮商者進行策略規劃。要素 3,也就是這個模式中最後一個步驟,便是執行、記錄、評估原先所規劃的行動方案。Rest(1989)指出,實際執行倫理行為並不是一件容易的事,因為這與諮商者的個人與情緒特質,以及專業與人際技巧,都有很大的關係。他還指出一些特質,包括解決問題時的堅定態度、自我優勢,以及社會表達。除此之外,還可包括無數的技巧,包括堅持、機智、時間管理、表達技巧、團隊合作,與衝突解決技巧,這些只是牽涉諮商者所必備的個人特質,以及處理特殊情況所需的技巧。整體計畫必須有清楚而完整的書面紀錄、背後所隱含的推理必須清楚,並有詳細的倫理決策步驟,以及解決倫理兩難狀況的具體做法,這些對於保障諮商者與案主的利益,都是相當關鍵的。文件中所記載的資訊,也有助於評量倫理決策過程是否有效。

實施 Tarvydas 整合模式。正如其他諮商的微觀技巧(microskills)一般,倫理決策技巧並不能只是讀一讀書上的概念,就可以自動而輕易的學會。練習解決模擬的兩難情境、接受具備豐富倫理知識的臨床督導者、資深諮商人員,或良師典範所督導,並分析在培訓過程中,受過哪些倫理相關的訓練,對於逐步培養實務技巧、增進敏銳度與正確的倫理

知識，是相當關鍵的。以下，本章將會呈現一個複雜的倫理情況，並利用 Tarvydas 整合模式中各個階段與要素，進行完整的倫理分析，您可以開始探索如何運用這項豐富的倫理決策方法。

　　以下的分析不代表解決這個兩難情況的唯一正確答案，有時，其他人所發現的資訊或提出的疑慮，可以讓這個案例中的要素發生重大轉變。此外，專業人員對於同樣的觀點或風險，做出不同的判斷與衡量，也是合理的事，使得這個案例也可能產生其他結論。這個過程並不是要你找到潛藏的正確答案，而是要幫助你經歷決策過程，並仔細做出專業判斷。如果你切實地做，到最後，你便可以做出明確的決定，並把對案主、你自己，和他人所造成的危害降到最低。這也可以增進你內心的自信與平和，因為你確知在這些情況下你已盡力，因為你已經使用了一套完整、縝密的方法來解決兩難狀況，雖然不見得讓各方都感到滿意。

個案研討 6.1

Tarvydas 倫理行為整合模式的個案研討示範

➡ 個案範例的故事

　　約翰是個四十三歲的男性，他與諮商人員在矯治服務部（Department of Correctional Services, DCS）見面。他最近假釋出獄，自動約見諮商人員以處理憂鬱的一些問題，他近期正服用治療憂鬱的藥物，先前並曾有自殺的企圖。他已與一名婦女結婚九年，他們生了兩個小孩，分別是七歲與五歲，他的太太與前夫也育有兩個小孩，現已十二歲與八歲，約翰也考慮領養他們成為他的小孩，他與太太最近離婚了。剛開始，她不允許他們的爸爸探望，但約翰說，他們在最近又談過了，他的前妻又開始信任他，並且不管任何時候，只要他想，都可以探望孩子。最近，他最小的女兒告訴他，媽媽與她的新朋友們仍在吸毒，並在房子裡販毒，她在家裡發現她媽媽以為已經藏好的一個注射針頭。有關這點，約翰堅定地

表示，他不希望聯繫人類服務部（Department of Human Services, DHS）或任何其他相關單位，幾年前，他也曾經因相似的情況接觸過人類服務部，而且是個很糟的經驗，DHS「沒做什麼事」。他的前妻發現了他的報告，在此意外事件之後，她好長一段時間不讓他探望孩子。關於這點，他覺得他能夠藉著和孩子們維持一個親近關係，以及與他的前妻保持一個文明的關係而做到最好。現在他過著乾淨且沒有毒品的生活，並且感覺他是幫助前妻重新整頓的最佳希望。他說，假使報告出來了，只有一件事他可以確定的，那就是他的前妻一定不會讓他探望孩子，但孩子已經成為他生活的一部分，假如沒有小孩一起生活，他不知道要怎麼活下去。在這個案例中，案主之所以不想與人類服務部接觸，自有他的理由。案主的自主權需求須受到尊重，案主也想，或許接觸政府單位，對於小孩的利益不見得是最好的。他也表示，自己的生活中不能沒有小孩，這點必須嚴肅的看待，既然他有自殺的歷史以及憂鬱症的最近狀況。另一方面，年幼小孩可說是處在危險的情境當中，雖然沒有發生身體與性虐待的情事，然而家人有藥物濫用的情形，年幼小孩在滿是針頭的屋內到處走，是很危險的事，同時也可將此情形視為一種虐待。關於此點，諮商人員感覺有些潛在的兩難，需要進一步的探索。

➡ 第一階段：透過覺察和發現事實來解讀情境

在第一階段，諮商者的主要任務為敏銳地覺察周遭人的需求與福利。這個層次的覺察，讓諮商者可以想像，並調查情況對於各方的影響，並預想不同的行動和情況會帶來哪些影響。這樣的研究和覺察，必須以情感、認知與事實基礎為考量。

要素 1：敏銳度與覺察能力

在這時，諮商者必須與案主進行晤談，以瞭解案主認為誰會對當下的情況產生影響，他們如何產生影響。在以上案例中，案主顯然關心他的孩子，並堅信如果他能繼續成為孩子生活中的一部分，是最好不過

了。但他不敢保證接觸人類服務部之後會發生什麼事，也不想冒這個險。由於先前所發生的事，使得他不信任這個系統。他也表示對前妻有些疑慮，雖然他們對彼此並不是那麼友善，他似乎還關心她，並希望她能過得好。他説，他們才又剛開始恢復對話，他或許是唯一真正瞭解她吸毒感受的人，或許可以幫助她戒除這個惡習。雖然他承認擔心目前孩子的居住環境，但至少他們能夠在一起，這是再好不過的事。

輔導人員也注意到，案主的家裡有四個小孩，年齡不一。那個十八歲的孩子或許瞭解，在家裡發現注射針頭真的有多危險，但是那五歲的孩子或許就不瞭解。即使孩子懂得避開針頭，但孩子身邊有哪些人，仍然會產生潛在的危險。因為前妻販毒的顧客常常進出屋子，這些人很可能都會接近孩子。

案主説他瞭解這個狀況，但也表示前妻的狀況已經有進步，他能夠和孩子們在一起是最好的事。他承認他要負很多的責任，但也説自己願意為孩子做任何事，並相信長遠來看，這樣做對孩子來説才是最好的。

要素2： 主要利害關係人的倫理主張

除了在問題中心的當事人外，諮商人員還需界定有哪些人也會產生影響，他們與當事人確切的倫理和法律關係是什麼。諮商人員對這些「他人」，或許不需負同樣的責任，但他們的角色還是很重要。這些人包括親密夥伴、配偶、子女、雇主、朋友、鄰居、監護人或法定代理人。以下列出這些人員對於此情況的道德主張。

各方人員	倫理主張。
案主	他不想與任何政府部門接觸。
子女	他們或許處於危險當中，卻不知道可以尋求哪些協助，並如何求助。
矯治服務部	他們必須對諮商人員負責，並有可能為員工所犯的錯誤負連帶責任。

諮商人員	他們或許要對案主和孩子面臨危險而負連帶責任。
前妻	她願意接受兒童虐待的調查，後果自負。
祖父母	如果人類服務部發現兒童虐待的情形，他們願意監護孩子。

要素 3： 發現事實的過程

　　諮商人員必須視情況所牽涉的範圍展開完整的事實發現調查，在檢視、瞭解現有資訊之餘，還需發現新資訊。在調查過程中，諮商人員可經由適當的管道蒐集資訊，包括專業記錄與管道（經適當方式取得，可公開的資訊），或相關部門資訊。其他資訊來源包括與案主的進一步討論、與案家的接觸（在案主同意的情況下），本身或其他機構中有關案主現有或過去的紀錄，專家諮詢與報告、法律來源、機構政策與程序。諮商人員可列出所有有關事實的問題，以便進行研究，並找出答案。

　　諮商人員打了一通匿名電話到人類服務部，詢問此情況是否符合需要強制通報的標準。人類服務部表示，這樣的情形還未達到強制通報的標準，因為諮商人員所蒐集到的資訊屬於第三方資訊（third-party information）。

　　於是，諮商人員將情況回報給督導，並發現人類服務部有項不成文的規定或政策。顯示在這種情況下，案主必須直接向政府部門通報。

　　案主表示，如果他聯繫人類服務部，他們便會展開調查，將孩子帶離他們的母親，並交由她的父母代為監護。案主說，他與岳父母的關係良好，如果他們取得監護權，應該會讓他探望孩子。

　　一位督導告訴諮商人員，上次案主向人類服務部通報時，他們之所以沒有採取任何行動，是因為當時還在進行毒品調查。根據規定，當他們在進行運毒或販毒的調查時，可以延後對家中兒童虐待指控調查，因為案家正受到更大的法律調查。

➡➡ 第二階段：形成倫理決定

　　諮商人員在這個階段的任務，是辨明有什麼可能的行動方案適用於目前的情況，便最接近倫理的理想標準。

要素1：檢視問題或兩難狀況

　　諮商人員必須檢視問題與兩難狀況，並確認清楚瞭解相關的新資訊。

　　因為上述的情況不屬於強制通報的範圍，諮商人員依法不得違反案主保密原則。然而，我們目前知道機構（人類服務部）的不成文政策，試圖鼓勵或要求案主自己與人類服務部聯繫。因此，我們必須根據機構的不成文政策，決定是否要尊重案主的意願，或還是試著要求他們主動聯繫。

要素2：決定採納何種倫理準則、法律或原則

　　諮商人員必須決定和研究有哪些法律標準（任何所有適用的地方法規）以及專業實務，適用於目前的狀況。後者包括倫理準則、相關的照顧標準、法令、倫理原則、機構政策與程序，詳列如下。

➡➡ 倫理準則

　　從適用的倫理準則中列出適用的規則與準則，並就相關規定做成摘要。對諮商人員而言，可以參考ACA的倫理準則和專業標準，或其他適用的專門標準。至於取得證照或國家資格的諮商人員，則需要參考適用於證照規定的倫理準則。

133

ACA倫理準則

　　A.1.a款：主要責任。諮商人員的主要責任為尊重案主的尊嚴，並促進其福祉。

A.1.b 款：正向成長與發展。諮商人員必須以促進案主利益與福祉的方式，鼓勵案主的成長與發展；諮商人員應避免促成依賴的諮商關係。

B.1.c 款：例外情況。關於諮商人員保密原則的一般性規定不適用於下列情況，為避免案主或他人面臨明確而立即的危險，或依法要求必須揭露保密資訊時。

D.1.c 款：負面狀況。當諮商人員發現可能潛在性干擾或危害其專業職責，或使其工作成效受限的情況時，應警示其雇主。

D.1.l 款：雇主政策。在某一機構任職，表示諮商人員認同該機構的一般性政策與原則。諮商人員應盡力與雇主達成共識，一方面表現合乎機構政策之行為，一方面促進雇主的成長與發展。

➠ 法律與法律方面的考量

列出任何可能適用的法律，或法律方面的考量，研究它們與你的裁量權是否相關。以下的例子是根據大約 2000 年所修訂的愛荷華州法律，但這只是一個例子，不能視為唯一的法律意見（legal opinion）。你還是需要與當地的法律資源進行諮詢。

愛荷華州的規定

232.69 款：有關強制與認可制通報者訓練（mandatory and permissive reporters-training）的規定：諮商人員……在專業實務中，基於工作職責，以合理的方式檢視、瞭解兒童的狀況，並有理由相信該名兒童遭到虐待，便應進行強制通報。

134

232.68 款：（包含於「兒童虐待」的定義中）在兒童體內發現非法藥物，無論是直接強行注射，或疏於照顧的原因所致。

➠ 倫理原則

列出所有說明相關義務的倫理原則，說明所採取的行動、應抱持的原則、可妥協的原則，以及應盡的義務。有時這個程序被稱為原則性分

析，意指列舉特定原則，並進行權衡考量的程序。

以下兩種行動方案，都有一項以上的倫理準則可予以支持。與政府部門聯繫，是站在維護孩子利益的立場。為約翰的情況保密，則是尊重其自主性，並讓他自行決定，但有可能兩種行動都是以不傷害雙方的立場出發。不將此情況告訴任何人，可能在某方面造成孩子的傷害。但若進行通報，可能又會使前妻的親權被終止，孩子必須被迫離開他。這樣對案主可能造成傷害，因為他可能無法探望孩子。

在這種情況下，支持另一項行動方案的倫理原則就必須被妥協。若將此情況向政府部門通報，諮商人員則沒有尊重案主的自主權。若不進行通報，則可能危及孩子的利益，同樣沒有顧及當事人的利益。

這不僅是一個倫理議題，而且是倫理的兩難狀況。面臨倫理議題時，可以很明確地界定行動方案，即使在實務上執行這樣的行動方案並不是那麼容易（例如：面對有嚴重自殺傾向的個案）。

方案 A：對案主施壓

應抱持的原則	被妥協的原則
維護（孩子的）利益	維護（案主的）利益
	不（對案主）造成傷害
	（案主的）自主性
	（對案主的）忠誠

造成的義務：是否對案主提供適當的服務？＊

方案 B：不對案主施壓

應抱持的原則	被妥協的原則
不（對案主）造成傷害	維護（孩子的）利益
維護（案主的）利益	不（對孩子）造成傷害
（案主的）自主性	

（對案主的）忠誠

造成的義務：是否對案主提供適當的服務？＊

＊註：在進行原則性分析時，諮商人員對於案主通常要負主要的責任，而對其他人的責任較輕。因此，即使有時需考慮其他人的利益，但主要還是得考慮案主的利益，因為在專業關係中，諮商人員主要還是要對案主負責。在這個案例中，唯一的例外是諮商人員也需要對其他格外容易受到傷害的他人（小小孩）負責，因為這是一個高風險的危急情況。基於這個理由，要處理個案中的兩難情況，變得格外棘手。

➡️ **機構規定與政策**

列出任何適用的機構規定與政策。

根據諮商人員的經驗，矯治服務部的不成文政策，其目的是希望案主向人類服務部通報可能的兒童虐待情況。

要素 3：行動方案

列出所有可能的行動方案，在此建議的策略，是列出兩種完全相反的做法。

行動 A：嘗試強迫案主進行通報。

行動 B：試著不要強迫案主進行通報。

要素 4：正面和負面後果

考慮每一個行動方案潛在的正面和負面效果，以及所牽涉的風險。

方案 A：對案主施壓

正面後果	負面效果
可保護孩子免於遭受虐待	不尊重案主的自主權與保密
符合矯治服務部的不成文政策	前妻可能不准案主探視孩子
損及案主對諮商人員的信任	與前妻陷入負面關係
矯治服務部不需介入強迫案主	可能引發自殺想法
減少他人對案主施壓的時間	
避免矯治服務部受到上級處分	

方案 B：不對案主施壓

正面後果	負面效果
尊重案主的自主權與保密	無法保護孩子免於遭受虐待
有時間處理案主的其他問題	諮商人員公然藐視雇主（矯治服務部）
不會引發自殺想法	矯治服務部或許會介入強迫案主
仍保有探視孩子的權利	矯治服務部或許會受到上級處分（如
與前妻維持正面關係	果孩子受到傷害）

要素 5：與他人進行諮詢

　　與督導或其他具備豐富知識專業人員進行諮詢，在諮詢過程中，可沙盤推演如何解決兩難狀況，並檢視之所以採取某項行動的理由。

個體	諮詢的型態
1. ACA 倫理委員會	檢視情況，聽取建議與意見
2. 其他矯治單位的諮商人員	檢視情況，聽取建議與意見
3. 其他同事	檢視情況，聽取建議與意見
4. 再以匿名方式詢問人類服務部	檢視情況，聽取建議與意見
5. 律師	檢視情況，聽取建議與意見

137　**要素 6：決定最佳的倫理行動**

　　選擇最佳的倫理行動。

　　基於下列理由，諮商人員決定不對案主施壓，要求他向人類服務部

通報：

1. 有更多的倫理原則可以適用於這個情況，特別是對案主而言。

2. 正面後果多於負面後果。

3. 根據愛荷華州的法律，這種情況並不需強制通報兒童虐待，因為諮商
　 人員並非直接服務孩子，唯一關於孩子的資訊也是「聽說」的。

➡第三階段：在衡量互相競爭、非關道德的價值觀、個人盲點
**　　　　　與偏見後，選擇要採取的行動**

　　在此階段，諮商人員在尚未執行以選擇的行動方案前，還需考量許
多額外的影響因素。

要素 1：互相競爭的價值觀與顧慮

　　諮商人員必須進入一段反思期，主動處理互相競爭的個人價值觀
（例如：是否希望被同事或督導喜歡，是否希望被視為團隊成員之一，
是否希望受到督導的拔擢），以及若干可能影響履行倫理職責的個人盲
點與偏見。這些價值取向可能與預計採取的倫理行動相衝突，也有可能
增強諮商人員選擇採取倫理專業行動的傾向。

互相衝突的顧慮	潛在的效應
1. 擔心若不遵守矯治服務部的不成 　 文政策，可能受到負面的評價	失去工作、證照、他人的工作，並 面臨財務後果
2. 覺得無論情況如何，都要不計一 　 切代價保護孩子	可能因為違背保密原則，而有聲譽 受損之虞
138　3. 擔心若不向人類服務部通報兒童 　 虐待的情況，會遭到法律人員的	孩子會受到傷害 失去工作與證照

反彈

4. 擔心害怕矯治服務部　　　　　個人的心理衛生

對機構與自己造成財務影響

5. 擔心失去同事的敬重　　　　　個人的心理衛生

未來關係

6. 覺得案主有自主的決定權，不應　對孩子造成傷害
　 該被施壓　　　　　　　　　　增加對案主的保密

7. 覺得不應該用諮商晤談時段來解　若不聯繫人類服務部，孩子會受到
　 決案主的問題（例如：憂鬱），　傷害
　 反而應該將所有時間放在規勸案　案主如何從諮商中得益
　 主與人類服務部聯繫

要素 2：脈絡影響

　　諮商人員應該以系統化的方法，調查在同事、團隊、機構、社會等層級中，有哪些脈絡因素會影響到他們的選擇。這些因素背後都隱含不同的價值觀，對於倫理行動的選擇可能產生不良，或具有建設性的影響。

層級 1：臨床

1. 諮商人員的教授與督導，過去極力主張或建議要尊重案主的自主權。

層級 2：團隊

1. 有些同事指出，根據人類服務部規定，對於第三方資訊不要求通報。

層級 3：機構

1. 根據矯治服務部的不成文政策，案主必須自行通報兒童虐待的情形。

2. 諮商人員的督導與大多數同事都支持機構的政策，認為所有矯治服務部內的諮商人員，都需要遵守其成文與不成文規定。

層級 4：社會

1. 社會重視兒童與兒童福利。

2. 社會很難容忍吸毒與販毒的行為，特別是將兒童牽涉其中時。

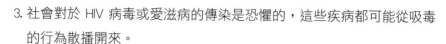

3. 社會對於 HIV 病毒或愛滋病的傳染是恐懼的，這些疾病都可能從吸毒的行為散播開來。

4. 社會對於假釋的煙毒犯仍存有偏見，也很難分別哪些假釋犯已順利恢復，哪些尚未恢復。

要素 3：選擇偏好的行動

諮商人員選擇偏好的行動方案。

所採取的行動方案是勸案主以匿名的方式聯繫人類服務部，同時尊重案主的自主權，不強迫他將此情形向人類服務部通報。

➡ 第四階段：規劃並執行所選擇的行動方案

諮商人員在此階段需要規劃如何執行所選擇的行動方案。

要素 1：行動的可能順序

諮商人員在採取具體行動前，必須構想合理的、務實的順序。以下列出行動的步驟。

1. 與案主討論（至少以匿名的方式）向人類服務部通報此情況，會獲得哪些資訊，接下來會發生什麼事。

2. 試著幫助案主瞭解，匿名聯繫人類服務部，並進行通報，會產生什麼後果。

140
3. 如果案主決定不打電話，不要再持續逼迫他。

4. 如果案主打了電話，也獲得一些資訊，接下來他決定怎麼做，均予以支持。

要素 2：脈絡中的障礙與備案

諮商人員必須預想所有會妨礙計畫有效執行的個人與脈絡障礙。出現任何脈絡障礙時，若能備妥備案，將會十分有用。

可能的障礙	可能的備案
1. 案主不願意打電話。	記錄所有企圖使案主打電話的方案，但不要進一步強迫他。
2. 督導要求諮商人員繼續強迫案主打電話。	諮商人員可以讓督導知道，他覺得不妥之處，並透過其他主管將此情形告知督導。
3. 矯治服務部可能將個案讓其他人接手。	沒有備案，除非案主堅持與原先的諮商人員會面。
4. 如果約翰向人類服務部通報，他的前妻可能拒絕讓他探望孩子。	諮商人員可以鼓勵案主與律師商討，他對於孩子有哪些權利。

要素 3：執行、記錄與評估

　　此步驟提供執行、記錄與評估所選擇之行動方案的機會，在此所記載的，包括預定的目標，測量計畫成效的潛在型態，以及取得資訊的來源。

　　諮商人員計畫與案主討論向人類服務處通報與不通報兒童虐待的後果，並試圖讓案主打電話去詢問相關資訊，諮商人員同時也要將倫理決策的步驟記錄下來。最後，諮商人員需要評估行動計畫，與整體倫理決策過程的成效。

目標	測量方式	141
1. 與案主一同檢視通報與不通報的後果，並試著讓案主打電話給人類服務部，以詢問資訊。	權衡案主決定的益處與代價，評估案主對於每個決定是否感到妥當。	
2. 如果案主決定打電話，則予以支持。	評估案主需要諮商人員提供什麼支持。	
3. 避免孩子受到傷害，並設法幫助母親。	追蹤母親的狀況與孩子的福利，並進行處遇及轉介。	

以上個案研究是由 Viia Tarvydas 博士（PhD, LMHC, CRC）根據其「倫理行為整合決策模式」發展而成。

 **結論**

以一個專業而言，復健諮商的高度與能見度正不斷提升，也因此復健諮商人員在他們的實務中，應該預想如何展現在倫理方面高度能力的需要。整體而言，這個專業已經提供我們瞭解倫理決策歷程的重要工具，包括 2002 年所修訂的實務倫理準則（見本書附錄 C）、教育及治理這些倫理標準的機制、個別諮商人員的知識與智慧，這些資源都可融入倫理決策與行為的模式中。復健諮商人員有責任善用這些倫理實務上的重大資產，並持續在諮商專業化運動（counseling professionalization movement）的過程中扮演領導角色。

第 七 章

合格的（服務）提供者

Michael J. Leahy ◉ 著

花敬凱 ◉ 譯

在 身心障礙者的復健過程可能提供服務的不同專業人員（例如醫師、心理師、社工人員、醫療個案管理人員）當中，復健諮商人員代表一個獨特的專業。無論是後天或先天障礙者，在復健過程當中，復健諮商人員均在醫療以外的階段扮演中樞的角色（G. N. Wright, 1980）。復健諮商成為一項全職行業的時間已經超過八十年，與其他健康相關諮商專業不同的是，復健諮商是根據聯邦立法（1920 年的史密斯—費斯法案），成為一項特定的工作角色，並透過美國各州與聯邦政府所設立的復健方案，逐漸樹立其專業。在這些指標性的立法通過多年之後，公部門與私部門的復健諮商服務變得更為統整，提供不斷增加的生理和心智障礙的成年人口，一系列的職業和獨立生活服務（Leahy & Szymanski, 1995）。

雖然復健諮商的職業地位在 1920 年代就已建立，但直到 1950 年代中期，當 1954 年復健法修正案通過後，這個領域才展開一連串重要的持續發展（例如：職前教育、專業協會、倫理準則、實務規範），並導致這個領域在美國國內甚至國際，在實務方面長期以來的專業化發展。復健諮商在初期雖然是由一群在教育背景和能力方面都相當不同的專業人員所組成的異質性團體（heterogeneous group），但歷經超過四十五年的發展後，這些人員無論在職前準備、實務與專業認同的共通性，都是前

所未有的。

　　本章的目的在於探討現今衛生與人類服務環境中，形成復健諮商獨特認同與基礎的專業要素。特別也會探討復健諮商實務的範圍、研究本位的基礎（research-based foundation），以及合格服務提供者的定義。此外，本章也將介紹復健諮商的職前與繼續教育、專業實務的規範（資格認定與證照制度），以及專業協會。

◀◀◀ 實務範圍 ▶▶▶

　　復健諮商向來被界定為諮商人員與消費者共同瞭解現有問題、障礙與潛能的歷程，並促進個人及環境資源的使用，改善消費者在身心障礙發生之後，生涯、個人、社會與社區等方面的適應（Jaques, 1970）。為了執行這項多面向的歷程，復健諮商人員必須做好準備，幫助身心障礙者適應環境，同時根據個人的需求調整環境，使得身心障礙者能夠完全參與社會的所有層面，並特別將重點放在啟發身障者對生涯的理想（Szymanski, 1985）。

　　過去幾年來，復健諮商人員的基本角色已有所演進（Jaques, 1970; Rubin & Roesslor, 1995; G. N. Wright, 1980），使得復健諮商人員的功能，與應具備的知識技能也隨之擴充。不論其就業場合或服務的案主人口，多數復健諮商人員的工作均包括(1)評量需求；(2)與案主建立工作聯盟（working alliance），發展目標與個別計畫，以滿足其需求；(3)提供一系列的治療性服務與介入（例如心理、醫療、社會與行為介入），包括就業安置與追蹤服務。在個別化的過程中，諮商技巧（counseling skills）是所有活動中的重要成分。除了必備的諮商技巧外，復健諮商人員在瞭解身心障礙與相關之環境因素方面，也具備一定的專門知識，使得他們在現今服務輸送的環境中，與社工人員和其他諮商人員（例如，心理衛生、學校、生涯諮商人員），以及其他復健實務工作者（例如，職業評量人員、就業安置專員）的角色有所區隔（Jenkins, Patterson, &

Szymanski, 1992; Leahy & Szymanski, 1995）。

在 1994 年，幾個主要的專業組織和認證機構根據有關合格復健諮商實務工作者角色與功能的長期研究結果，發展並採納了一套正式的實務範圍聲明。這份聲明與現有的實徵性研究的結果一致，對於一般大眾、接受服務的消費者、相關專業團體和規範機構而言，將復健諮商的實務範圍做了更明確的界定。這份聲明原本由復健諮商人員認定委員會（CRCC）中測驗與研究委員會（Examination and Research Committee）的成員所起草，文件中並包含主要的前提，以及實務範圍背後所隱含的價值。這份聲明正式於 1990 年美國復健諮商協會（ARCA）、國家復健諮商協會（NRCA）、復健諮商聯盟（Alliance for Rehabilitation Counseling, ARC）、全國復健教育總會（National Council on Rehabilitation Education）、復健諮商師認定委員會，以及復健教育諮議會（Council on Rehabilitation Education, CORE）等。根據這份正式的實務範圍聲明，復健諮商的意義如下：

> 復健諮商是一種系統性的過程，將諮商技術運用於服務歷程中，以協助生理、心理、發展、認知，或情緒障礙者在最融合的環境中，達成其個人、生涯與獨立生活的目標。諮商過程透過自我倡導，以及社會心理、職業、社會和行為上的介入，涵蓋溝通、目標設定，以及有效益的成長或改變。在復健諮商過程中所使用的特殊技術和形式有許多，但最常用的是下列幾種：
>
> 評估與衡鑑；診斷與診斷計畫；生涯（職業）諮商；著重於幫助個人調適身心障礙所造成之醫學和心理社會影響的個人與團體諮商治療活動；個案管理、轉介與服務統整；方案評鑑與研究；進行適當介入，以排除環境、就業，以及態度方面的阻礙；牽涉多方與法律系統的諮詢服務；工作分析、職務開發與安置服務，包括協助就業與職務再設計；以及提供有關復健科

145

技（rehabilitation technology）的諮詢與轉介服務。（CRCC, 1994: 1-2）

◀◀◀ 研究本位的實務基礎 ▶▶▶

任何一項專業或專門領域，都包含能夠促進服務有效輸送的專門知識與技能。根據系統化的研究結果，工作分析、角色與功能（role and function）、專業知能（professional competency）、關鍵事件（critical incident），以及驗證知識的研究（knowledge-validation research）等詞彙，都可以用於描述復健諮商的專業實務歷程，這些詞彙也代表提供身心障礙者有效服務所必備的重要功能、任務、知識與技能。

過去四十年以來，我們已經透過不同的研究方法，以實徵的角度界定出復健諮商實務中的特定知能與職務功能（例如：Berven, 1979; Emener & Rubin, 1980; Harrison & Lee, 1979; Jaques, 1959; Leahy, Chan, & Saunders, 2001; Leahy, Shapson, & Wright, 1987; Leahy, Szymanski, & Linkowski, 1993; Muthard & Salomone, 1969; Rubin et al., 1984; Wright & Fraser, 1975）。長期以來，我們不斷強調持續發展，推敲研究與實務之間的關係，界定所需的知識技能，使得復健諮商能夠與其他的諮商專業有所區隔，才得以持續定義、驗證其專業實務範圍。經由這些研究，專業人員也更能確知復健諮商所涉及的知識技能領域，確實有其建構效度（construct validity）（Szymanski, Linkowksy, Leahy, Diamond, & Thoreson, 1993b）。

雖然角色與功能的研究，大多可以讓我們就實證的觀點，瞭解與某一個角色有關的功能和任務，但執行這些功能所需的知識，通常需要在已知的功能與任務的基礎之上，進行間接的評量和推論。Roessler 和 Rubin（1992）回顧他們主要的研究後（Emener & Rubin, 1980; Leahy et al., 1987; Rubin et al., 1984）指出，復健諮商人員需要扮演多元的角色並具備許多技能，以有效幫助身心障礙者改善其生活品質。他們也指出，復

健諮商人員的角色，根本上涵蓋下列領域的功能或任務：評量、情感諮商（affective counseling）、職業（生涯）諮商、個案管理以及就業安置。

146

　　相對地，上述研究驗證知識和專業知能的方法，確實可以就實徵的觀點，描述與特定角色有關的知識與技能。但某一角色的實際功能和任務，卻必須以較為間接的方式加以評量，並與個人在工作實務中需要用到的知識與技能有關。Leahy 等人（2001）所進行的研究，便以實徵的角度，將復健諮商人員必備的知識與技能，分成以下六個知識領域：(1)生涯諮商、評量與諮詢；(2)諮商理論技術與應用；(3)復健服務與資源；(4)個案與個案量管理；(5)健康照護與身心障礙系統（disability systems）；以及(6)身心障礙的醫學、功能與環境觀。這項研究是由 CRCC 所贊助，有關各領域與次領域的詳細內容，請參見表 7.1 之說明。

　　就研究使用與應用的角度來看，這些關於復健諮商人員的角色、功能、與必備知識技能的實徵性描述，對於這個專業的發展，有以下幾方面的重要性：第一，這些研究有助於界定復健諮商人員的專業認同，就實徵的觀點定義這個專業的獨特性，並提供相關證據，證明該領域知識基礎確實有其建構效度。第二，這些描述可廣為運用於職前培訓課程的發展，並成為研究所階段課程所傳授的知識技能，這些知識技能在復健諮商人員服務的主要工作場合中，都是相當關鍵的。第三，長期強調研究本位的實務基礎，對於復健諮商專業人員擔負的領導角色有很大的貢獻，也有助於CORE 等組織確立並持續修訂研究所階段的課程內容，以及 CRCC 對個別實務工作者的認證。最後，這些知識有助於界定共通的專業基礎（即共同的知能領域），並凸顯復健諮商人員的獨特性，與復健相關領域（例如，職業評量人員、就業安置專員）和其他領域（例如，生涯、學校與心理衛生）的諮商專業人員有所區隔。對於任何一個尋求大眾認可的行業而言，這個進一步界定職業知能（occupational competence）的歷程，是專業化歷程中的一個正常程序。

147

表 7.1　復健諮商的知識領域與次領域

領域一：生涯諮商、評量與諮詢服務

次領域 A：職業諮詢與雇主服務

- 影響就業和回復工作的雇主措施
- 人因學
- 職務調整與再構技術（job modification and restructuring techniques）
- 工作分析
- 復健諮商人員提供給雇主的諮詢服務
- 運用於進行勞力市場調查的方法與技術
- 工作調整狀況（work-conditioning）或工作強化的資源與策略
- 商業／組織術語（business/corporate terminology）
- 職務再設計與復健工程（rehabilitation engineering）服務
- 復健服務行銷策略與技術
- 職場文化與環境

次領域 B：職務開發與安置服務

- 雇主開發與就業安置
- 案主求職技巧發展
- 案主工作維持技巧
- 就業安置策略
- 職務與雇主開發
- 就業後追蹤服務
- 職業與勞力市場資訊
- 身心障礙相關的功能限制對職業的影響

次領域 C：生涯諮商與評估技術

- 評估案主需求之測驗與評量技術
- 復健諮商的電腦本位諮商工具
- 電腦本位工作媒合系統
- 依復健計畫之目的解釋評量結果
- 復健諮商的網際網路資源
- 輔助科技
- 生涯發展與工作適應理論
- 可轉移技巧分析

（續）

領域二：諮商理論、技術與應用

次領域 A：心理衛生諮商

- 心理衛生與精神障礙的概念
- 精神障礙者之復健技術
- 臨床問題的治療計畫（例如，憂鬱與焦慮）
- 藥物濫用與治療
- 人類性慾（sexuality）與身心障礙議題
- 健康與疾病預防的概念與策略

次領域 B：團體與家庭諮商

148

- 家庭諮商理論
- 家庭諮商實務與介入
- 團體諮商實務與介入
- 團體諮商理論

次領域 C：個別諮商

- 個別諮商理論
- 個別諮商實務與活動
- 行為與人格理論
- 人類成長與發展

次領域 D：諮商的社會心理與文化議題

- 身心障礙對家庭的社會心理與文化衝擊
- 身心障礙對個人的社會心理與文化衝擊
- 多重文化諮商議題
- 性別議題
- 與復健有關的社會議題、趨勢與發展
- 如何與英語能力不佳的案主共事的技巧

次領域 E：基礎、倫理與專業議題

- 研究方案設計、計畫評鑑與需求評估
- 基本研究方法
- 評估復健服務成果與成效的程序
- 復健史（history of rehabilitation）

（續）

- 復健哲學基礎
- 關於線上諮商（on-line counseling）的倫理議題
- 倫理決策模式與過程
- 臨床監督的理論與技術
- 需要強調阻礙案主獲得公平與成功機會的組織和社會障礙的倡導過程
- 影響身心障礙者的立法或法律

領域三：復健服務與資源

- 支持性就業策略與服務
- 身心障礙學生從學校到工作的轉銜
- 包含多重障礙者等多元族群可取得的復健服務
- 和案主制訂的獨立生活服務計畫
- 復健服務的財源
- 復健計畫的社區資源與服務
- 社會安全方案的福利與阻礙（disincentives）
- 公立職業復健服務輸送系統的組織結構
- 多元情境中的復健服務
- 非營利服務輸送系統的組織結構

149

領域四：個案與個案量管理

- 個案管理過程與工具
- 個案記錄與文書
- 個案量管理的原則
- 專業角色、功能，與其他人類服務提供者的關係
- 臨床問題解決與批判思考技巧
- 磋商與衝突解決策略
- 個案管理過程，包括個案發現、服務統整、轉介與其他領域資源的運用、案主權益倡導
- 團隊與跨領域有效工作的技術

領域五：健康照護與身心障礙體系

- 管理照護的概念
- 健康照護輸送系統

（續）

- 案主本位的身心障礙預防與管理（Employer-based disability prevention and management）策略
- 工作賠償法令與實務
- 評量案主獲得與喪失的能力之技術
- 專家證言（expert testimony）
- 生活照護規劃（life care planning）
- 私人、營利性質的職業復健系統組織結構
- 健康照護福利
- 適當的醫療介入資源

領域六：身心障礙的醫學、功能與環境觀

- 身心障礙者的環境障礙
- 身心障礙者的生理／功能能力
- 不同類型身心障礙的醫學觀
- 復健術語與概念
- 醫療術語
- 身心障礙者面臨之態度障礙（attitudinal barriers）

◀◀◀ 合格的服務提供者 ▶▶▶

　　根據專業協會（例如 ARCA、NRCA 與 ARC）的定義，合格的復健諮商服務提供者，必須是完成復健諮商研究所學位，或取得相關領域（例如：諮商）碩士學位的專業師。這些人員必須通過國家資格檢定，成為合格復健諮商師（Certified Rehabilitation Counselor, CRC），或在某些州裡取得諮商方面的適當證照，成為具有執照專業諮商人員（Licensed Professional Counselor）。為了維持專業認同的完整性，在這個定義下，合格的（服務）提供者在執行復健諮商業務時，必須遵循復健諮商人員專業倫理準則（Code of Profession Ethics for Rehabilitation Counselors, 2002），並透過相關的繼續教育，持續進行專業發展，以維持並提升其

實務相關的知識與技能。除了這些專業的要求與責任之外，合格的（服務）提供者也被期待成為專業協會的一員，並透過專業的倡導與整個專業並肩前進。

近年來有一系列的研究探討復健諮商人員教育與服務輸送成果之間的關係。這些研究證據顯示，復健諮商人員在執業前，需要接受復健諮商或相關領域方面，相當於研究所程度的職前培訓。有些研究調查紐約（Szymanski & Parker, 1989）、威斯康辛（Szymanski, 1991）、馬里蘭（Szymanski & Danek, 1991）與阿肯色（Cook & Bolton, 1992）等州的職業復健機構，發現取得復健諮商碩士學位的諮商人員，相較於那些取得非相關領域碩士學位，或只有學士學位的復健諮商人員，在服務重度障礙者時，會得到較佳的成果。另一群研究則探討服務於不同場合的復健諮商人員，結果發現職前教育的實施，與復健諮商人員對本身能力程度的觀感（或評估）有關。Shapson、Wright 和 Leahy（1987）的研究，以及 Szymanski、Leahy 和 Linkowski（1993）的研究均發現，取得復健諮商碩士學位的諮商人員，比起那些接受非相關領域職前教育的人員，會認為自己更有能力，也更為瞭解復健諮商領域中的關鍵知識技能（Leahy & Szymanski, 1995）。

在過去的二十五年間，有許多專業人員、雇主與規範機構（regulatory bodies），愈來愈希望提供身心障礙者服務的復健諮商人員，能夠接受適當的職前教育與認證，包括通過資格認定或取得執業證照。然而，甚至在今天，許多服務這個國家（美國）內公私立復健機構的復健諮商人員，仍舊沒有這類的職前教育與認證。這個領域曾經迅速擴張，雖然一度使得其中服務人員的專業背景有很大的異質性，但近年來雇用缺乏適當專業訓練與認證之人員的做法，已受到復健諮商專業團體、教育與規範機構的嚴重批評。

近來，有一個最重要的政策進展，關乎公立復健方案專業化的歷史。1992 年復健法修正案提供各州機構有關人員要求的明確指引，對於實務工作者的專業化可能產生深遠的影響。在 1997 年，這些有關合格復

健諮商服務提供者的新規定，得以落實在公立復健方案中。在 1998 年 5 月 29 日的委員備忘錄〔commissioners memorandum（CM-98-12）〕中，Fredric Schroeder 提到：

> 1992 年復健法修正案第 101 (a) (7) 款，一般又稱為人事發展綜合系統（CSPD），要求各州職業復健機構建立合格復健人員的人事標準（personnel standards），包括取得全國性或各州認可之資格、執業證照，或完成特定專業註冊程序之職業復健諮商人員。各州現有的人事標準，在某個程度上應符合該州最高的要求，而各機構的人員聘任與留用計畫之擬訂，也要以這些最高要求為基準……CSPD 的目的，在於確保提供職業復健服務之人員的素質，並透過職業復健方案，協助身心障礙者達成其就業成果（p. 1）。

在多數的情況下，各州機構必須提升並維持現有的人力素質以符合 CRC 的資格認定標準，新進人員也適用同樣的標準，但這並不表示所有人員都被要求取得專業資格。此外，有些州的機構只會以學歷做為決定人員專業資格的唯一基準，而非沿用 CRCC 的一般程序，同時考量學歷和工作經驗。

這樣的措施，一方面有助於提升國內復健諮商人員的教育背景，但另一方面，雖然這些措施具有高度的建設性，但仍有人認為，如果人員並未取得 CRC 的認證，便代表其不具專業資格，有可能對於個別實務工作者的績效責任造成一些限制。如前所述，取得資格認定不但代表實務工作者必須有適當的教育，還需通過相關知識的測驗、在服務輸送的過程中遵守專業倫理準則，並透過經認可的繼續教育，持續其專業發展歷程（Leahy, 1999）。

實務規範是任何專業都具備的一項關鍵特質（Rothman, 1987）。復健諮商領域以外的人員並不適用，或含括在實務規範之內，自然也不需

152　遵守其倫理準則,或接受其專業標準。雖然這種情況在近幾年已漸改善,但仍不令人滿意。然而,很顯然地,未來幾年在專業化的趨勢之下,美國各州仍將持續推動執業證照與資格認定,不具適當訓練與認證的人員,將較不可能成為復健諮商人員。

◀◀◀ 專門化與相關服務提供者 ▶▶▶

　　今天,大多數的復健諮商人員在公、私立,或非營利性質的復健機構中服務。然而,最近幾年有愈來愈多的復健諮商人員,也開始服務於獨立生活中心、員工協助方案(employee assistance programs)、醫院、診所、心理衛生組織、公立學校的轉銜方案,以及案主本位的身心障礙預防與管理方案。雖然不同機構所強調的復健諮商重點功能都不一樣,復健諮商人員甚至需要學習新的專門知識,但不論在哪一類型的機構服務,復健諮商人員仍然需要扮演許多共通的角色與功能(Leahy et al., 1987, 1993, 2001)。在不同的機構中,職稱當然也不相同,但復健諮商人員仍是多數機構常用的職稱。在今日的復健諮商實務中,我們也可以發現復健諮詢人員(rehabilitation consultant)或個案管理人員(case manager)。此外,隨著個人生涯歷程中,在不同機構的職務升遷,復健諮商人員也有可能擔負督導、管理與行政的角色。

　　雖然絕大多數的復健諮商人員都被視為通才,復健諮商人員仍會隨著專門領域的不同,執行不同的業務。在看這個問題時,DiMichael(1967)提出一個特別有用的模式,採用水平與垂直專門化等兩種分類方式。在 DiMichael 的模式中,水平專門化指復健諮商人員將實務限於某一類別的身心障礙(例如聾、盲、腦傷、藥物濫用),而具備有關該類身心障礙的大量專門知識技能。另一方面,垂直專門化指復健諮商人員在提供消費者服務時,僅專注於復健歷程的一項功能(例如,評量或就業安置),職業評量人員與就業安置專員,便是這個模式中垂直專門化的例子。

153

　　本章前一個段落的內容，雖然探討合格的（服務）提供者，這並不表示在身心障礙者的復健歷程中，只有復健諮商人員提供復健服務。事實上，在復健的歷程中，還有許多相關的工作角色可以有所貢獻，並與復健諮商人員的角色和提供的服務互補。在復健歷程的關鍵階段中，除了有職業評量人員（vocational evaluators）與就業安置專員（job placement specialists）協助復健諮商人員及案主（進行評量與就業安置）之外，其他支持性的資源包括醫師與物理治療醫師（physiatrists）、物理與職能治療師、心理學家、工作適應訓練師（work adjustment trainers）、工作教練，以及不同的職業訓練人員。復健諮商人員角色中的一項關鍵成分，經常是在這樣多領域團隊（multidisciplinary team）的服務取向中，協調不同專業人員所提供的服務，以有效滿足消費者在復健歷程中多面向的需求。

◀◀◀ 職前教育與專業發展 ▶▶▶

　　本章一再強調，適當的職前教育對於復健諮商確實有其重要性。在1940年代，紐約、俄亥俄，與懷恩（Wayne）等三所州立大學，便開始設立復健諮商的研究所課程（Jenkins et al., 1992）。1954年職業復健法修正案通過後，聯邦政府第一次撥款補助各大學設立職前訓練方案，培訓可任職於公、私立與非營利復健機構的復健諮商人員。聯邦政府對於培訓的資助持續至今，也加速了研究所階段復健諮商培訓課程的設計與發展，可以視為復健諮商專業化歷程的開始，使其成為一個正式的學科領域（Leahy & Szymanski, 1995）。

　　根據Hall和Warren（1956）的記載，在這些方案發展的早期階段，國家復健協會〔National Rehabilitation Association, NRA）與國家職業輔導協會（National Vocational Guidance Association，現為美國諮商協會（ACA）〕共同舉行一項會議，其中的許多完整的工作坊，均因應這項新的聯邦措施，針對復健諮商人員教育方案的課程規劃提出指引（G.N.

Wright, 1980）。在接下來的幾年，有關於復健諮商人員角色、功能與專業能力的研究（本章先前部分已介紹），也有助於引導課程重新設計的方向，以確保該領域的重要知識技能，能夠反映在職前訓練的內容上。

　　隨著復健諮商人員教育方案在大專院校裡不斷擴充，需要有一套對於這些培訓方案進行標準化與認證的機制，在 1972 年遂成立復健教育諮議會（CORE），成為復健諮商人員教育方案的全國性認證機構，其目的為「持續促進碩士學位課程的評鑑與改進，以提供身心障礙者更有效的復健服務」（CORE, 1991: 2）。當時威斯康辛大學也進行相關研究，為這套牽涉多方利益的方案評鑑程序奠定基礎，在 1975 年這套程序獲得國家認證委員會（National Commission on Accrediting）也就是中學後認證協會（Council on Postsecondary Accreditation）的前身所認可，並於 1977 年獲得高等教育認證協會（Council for Higher Education Accreditation）所認可，這套程序至今仍被採納（Linkowski & Szymanski, 1993）。目前，全美共有超過八十五個經認證的復健諮商碩士程度的教育方案。CORE 做為諮商專業領域當中最為悠久且權威的認證機構，維持厚實的研究基礎，並定期有系統地檢視其標準的適切性與關連性。

　　在接受研究所階段的職前教育後，執業的復健諮商人員還需持續進行專業發展活動，以維持並更新提供身心障礙者復健諮商服務所需的知識技能。例如合格復健諮商師（CRCs）就必須在取得專業資格後的五年內，接受至少一百小時的相關繼續教育課程，其中至少有十小時的課程，必須是與倫理有關的主題。由於這個領域的快速變遷，產生許多與實務有關的新知與必備技能，復健諮商人員必須注意有哪些繼續教育的機會。雖然有許多組織團體提供這一類的培訓機會（形式包括面授和遠距教育），提供復健諮商人員繼續教育的主要來源，還是專業組織（例如，ARCA、NRCA、NRA、ACA）、區域復健繼續教育方案（Regional Rehabilitation Continuing Educational Programs）、研究與訓練中心，以及大學的推廣教育課程。

◀◀◀ 實務規範與證照授予 ▶▶▶

155

透過專業資格認定與執業證照進行實務規範（regulation of practice），是專業的重要特色之一（Rothman, 1987）。復健諮商目前透過全國性資格認定與教育方案的認證，發展出一套先進的證照授予（credentialing）機制，一般普遍認為，這套機制在諮商的專門領域中是一項里程碑，可以為一般諮商的專業化體系提供借鏡（Tarvydas & Leahy, 1993）。然而，當我們以更廣博的角度觀察復健諮商證照授予發展的進程時，卻發現它並不像醫學和法律等專業一樣，依循一般所期待的進程而發展。根據Matkin（1983）的說法，一個專業在發展認證程序時，會先由各州的證照制度開始，再發展到由全國性專業組織規範的專門資格認定程序。而復健諮商卻是先發展全國性的資格認證，經過長時期的立法倡導，由其他諮商專業團體領銜，並由復健諮商人員推動各州的諮商人員證照。

在我們這個領域，合格復健諮商師（CRC）的證照授予，可說是復健專業當中在諮商方面最悠久、也最健全的資格認定程序。資格認定的目的，在於確保復健諮商的專業人員都具備良好的道德性（moral character），同時至少具備在專業實務中，CRCC 所界定的基礎知識。這些標準之所以存在，一方面是確保接受復健諮商服務之消費者的最佳利益，同時也可維護公眾權益。從歷史的觀點來看，CRC 的證照授予方案，乃是 ARCA 與 NRCA 共同關注專業發展的結果。

從 1973 年 CRCC 開始進行證照授予至今，目前已有超過三萬名專業人員參與資格認定的程序。今天已經有超過一萬五千名合格復健諮商人員，在美國和其他幾個國家執業（Leahy & Holt, 1993）。合格復健諮商人員的資格認定標準與測驗內容，經過為期三十年持續的實徵性研究加以驗證。這些標準（見表 7.1）也反映復健諮商人員在提供身心障礙者服務時所需的教育訓練、經驗與知識技能（Leahy & Szymanski, 1995）。

就實務規範的角度來看，執業證照是最有力的認證途徑。執業證照與自願性的全國資格認定（voluntary national certification）程序有所區隔，因為必須透過各州的特殊立法，才能達到專業實務規範的目的。早在1976年，維吉尼亞州便通過第一個諮商人員執業證照的法案。諮商人員執業證照的推動與立法經過長時間的努力，各州的諮商人員保障與諮商實務規範才逐漸健全。在過去二十五年內，美國已有四十八州通過諮商人員執業證照的立法。目前的趨勢是朝向一般性實務立法（general practice legislation）的方向發展，將不同的諮商專門團體（counseling specialty groups）含括在執業證照的適用範圍內。這個趨勢與美國諮商協會執業證照委員會（ACA's licensure committee）在1995年提出，針對具有執業證照的諮商人員訂定模範性立法（model legislation）的建議頗為一致（Bloom et al., 1990; Glosofs, Benshoff, Hosie, & Maki, 1995）。為反映這個趨勢，諮商人員執業證照法案中最常使用的職稱首推「具有執業證照專業諮商人員」。

諮商人員執業證照立法的目的，在於以正式的立法手段規範「專業諮商人員」（professional counselors）這個職稱的使用，藉以保障專業諮商實務，並進一步界定其實務範圍。這種結合職稱與實務法案的做法，堪稱最嚴謹的證照授予型態，嚴禁任何不具專業資格的人從事諮商工作，不論其正式職稱為何。另一方面，只規範（諮商人員）職稱的立法，雖然可以防止不具專業資格的人員擅自使用諮商人員的職稱，但法律用詞若不夠周延，便無法達到禁止不具專業資格的人員提供諮商服務的目的。一般而言，若通過只規範職稱的立法，乃是因為立法者為了避免強大的遊說壓力，而不願通過同時可規範職稱與實務，但卻是限制最多的法條。顯然，如果通過的是這一類的法律，立法程序還停留在第一階段，還需要進一步倡導，才能使諮商人員證照制度的立法，透過進一步修訂而更加周延（Tarvydas & Leahy, 1993）。

雖然美國目前只有三個州（德州、路易斯安那州與麻州）的執業證照法規，特別將復健諮商人員含括在內，但絕大部分的州都是通過一般

性實務立法，以規範所有的諮商人員。復健諮商的專業協會（包括
ARCA、NRCA 和 ARC）強烈主張，將復健諮商人員盡可能納入各州一
般性諮商人員執業證照的適用範圍。在這樣的前提之下，根據各州一般
性實務立法的規定，服務身心障礙者的復健諮商人員最好能夠取得 LPC
的證照，同時具備 CRC 所認定的專業資格。

◀◀◀ 專業協會 ▶▶▶

專業協會可以提供專業人員一個交換資訊與想法的論壇，反映專業
的哲學基礎，做為政治實體（political entities），專業人員也可以透過這
樣的組織，經營與外部團體的關係（Rothman, 1987）。在復健諮商的領
域中，專業協會就像一個有組織的家庭，使得認同、興趣及背景相近的
人，共同為這個專業的發展與精進而努力。

在復健諮商的現代歷史中，復健諮商人員因服務型態的不同，組織
專業協會的過程，也有兩種完全不同的模式。其中一種模式將復健諮商
視為一種單獨、自主的專業，專業協會在組織上隸屬於其他復健領域。
另一種模式則是將復健諮商視為諮商學門中的一個專門領域，在組織上
隸屬於諮商的相關（專業）團體。這兩種想法也反映在兩個主要專業協
會的組織，顯示復健諮商是一個諮商與復健並重的專業。

美國復健諮商協會（ARCA）成立於 1958 年，當時為美國人事與輔
導學會（American Personnel and Guidance Association，即 ACA 前身）轄
下的一個專業分會。國家復健諮商協會（NRCA）也成立於 1958 年，是
國家復健協會（NRA）轄下的一個專業分會。這兩個組織的任務與章程
相近，在組織的議題上，這幾年也有許多的討論與爭辯。在討論的過程
中，兩個協會均站在各自的立場，認為本身的組成方式是合理而有效
的。事實上若就長期的觀點來看，這樣的爭辯有助於強化諮商與復健兩
個社群的正式組織關係，使彼此緊密合作，更加凸顯復健諮商的獨特專
業認同與傳統（Tarvydas & Leahy, 1993）。

157

近幾年來，這兩個組織曾經針對是否需要合併（參見 Rasch, 1979; Reagles, 1981; Leahy & Tarvydas, 2001）或建構合作的系統（systems of collaboration）（Wright, 1980; Leahy & Tarvydas, 2001）進行嚴肅的討論，以補救專業裡的分裂現象，以及大眾因為復健諮商有兩個專業組織而產生混淆（Leahy & Szymanski, 1995）。為了解決這個問題，ARCA與 NRCA 的理事會在 1993 年共同成立復健諮商聯盟，做為強化雙方組織的正式合作結構，在尊重各自組織自主性、傳統與價值觀的前提下，共同為復健諮商的專業政策與策略規劃發聲。

　　雖然這兩個專業組織的合作關係只有十年，但雙方的觀點彼此協調，並共同發表及通過有關聯邦立法、諮商人員證照，以及實務範圍的政策聲明（policy statements）。此外，這兩個組織也組成共同委員會，在聯盟的贊助下開會討論證照制度、實務標準與專業發展等相關議題〔例如年度聯盟專業發展論壇（Annual Alliance Professional Development Symposium）〕。在我們逐步邁向專業化的同時，該聯盟的形成無疑是相當重要的一步，不但能夠讓專業倡導的努力更加統整、協調外，也是一個讓國內復健諮商人員更加團結的機制。

第 八 章
研究

Fong Chan, Susan M. Miller, Gloria Lee, Steven R. Pruett, and Chin Chin Chou ◎ 著

花敬凱 ◎ 譯

復 健諮商研究的最終目標之一，在於被專業人員與身心障礙者所運
用。Bolton（1979）強調，復健諮商專業人員必須知道目前有哪些
研究，並將「以研究為基礎的知識」融入實務工作中，以確保身心障礙
者獲得有效的服務。在今日講求績效責任的時代，復健諮商專業人員愈
來愈關心如何精確測量，並記錄身心障礙者在職業復健歷程中發生的改
變，而這些改變是否可以歸因於復健方面的介入（Rubin, Chan, & Tho-
mas, in press）。復健教育的其中一個領域，便是強調透過職前與在職訓
練，幫助復健諮商人員成為「有智慧的研究消費者」。

　　研究的運用雖然是一個討喜的目標，卻相當難以掌握，在復健諮商
人員碩士階段的培訓課程中，「復健諮商研究」可能是最不受歡迎的一
門課。對於復健諮商研究的負面態度，同樣也充斥於復健諮商人員的專
業實務當中（Bolton, 1979）。這樣的挑戰可能來自幾個對於復健研究的
負面觀感，包括薄弱的理論基礎、缺乏實務工作者與消費者所需的實務
關連性（practical relevance）、缺乏好的實驗設計，以致無法驗證復健諮
商介入的效能，以及太少運用質性研究方法（Bellini & Rumrill, 2002; Be-
rkowitz, Englander, Rubin, & Worrall,1975, 1976; Parker & Hansen, 1981;
Rubin & Rice, 1986）。

為了將復健諮商研究所的碩士班學生與專業諮商人員訓練成有智慧的研究消費者，光是教導他們有關研究設計和統計方法的基本概念雖然不夠，但仍舊十分重要。他們需要清楚地知道研究可以是非常實際，並且能夠融入專業實務中。本章將在證據本位實務（evidence-based practice）的架構下，討論復健諮商研究的重要性與關連性。我們將特別(1)回顧有哪些主要的復健諮商研究發現，與正面的諮商和復健成果（positive counseling and rehabilitation outcomes）有顯著相關；(2)呈現一個能夠結合目前有關成果研究（current-outcome research）主要發現的復健諮商模式，並討論這個模式如何透過驗證，達到「證據本位實務」的要求，以及(3)運用生活品質的概念架構，討論復健成果評量（rehabilitation outcome measurements）目前的發展。

◀◀◀ 諮商與復健成果研究的主要發現 ▶▶▶

　　今天強調成本控制和照顧服務有效管理的氛圍下，成果的測量對於復健服務的提供者來說，是相當重要的事（Chan & Leahy, 1999; Chan, Lui, Rosenthal, Pruett, & Ferrin, 2002）。成果測量可以幫助復健機構呈現所提供之處遇及服務的效果與成本效益，具體來說，復健成果是消費者接受復健服務後所產生的改變（Fuhrer, 1987; Rubin, Chan, & Thomas, in press）。成果研究的目的，在於探討服務或介入型態與一定範圍內的正面和負面成果之間的關連性，藉以分辨哪些策略對於哪些人士最有效（Pransky & Himmelstein, 1996a）。成果研究能夠幫助實務工作者瞭解哪些服務最能促成身心障礙者的正面（復健）成果。

　　理論基礎薄弱和品質不佳，是一般人對於復健研究最主要的兩大批評，而這兩項批評也互為相關。Bellini 和 Rumrill（2002）指出，復健諮商實務是「非理論性」（atheoretically）的，亦即沒有一般性的理論，可以支撐復健諮商知識基礎的主體，他們的觀察也與許多復健學者的看法一致（例如，Arokiasamy, 1993; Cottone, 1987; Hershenson, 1996）。然

而，我們之所以認為復健諮商的理論基礎薄弱，可能也是我們無法適當分辨「理論」和「模式」之間的差異。根據 Bellini 和 Rumrill 的看法，理論比模式更具一般性。「模式通常是存在於概念化的中間層次（intermediate level of conceptualization）……由模式所衍生出的假設，常與提供身心障礙者服務之復健諮商人員所扮演的角色，在實務上有緊密的關連」（p. 127）。他們指出，像復健諮商這樣的應用領域，若運用復健模式（rehabilitation models）驗證不同復健諮商實務的成效，將會優於理論建構的取向（theory-building approach）。他們運用若干明顯具有實證基礎的構念（empirically supported constructs），發展出幾個互相競爭的復健諮商模式，讓研究人員透過真正的實驗研究設計，來驗證這些模式的有效性，這同時也是研究品質的一項重要指標。

目前，復健諮商研究的主題，多半集中於如何改善復健與諮商成果，這樣的研究通常可用於復健諮商介入模式的發展，在以下的段落中，我們將探討相關主題。

工作聯盟

近來，在實徵性研究的文獻中，有明顯的證據顯示工作聯盟對於諮商成果所產生的效應。Wampold（2001）特別用後設分析（meta-analysis）的方法回顧上千篇的研究，探討諮商介入對於案主成果的影響與成效。他發現，至少有 70% 的心理治療效果（psychotherapeutic effects）可歸因於一般效果（general effects）〔由共同因素（common factors）所產生的效果〕，但只有 8% 的效果可歸因於特殊成分（specific ingredients）〔或稱為特殊因素（specific factors）〕，剩下 22% 的效果，有部分可歸因於案主的個別差異。根據文獻的定義，「共同因素」是指各種形式的諮商都有的成分，這些成分存在於所有的諮商關係當中，包括目標設定、同理性的傾聽、忠誠，以及治療性聯盟（therapeutic alliance）。Wampold 將忠誠定義為：治療師堅信治療對案主有益的程度，而治療性同盟與下列因素有關：(1)案主與治療師之間的情感關係（affective relationship）；(2)案主的動機以及與治療師合作完成活動的能力；(3)治療師對於案主的同理性回應（empathic response）與投入（involvement）；(4)案主與治療師是否對於治療目標與活動有共識。

Chan、Shaw、McMahon、Koch和Strauser（1997）也提出一個在職業復健諮商歷程中，能夠提升諮商人員與消費者工作關係的概念架構。他們的研究重點在於對諮商的預期（counseling expectancies），並將其視為影響工作聯盟的基本因素。一般人普遍相信，消費者對諮商的預期，與他們的求助行為（help-seeking behavior）之間存在某種關係。例如許多人，特別是弱勢族群對於諮商的低度期待，或許可以解釋他們在需要諮商的時候，為何會尋求密友、家人或牧師的協助，而不願求助於諮商人員（Tinsley, de St. Aubin, & Brown, 1982）。

幾個諮商方面的研究（例如，Tinsley, Bowman, & Ray, 1988）顯示，消費者之所以在接受諮商初期的幾次晤談後決定終止，往往是由於消費者的預期，與諮商過程中實際發生的狀況出現落差所致。特別是少數民族與外國學生對於諮商的預期，與歐洲裔美國學生有明顯的不同（Kenny, 1994; Kunkel, 1990; Yuen & Tinsley, 1981）。例如，Kunkel 發現，拉丁裔的消費者會期待諮商人員給予更多指引，並提供解決問題的方法。Byon、Chan 和 Thomas（1999）發現，韓國學生若覺得諮商過程是不愉快的，而且沒有立即的成效，便會很快決定終止諮商晤談，因為韓國學生的諮商歷程就像課堂學習一樣，他們可以把問題提出來、發問，並且能夠像寫作業一樣把問題解決。這些研究顯示，諮商人員必須點出消費者對於諮商歷程的預期或誤解，並與之討論。

Al-Darmaki 和 Kivlighan（1993）指出，消費者與諮商人員對於諮商關係的預期一致，與彼此對於工作聯盟的評價呈現正相關，而工作聯盟的品質又關乎諮商的成果。復健諮商人員與消費者的關係，和存在於心理學、諮商輔導、婚姻與家庭治療，以及其他領域的對話關係（dyads）有許多相似之處，復健諮商人員與消費者對於職業復健歷程的預期若有差異，便可能對工作聯盟和復健成果造成負面影響。相反地，兩者對於

復健諮商的預期若趨於一致，便有助於提升工作聯盟與復健成果。

　　Chan、McMahon、Shaw 和 Lee（in press）最近發表一篇心理測量工具的報告，他們所發表的工具名為「復健諮商期待量表」（Expectations About Rehabilitation Counseling Scale, EARC），其目的為測量諮商人員和消費者對於復健諮商期待的落差。他們發現，消費者與諮商人員對於諮商的預期，在兩個因素呈現顯著的差異，分別是消費者行為（consumer behavior）以及臨床與支持服務（clinical and support services）。消費者對於自己責任感與動機的評價，傾向高於諮商人員對消費者的評價，而消費者期待得到的臨床與支持服務，則超過諮商人員所預期和提供者，因為諮商人員只著重提供職業服務。諮商人員與消費者在諮商預期方面的落差，與工作聯盟呈現負相關。在另一項研究中，Shaw、McMahon、Chan 和 Hannold（in press）則運用 EARC 量表評量諮商預期的落差，並運用衝突解決方法（conflict resolution approach）促進（諮商關係）中的溝通與工作聯盟。他們相信，諮商預期的歧見應該在諮商歷程的早期加以解決。Schelat（2001）則調查 255 位在 1988 年 8 月期間，被各州職業復健方案評為成功或不成功的案主，發現所有影響工作聯盟的因素（例如目標、活動、依附）都能預測復健成果，分數愈高，對於成功成果的預測能力愈強。類似地，Donnell、Lustig 和 Strauser（2002）調查 305 位精神疾病患者，評量他們自陳的工作聯盟水準與復健成果，也發現工作聯盟與就業成果和工作滿意度有關。因此，工作聯盟顯然是正向復健成果中的一個關鍵成分。

改變的階段

　　諮商與健康促進服務（health promotion services）領域的研究人員與實務工作者，一直在尋找最能增進案主成功成果的有效介入方法。過去的十年間，有一個跨理論的模式（transtheoretical model）（Prochaska & DiClemente, 1983），也就是眾所周知的改變階段（stage of change, SOC）模式，已經成為一個最有名、最受歡迎的模式。該模式提供一個

163

理論架構，幫助我們理解並描述案主行為改變的歷程。SOC 模式假定，我們可根據案主準備改變的程度和動機，將他們歸類於幾個不同的改變階段，而介入的方式必須根據案主準備改變的程度量身打造。SOC 模式源自戒菸方面的研究，幾經實徵性的驗證後，目前已運用在包括戒煙或不安全性行為等不同的諮商情境（Prochaska, 1994）。由於該模式的特質相當受人注目，並可以運用於不同的殊異族群（diverse populations），已經被公認為可以解釋改變歷程的一般性模式（Peterocelli, 2002），而可以實際應用於復健諮商實務中。

164

　　SOC 是經過分析許多心理學與行為理論之後所形成的模式，認為一般人都會依序歷經幾個行為改變階段，包括計畫前期（precontemplation）、計畫期（contemplation）、行動期（action）與維持期（maintenance）。對於大多數人而言，這些階段的進展並不是一個線性的過程，通常人們需要在這個歷程中經過幾次的循環，才能克服他們想要改變的行為（Prochaska & DiClemente, 1983）。此外，SOC 模式認為，認知到的自我效能（perceived self-efficacy）與決策平衡（decisional balance）是改變行動的預測變項。自我效能的定義為一個人對於是否能執行某項任務的信心，決策平衡則是對於執行某項任務利弊的評估（Prochaska, DiClemente, & Norcross, 1992）。幾項有關不同問題行為的研究指出，案主在計畫前期的自我效能最低，傾向考慮行動的壞處而非益處；案主在維持期的自我效能最高，傾向考慮行動的益處而非壞處（DiClemente,1986; Prochaska, 1994）。提高自我效能與維持正向的決策平衡，有助於案主在改變的階段中持續進步。在設計介入方案時，應該以提高案主的自我效能，和維持正向決策平衡為目標，調適策略和技巧的訓練方式，也必須視案主位於哪個改變階段並量身設計。唯有採取階段相應介入（stage-matched intervention）策略，才能幫助案主進步到下一個改變階段。

　　不同的研究發現，採取階段相應介入方式，比起傳統不階段相應介入方式更能導致令人滿意的成果。例如，戒菸的案主在接受階段相應介入十八個月後，成功率比沒有接受階段相應介入的案主高出 100%。

（Prochaska, DiClemente, Velicer, & Rossi, 1993）。其他領域的研究，例如安全性行為（Parsons, Huszti, Crudder, Rich, & Mendoza, 2000）、健康飲食（Campbell et al., 1994），與運動技能的學習（Marcus et al.,1998），也證實階段相應介入策略的優越性。其中一項較為有效的相應介入策略稱為動機晤談（motivational interviewing, MI）技術，這是一種用於評量案主動機、提升自我效能、探討目標達成利弊之處的諮商型態（Miller & Rollnick, 1991）。動機晤談可幫助案主在改變的過程中解決猶豫不決的問題、加強動機、持續進步並做出改變（Rollnick, Heather, & Bell, 1992）。

　　復健諮商研究強調增強案主改變動機的重要性，以減少復健服務在不成熟的情況下終止，並提升案主的主動參與。在復健的過程中，幫助案主準備接受改變是相當重要的，SOC的方法確實可以應用於復健諮商實務。先前的研究證實，SOC模式確實可應用於接受職業復健服務的肢體障礙（Mannock, Leveque, & Prochaska, 2002）與精神障礙案主（Rogers et al., 2000）。此外，研究者也建議運用動機晤談策略，配合SOC模式，幫助案主界定復健目標，並且在精神障礙復健（psychiatric rehabilitation）的過程中改善案主的病識感，提升其配合治療的意願（Corrigan, McCracken, & Holmes, 2001; Rusch & Corrigan, 2002）。這些研究結果顯示，接受復健諮商服務的案主確實可以依照其動機水準，被分類成不同的改變階段。然而，這些研究並未提到如何幫助案主在改變的階段中進步。雖然還是需要進一步研究，但我們或許可以這樣說，復健諮商人員應當瞭解案主對於某種復健諮商方法的接受不一，並根據案主所處的階段量身設計介入方案，才能提供更為適當、個別化，且有效的介入。

165

技能訓練

　　根據Corrigan、Rao和Lam（1999）的說法，長期患有重度精神疾病的人，其實也有其他不同的障礙，他們可能在認知、社會技巧、個人衛生與個人管理、適應技巧、人際支持、症狀管理和動機方面，都會有一

些缺陷。唯有透過完善的精神復健（psychiatric rehabilitation）方案，並輔以藥物管理（medication management），才能滿足這些案主的需求，幫助他們克服精神障礙所帶來的挑戰（Corrigan et al., 1999）。為精神障礙者設計的復健方案，其目的在於幫助案主減輕精神症狀、學習並應用人際技巧與適應技巧、取得社區資源與社區支持。Corrigan 等人總結，我們必須提供精神障礙者各類的服務，才能幫助他們在最少限制環境中發揮日常功能。這些服務包括工具性與社會支持（instrumental and social support）、家庭教育與支持、技能訓練、遷移訓練（transfer training）、認知復健與行為鼓勵。技能訓練是精神復健的核心，對於長期患有重度精神疾病的人而言，若要在社區生活及就業場合中有效運作，他們所需要具備的重要技能，在某個程度上，也是其他身心障礙者必備的重要技能。Benton 和 Schroeder（1990）運用後設分析的方法，探討精神分裂症患者社會技巧訓練的效果。他們的後設分析具有顯著的效果量（effect size），結果顯示 69%的精障者在接受社會技巧訓練後，復健成果優於未接受社會技巧訓練的身障者。也有一些研究發現，接受過社會技巧與適應技巧訓練酒精成癮者，能夠成功控制酒癮的天數高於未接受過訓練的人（Drummond & Glautier, 1994; Erikson, Bjornstad, & Gotestam, 1986）。

◀◀◀ 證據本位的復健諮商實務： 整合研究與專業實務的模式 ▶▶▶

在前一個段落中，我們已經回顧了一些文獻，這些文獻一方面可以做為發展復健模式的基礎，我們也可以運用這些實徵性的研究結果，思考如何改善案主的復健成果。復健諮商研究人員也發展若干評量工具與介入方案，幫助諮商人員將這些證據本位的諮商要素（evidence-based counseling components）融入實務工作中（例如，Rubin, Chan, & Thomas, in press; Rubin, Chan, Bishop, & Miller, in press; Chan, McMahon et al., in press）。一些與諮商成果呈現正相關的因素包括工作聯盟、諮商預期、

改變階段／動機晤談，以及技能訓練。然而這個模式還是保有一些彈性，讓諮商人員將其他能夠明顯改善諮商與復健成果的重要因素，一併融入實務當中。能夠將這些要素融入實務的諮商人員，便能夠合理地期待案主獲得較佳的復健成果。因為這些要素能夠幫助諮商人員改善與身心障礙案主的工作關係，配合案主的改變階段調整諮商重點（例如：提升動機與成果預期、進行技能訓練、改善自我效能），或運用經過驗證的課程模式，進行身心障礙者的社會技巧與適應技巧訓練。這些用以改善復健諮商成果的策略，都可以逐一被檢驗，此外，整體模式改善復健諮商成果的成效也需要被檢驗。Rubin、Chan 和 Thomas（in press）提出一個用以評量身心障礙者正向改變，以及評估職業復健成效的模式。他們主張運用生活品質（QOL）的概念，做為復健規劃與方案評鑑的架構。

以生活品質做為評量職業復健改變的架構

復健服務的終極目標，在於促進身心障礙者的經濟自給自足與社區融合（Murphy & Williams, 1999）。1973 年復健法通過之後，復健服務績效的評估，便以這樣的目標為依據。根據復健法的規定，復健專業人員必須以有效的方法，檢視復健服務方案是否達到預期的目標（Rubin & Roessler, 2001）。唯有達到，甚至超越預期的服務目標，才能顯示服務成效，在為復健諮商方案申請經費補助時，也才有正當的利基點。

Pransky 和 Himmelstein（1996a, 1996b）提出一個衡量醫療照顧成果的模式，這個模式也可以用於評估復健成果。他們將醫療成果定義為醫療照顧在社會功能、心理衛生，以及個人幸福感等生活品質層面所產生的效果，這樣的效果也會影響到個人對於本身健康、功能與身體狀態的一般看法。當我們提供復健服務時，重點應該放在症狀的解決、回復正常居家功能、回復長期功能狀態，以及在職場中的工作能力。

Pransky 和 Himmelstein（1996a, 1996b）指出，在測量成果時，考量大範圍的成果向度（outcome dimensions）是相當重要的。他們認為，若

侷限成果的範圍，將使得評量結果的可信度降低。他們主張要盡量注意許多生活及社會領域，這對於狀況及症狀的解決是相當重要的。日常生活的功能必須加以評量和監控，相關的功能包括居家與家庭責任、交通運輸／駕駛能力、性生活、睡眠型態、社會與休閒活動、對個人健康的觀感（health perceptions），以及持續的健康照護需求等等。他們也指出若干與職業有關的要素，例如工作狀態、損失的工時、受傷前後職務的比較、短期和長期的工作保留（job retention）、生產力，以及工作的品質與彈性，這些都是評量服務成果的重要指標。消費者滿意度也是影響個案成果的一項關鍵變項。

然而傳統上，復健服務成效的評鑑主要還是著重於短期就業成果。但若僅是將短期就業成果的資料當做評鑑服務成效的指標，而不考慮案主接受復健服務後，在生活技能和生活品質方面產生哪些改變，這樣的服務成效評鑑將很難有實質意義（Chan & Rubin, 1999）。消費者之所以有接受復健服務的動機，是因為他們預期這些服務將對他們的生活品質產生影響。多數的復健服務直接將重點放在補救消費者技能方面的缺陷，以幫助他們完全融入社會，並達成某些個人目標。個人一旦能夠克服生活技能的重要缺陷，獨立功能與自尊心也將隨之提升，個人若能經歷那些收穫，對於自身生活品質的主觀想法也將趨於正面（Cronin, 1996）。因此，唯有復健服務能夠幫助個人克服生活技能的重要缺陷，提升其自尊心與獨立功能時，這樣的服務才算是有效的。最後，復健的過程必須能夠促進案主對於自身生活品質的正面觀感（Dennis, Williams, Giangreco, & Cloniger, 1993）。

這樣在概念上的轉變，使研究人員在探討復健服務成果時，愈來愈注重生活品質的評量。生活品質這個詞，通常用來指個人對於自身幸福的觀感（Murphy & Williams, 1999; Zautra, Beier, & Cappel, 1977）。世界衛生組織將生活品質定義為：「個人在所處的文化與價值體系中對自己生活狀態的看法，而這樣的看法與個人的目標、期望、標準，和關切的事物有關」（WHOQOL Group, 1995）。專業人員必須運用一套有效的

系統，評量消費者在接受復健服務後，生活品質產生了哪些改變。這樣的資訊能夠提供專業人員重要回饋，幫助他們瞭解在提供服務，滿足消費者需求時，哪些策略最為有效、哪些策略還算有效、哪些策略的效果最差（Chan & Rubin, 1999）。長期而言，這樣的系統能夠幫助我們根據身心障礙者的不同特性，區隔出有效的服務策略。總之，這樣的系統能夠幫助我們界定復健服務輸送過程的最佳實務，在我們試圖提升、改進復健服務時，這樣的資訊扮演相當重要的角色（Cronin, 1996）。

生活品質是一個多向度的構念（multidimensional construct），這使得它的意涵相當模糊，而且難以定義（Bishop & Feist-Price, 2002）。廣義的生活品質涵蓋行動自由、生活目標、工作、家庭、休閒／社會生活方面的成就、自尊心與主體性，以及身體於物質方面的幸福感（Flanagan, 1978; Goodinson & Singleton, 1989; Murphy & Williams, 1999）。在測量生活品質時，一般會測量以下向度，包括心理的幸福感（滿足感與快樂）、身體的幸福感、社會與人際的幸福感、財務與物質的幸福感，以及日常生活功能。此外，我們必須記住「工作是一項非常重要的價值，研究顯示，工作生活品質與整體生活品質之間，存在動態的交互關係」（Murphy & Williams, 1999: 3），生活品質的評量也應該包括職業與生涯發展。

在評量生活品質時，我們應該注意消費者對於不同生活層面幸福感的重視程度為何（Felce & Perry, 1995; Zahn, 1992）。生活品質的評量應當注重個人所決定的標準與生活滿意度之間的關係，在消費者的生活中，哪些是他們想要或不想要的。透過這樣的評量，我們才能知道個人在哪些生活層面需要加以復原、維持或提升，以達成其最佳的生活品質。

1999 年時，Chan 和 Rubin 獲得國家身心障礙研究院（National Institute on Disability and Research）的經費補助，展開一項實地研究的計畫，發展一套多面向的復健計畫與方案評鑑系統。他們特別主張將生活品質納入評量復健諮商成果的架構當中，以擴充成功復健（successful rehabilitation）的定義，並改進目前美國各州職業復健機構所採用的「26 狀

態準則」（status code 26）系統。其理論架構包含測量幸福感與功能狀況的概念，目的在於瞭解功能的改善是否有助於提升消費者的幸福感，並以此做為評量復健成果的指標。這個架構實際運作時，必須用到七種不同的工具，包括利用生活技能評量表（Life Skills Inventory）測量功能狀況、用幸福感評量表（Sense of Well-Being Inventory）測量幸福感，並設計一份人口學問卷，蒐集有關身心障礙類別、嚴重程度、健康照護成本、接受政府補助情形、收入等變項，可提高諮商人員和消費者對於復健計畫與方案評鑑的參與程度。在理想的狀態下，如果我們能夠精確診斷出消費者在生活技能上的缺陷，並透過特定的復健服務予以減輕或排除，便可預期達成幫助身心障礙者完全融入主流社會，經濟上達到自給自足的目標。當目標達成時，接受復健服務的消費者，應該也能感受到生活品質有所改善。因此身心障礙者在接受復健服務前後，生活品質是否有所改變，也是評量服務成效的一項重要指標。

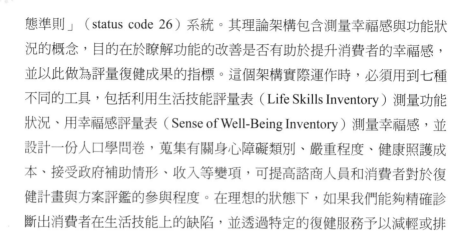

◀◀◀ **摘要** ▶▶▶

　　我們在本章回顧了復健與諮商領域中，有關於成果的文獻，藉此顯示最新研究所形成的知識，確實與復健諮商的專業實務息息相關。我們也提出了一個彈性模式，可以幫助復健諮商人員將明顯有助於改善諮商或復健成果的要素，融入實務工作中。諮商人員若有意將本章所提到的*170*　證據本位諮商要素融入實務工作，不妨考慮以下的概念，例如：改善與身心障礙案主的工作關係，配合案主的改變階段調整諮商重點（提升動機與成果預期、進行技能訓練、改善自我效能），或運用經過驗證的課程模式，進行身心障礙者的社會技巧與適應技巧訓練。此外，Chan 和 Rubin（1999）也發展一套復健計畫與方案評鑑模式，復健諮商人員可藉以評估，運用上述提升諮商成效的要素之後，對於幫助身心障礙者改善其生活品質，還會產生哪些額外的效果。

　　最後，復健諮商專業人員對於研究設計與統計分析方法（量化與質

化方法）有清楚的瞭解，才能成為有智慧的復健諮商研究消費者，並有
能力評估文獻中大量文獻的品質。這些知識可以幫助他們分辨，有哪些
最好的要素可以融入實務工作中。

致謝

　　本章的部分內容節自國家身心障礙及復健研究院資助復健教育與研
究基金會（Foundation for Rehabilitation Education and Research）研究文
稿。

第 九 章
殊異族群的諮商

Brenda Cartwright and Michael D'Andrea ◉ 著

許靖蘭 ◉ 譯

在本書的前一版本，原書名《復健諮商》（*Rehabilitation Counse-ling*）中，Griffin-Dixon 和 Trevino（1997） 曾經提到：

> 復健諮商專業自 1900 年初期以來，曾歷經許多不同的變革，所
> 提供的服務與服務對象大幅擴充。然而，在該專業轉型的歷程
> 中，始終維持一個一貫的理念——那便是多元化的哲學與實
> 務，也就是說，復健專業是個多元的實務體系（p. 124）。

　　過去幾年來，復健諮商專業也如同一般諮商專業，愈來愈重視殊異族群的議題，將更多的關注焦點集中於美國五大民族／族群的獨特需求（例如非洲裔美國人、亞洲裔美國人／太平洋群島、拉丁裔美國人、美國原住民／阿拉斯加原住民、歐洲裔美國人）。當這樣的關注逐漸幫助我們瞭解這些特殊族群人士的獨特心理優勢與需求時，多數研究者強調心理衛生醫師的工作表現還是不盡人意，未能有效解決來自不同文化族群案主的社會心理與個人需求，包括來自非白人大眾、窮人與男同志／女同志／雙性戀的個案（Surgeon General Report, 2001）。再者，復健諮商人員尚未公平地提供服務給傳統的弱勢團體，包括來自非白種人的案主，以及來自特定身心障礙群眾的人們，例如聽障者與精神疾病患者

（Atkins & Wright, 1980; Bowe, 1984; Jacobs, Wissusik, Collier, Stackman, & Burkeman, 1992; Moore, 2001; Patterson, Allen, Parnell, Crawford, & Beardall, 2000; Rimmerman, Botuck, & Levy, 1995; Wilson, 2002）。復健諮商人員確實已逐漸瞭解，案主的多元文化背景對於其生活造成哪些不同的影響，但許多人仍無法在臨床上有效落實這樣的知識，以幫助案主增進其就業能力，達到經濟自給自足、獨立、融合與統整的目標。

本章的用意在於增進復健諮商人員對多元文化議題的覺察，擴充其知識基礎，以幫助他們服務來自不同文化團體或背景的人們時，瞭解需要運用哪些不同的實務技巧。本章的重點會特別放在(1)案主發展歷程的多面向性質；以及(2)復健諮商人員需要如何評估歷史／文化／環境背景因素，對個人發展所造成的衝擊。

多數理論學者認為，諮商人員需要花時間進行這樣的自我評估，並進一步自我瞭解殊異族群歷史／文化／環境背景等因素如何影響個人的不同好惡、價值觀，以及在個人諮商實務中出現的偏見（Lewis, Lewis, Daniels, & D'Andrea, 2003）。雖然這樣的個人評估，在服務任何案主之前也許都有用，不過在種族諮商（ethical counseling）的實務中，會特別要求臨床人員服務與自己文化背景不同的案主之前，務必要先進行這樣的自我評估（Ivey, D'Andrea, Ivey, & Simek-Morgan, 2002; Lewis et al., 2003）。若不能自我省察歷史／文化／環境等背景因素，如何影響個人的發展，在諮商的過程中，諮商人員往往容易不自覺地流露個人的喜好、價值觀和偏見，而難免與來自不同文化背景的案主，在喜好、價值觀與偏見方面有所衝突。本章所介紹的諮商模式，特別注重殊異族群與環境背景的議題，並鼓勵復健諮商人員思考這些議題，以更有效、更符合族群特性、更尊重的方式，服務來自殊異族群的案主。本章將介紹該諮商模式中關鍵詞彙與概念的定義，並藉由實例探討，示範如何在復健諮商實務中，運用諮商模式評估各種變項。

◀◀◀ RESPECTFUL 諮商模式 ▶▶▶

RESPECTFUL 諮商模式代表一個新穎、廣泛而整合的思考方向，考量所有與諮商過程直接有關的人，這些人包括(1)在生活中遭遇許多不同問題和挑戰，而尋求協助的人（例如案主）；以及(2)專業人員（例如諮商人員、心理人員、精神醫師與社會工作人員），這些專業人員受過必要的訓練，具備幫助案主學習所需的知識技能，能夠使案主的生活型態更為有效，且令人滿足。

RESPECTFUL 諮商架構源於兩種理論假設，第一個假設基於以下信念，諮商的終極目標在於提升案主心理和個人發展，諮商人員可以藉由以下策略運用其知識技巧，以達成上述目標：

1. 養成案主更有效的做決定問題解決與能力，這些不見得是案主在面臨危機時，才需要運用的能力，而是更為有效的生活技能。
2. 提供危機諮商服務，其目的為幫助案主發展所需的策略，以更有效處理高度壓力的狀況。
3. 運用更密集、更長時間的心理治療活動，加速案主人格發展的質性改變（qualitative changes）。

RESPECTFUL 諮商模式的第二個假設，涉及瞭解人類發展的獨特性與複雜多重面向，並且有計畫地在復健諮商實務中處理影響案主發展的多重因素。一般的諮商專業和特定的復健諮商領域，正開始對個人生活中的多樣文化／環境背景面向如何影響其心理健康，有進一步的認識。這樣的認知有愈來愈普遍的趨勢，主要是因為新的學說不斷發展，以及不斷累積的研究發現，幫助專業人員對於人類發展歷程的知識，有進一步的擴充和瞭解。

RESPECTFUL 諮商模式直接舉出十個已知，而明顯影響諮商人員和

174　案主心理發展的因素，強調人類發展的多面性。正如本章稍後所探討的，復健諮商人員可運用這樣的理論架構(1)評估個人的發展；(2)分辨個人在文化／環境背景方面的偏見；(3)評估一些影響案主發展的因素；以及(4)協助實務工作者瞭解在復健諮商實務過程中，如何以更有效、更符合族群特性的方式，處理多重文化／環境背景因素的交互影響。組成RESPECTFUL 諮商模式的十個因素包含：

R： 宗教／靈性認同（Religious/spiritual identity）。
E： 經濟階級背景（Economic class background）。
S： 性別認同（Sexual identity）。
P： 心理成熟（Psychological maturity）。
E： 種族／民族認同（Ethnic/racial identity）。
C： 年齡／發展上的挑戰（Chronological/developmental challenges）。
T： 創傷與個人安寧的其他威脅（Trauma and other threats to one's well-being）。
F： 家庭背景和歷史（Family background and history）。
U： 獨特生理特質（Unique physical characteristics）。
L： 居住地區和語言差異（Location of residence and language differences）。

宗教／靈性認同

　　RESPECTFUL 諮商模式的第一個組成因素，是個人既有的宗教認同，以及對於超凡經驗的信仰。這樣的經驗超脫絕對客觀、實證觀點的世界，與西方、現代的心理學思潮截然不同（D'Andrea & Daniels, 2001）。Kelly（1995）指出，宗教與靈性這兩個詞，都建立在一種超自然經驗的主張之上，這種超自然經驗通常都透過超越常理和有形界線的宗教形式加以延伸並顯現。當運用 RESPECTFUL 諮商架構的時候，宗教與心靈通常是指個人信仰的真實性，這樣的真實性凌駕身體本性之

上，並且通常賦予個人非比尋常的生活意義及特別的人類生存意義。

雖然宗教與靈性這兩個字詞，都隱含超越現實的主張，它們還是有不一樣的意義，D'Andrea 和 Daniels（1997）對兩個詞的解釋如下：

> 靈性這個字詞常被用來專指一個人的信仰，以及對超自然和宇宙萬物連結的主張；而通常被用來當做特定型態的表徵，這種型態的信仰在不同宗教團體與宗派的教義和教條內，是條理分明的。當這兩個詞被運用於 RESPECTFUL 諮商模式時，宗教／靈性認同指的是一個人對於死後世界與宇宙萬物互相連結的信仰，以及一個人有關像「上帝」、「教化」、「神恩」等理念的意義的觀點。（p. 30）

由於案主在建構其生活經驗與意義時，宗教／靈性認同扮演一個重要的角色，所以復健諮商人員在助人歷程的初期，花時間去評估這些因素對個人心理發展的影響程度是相當重要的。同樣地，復健臨床人員也需要花時間考量他們的宗教／靈性認同，對於他們的個案工作會產生哪些正面與負面衝擊。復健諮商人員必須瞭解，案主在宗教／靈性層面所抱持的概念，可能與他們有所不同。這一點十分重要，因為如果忽略這個因素而不加以評估，諮商人員可能因為自己的宗教／靈性認同與信仰（或沒有宗教信仰），在檢視案主發展、心理衛生與健康狀況時，會出現解讀不正確，或誤解的情況。

經濟階級背景

雖然個人社會經濟階級對個人、心理與生涯的發展，會產生極大的影響，在服務來自不同經濟背景的案主時，諮商人員和心理人員還是常常沒有將這個重要因素納入考量。為什麼現今許多復健臨床人員會未能注意社會經濟因素，以及這些因素對人類發展的衝擊呢？其中一個原因是某些過度被使用的詞彙，並不能正確地描述案主實際的經濟狀況。在

許多例子中，我們經常過度依賴中下、中等或中上階級等一般性分類，但是這樣的描述與案主的實際生活狀況，並沒有太大的關連性。為了幫助復健諮商人員更加瞭解案主所屬的不同經濟階級或團體，D'Andrea 和 Daniels（2001）將許多社會科學家常用的三種社會階級的劃分方式加以延伸，把大部分的美國人民劃分為六種社會經濟階級或類別。這些研究者相信，這個新的分類系統更能正確描述人的不同地位，也就是他們現今在美國社會中所屬的經濟階級與背景。

176

這個分類系統將人分成以下六種：(1)窮人（poor persons，學歷不及高中畢業的失業人口，他們需要經濟協助以解決生活基本需求）；(2)工作低就者（working poor persons，具有高中文憑或同等學歷，或有些具大專學歷的非技術工作者，年收入低於聯邦政府所定的貧窮指標）；(3)勞工階級（working-class persons，具有高中文憑、有些人具有大專學歷，或具備特殊職業證照或執照，年收入高於聯邦政府所定的貧窮指標）；(4)中產階級非專業人士（middle-class nonprofessionals，至少具備高中文憑，但在職業生涯中曾取得進階文憑，或接受過特定訓練，年收入超過全國平均）；(5)中產階級專業人士（middle-class professionals，至少大專畢業，且具備教育、法律、醫藥等某些專業領域的進階文憑，年收入高於全國平均）；以及(6)上流階級者（persons in the upper class，個人年收入在全國平均前 10% 者）。

很多研究者曾經針對個人所屬的經濟階級與背景，如何影響其態度、價值觀、世界觀與行為做出解釋（Alkinson, Morten, & Sue, 1993; Scheurich, 1993）。既然瞭解案主的發展會受到許多面向的影響，實務工作者在提供諮商服務時，更需要注意這些因素如何影響案主的既有優勢，以及所呈現出的問題。由於諮商人員對於來自與他們不同經濟背景的案主，也可能懷有不正確與負面的觀點和偏見，因此復健專業人員在服務來自不同經濟階級或團體的案主時，必須先評估他們自己是否對於特定經濟階級人士，懷有某些先入為主的觀念、偏見與刻板印象。

性別認同

個人心理發展最複雜的、卻時常被忽略的課題之一，是在我們的社會中，不同團體與背景的人，會發展出不同性別認同。在RESPECTFUL諮商模式裡，性別認同一詞通常與一個人的性別認同（gender identity）、性別角色（gender roles）與性傾向（sexual orientation）有關。性別認同一詞是指一個人對於成為男性或女性任一方有何意義的主觀感覺。個人的性別認同會明顯受到所屬文化／種族的環境背景中，對於男性和女性的不同角色期待所影響。Savin-Williams 和 Cohen（1996）指出，個人發展出的性別認同類型，會明顯受到「社會認定哪些是男子氣概或陰性柔弱的行為、態度，與人格特質，也就是較『適當』或典型的男性或女性角色所影響」（p. 72）。

我們能夠跳脫男性化與女性化狹隘的見解，以廣義的方式來呈現一個人的性別認同。例如，變性慾者（transsexuals）是指個人自覺的生物性別錯亂，因此，變性論（transsexualism）是指那些性別認同與生理性別之間有不一致體驗的人（Bailey, 1997）。

一個人的性別認同也受到個人性傾向的影響，人的性別認同可以分成幾種不同的型態，一般來說可以包括雙性傾向（bisexuality）、異性傾向（heterosexuality）與同性傾向（homosexuality）。雙性傾向意指個人對男性與女性兩者都會產生性慾。相反地，異性傾向意指個人只會對不同性別的人產生性慾。第三種個人性別認同的觀點，則屬於同性傾向的概念，通常是指個人在性方面偏好同性別的人。由於負面的刻板印象，許多字詞長久以來已經跟同性傾向一詞連在一起，一些字像男同志（gay males）、同志（gays）與女同志（lesbians）乃用來形容一個人這方面的性別認同，這些是比較被容易接受，而具有尊重意味的字眼（D'Andrea & Daniels, 2001）。復健諮商人員必須體認，案主和實務工作者的性別認同對於諮商與心理治療歷程會產生重要影響，特別是女性主義理論對於諮商與心理學領域更是產生極大的衝擊。

177

從 RESPECTFUL 諮商架構的觀點來看，復健諮商人員誠實地評估架構中多重因素的交互作用對案主與他們自己的發展會產生哪些影響是相當重要的。本章所提到的個案研討，能夠幫助讀者更加瞭解 RESPECTFUL 諮商模式中多重因素如何產生交互作用，瞭解這樣的交互作用，能夠幫助我們對案主有更清楚的認識。同時，諮商人員更應該持續評估這些多重因素如何影響個人發展，以及個人如何對待來自不同團體與背景的案主。藉由以下的個案研究，我們鼓勵讀者思考 RESPECTFUL 諮商模式裡三個因素（宗教／靈性認同、經濟階級背景與性別認同）之間的交互作用，對於道格拉斯的諮商服務內容與過程，可能造成哪些影響。

個案研究 9.1

道格拉斯是個二十四歲的男同志，他是如此的興奮受到耶和華的祝福，他將《儆醒》與《瞭望台》雜誌（*Awake* 和 *The Watchtower*，宗教出版品）與每個和他接觸的人分享，甚至與即將和他晤談的職業復健諮商人員，琳達分享。他最近接受補助安全收入（Supplemental Security Income）的補助，但他希望能夠自立更生，透過藍雪方案可以做一些小生意，因此他比和諮商人員約定的時間早到了半小時。道格拉斯通知琳達，這次十一點的晤談他會提早到達，到達後，他因為一直要其他案主閱讀他的宗教雜誌，而造成候診室的大混亂。

琳達同意早一點和他見面，但也做了簡短的提醒，她必須向道格拉斯說明適當的工作行為，包括考量工作時間表，不要強迫他人接受自己的宗教信仰。同時，她瞭解她必須考量自己對於耶和華見證人（Jehovah Witnesses）懷有偏見，並認知道格拉斯堅定的宗教信仰或許是一項優勢，有助於他接受自己已經是身心障礙的事實。

當見到道格拉斯時，她對於他的柔弱體態與文質彬彬感到很訝異，她心想，「哇，另一個議題要處理」，她自己對於男同志的態度也需要

整理一下。

心理成熟

　　復健諮商人員所服務的案主，往往有些共通的人口統計特質（例如，年齡、社會經濟及文化／種族背景等等），但心理特質卻非常不同。也就是說，在某些情況下，一位案主和另一位同齡、相同文化／種族背景，與性別認同類似的案主比較，似乎「心理較為成熟」。諮商專業人員有時會用一些說辭，來形容那些較不成熟的案主，例如：「他在與人進行社交互動時，很難控制自己的衝動」或「她的自我認識能力很差」。有些情況則通常用來形容較成熟的案主，例如：「在與他討論他的問題時，他的覺察能力不錯」、「她非常瞭解自己」，以及「她發展出來的人際與內省技巧，已經比很多我的其他案主要來得好」。

　　過去三十年來，我們對於個人達到心理成熟的境界，會歷經哪些發展階段，已經有長足的瞭解。這些知識許多都來自結構或發展心理學家的研究成果，他們提出許多有助於解釋心理成熟歷程的模式，包括Piaget（1977）的認知發展模式、Perry（1970）的倫理發展模式、Kohlberg（1981）和Gilligan（1982）的道德發展模式、Selman（1980）的社會／人際發展模式，以及 Loevinger（1976）的自我發展模式。

　　結構─發展理論將心理發展視為一個過程，在此過程中，個人以一種「由簡到繁」的方式思考自己的生活經驗。這樣的思考歷程是穩定而具有階層性的，能以質性的方式反映個人在周遭世界中的思考、感覺與行動（Sprinthall, Peace, & Kennington, 2001）。根據 Young-Eisendrath（1988）的看法，每一發展階段都代表一個獨特的參考架構而創造出某種意義。她也指出發展階段「不全然隨著年齡增長而逐漸成熟……發展階段可能隨著年齡逐漸到了某一個點；然而，當環境因素不利於進一步發展時，個人的發展可能就會停止」（p. 71）。

　　藉由評量案主的心理成熟度，復健諮商人員便能有較充分的準備，以更有效的方式根據案主的獨特個人優勢與需求，量身設計介入策略。

179

此外，復健諮商人員花時間反省自己的心理發展歷程也是很重要的。如果案主的心理成熟度或心理功能的複雜程度反而優於實際提供服務的人員，治療過程便很容易逐漸惡化。

種族／民族認同

民族（ethnic）一詞源於希臘文，意指國家（nation）。因此，民族認同的概念，意指人們認同其居住或系出國家的獨特社會／文化特色、價值觀與傳統，並據此而與其他民族有所區隔。雖然個人通常和較大的文化／民族族群（例如，非洲裔美國人、歐洲裔美國人、美國原住民等）有所關連，不過還是會顯現強烈的特定民族團體之個人認同（例如，義大利裔美國人、愛爾蘭裔美國人等），這些民族的價值觀和傳統對人的發展與世界觀，都具有實質的影響。

傳統上，人種（race）一詞則被用來意指生物與社會的差異性。從生物觀點來看，我們可以將不同的人種分成三個主要群體：高加索人（Caucasoid，白種人）、蒙古種人（Mongoloid）、黑人（Negroid）。在過去，這三大類別經常被用來區分不同的種族，根據膚色的明顯差異將人分門別類，但這樣的做法近來卻被批評為過於膚淺，且容易產生誤導（Helms & Cook, 1999）。美國境內的種族混血有悠久的歷史（亦即不同民族族群的父母所生的孩子），使得以生物基礎解釋民族差異變得無關緊要。種族混血論（theory of miscegenation）單純地指出，如果美國每一個人都能夠正確地回溯他們的血統，他們一定會發現，我們每一個人都來自混血的種族系譜（Helms & Cook, 1999）。

利用外在顯明的生物特色去定義不同種族的做法，還牽涉另一個主要的問題。雖然研究者指出，不同種族的明顯差異性（例如膚色差異、毛髮構造等），在我們的社會中是顯而易見的，不過事實上，許多來自相同種族的人，比歷史淵源屬於不同種族的人，有更多的基因差異性（genotypic variation，亦即個人遺傳學組織的差異）（Allen & Adams, 1992; Helms & Cook, 1999; Zukerman, 1990）。

　　由於科學證據清楚地否定源於生物／基因差異性的種族之定義，所以完全以種族的人文差異性為基礎的思考方式，其用處是令人質疑的。種族一詞的定義始終是曖昧不明而混亂的，從生物觀點來看，懷疑我們的社會為何持續使用這個構念來將人分門別類，是一個合理的質疑。Helms & Cook（1999）試圖回答這個問題，他們建議與其使用生物學的用語，不如把種族視為一個社會建構（social construction）反而來得更有意義，也更能確保特定種族的人在社會中能夠享有並維持其社會特權（societal privileges）。這個概念涵蓋廣義的特權，例如教育和就業機會、健康照護資源、住屋、個人借貸，以及接受不同刑罰的犯罪行為和法律制裁刑責（Jones, 1997）。許多研究者在考量種族因素時，經常發現這些基本特權以及其他社會權持續地被美國社會中具有白人歐洲裔背景的中高階級人士（尤其是男性）所利用，而產生失衡的現象（Helms & Cook, 1999; Jones, 1997; Scheurich, 1993）。

181

　　許多不同種族的人，特權長期被剝奪，在長期受到壓抑與歧視的情況下，使得他們看待世界與個人（賦予其意義）的方式，也產生了重大改變。在過去的十五年，許多研究者致力幫助不同族群的人發展個人認同的方式，並將個人對於種族背景與經驗的反映融入其中。讀者若有興趣，可以參考 Cross（1995）所提出的黑人認同發展模式，以及 Helm（1995）提出的白人認同發展模式，和有色人種民族認同發展架構，以學習更多有關不同的發展狀態／階段，並利用這些學理模式，區分不同層次的人有哪些獨特的心理特質。

　　顯然，即使是來自相同民族／族群的人，都存在很大的心理差異。這樣的差異通常可以視為「族群內」的差異，「族群內」差異就是在相同族群內，格外引人注目的人。復健諮商人員在復健諮商過程中，要發展以有效和尊重的方式，正確地評估這些差異性，並具備對待這些人所需的知識與技術。復健諮商人員必須瞭解，他們自己的民族／種族經驗如何影響他們的心理發展、他們建構世界意義的方式，以及在過程中他們對其他人的偏見之種類。

生理年齡／發展上的挑戰

　　在討論發展上轉變的型態時，除了先前段落所提到的「心理成熟」以外，個人也會因為生理年齡的增長，而產生系統性的轉變。這種因為年齡而產生發展上的轉變，稱為「生理年齡的挑戰」（chronological challenges），每個人在生命歷程中不同的時間點，都會面臨一些挑戰。復健臨床人員對於這些挑戰應該很熟悉，因為這些挑戰代表幼兒期、兒童期、青年期與成人期的特質，而這些都是我們習以為常的概念。

182
　　從生理年齡的觀點來看人類發展的理論學家，通常稱為生涯發展（life-span development）（Craig, 1992; Havighurst, 1953; Shaffer, 1993）或成熟理論學家（maturational theorists）（Erikson, 1968）。與結構—發展理論學家傾向著重一個人心理成熟度的特定面貌（例如，智力、道德、社會發展），不同的是，生涯發展理論學家是從一個較為統整的觀點檢驗個人成長，那包括考量生理、認知與心理改變的型態。這些改變是可以預測的，而且會在一個人一生中的不同時期發生（D'Andrea & Daniels, 2001）。

　　研究生涯的學者認為，個人從嬰兒期到成人期的發展歷程，通常會發生一些特定的改變，包括生理方面的成長（例如，身體的變化、運動技巧的依序發展）、出現不同認知的能力（例如，知覺、語言、學習、記憶與思考技巧的發展），以及不同發展時期出現的心理技巧（例如，處理個人情緒的能力、有效的人際能力）（Shaffer, 1993）。個人是否成功因應嬰兒期、青年期與成年期各生理年齡階段挑戰的方式，通常能決定他們是否能發展出正面的自我評價、導向豐富的生活，並體驗個人生命的滿足。

　　從事人類發展研究的學者所提出的觀點，在復健諮商人員思考處於不同生命歷程階段的案主所面臨的獨特挑戰時，會產生很大的幫助。務實地說，這些知識能夠幫助實務工作者依照案主的年齡，在不同的諮商情境中發展適當的介入策略，幫助案主面對不同生理年齡階段中出現的

挑戰。這也可以幫助實務工作者留意，當他們與案主的年齡有很大的差距時，可能面臨什麼樣的特殊挑戰。D'Andrea 和 Daniels（1997）認為，許多年輕的實務工作者在服務某些比他們年長的案主時，多半會遇到的主要挑戰，包括如何獲得案主高度信任、尊重，並讓案主認為他們具有專業正當性（professional legitimacy）。

創傷與個人安寧的其他威脅

影響個人安寧的創傷與威脅，也被涵蓋在 RESPECTFUL 諮商與發展模式中，以強調壓力情境造成心理危機與傷害的複雜情況。當生活中的壓力過大，以致個人無法以有效而建設性的方式加以因應時，便容易產生這樣的傷害。當個人持續，並長期處於環境壓力之中，個人的資源（處理技巧、自我評價、社會支持與出自他們文化團體的個人權力）可能發生負擔過度的現象。而當個人再度長期面臨類似的壓力時，他們通常是容易受到心理創傷的人，或說是心理創傷的高危險群（Lewis et al., 2003）。

復健諮商人員所服務的案主，經常是各式脆弱的高危險族群，包括窮人、無家可歸與失業者、離婚家庭的成人與小孩、懷孕青少年、愛滋病患與 HIV 病毒帶原者、癌症患者，以及遭到年齡歧視、種族歧視、性別歧視與文化壓抑的各式受害者。雖然這些人受到傷害的程度大不相同，但他們都經常面臨高度的環境壓力，縱使耗盡個人資源也難以應付。在我們這個號稱「現代」的社會裡，對於許多受到文化壓抑的族群而言，高度、長期、歷史悠久的壓力來源，常導致更嚴重和不利的心理結果，這些壓力來源必定會導致創傷性的生活經驗，而且會形成世代間問題的根源，這樣的問題在許多文化殊異的弱勢族群當中尤其常見（Salzman, 2001）。

為了使服務的提供更為有效，復健實務工作人員必須準確地評估環境壓力對於案主生活所產生的不利影響，並發展介入策略以協助改善這些問題。服務各式殊異族群案主的復健諮商人員，必須瞭解長期的世代

183

間創傷（intergenerational trauma）對案主所造成的影響，並針對這類影響案主心理衛生和安寧感的威脅，設計並落實適當的介入方案。這些臨床人員也必須思考，殊異族群所面臨的生活壓力與創傷事件，可能會以什麼方式持續影響他們自己的心理發展。

以下的案例再次強調深入思考多元因素複雜交互關係的重要性，這些多元因素同時影響案主與復健諮商人員兩者的心理發展。在此呈現的個案研究，鼓勵讀者思考有關含在 RESPECTFUL 諮商模式內三種因素的相互作用（種族／民族認同、年齡的挑戰、創傷），對於潔瑞汀的諮商服務內容與過程，可能產生哪些影響。

184

個案研究 9.2

一位從事社區倡導的工作人員，將潔瑞汀轉介到當地的職業復健機構，評估她接受支持性就業方案的可能性。潔瑞汀現年二十七歲，是位嚴重智能障礙的非洲裔美國人，過去的八年來，她一直在庇護工場裡工作。大衛則是一位歐洲裔美國人的諮商人員，他剛剛收到一份體檢報告，顯示潔瑞汀被檢驗出呈現 HIV 陽性反應。由於潔瑞汀心智年齡成熟度的關係，大衛必須與她的法定監護人聯繫，以告知此事並決定下一步。同時，他必須面對他自己對於潔瑞汀的性行為可能有所偏見的想法與預設立場。

家庭背景和歷史

由於美國文化快速而多元的變化，有愈來愈多的家庭組成方式非常不同於傳統家庭，傳統家庭是復健諮商人員過去沿用已久，用來決定「正常家庭」與「健康家庭功能」的標準。而這些不同型態的家庭〔包括有愈來愈多以女性家長為主的單親家庭、混合家庭（blended families）、大家庭（extended families）、以男同志或女同志為主的雙親家庭等〕，在諮商人員提供服務時，有日益常見的現象，因而使得實務工作者開始重

新評估傳統核心家庭的概念，雖然這個傳統概念一直被用來當做與所有其他型態家庭比較的基準。

　　復健諮商人員將逐漸被迫瞭解來自不同家庭系統案主的獨特能力，並設計、落實適當的諮商策略，以促進這些多元型態家庭的健康發展。此外，為了更加認識來自這些不同型態家庭系統的案主有哪些個人能力優勢，我們也鼓勵復健實務工作者事先評估自己對於家庭生活的偏見與預設立場，這些偏見與預設立場很可能源自個人的家庭歷史與經驗。這樣做是十分重要的，因為諮商人員如果不針對這些偏見與預設立場做自我檢視，在服務家庭背景十分不同的案主時，諮商關係很可能會受到負面影響。

獨特生理特質

　　RESPECTFUL 諮商架構強調敏銳度的重要性，所謂敏銳度，其意義在於我們應該敏銳地察覺社會大眾對於身體外觀美麗的理想形象為何，對於那些先天在生理上不符合現代文化觀點中狹義「美觀」的人而言，這些形象對於他們的心理發展會產生什麼負面影響。McWhirter（1994）指出：「在我們的社會中，最令人沮喪而害怕的現象之一，便是對於外表美觀的強烈渴望」（p. 203），這個偏執的概念，源自苗條與肌肉線條的理想形象。在現實生活中，只有少數人符合這樣的理想形象，許多人因為無法達到社會所認定的「美觀」標準，以致自尊心低落，甚至感到強烈的自卑（McWhirter, 1994）。在其他的例子中，一些人具有某些獨特的外表特徵，也就是傳統所謂的「生理、精神與情緒障礙」，他們長期忍受著不同形式的歧視與烙印，這些現象都源自於我們對外表美觀與健康的誤解與刻板印象。

　　當復健諮商人員對於案主獨特的生理特質感到壓力和不滿意時，他們需要認真反思以下問題，外表美觀的理想化迷思，是否已經內化成先入為主的觀念，使得他們對於那些外表不符合理想迷思的人，懷有負面的看法與刻板印象。若不針對這些內化的想法加以檢視，可能會導致我

185

們對於案主個人的優勢能力，做出不正確的評量與誤謬的解釋。此外，有些男性與女性案主，由於具有某些獨特的生理特徵，可能會對他們的心理發展產生負面影響。實務工作者在服務這些案主時，也必須幫助他們瞭解性別角色社會化的過程，為何會讓他們對於自我價值有不理性的想法（D'Andrea & Daniels, in press）。

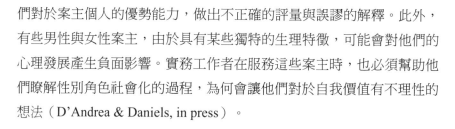

居住地區和語言差異

居住地區是指一個人所居住的地理區域。D'Andrea 和 Daniels（2001）指出，美國可分成五大地理區，包括東北部、東南部、中西部、西南部與西北部。這些地理區各自有不同的人口組成、氣候型態與地質結構。此外就某個程度而言，這些地區的居民所從事的職業類別與產業活動也各不相同。這些地理區也常具有各自獨特的次文化特徵，反映出當地居民普遍的價值觀、態度、語言及方言類型。

186

居住地區也包括當地居民的居住型態，復健臨床人員可能熟悉案主的三種主要生活的居住型態：鄉村、郊區與都會區。如同美國人口統計局（Bureau of the Census）1990 年的定義，鄉村是人口組成少於 2,500 個居民的一處地方或小鎮，並隔著廣大的鄉村地而緊臨大都市城市的市郊；相反地，都會區則是有 50,000 人以上居民聚集的城市（U.S. Bureau of the Census, 1990）。當復健臨床人員在服務來自不同地理區域或居住地區的案主時，他們需要思考自己是否對於來自不同區域的人，可能懷有某些刻板印象及偏見，尤其當案主所使用的語言或方言不同時，人際互動方面需要格外謹慎。正如 RESPECTFUL 諮商模式的其他成分一樣，這類的自我評量也十分重要，因為復健諮商人員對於來自不同居住背景，或語言／方言不同的案主可能懷有某些刻板印象與偏見，而導致在復健過程中抱持不正確的預設立場，甚至做出錯誤的臨床解釋。

個案研究 9.3

　　瑪麗亞是位三十五歲，有兩個年幼小孩的單身母親，她最近因為丈夫的虐待，頭部遭到毆打而失聰，所以從德州逃至佛羅里達州。她的個案管理員將她轉介到職業復健機構，看看是否能接受就業方面的協助。瑪麗亞向她的職業復健諮商師雪利表示，她考慮要回到德州，因為在那兒至少能得到家人的支持。由於她不被使用美國手語的聾人社區成員所接納，同時也時常與聽力正常社區成員之間有溝通上的困難，瑪麗亞明顯出現意志消沉的現象。

　　雖然雪利很渴望幫助瑪麗亞解決心理社會適應與就業的問題，但是在提供服務之前，她必須注意到自己專業上的偏見，以及無法體認家庭支持對案主有其重要性的限制。她必須先處理這些問題，才能以尊重、符合種族特性的方式提供服務。

　　我們期待 RESPECTFUL 諮商模式的綜合性多元架構，能有助於擴充復健諮商人員的思考範圍，在復健諮商實務中充實多元文化的知能取向。同時，我們也瞭解涵蓋在這個模式裡的要素，並不能代表影響人類發展的所有因素。因此我們希望實務工作者與研究人員共同努力，無論在個人與專業層面，都必須對人類發展的多面向本質，有更進一步的瞭解。

187

第 十 章
倡導

William M. Liu and Rebecca L. Toporeky ◉ 著

許靖蘭 ◉ 譯

倡導概念在復健諮商中不是新的概念。復健諮商人員在許多專業實務裡，常常發現他們自己站在幫助案主的最前線，用多種方式創造最佳的成長與發展環境（Maki & Riggar, 1997）。然而要從復健諮商的實徵與理論文獻中，找到倡導的實務還是很困難；再者，倡導概念可能召來社會行動主義或賦權運動的印象，這些印象反映了充斥在復健倡導實務中紛亂的現象。因此，要在復健諮商領域裡建立倡導範例，或許可以從多元文化諮商中，找到一個可能被瞭解的領域。

多元文化諮商文獻批判傳統諮商的實務、研究與訓練，尤其是其偏向個人主義、中產階級，以及能力的文化偏見（Olkin, 1999, 2002; Prilleltensky, 1997），特別是否定使少數族群永遠處於邊緣地帶的權力體系，在我們許多理論取向裡儼然已成為一個問題主題（Toporek & Liu, 2001）。總之，自我實現與產能的失敗常常歸咎於案主的過失責任，而非整個脈落、歷史，或資源可及性的問題。為了矯正這些課題，並能將脈絡完全融入治療之中，許多諮商專家擔起這個的責任，超越侷限的治療空間，直接地去從事社會運動與權益倡導。經過實務、研究與訓練的不斷努力，一些在專業領域中的改變已經被注意到了，美國心理協會在2002 年出版的《心理師多元文化教育、訓練、研究、實務與組織變革指南》（Guildelines on Multicultural Education, Training, Research, Practice, and Organizational Change for Psychologists），就是這個努力改變專業的成果指標。

是故，本章憑藉多元文化諮商的遠景，聚焦於促進有關復健諮商中倡導的討論。為達到此目標，我們首先要討論將多元文化知能連結至復健諮商倡導的定義中的關連性；其次，我們要討論經由倡導活動使專業加以政策化之議題；最終，我們要討論訓練與實務相關種種意涵，特別是注重復健諮商人員的專業責任，以及當他們嘗試要為他們的案主倡導權益時，所面對的挑戰。

◀◀◀ 多元文化諮商知能 ▶▶▶

直到現在，許多諮商人員才了解多元文化知能的需要性。多元文化知能最為人所知的體制，是由 Sue、Arredondo 和 McDavis（1992）所架構，他們認為諮商人員需要具備三方面的知識、覺醒與技能，包括理解他們的偏見、案主的世界觀與符合文化的介入活動。多元文化觀融入諮商的課題源自美國民族與種族人口的變遷（Ridley & Kleiner, in press）；然而問題是這個課題往往忽視其他既存的多元性議題（例如，性傾向、女性，與能力），且僅將多元文化的立場與種族及民族連在一起。相反地，多元文化觀必須一般性的定義，並形成文化面向的拱門——寬廣而融合（Stone, 1997）。有兩項工作可能與復健諮商多元文化知能有關，首先，Arredondo 等人（1996）討論過多元文化主義融合性的遠景，並在個人認同架構中闡釋其知能，這些作者建議諮商人員必須考量每個人有許多方式去定義他們自己和複雜社區對案主的重要性，諮商人員要在這些不同領域內努力充實知能。把握住多元文化觀的寬廣性定義，就很容易瞭解倡導權益、多元文化觀，和復健諮商如何能夠連結形成一股強大的夥伴關係。第二方面，Toporek 和 Reza（2000）運用由 Sue、Arredondo 和 McDavis（1992）所提供的多元文化諮商知能的基礎，主張多元文化知能應強調包括機構制度面、專業面以及個人面的領域範圍；他

們認為機構制度面之文化知能（institutional cultural competence），即諮商人員需要就影響案主福祉的制度面議題而付諸的行動，諮商人員或許經由行政角色、協調角色、組織成員或其他不同功能角色來完成行動。強調機構制度的知能，其實就是在一對一的個案工作之外，各種型態的倡導，必須考量文化方面的知能。

特別就復健諮商而言，我們發現這種諮商專業十分適合倡導與多元文化觀的整合。Hershenson（1990）的復健諮商「C-C-C」模式，正可用以將倡導納入角色整合的架構，復健諮商在此模式裡的角色包括三項主要的功能：協調、諮商與諮詢，在此角色裡的每一功能，諮商人員發現某種倡導形式是一種很適切的介入活動。一般而言，多元文化觀鼓勵機構與個人找出系統的轉型，而不僅止於處理額外的改變或表面的重組（Liu & Pope-Davis, in press）。照此情況，倡導變成認同自己是多元文化諮商人員的一種內在行動。同樣的情形，復健諮商人員發現他們自己處在必須促進案主自我倡導或在案主的同意下倡導案主福利的處境當中，以便於為案主做環境的調整與改造，由於非調適或非調整的環境被視為將案主邊緣化與處於壓迫的情境，因此這種倡導活動就與多元文化觀的目標一致。復健諮商人員角色功能之一，即在案主的情境當中扮演促進改變的倡導角色，就是為案主的改變從事多元文化知能的工作。

雖然諮商與倡導似為二元，但 Lerner（1972）認為這樣的觀點會在社會行動與諮商兩者之間形成假性分裂。對某些諮商人員來說，倡導觀念感覺就像是個人與諮商的隱私世界對公眾與社會行動的政策世界的一個合流點。總而言之，厭惡倡導或許是對諮商政治化的一種憂慮（Liu, Pope-Davis, Toporek, & Brittan, 2001），當然，這種憂慮假定諮商是一種非政治性的活動（Liu & Pope-Davis, in press）。

倡導在諮商中，尤其是復健諮商，挑戰許多固有的傳統諮商與心理治療的價值觀（Liu & Toporek, 2001），這些衝突包括個人主義價值觀、頓悟治療，與能力至上（Olkin, 2002）；它也挑戰限時或短期治療的觀念、案主與諮商人員間的心理距離，以及雙向關係。倡導所要提倡的觀

念是案主自己要對他們的狀況負起責任（例如，那狀況就是他們自己曲解事實所造成的問題）以及只有他們自己能夠改變他們的環境。這些價值觀許多常常隱含在案主的諮商處遇（如診斷）方法中（Follette & Houts, 1996）。本質上，復健諮商傾向認可環境顯著影響他們的案主；然而在復健諮商中，這個論題往往僅在於諮商人員為案主的利益而運用他們自己力量的程度。綜言之，倡導行動危害且威脅到諮商人員所倚賴的現狀，亦即，復健諮商人員的倡導行動如果挑戰到他們賴以存在的系統，或許他們也有喪失工作的危險。雖然自我倡導是個重要的諮商目標，我們還是相信諮商人員需要考量直接介入組織或系統之間是否適當的情形，Hershenson（1990）發表的模式裡，有關諮詢或協調的角色或者就顯示這種範例。

與案主合作的觀念是多元文化諮商的原則之一，與其陷入我們和案主做什麼或為案主做什麼的兩難困境之中（Lerner, 1972），不如把焦點放在我們能和案主一起做什麼，以便於令他們的環境、情況或條件狀況更好（Freire, 1989）。傳統的心理治療，案主傾向為弱權的一方，可能感覺勢單力薄，因為許多諮商人員以為案主或許為其所有，例如，諮商人員知道什麼對案主最好，案主不參與決定，以缺陷為導向將個人貼上標籤（Prilleltensky, 1997）。在復健諮商裡，確認問題所在的內在方面（精神內在的）和外在方面（系統的），以及案主可能採取行動改變系統等，與案主一起工作合作無間特別重要。此外，我們探究時間點，何時才是諮商人員認為提出系統議題是他們的責任的恰當時機；例如，當助人組織是永存的障礙之一時，不只案主必須為他們的意見發聲，做為*192* 組織的一員，諮商人員的責任，也要主動地促進組織內的改革，假如諮商人員不採取行動，他們會與有問題的系統同陷危險之中；並且，案主可能感受諮商人員的隱約的共謀關係，並把諮商人員—案主的談話解讀成「我只在我不擔任何風險的情形下幫助你」的雙盲訊息，結果諮商人員處理治療的信用與能力將因此而受到危害。

由於復健諮商被視為一互動過程，案主與諮商人員乃為合作關係，

兩者均需深思未來他們環境潛在的改變。因為案主或諮商人員在他們的改變當中被解析為一個參與者，我們敢斷言常使用於復健諮商的消費者語言會因機構與案主的觀念在環境中沒有完全的結合而受到質疑挑戰。雖然流行把案主貼上消費者標籤，但由於此舉無異注入消費者潛在的力量而非服務提供者，所以市場隱喻仍然充斥著敵對的場景。假如消費者不滿意一個特定的服務，服務提供者則要去改變並找出新的需求。消費者與市場的概念迄今依然是底線（bottom line）。基於成本—利益，一些機構可能毫無改變，案主最後可能發現他們自己完全沒有適當的服務。合作或平等觀念並非是固有的經濟模式服務條款（例如，Eriksen, 1997, 1999），我們在本章節使用合作語言來彰顯案主與諮商人員的角色，而非一般使用消費者的語言。

在後續說明之前，必須瞭解諮商與諮商專業的倡導角色，同時，我們會探討多種倡導的操作模式，下列各節簡述諮商中倡導的兩個面向。

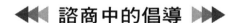

◀◀◀ 諮商中的倡導 ▶▶▶

政策化專業

對我們而言，倡導議題是專業認同的部分，而不只是一個實務上的考量。行動藉著消除或減少組織與文化的障礙使得案主獲利，具有案主賦權以及鼓勵案主和諮商人員未來的社會行動的次級效益。當考慮把改革結構上的不公平當作是一個適當的專業角色功能時，在 1970 年代許多有關組織與文化改革的意見都可說是倡導與組織社區的主要元素（Lewis & Lewis, 1983），可是經過 1980 年代與 1990 年代，倡導遠景似乎喪失了它的卓越性（McClure & Russo, 1996; Toporek & Liu, 2001），McClure 和 Russo（1996）深思有關信用與個別主義的諮商專業改革的焦點，已經趨向減少強調倡導為一個正統的專業角色。

隨著強調多元文化主義與多元文化知能的增加，這鐘擺或許又擺回

193

到倡導了。多元文化觀與女權主義定位的到來，心理治療與諮商的傳統觀念因長久以來邊緣化族群受到挑戰而變得具有關連性（Toporek & Liu, 2001）。由於多元文化關切社會公義，特別是針對褫奪權利與邊緣化的群體，也因為倡導典型的與邊緣化群體的戰鬥站在同一陣線上（Chesler, Bryant, Crowfoot, 1976），是故倡導正成為一個重要的專業考量。理解到諮商的效力對少數族群有差別性，有時亦持有偏見，因此已逐漸挑戰專業中壓制個人、文化與組織的障礙（Ridley, 1995; Sutton & Kessler, 1986）。一些壓制能夠透過雙向互動而化解，但有些則只能經由倡導來化解了（Atkinson, Thompson, Grant, 1993）。例如，案主表現出對內化族群刻板印象的負面感受（像是種族主義之內化）（Cokley, 2002），可做為個人諮商的一個適切的雙向議題，但是假如案主報告說他們因為輪椅的限制而無法通過門檻或階梯而不能順利進入建築物，致使治療活動期間似乎不能成功的改善其苦惱、生氣與挫折，只有藉由適當的倡導 —— 體制外行動 —— 案主始可能開始建構賦權與效能（McWhirter, 1994）。Gruber 和 Trickett（1987）斷定倡導操作基本人權與倡導者的力量，諮商人員能與個案共同運用資源，結合其知識、準則，以及系統，以有效協定的方式促進改革。在後面的例子裡，顯示諮商人員是啟動改革流程最有效的代理人，讓機構環境更加的無障礙。

諮商專業的倡導運動並非沒有責難，一些爭論包括諮商人員不能捲入案主的情境中、倡導是個不真實的期待（Weinrach & Thomas, 1998），或它是個危險的意識型態（例如，社會公義）（Ramm, 1998）。當然，這種態度採取的是諮商專業乃價值觀中立觀（value- neutral），以及未能持續地在體制內落實我們的政策（Pope-Davise et al., 2001）。事實上，諮商人員在諮商過程中不斷地協調其價值觀，在過程之外落實他們的世界觀。

其他的爭論，正確地說，要努力的成為有效率的倡導者，諮商人員為了不要創造不切實際的依賴（Pinderhughes, 1983）或削弱案主的權利（McWhirter, 1994），因此在他們的活動中必須有策劃性與謹慎性。再

者，這種依賴是諮商人員強加給案主的價值觀與世界觀型態，一個非合作的關係，諮商人員把他們放在「醫治者」的位置上，而將案主放在「病人」的位置上。兩個例子都不是倡導的關係，反而更像是傳統治療假藉倡導的託辭。

◀◀◀ 定義與模式 ▶▶▶

　　雖然本章焦點在於倡導，但其中可能發生的紛亂之一即倡導、賦權與社會行動三者的定義。有時所有三個標籤都可以同義地用來形容一特定的活動，不過我們要描繪一些不明顯的差異性，對我們而言，倡導是「心理衛生專家、諮商人員，或心理人員藉著參與案主的環境協助案主以及個案所屬團體達成治療目標的行動」（Toporek & Liu, 2001: 387）。

　　歷史上有許多作者追求且詳加推敲倡導的綜觀觀念，來涵蓋各式各樣的活動。Lewis 和 Lewis（1983）區分案例倡導（case advocacy，此倡導由案主授權），以及階級倡導（class advocacy，此倡導基於系統層次）；他們也描述倡導的三種形式：此時此刻倡導（here and now advocacy，對情境的即時反應），預防倡導（preventative advocacy，創造公義環境的行動），市民倡導（citizen advocacy，鼓勵其他人挑戰社會議題的行動）。Chan、Brophy 和 Fisher（1981）進一步闡釋倡導的理念，並建議可使用三種倡導形式。第一，代表倡導（representative advocacy），諮商人員替他們的案主發聲，因為案主無法表達或表現其需求，這與 Atkinson、Morten 和 Sue 的諮商人員─倡導（counselor-advocate）模式雷同，此模式「諮商人員代表案主發聲，常常要面對組織資源的壓迫，此壓迫亦即直指為案主的問題（p. 301）」。第二，團體倡導（group advocacy），指的是「團體尋求介入某一問題情境，以便達成與團體成員或其他人興趣一致的目標（Chan et al., 1981: 195）」。第三，自我倡導，在機構告知案主倡導的知識、行動與行為後果。最後這個方式中，Chan 等人藉著案主面對問題情境的範例揭櫫他們的自我倡導，此一模式

的諮商人員則協助案主定義問題,並且列出案主可能選擇的行動明細表。

就諮商中的倡導而言,我們發現把倡導描繪成涵括著賦權與社會行動的一個連續譜頗有幫助(Toporek & Liu, 2001)。對我們而言,賦權被看做是連續譜的終點,在此模式中,賦權意味著諮商人員與案主共同工作,以發揮案主和諮商人員在社會政策世界裡的功效(McWhirter, 1994, 1997; Toporek & Liu, 2001)。因此賦權包含一特定的行動與行為,以及一特定的案主,倡導的結果是案主能夠解決一些特定的情境問題和憂心的事情,他們具有自我效能為未來相似的問題奮鬥。另一方面,社會行動(social action)的意義是諮商人員不斷地為了社區與大眾致力於消除組織與文化的障礙,社會行動意味著在社會層次上倡導,在諸如影響所有案主的法規或大眾政策上,因此社會行動意含廣大基礎的行動以及並非是為某人的特定活動。在此模式中,諮商人員也許從事某一範圍的行為以排除障礙及免除侵害權利,我們主張所有這些活動宜以倡導為師,讓這些每一個行為在不同的時期與案主一起工作都是恰當的。

雖然倡導、賦權與社會行動有時是融為一體,但是我們相信這些所有面向的任何行動,無論是對案主或是諮商人員而言都可能是正面的。在這些所有例子中,其目標是為了案主的最佳成長與發展而改變環境,這些行動在復健諮商人員的專業生涯中是必須的同時也是重要的,不過諮商人員為了他們的案主,如何學習與訓練成為有效率的倡導人員卻仍是晦暗不明的。

◀◀◀ 實務 ▶▶▶

倡導在實務中有許多形式,例如前面所述連續模式的建議,由於復健諮商的實務也有許多形式,是故我們現在以諮商、協調與諮詢觀點就可能的倡導角色舉些例子。

復健諮商有關於個案議題的諮商功能原本就合乎倡導的目的,Chan

等人（1981）提供一些極佳的自我倡導的範例，以及與個案共同增進他們在移除障礙方面的知識與動力的一個模式。另外尚有其他諮商倡導行為的範例，例如為案主的倡導服務可當作是代理行為的模式，同時它也是種倡導者功能，不過此種模式行為受人非議的地方在於諮商人員與案主合作以決定諮商人員該採取什麼行動，包括活動的目標與策略；這種行為形式在一種情況下或許是適當的，亦即諮商人員角色的力量與基本人權賦與一些案主無法達到的境界，此行動的相關模範傳達一些概念，即自我倡導是更重要的狀況，它為此提供一個見證。

復健諮商的協調功能也一樣合乎倡導的目的，此層級的倡導講究個人與團體的考量。在協調功能裡，諮商人員可能是決定和政策制訂團體的參與者，例如臨床和行政管理團隊，以及就像這類有些不同層級的管道可讓案主與案主群便利使用；倡導在協調層級可能也包含一些行動，例如確認就連機構也不曾討論過的案主需求，而後針對特殊團體的服務需求計畫來建立基金與機構支持。

諮詢角色提供倡導一條引人注目的大道，就如協調一樣，倡導在這角色當中也是服務個人或團體。此層級的一個倡導例子，必然是雇用律師當諮詢顧問，諮詢一些對來自邊緣團體的案主來說，就是代表著障礙的相關議題。其他的例子還包括諮詢社會服務機構人員，以提供多元文化知能、偏見與歧視的訓練，或諮詢教授學者以確定包括身心障礙相關議題的新課程。最後的例子是內部遊說單位，例如制訂一永久的倡導計畫委員會，以便於暢通重塑或建構的議題。

考量復健諮商實務要求多重角色，有效的倡導訓練不啻為一個複雜的努力方向。

◀◀◀ 訓練 ▶▶▶

倡導訓練是諮商訓練裡最具爭論的議題之一。沿承課程作業，諮商訓練意味著與案主面對面工作的需求，以及知能督導的需求，但是一個

人如何為倡導工作接受知能督導？可能的答案或許來自多元文化知能裡所描述的倡導工作以及訓練策略。

首先，需要在倡導自我效能與特定知能行為之間做區分。例如多元文化知能可被視為有關諮商人員和不同個人與團體工作所具有的自我效能的體驗，以及多元文化知能或者是特別精通於與不同個案工作的諮商人員所具有的知能。雖然諮商人員有時具有自我效能（知能）的高感知覺，但是他們不具讓他們有效率地和不同個案或團體工作的精確且熟練的能力（Ridley & Kleiner, in press）；舉例而言，即使諮商人員領悟到自己要成為多元文化知能的諮商人員，或許他們的案主不見得能體會到如此領悟（Pope-Davis et al., 2002）。這議題乃有關復健諮商的倡導，因為諮商人員或許具備一種為他們的案主而成為倡導者的知能感覺，但是當它變成真實的倡導行為與行動時，可能發現他們自己很困惑，因此訓練與督導成為復健諮商倡導的整合方向。

另一個復健諮商人員的訓練議題就在於環境，為他們案主正在挑釁的環境，或許就是那個雇用他們的環境。從今，當復健諮商人員為其案主尋求承諾與變換環境時，他們可能敏銳地警覺他們的工作受到了威脅。訓練一定是有用的，就看確認與解決這兩難的方法了。

有一套倡導訓練模式提供了一個很好的指南，Coleman 和 Hau（出版中）提供一個使用檔案評量（portfolio assessment）模式去評估與支持學生多元文化的發展。一類似的模式或許適合復健諮商的倡導訓練，運用此模式形式，學生將發展一套與他們已完成計畫的倡導工作有關的訓練與實務活動的目錄，這套目錄包括實務內的特定案例、他們所寫的報告、他們已參與的研習會等等，此一定會提供學生更多綜合的訓練以及評估學生進展計畫的更多資料。

最近，復健諮商的倡導首要問題在於沒有足夠的訓練以成為案主的倡導者的議題上（Collison et al., 1998; Eriksen, 1997, 1999）。有效的訓練包括確認問題情境的技巧以及決定哪一類型的倡導可能是適當的，另外，能夠確認倡導行動對案主與諮商人員兩者的影響結果對諮商人員來

說肯定是重要的，例如與改革系統同在，或較不樂觀地，挑戰敵對系統的支派。雖然倡導議題在復健諮商裡並非是新的，但對於成為一個有效率的復健諮商倡導者的課程工作、課程與督導需要仍需要較多的著墨。

◀◀◀ 結論 ▶▶▶

　　復健諮商為了把倡導議題整合導入實務與訓練裡，提供一個自然的論壇。然而尚有些哲學性議題必須處理，以便讓諮商人員與訓練計畫有效的和案主運用此方式，這些議題涵蓋考量有關創造相依性、平衡案主方面與諮商人員的責任去探討系統上的障礙，以及介於諮商人員與他們機構之間利益衝突的兩難窘境等等。在提供復健諮商人員的發展以適當解決這些議題的技巧方面，以及確認倡導適當的時間與策略方面，訓練將是嚴苛的。就訓練模式與建立可分辨被系統障礙邊緣化與阻礙的案主所面對的議題的知能標準來看，多元文化諮商知能可提供有用的指引。我們希望本章提供一有用的架構，以及幫助復健諮商人員與教育人員仔細地與有效地整合倡導的工具。

第十一章
評量

Norm an L. Berven ◉ 著

吳明宜 ◉ 譯

評量（assessment）是復健諮商和相關助人專業的基本實務，因為它
可以引導諮商人員和個案（消費者）採取行動，以滿足個案的需
求。誠如美國教育研究協會（American Educational Research Association,
AERA）、美國心理協會（American Psychological Association），和全
國教育測量協會（National Council on Measurement in Education）在 1999
年所出版的《教育和心理測驗標準》（*Standards for Educational and Psy-
chological Testing*）中所討論的，評量可被定義為「從眾多來源中獲得資
訊，以對個人做詮釋的系統化流程」（p. 172）。此一系統性流程不但包
括傳統上與評量關係密切的標準化測驗，還包括晤談、觀察、醫療檢查
（medical examinations），和工作試做（job tryouts）等程序。評量資訊
的來源可能包括個案（消費者）本身、其他專業人員，和其他熟知個案
的人士，如家人、朋友，和以前的雇主。最後，我們也可以從能力、興
趣、人格特質、在不同工作和生活環境中的行為和滿意度，以及對不同
介入策略的反應等方面，去詮釋個案的特性。

評量的範圍很廣，遠超過對個案本身、其功能和需求的描述，用以
確認並概念化下述三點：(1)尋求協助的個案所關心和經歷的問題；(2)職
業復健服務的目標，包括生涯規劃和人生目標，以及達成這些目標的過
程中可能會遭遇到的障礙；和(3)可以協助解決問題和達成目標的介入策

略和相關復健課程，包含綜合性服務或治療計畫策略的組織（參見 Vocational Evaluation and Work Adjustment Association, 1975）。評量的重心不僅在人，亦在個案執行其功能的情境或環境上。除此之外，評量可用於復健諮商的不同層次上。就宏觀層次而言，評量為建構整體服務的基礎，引導個別個案的復健諮商流程；就較特定的層次而言，評量是建構適當策略的基礎，用以回應預期外的危機；而在更特定的層次上，在某一特定時間點，決定當時的評量應採用口語回應或何種行動，以呼應該個案的需求，產生諮商歷程中預期的反應。

　　本章的目的在於探討復健諮商的評量過程和當代的評量實務，介紹可以使用的評量方法、評量資訊的整合和詮釋，以及評量結果通常可以用來做為哪些決定的依據。此外，我們也將簡短地探討評量的目前趨勢和未來發展。

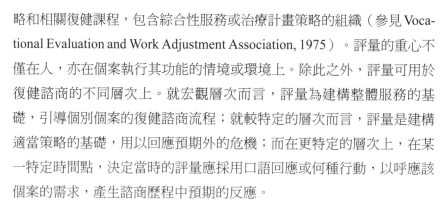

復健諮商人員和消費者
在職業復健過程中所扮演的角色

　　就與所服務的個案（消費者）的關係言，復健諮商師的角色可以沿著做決定的控制權連續譜（a continuum of control）加以概念。在較傳統的服務輸送模式的一端，復健諮商人員擔任服務輸送的主要決定者，並掌握整個服務流程。沿著連續譜往中間走，復健諮商人員和消費者形成團隊，形成有效的工作聯盟，共同掌握並決定服務的輸送（Chan, Shaw, McMahon, Koch, & Strauser, 1997）。在另一個極端，消費者擔任主要決定者，並掌控服務流程，而復健諮商人員則擔任顧問角色，提供訊息和意見給個案，促使個案能夠獨立做決定。許多學者主張，復健服務輸送的流程，應盡量跳脫醫學模式，給予案主更多的控制權，避免以父權（paternalistic），而盡量以賦權（empowering）的方式來對待身心障礙者（例如，Holmes, 1993; National Institute on Consumer-Directed Long-Term Services, 1996; Nosek, 1998）。Kosciulek（1999）已發展一套消費

者主導的賦權理論,且 Kosciulek 和 Merz(2001)提出消費者主導、社區整合、賦權,和生活品質間的假設性關係。

　　無論服務輸送和治療決定是由專業人員、消費者,或透過兩者合作的方式來做決定,評量都可提供決定的訊息基礎,而復健諮商人員的特別專長,便是發展此一訊息基礎。當消費者有較大的控制權來做決定時,他們更需要主動參與評量計畫,所累積的評量結果,必須與消費者做有效的溝通,以幫助他們盡可能自己做決定。

◀◀◀ 評量流程 ▶▶▶

　　當復健諮商人員接獲所服務個案的第一個訊息,或許是個案打來的電話、書面轉介單,或其他專業人員打來的電話,有時也會取得個案之前的治療或服務紀錄,這時,評量的過程便展開了。從獲得最初的訊息開始,復健諮商人員逐步形成對個案需求的看法,並擬訂適合的重建目標和服務介入策略。在累積額外的資訊之後,復健諮商人員必須將這些資訊與之前所獲得的訊息互相整合並加以詮釋,以對個案的需求有更精確而深入的瞭解。如此一來,這些資訊便可以用來預測個案在不同情境時的行為表現,或對於不同介入策略的反應。這些預測可幫助在治療和服務輸送方面做決定。評量所得訊息要與個案或消費者分享,以幫助案主自我瞭解,提升案主對未來的預期,以及案主在治療服務決定過程中的合作程度。

◀◀◀ 基本概念 ▶▶▶

　　Cronbach(1990)曾對最佳表現(maximum performance)和典型表現(typical performance)的指標做出區隔,而這樣的區隔可被用來瞭解復健諮商中各種評量方法的目的(Berven, 1980; Maki, McCracken, Pape, & Scofield, 1979)。例如,最佳表現的指標是用來預測一個人在職訓或

就業中最佳表現時的行為，並可以進一步分類成能力（ability）或性向（aptitude）方面的指標，以及現有技能（current skills）或成就（achievement）方面的指標。雖然性向和成就指標廣泛被認為是衡量受到學習經驗影響，已經發展出的能力（Anastasi, 1992），這些能力因為評量目的不同，在概念上也有差異。性向指標可以幫助我們決定，一個人在適當環境條件下發展技能的潛能，相對地，現有技能或成就指標則可以幫助我們決定一個人目前具備哪些熟練的技能。例如，數學性向的衡量可以用來決定一個人學習數學技能的潛能；數學成就的衡量則可以用來決定一個人是否已經具備某種職業或訓練（例如：木工）所需的數學技能，或是否需要進一步的數學訓練，以加強這方面的技能。典型表現的指標則是用來決定一個人在各種不同的情境中有哪些典型的行為表現，進一步又可區分為興趣指標和人格特質指標，其中興趣指標可以幫助我們預測，一個人對不同工作和生活情境的可能滿意度。

對所有的評量方法而言，最重要的是檢驗評量數據和其他訊息的信度（reliability）和效度（validity）。依據教育和心理測驗標準（AERA et al., 1999）的定義，信度是指「測驗數據可靠、可重複施測的程度；數據不受測量誤差影響的程度」（p. 180），而效度是指「有證據和理論支持數據的詮釋確實代表該測驗原本用途的程度」（p. 184）。例如，由一般浴室用體重計所得的重量值，其信、效度可以由一個人上下體重計數次，然後記錄每次秤得重量的數據來衡量。若將體重計視做評量工具，信度代表體重計在任何情況下是否都能持續秤出相同重量的程度，若每次秤得的重量都相當不一致，該體重計在測量重量上是沒有用的。相對地，效度代表所秤得的重量值，是否就是個案真實的重量；若秤得的重量與真實重量非常不同，則即使每次測得的重量值有高度一致性，體重計仍是沒有用的。在任何評量過程中，一個評量方法或工具的價值，是由其信、效度來決定的。

203　　　標準化（standardization）是另一個重要概念，可以幫助我們瞭解復健諮商實務中經常使用的標準化或常模參照（norm-referenced）評量工

具。標準化評量程序（standardized assessment procedure）是指將一個測驗、工具，或流程，依據指定的程序，對一大群個案進行施測〔即標準化樣本或常模樣本（standardization or normative samples）〕。當該項工具使用於職業輔導評量的個案時，也是依照相同的標準化程序來施測，如此在詮釋得分時，該個案的表現可以與標準化樣本或常模樣本相比較。但這種比較程序，只能在確實遵守標準化流程時進行，而身心障礙者的障礙限制，可能會導致無法使用標準化施測流程，施測時所做的調整，又會使數據和表現的解釋變得相當複雜（例如，見 Berven, 1980; Ekstrom & Smith, 2002; Holzbauer & Berven, 1999; Nester, 1993; Sherman & Robinson, 1982; Willingham et al., 1988）。此外，功能限制亦會影響數據的推論和解釋（例如，見 Berven, 1980; Holzbauer & Berven, 1999）。

◀◀◀ 評量實務 ▶▶▶

在復健的過程中，有許多類型的評量資訊可供使用。取得這些資訊的方法包括標準化測驗、相關工具和流程的得分、其他量化數據，以及由晤談和直接觀察所得到的質性資料。評量資訊的來源包括個案本身、熟人或同事、檢查或評估個案目前功能或潛力的醫師或其他專業人員。雖然評量主要集中在復健流程的起始階段，評量的工作其實需要在服務的整體歷程中持續進行。評量的方法有些與諮商和人類服務專業領域中所用的一樣，有些則是需要特別研發，以符合復健機構中身心障礙者的需求。

晤談

Berven（2001）曾經簡介在復健機構中使用晤談法進行評量的優缺點。在任何諮商和人類服務的領域中，晤談或許是最廣為使用的評估方法。晤談通常是復健諮商人員和尋求協助的個人進行的第一次接觸，並以此做為評量的開始。晤談提供豐富的自我陳述訊息（self-reported information），以及一個觀察個人的機會。觀察的向度可以包括人際技能、思考流程、情感、記憶缺損度，和計畫與約定的徹底執行程度等。與標準化測驗不同的是，晤談並不限於特定的問題和詢問方向；諮商人員可以隨著晤談的進展，改變訊息蒐集流程的方向，以獲得更多的訊息。

　　透過晤談所得的資訊，有許多誤差的潛在來源（見 Berven, 2001; Kaplan & Saccuzzo, 1997），包括諮商人員在詮釋與觀察的主觀性；個人有意或無意地陳述扭曲的訊息；諮商人員問問題的方式（例如，引導式問句、封閉式問句）也會影響所獲得的回應；諮商人員與個案的關係，也會影響個案回答問題的開放程度。此外，在晤談過程中所觀察到的行為，可能與特定的情境因素有關，不見得可以類推，或預測個案在其他情境中是否會出現類似的行為。批評傳統測驗評量方法的人，可能主張以晤談與觀察來做可行的替代方法。但是基於研究文獻回顧（例如，Garb, 1998; Groth-Marnat, 1997），Berven（2001）做出以下結論：「晤談評量的信效度通常比標準化測驗和評估工具的信效度來得差，因為依賴晤談技巧和臨床判斷，而專業人員在此兩種能力上的個別差異很大」（p.211）。因此，從晤談所得的資訊，不一致性可能相當高，如果運用訪談和觀察的資訊進行未來行為的推論和預測，可能不是特別有用。

　　有許多方法可以讓晤談資訊在評量的過程中更為可用（Berven, 2001）。進行晤談技巧訓練（interview training），或其他增強對潛在誤差訊息來源警覺性和敏銳度的方法，可以幫助諮商人員有更高的警覺性，來辨別和嘗試對抗誤差來源。此外，遵守高度標準化的晤談程序，也可以提高所獲得訊息的信效度，但如果晤談程序過於標準化，可能無法發揮晤談法的優點，特別是彈性和個別化兩項特質。目前有些特別適用於復健機構的標準化晤談工具，包括初步診斷問卷（Preliminary Diagnostic Questionnaire）（Moriarty, Walls, & McLaughlin, 1987），職業決策晤談表（Vocational Decision-Making Interview）（Czerlinsky, Jensen, & Pell, 1987），以及就業能力成熟度晤談表（Employability Maturity Interview）（Morelock, Roessler, & Bolton, 1987）。此外，也有人嘗試列出一些重要的問題和詢問方向，以幫助復健機構的服務人員進行更完整的初步晤談（例如，Esser, 1980; Roessler & Rubin, 1992; Rubin & Roessler, 2001）。

標準化測驗與量表

標準化的心理和職業測驗與量表，包括復健機構廣為使用的各種紙筆測驗、儀器設備，以及電腦施測工具。評量最佳表現的測驗包括各種成就測驗，特別是著重在學業技能的測驗，如閱讀和數學；也包括各種評量智力，和其他認知及神經心理能力性向的測驗，以及各式各樣的職業相關性向，包括文書、機械和手部靈巧度等方面。評量典型表現的測驗包括職業興趣、態度和價值觀量表。這些工具可以用來預測個人在不同職業和就業情境中的滿意度，因此也可用以預測個人持續從事哪些職業的可能性。另外，人格量表（personality inventories）以及相關的測驗工具，也可以用來測量情緒、動機、價值觀、信念、態度等特質，這些工具可用來幫助我們預測個人在特定情境中可能的行為表現。

目前，市面上已發展出數以千計的測驗和問卷，許多可透過不同的出版社和經銷商購得，許多測驗和評量的教科書內容，主要集中在這些工具類型的介紹。市面上也有許多評論這些測驗的工具書，例如《心理測量年鑑》（*Mental Measurements Yearbook*）（Plake, Impara, & Spies, 2003），其內容便是評論許多廣為使用的測驗工具，並附有光碟版，也可透過 Buros Institute 的網站（http://frontier-s.unl.edu/BUROS/trolpage1a.html）線上購閱個別工具的評論。在所有評量方法中，標準化測驗和問卷之信效度有最多的文獻紀錄；然而，甚至市面上最好的工具，一般認為其信效度仍有諸多限制，使用這些工具來詮釋得分和表現時，仍需特別謹慎。評量最佳表現的測驗，要比評量典型表現的測驗有更好的信效度（例如，見 Parker, 2001）。在一份評論心理測驗效度研究的論文中，Meyer 等人（2001）指出，心理測驗的效度，通常和醫學檢驗的效度相當一致；但

206

其他研究者（例如，Garb, Klein, & Grove, 2002; Hunsley, 2002; Smith, 2002）卻挑戰這項結論，認為心理測驗的效度較差。

工作和生活任務的模擬

　　評量特定職業或職業群中工作任務模擬的實作表現，這種方法一般又稱為工作樣本（work samples），已被廣泛地使用在復健諮商實務中。類似地，職能治療師等健康照護專業人員也可以身體功能及日常生活任務的模擬來評估個案的身體功能、自我照顧，和獨立生活技能。傳統上，工作樣本是指在特別的職業或職業群中的工作任務模擬，因此與職業或職業群有直接一對一的對應關係（Dowd, 1993）。舉例而言，工作樣本可用來模擬個人順利完成特定職業訓練課程後，就能從事的基層工作（entry-level occupation），而工作樣本施測後的得分，便可反映個人在接受職業訓練後，是否具備勝任某項工作的潛能。另一方面，工作樣本常被當成性向測驗來使用，評估許多職業中重要的性向組合（例如：文書知覺和手部靈巧的組合），而且可從得分和其他表現指標，來推斷個人是否具備從事某項職業的性向組合與潛能。

　　工作樣本如同測驗，一般而言是標準化的，而且需要在相同的標準化情境下施測，如此才能將得分與常模或透過工程時間研究（engineering time studies）建立的工業標準互相比較。除了可以用來評量潛能之外，使用多種工作樣本進行評量也能提供生涯探索的機會，讓個案在短時間內嘗試多種職業任務，探索並找出潛在的職業興趣。許多市面上可購得的工作樣本和相關職業評量系統，已普遍為專業人員所使用，Brown、McDaniel、Couch 和 McClanahan（1994）並針對這些評量系統加以評論。依據 Brown 等人的看法，這些評量系統當中，有許多工具的信效度證據是很有限的，有時甚至完全不存在；因此，如果要根據評分及表現觀察進行推論，需要格外謹慎。Patterson（2001）和 Power（2000）對於許多市面上可購得的評量系統，也提供最新的摘要。

模擬的和真實的環境

相較於工作樣本，模擬特定職業或職業群中的工作任務，是在評量過程中模擬整個工作環境。類似地，醫院復健單位也可以建造一間模擬的廚房或公寓，來評估個案獨立生活技能、行為和潛能。傳統上，庇護職場經常使用工作環境的模擬來評估個案的工作行為和就業潛能，界定應介入處理的行為目標，以提升個案的可雇用性。雖然情境評量（situational assessment）的應用性仍處於試驗階段，但這種評量方式的效度，卻普遍受到質疑。原因是模擬環境的性質在許多重要方面，與真正的工作環境不一樣，而這些差異性對於行為觀察，會產生很大的影響。

在真實的工作或生活環境中觀察個人的功能，例如工作試做（job tryouts），以判定個人在該特定環境或其他類似環境中的潛能、技能和行為，被認為是所有評量方式中最明確的方法。例如，個案可能被安置在障礙發生前相同的工作環境，或在未來可能被安置的新職種和工作環境中，職務再設計的需求便可被納入考量，或透過職業訓練實地體驗的機會，評量者也可以同時觀察個案在特定環境中的最佳表現（例如：同樣環境的工作要求相關的性向、技能和行為）和典型表現。類似地，在復健病房中觀察生理失能個案的恢復情形，也可以在居家環境的短暫停留期間進行觀察，評估其獨立生活技能，並判定其未來日常活動訓練的需要、可能改善其獨立生活技能的輔具及家用物品，或居家環境之必要調整。

在模擬和真實環境中觀察個案的行為，和其他的評量情境（例如，工作樣本和晤談）一樣，也能透過系統性行為評量法和各式評量表的使用（見 Galassi & Perot, 1992; Silva, 1993），使得評量結果更為有效。許多普遍在復健機構使用的評量表是由機構自製的，其架構鬆散，而且幾乎沒有信效度資料，至於透過商業出版商可購得的量表，則多已有該評量表的相關評論（例如，Esser, 1975; Harrison, Garnett, & Watson, 1981; Power, 2000）。

生態評量（ecological assessment）強調使用真實的環境，而且被認為是評量重度障礙個案時，較為恰當的方法（Browder, 1991; Parker & Schaller, 1996; Parker, Szymanski, & Hanley-Maxwell, 1989）。生態評量將傳統標準化測驗的使用，以及職務和工作環境的模擬減到最少，在各種不同情境中進行個案的晤談與觀察，或訪談在不同情境中有機會觀察個案的他人，並仔細分析適合個案特質的潛在工作和生活環境。生態評量的關鍵要素，是在特定的真實環境中觀察個案，評估個案和環境之間的調和性，並決定調整環境的方法，以彌補環境要求和個案能力、技能，和其他特性之間的落差。

功能評量

功能評量（functional assessment）的定義為任何以技能（這個人能做什麼）、目前的行為（這個人確實做了什麼），或結合兩者角度，針對個案功能進行系統化描述的方法（Brown, Gordon, & Diller, 1983）。功能評量所使用的量表，一般包含能夠完整代表各個功能領域的題項，因此能夠完整地評定、評估或描述個案在各個領域的功能表現。有些量表是採用加總計分和得分剖面圖（score profiles），有些則是使用檢核表，或描述個人在量表裡每個領域的功能表現。在大部分的情形下，功能評量整合使用多重的資訊來源（例如，晤談、個案自我陳述、直接觀察，以及其他專業人員提出的檢查和評估和報告）；事實上，前述的任何評量方法都可以在功能性評量的過程中加以應用。而成為資料蒐集的方法。市面上有許多適用於復健機構的功能性評量工具，且已有相關工具的討論和評論（Crewe & Dijkers, 1995; Halpern & Fuhrer, 1984; Tenth Institute on Rehabilitation Issues, 1983）。最近，Crewe（2001）利用世界衛生組織修訂的「國際損傷、身心障礙與殘障分類」（International Classification of Impairments, Disabilities, and Handicaps）（1980）中的身體系統與構造、活動，和社會參與等類別，來評論市面上測量獨立性及功能性的評量工具。功能性評量在復健諮商實務已被廣泛地使用，而且使用

的情形可能會愈來愈普遍。

◀◀◀ 評量資料的詮釋與整合 ▶▶▶

在蒐集個案或消費者的相關訊息時，必須判定各種片段資料的涵意、解讀任何與已知資料不一致的訊息，而所得的訊息，必須加以組織與整合，才能瞭解個案的整體狀況。解讀不同片段資料以瞭解個案需求的程序，很像是在進行研究時，發現各種研究現象背後的規則一樣（Sundberg & Tyler, 1962）。

評量資料的詮釋

許多作者曾經提到詮釋評量資料的程序，並根據評量資料可供推論的程度，將資料的詮釋分成若干不同的層次（Sundberg, 1977; Sundberg & Tyler, 1962）。在推論的最低層次中，評量資料被視為個案行為的取樣（samples of behavior），評量者需要充分考量行為發生的情境因素。在次高的推論層次中，各項資料是互相關連的，並可從中歸納出具有一致性的通則。在更高的推論層次中，評量人員可以運用假設性的理論架構（例如，沮喪、動機、自尊），來描述先前所確認的一致性通則。在詮釋評量資料時，要記得推論通常與實際的觀察結果相距甚遠，詮釋的態度與方法必須謹慎，在獲得新資訊時，必須隨時驗證，適時修正。

依照（個案的）優勢、限制和偏好來組織訊息

在復健服務機構中，為了對於所蒐集的個案資料有更清楚的瞭解，資訊組織的方式，必須有助於評量程序的進行。評量人員所蒐集的資料不只包含個案的資訊，還有個案所處環境的資訊，包括生活品質改善的障礙，以及個案可運用的資源。相關資訊可能包括許多要素，例如依據假設性理論架構所描述的個人特質（例如：平坦的情緒、正向的自尊、不畏障礙、勇往直前的毅力）、個案持有哪些證書（例如：駕駛執照或

210

高中文憑），以及個案可以運用哪些資源（例如：社會支持、財務資源，或穩定的生活安排）。這些資訊與復健的過程息息相關，可以協助個案找到其在社會上的定位，並增進其生活品質。

　　為了更清楚瞭解所蒐集到的資訊，其中一個可以採取方法是，依照（個案的）優勢、限制和偏好，以連續的過程來組織訊息，就如同資訊累積的方式一般。優勢包括個案的長處，以及他所處的環境，環境中哪些因素有助於復健目標的達成，因此與復健計畫產生關連；限制則代表與身心障礙有關的特質；偏好則代表個案的好惡、興趣和需求，若要發展有意義的復健計畫，產生令人滿意的復健成果，掌握這些資訊是很重要的。在不斷累積、詮釋、組織評量資訊的過程中，依照個案的優勢、限制和偏好來呈現評量資訊，更有助於復健計畫的發展與實施。

將資訊整合在統整的個人工作模式當中

　　許多作者曾經提出諮商人員和其他專業人員在處理資料時，將個案問題和需求加以概念化的必要程序（例如，Goldman, 1971; McArthur, 1954; Pepinsky & Pepinsky, 1954; Strohmer & Leierer, 2000; Strohmer, Shivy, & Chiodo, 1990）。大體上，有效率的臨床人員會系統性地將個案的行為加以概念化，並形成一個工作模式（working model），然後以該工作模式做為臨床或服務決定的基礎。工作模式的建構程序從「歸納推理」（inductive reasoning）開始，根據個別訊息的一致性來做出推論。只要不一致的訊息出現，便需要修正推論，以試圖解決不一致之處。接著，諮商人員可以合併愈來愈多的已知訊息，以形成更大範圍的推論，並針對個案的問題，建構一個愈來愈複雜的工作模式。而演繹推理（deductive reasoning）則是用來測試關於工作模式是否有用的假設，諮商人員可以利用已獲得的訊息進行假設之檢驗，並依此假設預測個案未來的行為表現。只要被檢驗的假設不能解釋訊息，或不能進行正確的預測時，就必須修正個人工作模式，才能解釋新的訊息。以此方式可導出一個可以將個案行為加以概念化的工作模式，並運用這樣的模式預測個案在不

同情境中表現的行為與成果。

資訊詮釋和整合過程中的潛在偏見來源

　　Tversky和Kahneman（1974），Kahneman、Slovic和Tversky（1982）曾經探討如何運用判斷線索或認知處理策略，來因應資訊處理和做判斷時所產生偏見。而 Nezu 和 Nezu（1993）等人已經應用這些線索分析臨床推論的偏差來源。當長存於心的先前經驗對諮商人員的推論產生過度影響時，即出現便利法則（availability heuristic）；例如，諮商人員最近參加了關於酗酒和藥物濫用的訓練課程，因此可能導致他做出個案正在酗酒或嗑藥的快速判斷或推論，而未能考慮對該行為觀察的其他可能解釋。當個案的某一特性通常也被認為具有另一特性時，即出現象徵性法則（representativeness heuristic）；例如，對於女人、非洲裔美國人，或特定類型的身心障礙者之刻板印象，可能導致從行為觀察做出個案是憂鬱或無動機的推論，未能適當考量其他可能的解釋或推論。又當基於第一印象而對個案快速做判定，而這些判定抗拒改變時，即出現定錨法則（anchoring heuristic）；因為對任何與印象不一致的後續訊息將被忽略或打折扣，而一致的訊息將被加重，如此導致確證的偏差。許多作者已實驗驗證並討論諮商的這些偏差來源，以及做推論時指認並避免這些偏差的重要性（例如，Morrow & Deidan, 1992; Turk & Salovey, 1985）。

　　除了這些推論偏差之外，Garb（1998）指出影響臨床判斷的效度、認知偏差和知識結構的相關認知歷程。最普遍的認知偏差之一是固著性偏見（confirmatory bias）。舉例來說，諮商人員可能在服務個案（消費者）的早期就提出假設，因為固著性偏見，他們可能只尋求並注意支持這些假設的訊息，而忽略與假設不一致的訊息（Haverkamp, 1993; Strohmer et al., 1990）。知識結構包括關於問題的知識和理論、諮商人員應有的行為，以及刻板印象、標準規範和權威著作。例如，與種族相關的刻板印象可能導致諮商人員誤判個案的病理和問題（Lopez, 1989），或者低估個案的教育及職業潛能（Rosenthal & Berven, 1999）。

212

臨床與服務決策及判定

　　評量的最終階段是基於評量目的，將訊息轉譯成各種不同的臨床決定和判定。在復健諮商實務中最常做的決定和判定，包括服務的選擇、職業目標的建立、個案服務計畫的形成及需求介入的辨識，以及失能鑑定。在做出所有這些決定和判定時，透過整合和推理所發展的個案工作模式可對應做的臨床服務決定和判定來做預測。

服務的選擇

　　幾乎所有的復健機構和社會服務方案，都必須針對服務對象建立一套判定基準。有些基準可能相對地較客觀和易於建立，例如具有特定的診斷或失能型態，或是財務需求達到預先指定的程度。有些基準則採用比較主觀的判定，或許最常見的基準是，如果提供治療或服務，個案非常有可能因此而得益，不論這些益處是否足以證明有必要投入這些時間、人力，和經費。在進行判定時，必須運用之前所建立的個案工作模式，來預測提供服務可能有哪些復健成果、這些成果必須要達到什麼程度，才可以被認定是成功的，以及達成這些成果所需的服務費用。這些判定是高度主觀的，部分建立在諮商人員是否有與受評個案類似的案例經驗，以及那些案例的職業復健成果上。而決定要選擇提供哪些服務，還牽涉在判定過程中的價值判斷，亦即思索進行治療或服務的提供是否值得。

213

建立生涯或職業目標

　　生涯或職業的目標，是復健諮商實務中最常建立的目標，而介入和服務的導入，則是為了達成這些目標。為了建立生涯或職業的目標，諮商人員可將個案的工作模式投射到不同職業的工作環境中，以預測個案可能的功能表現、雇主滿意度和個案的工作滿足感（Lofquist & Dawis,

1969）。只要諮商人員能夠完整地確認個案的優勢、限制和偏好，並發展適當個案工作模式，目標建立的過程將會更為順利。因為適當的職業目標能夠幫助個案發揮其優勢，必將限制的衝擊減到最低，目標也會與個案的偏好一致。的確，諮商人員必須同時考量案主的優勢與限制，以及可能需要提供哪些調整，才能預期在進行介入或提供服務後，會產生正向的改變。除此之外，因為個案的工作模式投射到潛在的工作環境，而可預測可能的功能表現，故可辨識特定環境的獨特優勢或限制。有關能力需求和供應滿足來源的資訊，可在書面的職業訊息來源找到，如 O*NET 網路版職業資料庫（Hansen, Matheson, & Borman, 2001），或是透過工作分析，以及工作環境的直接觀察。最後，類似的程序可用於建立其他類型的生活目標和計畫，例如確認哪些適當的生活安排，可以與個案優勢、限制和偏好一致。

治療和個案服務計畫

　　詳細列出個人的優勢、限制及偏好，可以提供治療與服務計畫發展的基礎；列出個案面臨的限制後，便可找出需要介入的問題與障礙。在透過復健流程而追求生涯或職業目標的例證中，個案的工作模式投射到與目標一致的工作環境中，便可預測個案在那些環境中，會產生哪些功能限制〔受雇能力判定（employability determinations）〕。相似地，某些已知限制所造成的衝擊，也可以用來判定個案是否能受雇於該職業〔可安置能力判定（placeability determinations）〕，或確認個案在任何環境中，是否都具備從事該職業的能力。找出達成目標的障礙後，便可鎖定特定的限制，並予以介入。特定的限制可能包括技巧不足（例如：特定職業、學業、社會、獨立行動、做測驗，和找工作等方面）、個案的一般行為與環境中的預期不一致（例如：準時、癖好和速度）、缺乏相關證明文件（例如：學位、文憑和執照），或其他各種可能引起障礙的限制（例如：在自信、社會支援網路、財務，和交通方面的限制）。

　　一旦鎖定需要介入的限制後，便能找出一個以上的治療介入策略或

214

服務加以因應。可能的介入包括諮商服務、由復健諮商人員直接採取的其他策略，或其他機構或專業人員提供其他的介入或服務。適時進行腦力激盪，也可以找出更多替代的介入策略，儘管這些策略的適切性還需要進一步的研判，但腦力激盪確實可以激發創造力，幫助我們設計更完整的替代方案。一旦決定選擇哪些介入策略後，便可將個案工作模式投射到未來情境中，檢驗是否能達成預定的目標，並預估每項替代介入策略的可能結果，同時也考慮其實際花費，包括金錢、時間和努力等方面的支出。所選擇的介入策略，便可以組織成一套縝密而周延的治療或服務計畫，並加以執行。

失能的鑑定

在社會安全（social security）、勞工補償（workers' compensation），和個人傷害（personal injury）及相關程序中，復健諮商人員常被請來提供關於身心障礙對職業方面影響的專家意見。Lynch（1983）主張，職業專家（vocational expert）的意見包含對受雇能力及可安置能力兩者的看法。評價個人的受雇能力時，需要確認個人的剩餘功能還可以勝任的職業。這些意見的形成方式與職業目標建立的程序類似，便是將個人工作模式投射到各種不同職業的工作環境之中，來預測個案可能的功能運作。至於可安置能力的意見，則涉及個案在特定職業中實際獲得雇用的可能性，並受到有權做雇用決定的人員對於員工是否適任的看法所影響。可安置能力意見的形成，是將個人工作模式投射進入雇用程序之內，以預測獲得雇用的可能性。除此之外，還必須判定各地區就業市場中的工作可近性（availability）及競爭性。

做為職業專家，復健諮商人員需要做的判定，視服務程序的類型而定（Field & Sink, 1981; Rothstein, 1991）。在社會安全方面，需要做的判定是個案是否會因為身心障礙，而無法從事有實質酬勞的職業活動，而該職業在全國經濟體系中，從業人口是相當多的。在職災勞工補償和個人傷害方面，需要做的判定是關於因身心障礙所造成的賺錢能力的損

失；這需要比較個案在當地就業市場中可獲得的職務之所得，並比較個案在發生身心障礙前後的所得差異。職業診斷和剩餘受雇能力評量系統（Vocational Diagnosis and Assessment of Residual Employability system）可提供一個逐步、有系統的程序以促進像這類的判定（Field, 1993; Havranek, Grimes, Field, & Sink, 1994; Weed & Field, 1994）。

◀◀◀ 未來前景 ▶▶▶

在過去數年內，評量工具和資源不論在數量上與類型上，都有實質的成長，在未來幾年內，這樣的成長趨勢看來會持續發展。市面上販售的評量工具數目是如此繁多，任何實務工作者若想根據某個特定評量目錄，而掌握所有的相關評量工具，事實上是不可能的。例如，在《測驗出版資訊第六版》（*Tests in Print VI;* Murphy, Plake, Impara, & Spies, 2002）的索引中，所列出可透過出版商購得的標準化測驗和調查問卷共有2,780個，另有其他10,209個非商業販售的工具累計在《未出版實驗性心智測量目錄》（*Directory of Unpublished Experimental Mental Measures*）（Goldman & Mitchell, 2002）第八冊的索引中。Brown 等人（1994）評論十八個工作樣本與相關的評量系統，以及十二個職業搜尋軟體系統，而這些工具只是在復健機構所使用的工具之抽樣代表。總而言之，有各式各樣的功能性評量工具、評量表，和其他相關評量工具，可供評量過程之用。

216

復健諮商人員有很廣泛的評量工具可以挑選，因此辨識可行的替代方案將會變得愈來愈困難。除此之外，當詮釋由心理師、職業評量人員和其他專業人員所完成的評量報告時，將會經常出現諮商人員所不熟悉的測驗系統的評分及表現評量。如果諮商人員想要有效使用這些評量訊息，避免完全仰賴外部評量專業人士的判斷，他們將需要持續獲知新的測驗和評量系統的資訊來源，並且當有需要時，要勤於諮詢該資訊來源。

在評量中運用電腦科技與網路評量工具，是另一個在未來數年確定會持續的趨勢（例如，Drasgow & Olson-Buchanan, 1999）。Bunderson、Inouye 和 Olsen（1989）探討過在評量中應用電腦的四個世代，而只有第一個世代，電腦化傳統測驗（computerized conventional tests），廣泛地應用在復健諮商實務中。Burkhead 和 Sampson（1985）指出下列在復健機構中的電腦化評量應用，包括標準化測驗、結構性晤談、職業評估系統（包括工作樣本）、工作媒合系統（job matching systems，可獨自成立或整合於職業評估系統之中），以及電腦輔助生涯指引系統。藉由將答案紙輸送到電腦評分伺服器，或掃描、輸入到微電腦之中，可以評量測驗分數、計算並剖析得分，或寫出敘述性詮釋報告。電腦也使用在評量工具的施測方面，可立即評分和報告結果。

Bunderson 等人（1989）探討第二代電腦的應用，電腦化適應測驗（computerized adaptive testing），雖然未來被看好，但至今在復健機構中並未廣泛地使用（Embretson, 1992; Wainer, 2000; Weiss, 1985; Weiss & Vale, 1987）。電腦化適應測驗透過電腦來架構量身訂做的個別化測驗；藉由過度取樣接近個案的程度的測驗題項，並排除遠在該程度之上或之下的題項（例如：太容易或太困難的題項）。與其他人一樣，Anastasi（1992）認為適應測驗是目前最重要的測驗趨勢之一。復健機構中所使用的電腦化適應測驗範例是《區分性向測驗：電腦修訂版》（*Differential Aptitude Tests: Computerized Adaptive Edition*）。Bunderson 等人（1989）亦探討第三代和第四代的電腦應用，例如動態改變的連續測量及智力測量，和電腦化適應測驗一樣，在未來將會對復健諮商實務的評量帶來革命性的改革。

儘管評量在復健諮商實務中扮演重要角色，但仍缺乏實證基礎（見Berven, 1994）。例如，在一個對復健機構中普遍使用之職業評量系統的評論中，Brown 等人（1994）發現在十八個被評論的系統中有四個沒有信度、效度方面的證據，而其他系統的證據資料也相當有限或語意不明。相似地，使用晤談當做評量工具、影響復健諮商人員判斷的偏見來

源，和臨床判斷和決策的程序等方面也缺乏實證基礎。既然評量對復健
諮商的各個層面是這麼的重要，如果復健諮商人員想要有效地協助身心
障礙者最大化其生活品質的話，評量方法和實務的改進應該要放在最高
的優先順序。

第 十 二 章
安置

Robert Stensrud and Dennis D. Gilbride ◉ 著

花敬凱、許華慧 ◉ 譯

◀◀◀ 緒論 ▶▶▶

　　安置（placement）已經被公認為是公部門（Berven, 1979; Muthard & Salomone, 1969; Parker & Szymanski, 1992; Rubin et al., 1984; Sink & Porter, 1978）與私人營利單位中（Collignon, Barker, & Vencill, 1992; Gilbride, 1993; Lynch & Martin, 1982）復健諮商人員最基本的功能之一。由於安置是復健諮商實務工作者的主要角色，所以在專業發展歷程中，這是一個重要的知識基礎。在實務上，安置通常包括下列幾項活動：與雇主的接觸，並維持長期關係；教導消費者關於求職、履歷表撰寫、面談，與工作選擇的技巧；和消費者、雇主共同合作，以進行職場環境的調整；追蹤消費者，以確定其對安置結果的滿意度。本章將討論立法對於公部門和非營利組織的安置、私人的復健、現行公共政策趨勢、安置的模式、瞭解雇主、安置知能（placement competency）的教育，以及安置服務的未來發展。

立法對安置的影響

有關身心障礙者安置服務輸送的相關立法，最早可溯及兩項法案：1917 年史密斯－修司法（64-347 公法），以及 1918 年軍人復健法（65-178 公法）。這兩項職業教育和復健的相關法案，提供今日美國各州與聯邦政府之間合作關係的法律基礎。早期立法規範的服務項目包括職業教育、職業輔導、職能調適（occupational adjustment），和安置服務。這些服務都是以就業促進為目標，所有的服務都必須與可行的職業目標，和就業成果產生明確的關連。

聯邦政府將立法重點放在職業方面的措施，明顯地反映當時社會的需求。住在偏遠地區的工作者，從鄉村地區移居到都市，因為缺乏必要的技能，而無法進入就業市場。許多受傷的退伍軍人返鄉後，因為本身的身心障礙，以致就業選擇受到侷限。這些立法的目的，並非企圖導正某些社會弊病，或討好某些利益團體，而是為了更有效地運用社會中的人力資源，將國家帶向工業革命的主流。

職業復健（VR）服務的提供者在 1924 年組成一個專業的協會，稱為全國公民復健會〔National Civilian Rehabilitation Conference，現在更名為國家復健協會（NRA）〕。不久之後，一個名為全國職業輔導協會（National Vocational Guidance Association）的利益團體，在美國人事暨輔導協會（American Personnel and Guidance Association，現名為美國諮商協會）裡成立。直到 1954 年，隨著職業復健法修正案（83-565 公法）的通過，這些工作人員才被認定為專業的復健諮商人員。這項修正案提供復健專業人員的培訓經費，包括諮商人員的經費，並支持相關的研究與示範專案，以發展並擴充該領域的新知。經歷多年專業協會的發展，以及復健服務提供者的實務工作，1954 年的復健法修正案通過之後，終於為這些職業復健諮商人員（VRC）的專業奠定了基礎。

在 1954 年修正案通過後不久，專業文獻中便開始出現關於復健諮商

人員專業角色的探討。Patterson（1957, 1966, 1967）主張專業的復健諮商人員應該提供心理諮商，至於提供安置服務，應該是專業性較低的復健協調人員（rehabilitation coordinators）之職責。但是這樣的區別對於在公部門的職業復健諮商實務中，並沒有太大的效果。從一項關於職業諮商人員如何利用時間的研究顯示，復健諮商人員應該是通才，應該執行 Patterson 提到諮商人員和協調人員的所有功能，而非僅是專精於某項工作（Muthard & Salomone, 1969）。但是我們可以透過某些行動，使諮商活動更為專業，就如同專業化的諮商人員一般。在專業化行動之後，面對面的諮商活動便成為比其他活動更重要的角色，進行安置時，諮商人員只需要花一小部分的時間去提供與安置直接相關的服務（Vandergoot, 1987; Zadney & James, 1977）。安置被實務工作者認為是專業活動中最重要的領域之一，而諮商則是最重要的技巧（Wright, Leahy, & Shapson, 1987）。這使得復健諮商和安置有時雖被視為互相重疊，但時常又有所區隔的技能領域。

220

　　1954 年的復健法修正案，也促成非營利復健設施的擴展，使這些設施成為社區本位的工作適應訓練中心。從 1950 到 1960 年間，這些私人機構提供重度身心障礙者，尤其是發展性或精神障礙者所需的復健服務。一般而言，私人機構比公部門更能聘用適任的專業人員來提供這些專門服務。Starr（1982）認為，那是因為私人機構沿襲類似醫院形式的組織架構來提供服務，並雇用更多元職位的人員。反觀公部門的職業復健諮商人員，必須執行一般性的服務，提供所有人所有的服務項目，但私人機構的工作人員，有較為嚴謹的工作描述，故能提供專門的服務。

　　1950 到 1960 年間，無論是公部門或私人非營利單位，復健諮商人員數量的成長都非常驚人。由於經費增加，尋求服務者的身心障礙型態增加，使得復健專業人員的數量也隨之增加。隨著經濟的成長，就業市場出現工作機會多於求職者的現象，因此「平等就業」（equal employment）的概念，便廣泛地被接受。身心障礙者來尋求服務，只要接受適當的諮商和訓練，便可以找到工作，唯一例外的是服務重度身心障礙者

的機構。由於重度障礙者的就業安置較為困難，以致這些機構的服務人員開始思考「安置專門化」（placement specialization）的服務走向。

1963 年 10 月 9 日，在芝加哥友好工業（Goodwill Industries of Chicago）中提供身心障礙者安置服務的經理 Robert Eddy，帶領幾位就業安置專員成立一個專業協會。在協會成立的會議上，與會者一致認同如果能在 NRA 中創立一個專業分會來推動安置的專門服務，將有助於提升安置服務的品質。因此，這個會議促使 NRA 工作安置分會（Job Placement Division, JPD）的成立，並將就業安置確立為一項特殊的專業（Tooman, 1986）。這個團體選出一個特別委員會（ad hoc committee）來推動相關工作，並在 NRA 內成立了正式的分會，並於 1964 年 11 月 10 日 NRA 在費城的年會裡，舉行第一次的組織會議。Louis Ortale 是 JPD 的第一位理事長，他任職於 Des Moines 市的愛荷華州立職業復健中心。

221 JPD 透過幾個方法提升其專業性，包括增加會員、澄清分會的角色等，JPD 也舉辦研討會及培訓課程，包括每年在 NRA 研討會的 Louis Ortale 紀念演講（他在 1967 年剛卸任不久後即去世），而《工作安置期刊》（*Journal of Job Placement*）的前身，便是以分會內部通訊的形式開始的。最後，該分會也積極參與建立安置專業人員的專業知能標準。

最早的專業資格和標準是由 William Usdane 所訂定的，他當時受聘於復健服務局，在 1973 年第四屆 Louis Ortale 紀念演講的報告中提議建立專業標準。這場演講是從實務工作的觀點來陳述，說明安置專業人員的職責應包括職務開發、求才、經濟市場的工作機會預測、勞動市場訊息、職務策劃、就業安置，以及工作後的調適。根據這項對安置專業人員角色的描述，Drake 大學成立全國復健就業安置／職務開發研究所（National Rehabilitation Job Placement/Job Development Institute），並以 Usdane 的演講內容為基礎，設立碩士學位的課程。該所主任 Howard Traxler 於 1978 年在 Ortale 市所進行的演講中，也針對安置和復健諮商的研究所學程應培養學生哪些資格與能力，提出具體之提議。

從 1970 到 1980 年代，這些資格與能力標準，對公部門和非營利復

健單位中的就業安置專員而言，一直維持很重要的角色。復健諮商人員教育方案的相關經費，仍是來自聯邦政府的補助，為公部門儲備人才。因此，這些知能必須包含在相關培訓方案對學員的要求中，只是這些知能在當時並沒有特別被強調。安置是重要的，只是執行相關工作的人員並不多，理應提供安置服務的人員，通常卻將更多的心力放在提供諮商服務上（Emener & Rubin, 1980; Neely, 1974）。

　　1992 年時，消費者發出一些新的訊息，促使 1973 年復健法（102-569 公法）需要進一步修正。1973 年復健法中，有關消費者投入（consumer involvement）的相關規定固然重要，但就業成果（employment outcomes）的議題，需要再度被強調。在 1992 年的修正案中，重新確立「就業」為職業復健服務的中心任務，回歸到二十世紀初的基本精神。雖然就業仍是身心障礙服務的基本目標，但歷經七十年的轉變，消費者的期待已略有不同。消費者期待主動投入復健歷程，以幫助他們達成個人及生涯目標，同時，他們也期待能接受高品質的職業復健服務，以達成更好的復健成果。這樣的要求延續至1998年復健法修正案，以及後續討論的「勞動力投資法案」（Workforce Investment Act, WIA）。

222

◀◀◀ 私立復健機構 ▶▶▶

　　目前為止，公部門和非營利復健機構已經將安置服務從一連串的專業活動中分隔出來。此外，私立營利單位的主要業務，在於提供職業災害勞工（industrially injured workers）以及擁有私人長期身心障礙保險給付（long-term disability insurance payments）者所需的服務，也因為醫療照顧和勞工補償保險（worker's compensation insurance）的成本日益提高，促使私人（保險）復健單位的數量，在 1970 年代中期有所增加。Growick（1993）指出，復健和勞工補償是相輔相成的，因為無論兩者各持的理由為何，皆是以幫助身心障礙者重返工作崗位為主要目標。

由於私立的營利復健機構需要同時符合雇主和身心障礙者的需求，所以傳統上會比公部門復健機構更注重協助案主就業和重返工作（Collignon, Barker, & Vencill, 1992; Gilbride, 1993; Gilbride, Connolly, & Stensrud, 1990; Matkin, 1983; Matkin, 1987）。在 1970 年代末期到 1980 年代初期，從美國各州復健相關立法的趨勢來看，藉由私立復健機構幫助職災勞工返回工作的模式，似乎是較具成本效益（cost-effective）的方法。

近年來，由於勞工補償保險的成本不斷提高，促使各州立法，不再強制透過勞工補償系統，提供職災勞工復健服務（例如，科羅拉多州、堪薩斯州、明尼蘇達州），或大幅限制復健服務的提供（例如，加州），導致職災勞工所能接受的強制性復健服務（mandatory rehabilitation services）明顯減少（Lui, 1993）。服務縮減的原因，部分是由於私立復健機構無法提供有效的數據，去證實職災勞工重返職場的成效為何（California Workers' Compensation Institute, 1991; Washburn, 1992）。然而，有些州雖未明確立法提供復健服務，足以驗證其成效的實徵數據也不足，但仍顯示復健服務在幫助職災勞工返回工作上通常是成功的，同時也可以節省雇主的支出（Collignon, Barker, & Vencill, 1992; Growick, 1993）。

如同私立非營利復健機構，私立營利復健機構也將安置當做是服務系統的核心。就結構上來說，營利復健機構更像公部門復健機構，諮商人員必須負責管理單一個案的所有服務流程（但總個案量非常少）。然而，營利復健機構採付費機制，對於案主就業成果的要求，比公部門復健機構更為嚴格，而服務活動的詳細文件記錄與處理，就顯得不是那麼重要（Growick, 1993）。

公部門復健機構提供身心障礙者「投入取向的諮商」（involvement-oriented counseling）服務，但較少提供安置服務；屬於私立非營利機構的社區復健方案（Community Rehabilitation Programs, CRPs），基本上是提供給較重度的身心障礙者，也將焦點放在安置服務上，但是因為機構的報酬率低，因此限制了專業化的發展。私立營利復健機構也著重安

置，但是強調服務成果的取向，卻往往使得工作人員忽略有效而系統化地整理相關文件。上述三個復健服務部門，分別都有各自的強項和缺點，但問題是，我們如何在私立非營利復健機構重視成本效益、公部門復健機構的建檔能力，以及私立營利復健機構的結果導向之間做權衡？但是沒有人會去問這個問題，因為到目前為止，也沒有誘因促使專業人員對此問題進行瞭解。

◀◀◀ 現行公共政策趨勢 ▶▶▶

1990 年代中期，由於聯邦預算短缺、擔心聯邦政府的規模和影響力過大，以及各州與聯邦政府職業復健方案績效的問題（General Accounting Office, 1993），導致專業人員開始針對公部門職業復健服務的提供方式，重新進行全盤性的思考。由於 1992 年和 1998 年的復健法修正案，再次強調就業成果的重要性，RSA 也明令檢討安置服務的品質，但許多消費者團體和政策制訂者，均對此抱持著懷疑的態度。他們對各州復健計畫、聯邦管理動作，和聯邦立法的意見，著重在復健提供者對現行體制所提出的疑慮。

這項發展趨勢，促使聯邦政府對於強調就業成果的政策，特別是改善身心障礙者就業的策略加以徹底檢討。美國勞工部和人口統計局（Bureau of the Census）修訂它們蒐集就業資料的方式，透過立法，身心障礙者接受就業服務的方式，也受到大幅修正。聯邦政府中幾個跨部會的機構，特別組成總統特別工作小組工作團隊，以瞭解身心障礙者所接受的就業服務。這些創新的做法，促使極重度障礙者的需求重新受到重視，支持性就業的運用，也逐漸成為就業服務策略的重心（Grilbride, 2000）。

美國勞工部也開始進行用 O*NET（http://online.onetcenter.org/），取代歷史悠久的職業分類典（Dictionary of Occupational Titles, DOT）。DOT 的重點強調職務（tasks）被執行的方式，O*NET 則注重獲得工作

所需要的技能。O*NET 重新檢視勞動市場的現況，並更新所包含的職銜、職務與職能的分類方式。透過這個方法，使得職務分類的主要機制與二十一世紀的工作市場將更為貼近。

　　一旦 O*NET 取代 DOT 後，其他的職業分類系統就顯得過時。過去常用的職業就業統計資料（Occupational Employment Statistics, OES），已被標準化的職業分類（Standard Occupational Classification, SOC）所取代，此舉更新了職業分類的方式，而更符合目前職場的現狀。求職者可以瀏覽 O*NET-SOC「穿越道」（crosswalk）的網站，然後搜尋系統裡列出來的任何工作的資料。他們可以用工作職稱、技術，和相關職業來搜尋，並可從網站連結到《職業展望手冊》（*Occupational Outlook Handbook*），獲得關於特定職業未來展望的細節資訊。

　　DOL 也被當做美國工作銀行（America's Job Bank）（http://www.ajb.org/）的主要資源。這是一個以網際網路為基礎，供雇主張貼求才資訊的工作機會交換所。求職者可以搜尋全國性的或透過個別州網頁的所登載的職缺。這些資源的整合提供求職者一個完整的工作選擇、搜尋，和應徵服務。

　　人口統計局也更新就業資料登錄的方式，過去的標準工業分類系統（Standard Industrial Classification, SIC），也被北美工業分類系統（North American Industry Classification System, NAICS）所取代。這些更新的資訊，能夠幫助一般人瞭解工業在過去數十年來如何演進的過程，對於工業中職務如何被群集、歸類的方式，也能有較為清楚的概念。

　　O*NET、SOC、美國工作銀行以及 NAICS 共同把資料蒐集帶入二十一世紀。求職者可以到 O*NET 的網站上，利用新的網際網路為基礎的系統，檢測自己的技能和興趣，查詢可能的職業，以及尋找國內任何地方的工作，透過高科技的管道來求職。

　　在 1990 年代通過的兩項主要立法，一是 1998 年通過的勞動力投資法案（WIA），立法目的為促進提供就業相關服務之跨機構的廣泛參

與，讓消費者可以體驗到簡化的服務系統，同時透過服務機制所提供的
選擇和彈性，賦予消費者更大的權利。該法案也規定地方政府設立局部
地區運作的單一窗口單位，業務包括連結所有提供就業服務（包含身心
障礙者服務）的機構，成為夥伴關係（http://www.doleta.gov/usworkforce/
Runningtex2.htm）。

　　復健法也涵蓋在 WIA 的第四章的規範之下。職業復健機構除了維持
其行政與經費的獨立外，同時也是單一窗口的當然成員，應與其他機構
共同合作，以創造提供身心障礙者無接縫的（seamless）就業服務系統。

　　立法的第二個主要部分，是 1999 年的工作券與促進工作誘因法
（TWWIIA）。由於該法案的通過，使得身心障礙者在尋求復健和職業
服務時，接受社會安全障礙津貼的選擇也得以增加。該法案不強迫消費
者在就業和健康保險之間抉擇，並提供誘因，提高接受公部門津貼的案
主進入職場的意願。它主要的影響是可透過提供工作券或憑證，接受社
會安全身心障礙保險或社會安全生活補助金（Social Security Disability In-
surance and/or Supplemental Security Income, SSI 或 SSDI）和附加安全收
入的案主可以從一系列服務販售者（vendors）當中，尋求訓練和安置協
助，而不必侷限於職業復健。另一個主要影響是創造一個當人們保有他
們的公共健康照顧津貼時，還可以獲得更多福利的機制。

　　TWWIIA 提供一個機制給潛在的服務販售者，稱為雇主網絡（Em-
ployer Networks），這些潛在的服務販售者可以透過雇主網絡，向社會
安全接受者取得工作券後，提供由社會安全信託基金所金援的服務。個
人或組織可以申請變成一個雇主網絡，然後由政府羅列在允許接受工作
券的名單上。州的職業復健單位是被鼓勵變成雇主網絡的，但不強制要
求。在一些試辦的州裡，2002 年才寄發第一張工作券給消費者的，可能
要花五、六年的時間，才能確定這個重要新服務輸送政策的效益。

　　結合這些資料蒐集和普及的修正以及新立法，劇烈地改變身心障礙
者的求職環境。更多正確且可取得的資料，容許身心障礙者更大量的取
得訊息。如果他們有需要，可以在線上取得服務，不需要復健專業人員

的協助。他們可以從單一窗口獲得所需的服務，而不需到處求援。他們也可以簡單用網際網路，在國內任何地方找一個職業復健系統，協助他們進行工作搜尋。

單一窗口和獨立管理的工作券雖然立意良好，但是這些政策的改變也相當複雜。例如，就業服務人員可能不熟悉新的資源、消費者可能不知如何取得這些網路上的資訊、機構可能不會按照立法的意旨共同合作。為了使服務流程更為順暢，總統身心障礙者就業工作團隊（Presidential Work Group on Employment of People with Disabilities）致力於一系列的會議，提供數個系統改變的獎金酬賞，研究如何簡化對身心障礙者的就業服務流程、如何透過公部門的協助滿足身心障礙者的需求、並提高使接受社會安全津貼的案主返回工作之意願。這個團隊的行動主要成果之一，是在勞工部裡創立一個身心障礙者就業政策辦公室（Office of Disability Employment Policy, ODEP），這是勞工部裡第一次有一個單位，其工作重心放在改善身心障礙者就業機會資源。

226

◀◀◀ 安置模式 ▶▶▶

雖然目前仍有些創新的做法，持續影響安置服務提供的方式，大部分的安置服務，仍可大致分成以下六種型態（Gilbride, Stensrud, & Johnson, 1994），分別是：諮商人員提供之安置（counselor provided placement）、安置專員服務（placement specialist services）、契約式的服務（contracted services）、支持性就業（supported employment）、行銷法（marketing），以及需求端安置（demand-side placement）。

兩個最常見的安置模式，是由職業復健諮商人員提供服務，或由安置專員提供服務，兩者都與 Usdane 在 1973 年所提出的服務模式類似。所提供的服務包括求職技巧（工作目標的澄清，履歷和自傳的準備，求職策略，面談技巧，和求職支持），以及雇主開發（employer development，亦即接觸雇主，進行雇主和消費者媒合，和提供安置後的追

蹤）。在提供給復健消費者的安置服務中，這些活動占了很大的比例
（Gilbride, 2000）。

最近在針對一項職業復健服務的相關研究中，復健服務局（RSA）
發現有 32.8%接受過各州職業復健服務的消費者，曾經接受就業相關服
務。其中大部分（32.5%）都是透過復健諮商人員得到這些服務，該項
報告也發現，復健諮商人員平均每個月花 18.6 小時在就業相關活動上。

安置服務契約的型態，已經以不同形式被使用好幾年了。契約化服
務的其中一種形式是與產業合作專案（Projects with Industry, PWI），是
由 1968 年立法所資助的。依據此服務型態，安置是由雇主諮議會
（employer council）所掌控的組織簽約。如此一來，雇主在安置歷程中
負擔更大的責任，並且將雇主視為復健過程中的協同者（Baumann, 1986;
Kaplan & Hammond, 1982）。工業專案如同獨立的法人實體，形成一個
位於復健提供者和雇主之間的橋樑。因為他們既是提供者，又是雇主，
所以他們瞭解雙方的需求和關注點，使得安置服務的歷程更為順暢。

契約也直接被復健機構所使用，以確保某些外部單位（outside enti-
ties）能夠直接提供安置服務。這些服務可以由任何可以自我行銷，並有
能力提供安置服務的實體來執行，例如企業專案、非營利機構、營利公
司，或自營的個人。由於安置專員不需經過認證，目前並沒有明確的標
準，可以認定誰適合提供這些服務，也沒有任何服務的標準資格。RSA
的報告發現，在接受雇用服務的 32.5%人裡面，有 72.5%接受付費服務
（RTI, 2002）。

1986 年的復健法修正案授權賦與支持性就業。支持性就業是從其他
傳統模式變化而來，採用「安置後訓練」而非「訓練和安置」的服務取
向，這個模式最常用在有顯著障礙的消費者身上。被支持的雇員（sup-
ported employees）通常被安排到有合作關係的企業工作，由工作教練提
供第一線的訓練和支持，幫忙雇員學習如何執行業務，以及如何克盡不
同工作角色的職責。工作教練也可能與雇主合作，共同發展幫助雇員融
入職場的有效策略。Gilbride（2000）發現支持性就業現在占州立機構安

置活動的 11.5%，範圍由 0.5%到 50%，69%的州級行政機關預期在接下來三至五年內支持性就業將增加。

安置行銷模式大部分由 NRA 的 JPD 的努力推動而來，是 JPD 的成員在 1980 年代早、中期與一些復健繼續教育方案（Regional Rehabilitation Continuing Education Programs）和德瑞克大學（Drake University）合作下，所推廣的安置行銷模式。該模式跳脫以電話行銷進行職務開發的型態，長期建立安置專員和雇主間的持續關係，幫助復健工作人員鎖定可能聘雇身心障礙者的公司，並建立最有利於消費者和雇主的長期關係。這個模式認為安置有兩個同等重要的客戶：復健服務的消費者與雇主，並考量雙方的需求和期待，能有效說服兩方客戶的需求和期待的安置專員將可以提供有品質的安置。這樣的安置型態，也開放機會給未來的消費者，使他們能夠容易地從那些滿意的雇主當中，找到適當的工作機會（Vandergoot, 2002）。

需求端安置的前提，認為雇主對身心障礙者有最直接的責任。安置是被視為是和雇主的諮詢關係，以增加他們聘用身心障礙者的熱誠（Gilbride & Stensrud, 1992）。當雇主學習到如何透過簡單的篩選，聘用符合資格的身心障礙者，並學習如何信任復健工作人員，將他們當做商業資源的時候，他們應該更有意願以工作相關資格為基礎來選用人才，而較不會顧慮性別、種族，或身心障礙等非相關的議題。需求端安置的假設建立在一個觀念上，就業市場比身心障礙者更需要被復健。

除了支持性就業外，其他的模式的實施成效如何，至今都很少有實證性的研究加以證實，也正因為如此，我們無法確知每一種模式的效益。Gibride、Stensrud 和 Johnson（1994）認為，每一種模式都應該適合某些特定的情境，若以此為前提，每一種模式適合的情境之整理如下：

諮商師提供之安置，該模式適合的情境為：

• 諮商人員的個案量較少。

228

- 案主需要正式的訓練和教育，並將安置與訓練方案做適度連結。
- 復健諮商人員受過安置方面的訓練，且每個星期都有一定的時段進行雇主開發。
- 案主的居住地位於郊區，不易取得其他服務。
- 地區內的雇主不多。
- 諮商人員有特定類型的個案量（例如，學習障礙，精神障礙）。
- 安置牽涉到協助案主自行創業、購買設備，和後續的技術協助。

安置專家提供的服務，該模式適合的情境為：

- 安置專員在一個大型的中央辦公室工作，案主來源固定，並可隨時接受安置服務。
- 地區中有許多雇主和各式的企業。
- 安置專員接受過安置和雇主開發的特殊訓練。
- 案主的居住地集中在某個區域。

契約式安置，該模式適合的情境為： *229*

- 復健諮商人員的個案量龐大。
- 案主所接觸的私立單位裡，聘有受過完善訓練的復健專業人員。
- 職業復健機構裡沒有合適的人員可以持續進行雇主開發。
- 機構將消費者轉介給特別的團體，以接受特殊服務〔例如，團體輔導（clubhouses）〕。

支持性就業，該模式適合的情境為：

- 個案量中有重度身心障礙者。
- 需協調復健與教育方案，共同支援轉銜服務。

- 復健專業人員有能力訓練和督導半專業人員（paraprofessionals），並進行雇主開發。
- 案主在接受安置後，能夠獲得持續性的經費與服務。

行銷，該模式適合的情境為：

- 雇主普遍對於復健服務不夠瞭解。
- 機構能投入大量的時間、資源和人力，以提供安置服務。
- 區域內有許多不同型態的工商活動。

需求端安置，該模式適合的情境為：

- 大量雇主為配合政府政策，必須考慮雇用身心障礙者。
- 當地勞動市場極需受過訓練的員工，且求職者明顯供應不足。
- 雇主不熟悉身心障礙者的雇用程序，所以需要在招募與調整的過程中，借重科技與職務再設計等通路的協助。
- 復健專業人員受過適當訓練，能夠擔任商業諮詢人員（business consultants）以及安置專員。
- 可能有大量，並準備隨時可接受安置服務的案主（Gilbride et al., 1994: 229-230）。

從這些模式的範疇和複雜度來看，安置服務的實施，從二十世紀初起早期後便有持續的進展。安置服務最早只是簡單的「訓練後安置」活動，但服務方式不斷推陳出新，在幾個方面改善了安置服務的實務。「訓練後安置」的服務取向，使得以工作場域為基礎的教育有更好的運用，成為協助重度身心障礙者發展工作技巧的方法。雇主開發也演進到包含提供創新方法，協助雇主涉入安置歷程，並與商業及安置專員建立關係，以顯示公司如何透過復健專業人員的諮詢得到協助。這些創新的

做法，改善了身心障礙者的就業成果、提升消費者和雇主對復健服務的
滿意度，並增加復健專業對社會的影響力。

由於缺乏有關不同安置模式的實徵性研究，所以很難確定什麼是建
構安置服務流程的最佳方式，儘管服務方式一再創新，我們對於哪一種
模式最適合特定勞動市場與特定消費者族群，所知仍十分有限。Gilbride
等人（1994）提出一個「性向─處置交互作用」（aptitude-treatment in-
teraction）的方法，來評估安置模式的適切性。這項研究策略可比較不同
模式在特殊消費者與勞動市場組合的條件中的實施狀況，以決定每個模
式的特定效能。或許透過這樣的研究，復健諮商人員和安置專門人員能
對於復健計畫和雇主開發策略，獲得更進一步的資訊。

◀◀◀ 瞭解雇主 ▶▶▶

Millington 等人（Millington, Asner, Linkowski, & Der-Stepian, 1996）
提出一個從雇主觀點瞭解安置歷程的方法。這個取向衍生自 Vandergoot
（1987, 1992）的著作，強調復健專業人員應擔任「勞動市場的仲介者」
（labor market intermediaries）。

以雇主為焦點的模式（employer-focused model）認為，雇主在商業
組織裡扮演管理者的角色，負有提升商業勞動資源最大產能的責任（Sar-
tain & Baker, 1978）。雇主透過規劃的功能，來管理職場或市場的改變，
他們透過組織的功能，例如在公司內成立正式組織，以管理員工之間的
關係，他們也透過指揮或領導功能，激勵員工達成預期的工作表現。多
數安置服務的核心功能，與雇主透過人員配置（staffing）的功能，招募
求職者進入商業組織，並進行員工在商業組織內的異動的歷程相當類似
（Millington, Asner, Der-Stepanian, & Linkowski, 1996）。

人員配置的功能包括新進員工的招募、遴選、生涯發展與支持，當
雇主察覺到長期或短期的人力需求時，就需進行人員配置（Meyer &
Donaho, 1979）。對人力需求的預期，是以市場趨勢、可獲得技術、聘

231

雇成本、空缺率，以及組織裡人事變動型態等因素做為分析的基礎。人力需求一旦經過評估，便可確立人員配置的方針，雇主就會進行招募、遴選和聘雇新進員工等事項。在對外招募人員之前，管理者會以其他方法先行使用既有資源，進行業務整併、自動化活動，以及內部的工作輪調。

　　招募新進員工的目的，是吸引一群根據有意義標準，自行選擇公司的應徵者。影響招募新進員工的因素包括，公司是否根據招募的目的，鎖定某部分的勞力市場、公司勞力的需求，以及是否訂有明確的行動目標。在計畫招募新進員工時，雇主有兩個基本的介入策略：他們可以把工作的結構多樣化，使工作內容更有彈性，以迎合目標求職者的需求；或者，他們可以區隔傳播徵才訊息的管道（廣告）。工作多元化策略包括彈性工時、遠端工作和在家工作、臨時雇用、補充勞動力（supplemental workforces）、職務分工，和獨立契約（Arthur, 1991）。區隔性的廣告策略包含內部的工作張貼（Guteridge, Leibowitz, & Shore, 1993）、口耳相傳、校園徵才、工作博覽會、自由訊息公佈處（open house）、主要商業媒體（招聘廣告、廣播、電視）（Half, 1985），和特殊市場媒體（貿易期刊，專業印刷品），以及私人和政府機構。

　　人員遴選的目的，是盡可能以最經濟的方法，減少徵聘過程中的失誤。在遴選的過程中，公司的篩選標準為何，通常沒有明確的規範，但當應徵者人數過多，以致雇主的資源無法因應時，便需要對應徵者做適度的篩選。因為篩選的目標通常在於減少應徵者的人數，篩選標準應著重如何剔除資格不符者，並且決策過程應保持簡單。篩選策略包括結構化的電訪、申請或履歷資料的檢閱、向推薦人進行查證，以及客觀的測驗（Swan, 1989）。

　　聘雇的目的，是從剩下的應徵者中，磋商出最好的勞力投資，其目的是在公司有意聘雇的求職者之間，做出經過深思熟慮的特質，所以聘雇的標準應該強調任職者應具備的正面特質，且聘雇程序通常較為複雜。聘雇時最常用的方法是面談，通常圍繞三個主題：執行工作的能

力、動機,和自我管理能力(Yate, 1987)。面談可能是結構化或非正式的,在實務上,面談傾向較非正式的歷程,其結果多半留待面試官做主觀解釋,大部分的聘雇是由每年只做一到兩次面談的人所決定,因此而造成所做的決定欠缺客觀性(Half, 1985)。

雇主通常會根據應徵者所具備的優點進行排序,並與最令人滿意的候選人進行面談,以及進一步的協商。雇主之所以採取這項策略,無非是意圖在商業的經濟考量中,盡量讓工作對應徵者產生吸引力,雇主所採取的策略,可能包括與應徵者協商薪資、額外津貼、搬家費用,或提供其他誘因(Wendover, 1989)。

人員配置的最後一項功能,是生涯發展與支持,這個功能是被一群不同的決策和介入策略的小組所控制。在員工進入職場前,組織已經投資相當多的資源,也確立某些對工作表現的期望。生涯發展的實務包括訓練和發展、工作媒合,以及個別諮商(Gutteridge et al., 1993)。獎勵制度,以及內部訓練和職前訓練方案,一般都是雇主可以採取的有效介入方式,以增加員工的產能(Gutteridge et al., 1993)。

這些人員配置的知識基礎,能夠讓我們更加瞭解,復健專業人員可以如何有效地協助消費者的就業。舉例來說,新進員工最初的工作經驗,可以對特殊的安置服務產生一定的啟示,以改善工作選擇和留用的情況。Cox(1993)發現,新進員工必須透過正式和非正式的社會化歷程,才能融入職場的文化。Feldman(1981)指出三個促進組織社會化的因素,分別是:發展工作能力、表現適合工作角色的行為,並學習職場文化所認同的價值觀和信念,基於以上資訊,這些都是提供安置服務時,可以考慮的有效介入點。使用數個安置模式之一的復健安置計畫,可以標定出一個組織文化獨特的特色,然後系統化地幫消費者準備好表現特別的必要能力和示範特別的工作角色行為,以及在和消費者有一致價值觀和信念的組織裡進行。

233

這個訊息也顯示,良好消費者雇主配對,確實有其重要性。舉例來說,如果消費者和雇主的價值觀不一致,為提供更好的安置服務,我們

可能建議消費者另謀他職，而非貿然將消費者推銷給雇主，而導致雙方的不滿意。特別是當一些雇主較不願意接納不同的意見時，考慮聘雇雙方在價值觀和信念的契合程度，對於成功的安置顯得很重要（Gilbride, Stensrud, Vandergoot, & Golden, 2003; Stensrud & Gilbride, 1994）。

若能結合復健安置和雇主遴選的相關文獻，便可推演出新的安置模式和理論。如果我們要更加瞭解安置的歷程，並使安置服務的成果符合消費者與立法者的期待，加強對於相關因素的研究就顯得十分關鍵性了。

◀◀◀ 安置知能教育 ▶▶▶

目前，在復健領域中兩個主要的認證團體，均尚未認可安置專員的獨立專業地位。認證復健諮商人員教育方案的復健教育諮議會（CORE），以及認證個人的復健諮商師資格認定委員會（CCRC），都只認可復健諮商人員，而非安置專員的專業資格。CORE 和 CRCC 都將安置方面的知能納入他們的評估標準，藉以承認安置知能對復健諮商人員的重要性，但由於缺乏相關的認證機制，限制了「安置」成為一項個別專業的機會。此外，任職於各聯邦方案的復健服務提供者，都必須符合一定的資格，而所謂的「資格」一般是指合格復健諮商人員（Certified Rehabilitation Counselor）。在美國，只有少數研究所的課程內容會特別強調安置知能，也限制了安置實務的成長，因為從事復健工作的人員當中，很少在安置的專業領域取得經過認可的研究所學位。

復健諮商人員培訓課程，雖然也包含安置相關的知能，但是在學程為期兩年的時間裡，通常只有一門課的主題與安置有關，致使學生對於安置服務的實施，以及如何在工作中透過復健諮商人員的角色，運用各種安置策略，並沒有太多的瞭解。有些從事復健教育的人員，本身也尚未取得復健方面，相當於研究所程度的學位（約占所有教職人員的 25%）。這些人員指出，他們認為自己缺乏足夠的資歷可以講授關於安置的內容

（Ebener, Berven, & Wright, 1993），這也限制了學生在安置方面可能學到的專業知識。

◀◀◀ 安置服務的未來趨勢 ▶▶▶

安置一向是復健諮商人員角色裡重要的一環，根據RTI為RSA進行的研究（2002）顯示，諮商人員花在就業服務相關活動的時間（每個月18.5 小時），僅次於花在檔案管理（每個月 43.8 小時）和諮商輔導（每個月 37.9 小時）的時間。有了勞動力投資法案（WIA）的立法規範，各州職業復健機構在提供身心障礙者的安置服務方面，尤其扮演特殊的角色。雖然所有待業中的身障者，都被期待進入單一窗口系統接受服務，但是公部門服務單位應該設立適當的優先順序，才能將身心障礙者轉介到適當的機構，接受無接縫的職業復健服務。也就是說，復健諮商人員應該把自己當成單一窗口的諮詢者角色，因為他們是最有資格去確認，哪些和單一窗口合作的機構能夠根據身心障礙者的需求，提供適當的服務。

在單一窗口的服務體系中，復健諮商人員要同時面對兩個主要的案主，分別是求職者和雇主。某些單一窗口的合作夥伴，像是各州勞工部（DOL），雖然均提供兩者若干服務，但仍有許多疏漏之處。單一服務系統若不能考量身心障礙者的個別需求，便可能無法提供有效的就業服務，此一現象已經獲得部分證據的證實（Stensrud, 2001）。當雇主被問及什麼因素阻礙他們繼續雇用身心障礙者，其中一個主要的顧慮是缺乏就業後的追蹤。當身心障礙所造成的就業阻礙提升時，雇主也需要持續的支持，以繼續雇用身心障礙者，並進行適度的調整（Gilbride et al., 2003）。在單一窗口合作的機構中，職業復健是在所有專業領域中，唯一能提供就業後服務的機構。

單一窗口所面臨的另一個障礙，牽涉到他們的政治敏感度。許多單一窗口在試著去判斷一個工作機會是否適合一個特別求職者時，會面臨

若干阻礙。特別是當雇主不願做出調整，幫助身心障礙求職者排除工作上的障礙時，會使得身心障礙者陷入較為不利的地位（Gilbride et al., 2003）。

　　無論政府的立法如何進展，單一窗口的運作如何演進，復健專業人員仍需在安置方面具備某些關鍵知能。這些知能當中，有許多是我們所熟悉的，例如職業和勞動市場的訊息、工作分析、職務再設計、就業安置策略、瞭解雇主需求，以及幫助案主發展求職與工作保留技巧（job retention skills）等。至於其他的服務策略，則需在提供安置服務的歷程中，逐一地詳加鑽研。

第 十 三 章
私部門之實務

Linda R. Shaw and Chad Betters ◉ 著

花敬凱、許華慧 ◉ 譯

在　私部門的復健服務乃是由受雇於私部門,而非公部門的復健諮商人員和其他復健專家所提供的廣泛服務。私立復健機構(private sector rehabilitation)一詞含括在營利與非營利機構內廣大範圍復健從業人員的工作,但本章的重點將探討受雇於私部門復健諮商人員的工作。

不論工作的場合,私部門的復健諮商人員所提供的各項服務,與任何一個地方的復健諮商人員所提供的服務相同。這些實務的內容包含職業和情緒諮商、個案管理、職務開發和安置,以及職業評量和評估。由於商業環境的興起,造就私部門復健諮商人員的獨特性。任何企業不管使命、產品或服務的特色為何,都必須創造利潤,營利是企業存在最重要的原因,若失去利潤,沒有企業可以長期生存。因此,目標、企業實務,和企業雇員的所有運作,都必須注意這個基本事實。當私部門復健諮商人員提供服務時,大體上與任何地方、任何復健諮商人員所做的都相同,只是有一些關鍵性的差異。Lynch 和 Lynch(1998)指出,在私部門所提供的復健服務有些不同之處,包括:(1)更具有多變性;(2)需要在較短的時間內立即提供;以及最重要的(3)成本效益。私部門屬於商業的領域,其獨特之處在於服務強調公司的需求以產生利潤。

本章將檢視私立復健機構的興起,同時也簡短回顧幾個復健諮商人員可能提供營利服務的普遍模式。這些模式可能是保險個案管理(insurance case management）、內部個案管理（internal case management）、身心障礙管理（disability management），和法理復健（forensic rehabilitation）。本章也將討論各式的相關認證，以及私部門中實務復健諮商人員的專業發展需求。

◀◀◀ 復健在私部門的興起 ▶▶▶

　　相對而言，私立復健機構是個新興的領域，它出現於 1970 年代末期（Shaw, Leahy, & Chan, 1999），這些作者指出，有兩種同時存在的現象，為私部門復健的興起打開一扇門。首先，私立復健機構的快速成長，是因為身心障礙者的人數擴增，以及政府為復健服務提供多樣化補助的結果。因為復健單位和中心在未來付費系統中不用付款，而使得當時健康照護獲得補償，所以許多三級照護中心相繼成立，復健單位及獨立復健中心也逐漸形成。許多這類的方案開始專注於有關社區整合的議題，除了醫療復健之外還包括職業復健（McCourt, 1983）。於此同時，出自州勞工補償法全國委員會（National Commission for State Workers' Compensation Laws）的一份報告，提出一個職業復健的概念，做為各州勞工補償委員會關注的一個成本抑制策略，以盡力控制逐漸增加的服務成本。職業復健服務概念的緣起，能夠幫助身心障礙者更快返回工作崗位，而導致實質的成本節省，在勞工補償的領域裡，更加速職業復健服務的發展與應用（Lynch, Lynch, & Beck, 1992; Matkin, 1995）。雖然許多勞工補償保險公司在一開始仰賴聯邦職業復健計畫，為遭受職災的索償者提供服務，但是很快地，他們便對於這個領域所提供的服務不再抱任何期待，因為一般而言，這些服務的提供過於緩慢，過分重視訓練而非安置，且不夠重視成本效益（Habeck, Leahy, Hunt, Chan, & Welch, 1991; Weed & Field, 2001）。

　　在 1979 年，George Welch 成立國際復健聯合會〔International Rehabilitation Associates, IRA，之後改成國內法人企業體（Intracorp）〕，這

是一個提供付費服務、獨立個案管理的事業體，為職災勞工求償者提供醫療與職業方面的個案管理服務。漸漸地，勞工補償保險業者開始與 IRA 和類似的公司接觸，並自行雇用復健人員來提供工業職災勞工求償者的勞工補償個案管理服務，以達到成本效益，並協助身障者快速返回工作崗位的目的（Lauterbach, 1982; Shaw, 1995; Shrey, 1979）。

　　自此開始，私立復健機構的實務已取得一席之地，不只是在保險產業內，同時也在大型的私人保險公司、健康照護系統、法庭和獨立私人開業場所。雖然許多不同領域的實務工作者，都具備許多共通的功能，但在各自不同的專業領域中，負責許多專門的業務與活動。

◀◀◀ 私部門的專業化 ▶▶▶

保險復健

　　保險復健（insurance rehabilitation）通常是指保險個案管理，雇用非常大量的私人復健提供者。在 2000 年由美國個案管理學會（Case Management Society of America, CMSA）所做的一項調查發現，估計在美國 80,000 名個案管理人員中，大約 68%的人是在保險復健領域裡工作（Adkins, 2001）。因為個案管理構成他們專業功能的一個基本部分，所以在保險復健執業的復健諮商人員，通常被稱為「保險個案管理人員」（insurance case managers）。個案管理被定義為「評估、計畫、執行、合作、監控和評量選擇權以提升品質、成本—效益成果的一個合作過程」（CMSA, 1994: 59）。雖然個案管理有上述的定義，有許多健康照護和復健服務輸送體系裡的不同專業人員在各式的機構中工作，但在保險產業內，主要是復健諮商人員和護士在從事這項工作。這兩個專業團體有其各自的服務重點，反映出他們所接受的訓練，護士比較傾向於提供醫療個案管理，而復健諮商人員則一般較專注從事於職業個案管理。然而這兩個傳統角色近來有很大的整合，雖然仍由復健諮商人員提供實質的

個案管理，護士在職業方面的服務也愈來愈投入（Shaw, Leahy, & Chan, 1999）。保險個案管理人員提供服務的兩種最常見型態，分別是勞工補償和長期身心障礙（long-term disability, LTD）（Matkin, 1985）。

勞工補償保險　勞工補償是州政府所管控的保險系統，服務的範圍涵蓋因工作受傷或生病的個人。勞工補償系統的發展，是為了確保因工作受傷或生病而無法工作的勞工，能夠獲得財務和醫療方面的協助。因為每一州的勞工補償法規不同，所以沒有兩個州的系統是相同的。然而在所有州的勞工補償法案中，都可以找到特定的指導性原則。勞工補償屬於無責任法律（no-liability laws），所以受傷的情況並不是雇主或受雇者的責任（Matkin, 1985）。在職業災害的事件中，雇主需要依法確保雇員被涵蓋在勞工補償保險的賠償範圍內。許多州透過州立職業復健單位提供服務，這些單位雇用復健諮商人員，完全為申請勞工補償的職災勞工提供職業復健服務，並督導該州內私人保險業者提供的勞工補償保險項目與活動。

勞工補償個案管理人員在協助受傷個人返回工作（return-to-work, RTW）的過程中，可執行多樣的功能。一般而言，諮商人員必須進行完整的個別化評量，評量的項目可能包括回顧個案的完整紀錄，與其他醫療、職業和復健專業人員進行諮詢，醫療和職業評量的計畫時程和協調，並進行初步晤談。諮商人員也必須徹底評估職災勞工的工作環境，並在心中思考以下問題：他／她能再回到原來的工作嗎？需要調整嗎？公司內有其他的工作，可能適合這位受傷的勞工嗎？雇主目前有任何已調整過的職務空缺嗎？雇主願意接納這名受傷勞工返回工作的意願為何？

勞工補償個案管理人員為了協助個案達到目標，必須整合所有確切的醫療、職業、心理社會和其他資訊，以決定適當的職業目標，並確立服務必要性。勞工補償個案管理人員需要與職災勞工通力合作，發展一個能夠使個人返回工作，並涵蓋所有的必要服務計畫。代表保險公司的

求償申請經理人（claim, manager）必須批准所有的計畫。所以在計畫發展時，必須牢記保險公司的優先目標，也就是以迅速、符合成本效益的方法，協助案主返回工作崗位（RTW）。在注重短期、焦點治療，與返回工作崗位的策略之下，計畫若包含長期的再訓練，或長期和花費治療的計畫，就有可能會被拒絕。多數勞工補償個案管理人員必須謹記在心的是，多半辦理勞工補償業務的保險公司對於安置的目標，有一套眾所周知的喜好階層（Matkin, 1985）：

240

1. 同雇主，同工作。
2. 同雇主，不同工作。
3. 不同雇主，同工作。
4. 不同雇主，不同工作。
5. 新工作的正式訓練。

在執行復健計畫時，勞工補償個案管理人員提供多樣的服務，其中最為關鍵性的重要性功能是「協調和服務輸送」，Leathy（1994）將其定義為復健個案管理人員必備知識的一個主要因素。個案協調服務需要「有效地與病患／案主的治療團隊中所有成員溝通，以符合成本效益的方式解決個案問題」的能力（p. 6）。個案管理人員必須檢視服務進度報告、陪同職災勞工就診，安排、監控醫療、職業和復健服務、監控案主的進步情形，並留意服務過程中出現的其他需求，必要時還需修改復健計畫。例如，在服務過程中，求償申請者出現憂鬱與焦慮的情形並非不常見，因此需要提供心理治療或支持性服務。此時，保險公司必須再次認可所有的修正計畫。求償申請經理人是否可能批准這些改變，取決於所需的服務與原發性傷害（original injury）直接相關的程度，或所申請的服務成本與複雜程度如何。因此，技巧性地磋商所需服務的能力，是一項極為寶貴的個案管理工具。

Mullahy（1995）曾嘗試列舉必要的個案管理技巧，包括：

- 在個案管理的過程中運用問題解決技巧。
- 評估影響健康與功能的因素。
- 解讀臨床資訊，並評估對於治療的影響。
- 發展個別化個案管理計畫，以強調生理、職業、社會心理、財務，和教育的需求。
- 商議競價的空間，盡可能為個案照護爭取最多的經費。

241

- 瞭解保險政策的用語。
- 提供多樣健康照護的選項。
- 針對個案管理的活動進行記錄。
- 根據法律和倫理要求和指導方針，在釋放資料時遵守保密原則。
- 熟悉疾病歷程、可用資源與治療型態，評估其品質，以及是否適合特定的障礙、病痛與傷害。

　　勞工補償職業個案管理人員強調的另一個領域，是職業安置相關活動的一般領域。勞工補償個案管理人員必須知道如何解讀職業評量的資料，他們時常也必須知道自己如何執行簡單的職業評量。他們必須能夠整合功能狀態與醫療方面的相關資訊，並執行諸如勞動市場調查、工作開發活動，以及在工作場所進行直接安置等活動。

　　長期身心障礙保險　個案管理服務的第二個求償類別是長期身心障礙（LTD）。LTD 是一種保險給付的類型，提供津貼給因嚴重傷害或生病，以致工作能力受到妨礙的個人（Lui, Chan, Kwok, & Thorson, 1999）。不論傷害或生病它本身是否與工作相關，也不管傷害或疾病是在哪裡產生，只要傷害妨礙到個體的工作，求償者就可以申請給付。長期身心障礙保險的目的，在於協助受傷的個人，一旦決定傷者在遭受職災前的工作能力後，假如傷者確定無法返回先前的工作，通常津貼會繼續一段特定的時間，或等到傷者具備其他能力，並能夠重返職場時（De-Vinney, McReynolds, Currier, Mirch, & Chan, 1999）。由於津貼的給付是直到傷者返回工作為止，因此職業個案管理人員所提供的服務具有決定

性的影響，LTD 求償申請者若能愈快返回工作，保險公司便能愈早終止個案的給付（Gann & Moreland, 1992）。負責 LTD 相關工作的保險個案管理人員，通常受雇於發行這類保單的保險公司。他們也可能在保險公司以外的職場工作，成為個案管理公司的雇員，或視需要與保險公司簽訂個別契約。服務相當類似於之前所提到的勞工補償，明確的目標便是（幫助身障者）盡快回復工作，以終止津貼給付。

身心障礙管理

在勞工補償的領域裡，雖然可以增加個案管理人員的運用，以控制成本，但由於諸多社會與經濟因素，雇主需付出的成本還是不斷攀高。Kreider（1996）指出，雇主愈來愈擔心員工因生病或受傷而喪失工作的時間，他們注意到因為工作相關障礙所付出的成本，已經遠遠超過直接的勞工補償津貼給付，以及諸如招募新雇員、復職訓練，以及增加的勞工補償費率等間接費用。許多雇主現在需要積極的、早期介入和個案管理，而非被動式的求償申請管理。為獲得較好的管控受傷勞工的管理，並且為了確保較早和更有效益的介入，許多大型自營保險業者開始引進在宅個案管理服務，並融合其他風險管理和人類資源功能，這樣的計畫稱為身心障礙管理計畫（disability management programs），其目的為藉由負起職場中的管理責任，以控制職業災害或疾病的相關成本。Habeck 和 Kirchener（1999）指出，身心障礙管理一詞有兩個意涵，所謂的「大DM」是指組織內針對全體員工所進行的身心障礙管理，而「小 dm」是指個別提供給受傷勞工的特定介入活動，並盡可能以最符合成本效益的方式，設計個人的身心障礙管理計畫。他們注意到，復健個案管理是一個基本而普遍被使用的小 dm 介入活動，它也可能在大 DM 的努力中扮演一個關鍵性的角色。

DM 的目的為藉由管理勞工與職場兩者之間的交互關係，將身心障礙對於工作產生的影響減到最低，如此一來便能發揮最大的生產力，並將成本降至最低（Shrey, 1995）。這與私人勞工補償個案管理有所不同，

私人勞工補償個案管理的特色為「在工作相關傷害或疾病發生之時，便直接在職場進行介入活動」（Currier, Chan, Berben, Habeck, & Taylor, 2001: 133）。再者，DM 方案一般被視為主動性的方案，其功能包括健康方案、安全認識以及傷害／疾病預防，而非僅限於被動式的介入活動，諸如個案管理、工作轉銜方案，和職務再設計／重新建構，不過被動式的介入活動仍是整體 DM 方案中不可或缺的部分。

Habeck、Hunt 和 VanTol（1998）對於區辨能夠與不能夠掌控職場事故與障礙管理的不同雇主的重要特徵感到興趣，他們以多項成果測量來仔細檢視雇主的執行能力，包括喪失工作天數的案例、勞工補償薪資喪失的申請索賠，以及完全喪失工作日。最後發現在這些測量項目上較好的執行能力與某些確定的公司政策面和實務面有較高程度的成就有關，尤其安全上的努力不懈、安全訓練，以及專業主動性的返回工作計畫（RTW）。一項 Habeck、Scully 和 VanTol（1998）的研究也是使用相同的樣本，並將研究重點放在雇主的策略，結果發現：

> 雇主以合夥人身分與其雇員、他們的保險管理人和其健康照護和復健服務提供者一起努力，透過傷害預防、傷害管理與返回工作計畫的專業主動過程，實質上確能預防和控制工作障礙且達成更大的生產力和成本效益的成果（p. 159）。

一個成功的 DM 計畫，必須著重於主動、預防性的計畫，並具備積極的返回工作計畫介入活動。此外，或許是最重要的，必須瞭解雇主與雇員、提供者、管理人事部門一起工作合作的責任，以管理工作環境內障礙的發生率與影響。

復健諮商人員在障礙管理計畫內的角色，可能有所不同，端視所給予計畫的結構。然而，一般而言，復健諮商人員在返回工作活動中扮演關鍵性的角色，包括轉銜工作計畫、工作分析、工作場所調整和工作流程重組的發展和運用，參與職業健康和安全認知和教育計畫都是普遍

243

的。復健諮商人員通常在協調多樣提供者服務方面，以及在使受傷員工、醫療和復健提供者與工作場所股東之間（例如：工會、督導、人類資源人事、危險管理或安全人事、雇員協助計畫等）能有一具效率的成功分界點方面，也扮演一個重要的角色。Rumrill 和 Scheff（1996）觀察到，具有雇主關係與個案管理特殊訓練的復健諮商人員，是 DM 計畫協調者職位最理想的人選，諮商人員執行此任務的主要職責能力引述於下：

1. 雇員的功能性能力和限制的評估。
2. 返回工作計畫選項的確認。
3. 合理工作調整的落實。
4. 考慮再訓練的需求。
5. 外部服務的協調。
6. 發展科際整合的返回工作計畫。
7. 諮詢其他服務提供者。
8. 在雇員自初始傷害中恢復的期間，發展轉銜工作的選項。
9. 訓練所有的雇員有關勞工補償政策和障礙管理計畫。

244

　　身心障礙管理人員可能直接受雇於雇主，也可能是獨立個案管理人員或個案管理公司的外部資源（Drury, 1991; Thessellund & Cox, 1996; Habeck & Kirchner, 1999）。

內部個案管理

　　1980 年，復健中心突然興起，創造一個新的復健功能：也就是內部個案管理員（internal case manager）。當復健機構服務對象的障礙類別愈來愈多，障礙程度也日益嚴重時，不同種類的醫療與復健專家的需求量則愈大。這類的復健專家，許多直接受雇於中心（例如：物理與職能治療人員、神經心理專家等），其他專家則視需要而轉介（例如：神經

眼科醫師、人造義肢專家等）。此時，根據科際整合團隊的理念，使得團隊管理者的角色十分必須（Melvyn, 1980）；醫師長久以來被視為專業團管理者的角色，但是照護提供者的數量和複雜性日益增加，亟需有人辦理個案管理的功能，包括團隊評估、計畫、協調、監控和溝通的典型個案管理人員的功能，而非醫師的功能。

　　Dixon、Goll 和 Stanton（1988）談到腦傷復健機構的個案管理，聲稱「使用個案管理系統的主要目標之一，是藉由賦予個案管理人員引導和監控包羅萬象服務的責任，以減少片段不完整的服務」（p. 338）。Malkmus（1993）強調個案管理對於成果與成本的影響，因為個案管理人員在促進和監督提供服務的條件、評估與評量、成果進展、討論會、報告、顧客支持、出院，及以機構為基礎的個案管理追蹤程序中，都扮演關鍵性的角色。在健康照護和復健機構所提供的個案管理功能往往被稱為內部個案管理（internal case management），有別於保險個案管理人員的外部個案管理（external case management）的角色（Wulff, 1994）。

245

　　許多復健機構試驗多樣內部個案管理模式，創立了一個名為個案管理人員（case manager）的獨立職位，其焦點在於管理與協調科際整合團隊所提供的服務，而不在於臨床的角色。全國腦傷基金會〔National Head Injury Foundation, NHIF，現稱腦傷協會（Brain Injury Association）〕主張增加腦傷患者個案管理的使用（NHIF Insurance Committee, 1988），直到 1980 年代末期，復健機構已開始成為運用個案管理模式普遍的地方。成果研究一致地證明，個案管理在復健計畫中對於成本和病患的復健成果都有益處（Strickland, 1996; Hosack, 1998; Musco, 1995）。

　　近來，個案管理已延伸至初級健康照護機構和長期照護機構，管理照護也愈來愈重視早期介入，並加強多重領域健康照護者之間的協調（Howe, 1999; Lui, Chan, Kwok, & Thorson, 1999）。雖然這樣的機構大多傾向雇用護士擔任個案管理人員，但復健諮商人員在醫療個案管理的訓練和經驗下，逐漸也在這些機構裡創造出工作機會（McMahon, Shaw, & Mahaffey, 1988）。此外，當復健服務的提供基於社區化，和／或居家

的環境而增加門診病患服務時，個案管理人員在這些環境裡服務的機會，也因而逐漸形成（Choppa, Shafer, Reid, & Kiefker, 1996）。

法理復健

《布雷克法律字典》（*Black's Law Dictionary*）將「法理復健」一詞解釋為法律場合中的復健準則實務（Black, 1990）。復健諮商人員可能有愈來愈多的機會涉入各種法律與獲准法律場合，包括勞工補償以及社會安全聽證會、公民法庭訴訟，以及家庭法庭聽證會（Shaw, 1995; Weed & Field, 2001），復健諮商人員可能會以事實證人（fact witnesses）或專家證人（expert witnesses）的方式提供服務。本章接下來的內容重點，將探討復健諮商人員扮演專家證人以及生活照顧計畫者（life care planner）的角色。

生活照護計畫

Paul Deutsch 和 Frederick Raffa 在 1980 年代初期發展生活照顧計畫（Life care planning, LCP），做為幫助嚴重受傷者或身心障礙者規劃健康照護服務的理想合法文件（Weed & Riddick, 1992）。生活照顧計畫（LCP）是一份綜合性的文件，描述嚴重受傷者終身所需的身心障礙相關服務。計畫的設計必須視需要而有所調整，因為諸如個案的健康狀況、新的醫療技術或經濟情況等，隨時都會改變（Weed & Field, 2001）。LCP 在法律復健中是個有用的工具，因為它是陪審團在評估個人傷害的損害，或醫療瀆職案件的一項指導方針。LCP 包括人生不同階段照顧需求的成本概要，有如經濟學家所擬的計畫一般，將服務總成本的概要在法庭上呈現。因為 LCP 乃是基於特定身心障礙者需求的一全面性檢測，故在任何時候都能一毫不差地精準估計出來（Weed & Field, 2001）。Deutsch（1995）強調，在發展 LCP 時運用一致和有效方法論相當重要，包括考慮個人、家庭，和這個人的在地需求。Reid、Deutsch、Kitchen 和 Aznavoorian（1999）完整地回顧了 LCP 的發展過程，

246

概述摘要如下：

1. 無論何時與個案和他的家人晤談，都是 LCP 的重點。
2. 取得並徹底檢視所有既有的醫療、心理、教育、職業，以及復健相關的資訊。
3. 適當地與復健治療團隊成員進行溝通和諮詢。
4. 有系統地分析個人的需要，包括計畫健康相關的專業評估，計畫治療的形式、診斷測驗和教育評量、輪椅需求、輪椅配件和維修、骨科配備需求、義肢矯形的需求、障礙相關的居家家具和配件、獨立功能輔具、藥物和醫療補給契約、居家照護或機構基礎照護的需求、計畫例行未來醫療照護、計畫未來手術治療或其他積極性醫療照護、交通需要、必須的建築物整修、休閒時間或娛樂設備的需求，以及特殊的職業復健需求。此外，LCP 應有一個段落的內容，強調上述因素的潛在影響，其目的僅是提供資訊。
5. 註明所需服務的特定日期與頻率，以及服務所需的費用。

計畫應該總是附有書面報告，以解釋LCP中資訊的合理性，以及所根據的基礎。LCP 的應用範圍不僅限於法庭，然而，它們現在被用來當做個案管理服務提供（Reid, Deutsch, Kitchen, 2001）、出院計畫（discharge planning）（Deutsch, 1990）、病患與家屬教育、保險公司的保留—安置，以及結構式決算與特殊需求信託的工具（Reid et al., 1999）。

專家證人

復健諮商人員最常被律師聘請為專家證人，在市民法庭上提供關於身心障礙個人需求的意見。為了符合聯邦證據法令專家證人所定的資格標準，證人要具備相當的「知識、技巧、經驗、訓練或教育」，才能符合專家的資格（Gunn & Gunn, 1999: 382）。除此之外，在 1993 年 Daubert v. Merrell Dow 確立專家證詞的要求是「必須植基於方法論或符合科

學根據的基礎理由上，並且能被適當地應用於問題的真相」（Weed, 1999: 354）。是故，復健諮商人員必須具備特定身心障礙類別的特殊經驗或訓練，懂得準備與發表意見的歷程，並有穩固的方法學根基，才能克盡專家證人的職責。

　　除了有關生活照顧計畫的專家證人的工作之外，復健諮商人員常為社會安全身心障礙聽證會提供職業專家（vocational experts）的服務。職業專家的角色在於決定個人的職業潛能，以協助行政判決，這在社會安全系統中是一個關鍵性的決定。假如個人被認為是可就業的話，照例不能領取社會安全障礙津貼；然而，假如職業專家不能確認任何可提供個人「實質收入的活動」的職業，個人或有資格申請社會安全障礙津貼。所以，社會安全職業專家必須精通可轉移技巧分析、工作分析以及勞動市場調查。職業專家必須深入瞭解鄰近的就業市場，以判斷個人是否能夠合理地被期待在他／她所在的地區內可以肯定就業。另外，職業專家對於功能限制與生理限制的相關資訊，也必須有深入的瞭解。

　　復健諮商人員受聘提供其他法律相關訴訟程序的服務，包括提供專業意見和受理個人職災案件、不當醫療措施、美國身心障礙者法、公民權訴訟以及婚姻解除訴訟的證詞（Sleister, 2000; Smith & Growick, 1999; Weed & Field, 2001）。復健諮商人員必須結合身心障礙的相關知識、職業輔導評量、喪失賺錢能力的評量方法與復健原則，才能使得他們在這些審判案件中，提供理想的專家證人服務。

248

◀◀◀ 專業發展 ▶▶▶

　　不論復健諮商人員在何種型態的私部門執行其角色功能，他們必須確認自己具有必備的技巧、知識、經驗與知能，並且是可信賴的專業人員角色。建立可信賴性的方式有很多，Weed 和 Field（2001）主張，決定可信賴性的首要因素，是檢視專業人員具有哪些證照，以瞭解其知能、專業主義，以及連結到維持證照的法規系統。唯有在復健諮商人員

成功地達成專業實務中必備知識與技術的特定基準之時，他們才會被授予證照。在私部門或公部門中，對於復健諮商人員最嚴格的證照，莫過於由復健諮師資格認定委員會（CRCC）所管理的合格復健諮商師（CRC）。合格復健諮商人員必須具備由復健教育諮議會（CORE）所認可的教育方案中取得復健諮商碩士學位，並通過合格復健諮商人員考試。無獨有偶地，還有許多其他符合資格的類別，包括結合不同的相關學位、特定課程、曾接受督導的臨床實習以及受督導的臨床經驗。無論在哪一種情況下，都必須通過CRC的考試才算是合格。而繼續教育單化（CEUs）是維持合格復健諮商人員證照的必要條件，專業人員可以藉由參與講習會、研討會、正式的課程訓練取得這些學分，或從事其他專注於身心障礙新進議題的特定培訓活動，例如科技、倫理、法律意涵以及其他復健實務適切的主題等。個人也可藉由再參加並通過證照考試，以維持他們的復健諮商人員認證資格。

根據所提供復健服務的類型不同，還有其他種類的認證資格，對於服務於私部門的復健諮商人員有益，這些認證包括：合格個案管理人員（CCM）、合格身心障礙管理專家（CDMS）、合格職業評量人員（CVE）、合格生活照護規劃人員（CLCP）、合格身心障礙檢驗師（CDE）、具有執業證照專業諮商人員（LPC）、具有執照之心理衛生諮商人員（LMHC），以及全國合格諮商師（NCC），復健服務提供者尚有很多其他專業證照可供選擇取得（Weed & Field, 2001）。在美國的許多州裡，個人若有興趣於提供私人勞工補償復健服務，或許需要取得一些該州所核發的證照，以展現其執業能力。表 13-1 羅列所選的證照和執照授予機構及其網址。

復健諮商人員也可以藉由成為專業協會和組織的會員而受惠，這些團體提供繼續教育學分，與其他復健專業人員的網絡聯繫、取得專業期刊與新興研究領域知識的管道，並可增進專業認同。有若干專業復健組織是特定的私立復健人員所組成的，包括國際復健專業人員協會（IARP）、全國私立復健機構服務提供者協會（NASPPR）、美國個案

管理學會（CMSA）。其他涵蓋私部門和公部門復健諮商人員的組織，可能包括美國諮商協會（ACA）、美國復健諮商協會（ARCA）、國家復健協會（NRA）、國家復健諮商協會（NRCA）、職業評估與工作調適協會（VEWAA），以及致力於生活照護計劃人員專業需求的國際生活照護規劃學院（IALCP），這些組織的網址也詳列於表中。

◄◄◄ 私部門復健的未來 ►►►

　　充其量，任職於私立復健部門復健諮商人員的未來仍是不明確的（Dunn, 2001）。復健專家最主要的考量是轉介的緊縮，因為管理照護侵入勞工補償以及其他障礙保險系統當中（Howe, 1999）。在私立復健單位的復健諮商人員和其他實務工作者，需要注重如何展現其服務的成本效益，以證明個案管理和職業服務經費的正當性。

　　雖然要預測健康照顧和復健市場的變化不大可能，但復健諮商人員向來擅於因應趨勢，也能根據市場的信息快速做出回應（Prestin & Havranek, 1998）。或許這就是他們的企業精神，或他們的訓練強調自我調適的重要性，但任職於私部門的復健諮商人員在整個起伏不定的健康照護職場中，已證明其不屈不撓的驚人精神。復健諮商人員廣博的技巧組合，以及他們展現的成果和專業彈性，似乎透露出私部門的復健諮商人員充滿著可能性的未來。

251

表 13.1　精選的認證與專業組織

精選的資格認定與執照核發組織

1. 合格復健諮商師（CRC）──復健諮商人員認定委員會（CRCC），
www.crccertification.com

2. 合格個案管理人員（CCM）──個案管理師證照委員會（CCMC），
www.ccmcertification.org

3. 合格身心障礙管理專家（CDMS）──障礙管理專門人員證照委員會
（CDMSC），www.cdms.org

4. 合格職業評量人員（CVE）──工作調適與職業輔導評量專門人員證照
委員會（CCWAVES），www.ccwaves.org

5. 合格生活照顧規劃人員（CLCP）與合格身心障礙驗師（CDE）──健康
照護證照委員會（CHCC），www.cdec1.com

6. 全國證照諮商師（NCC）──全國諮商師證照委員會（NBCC），
www.nbcc.org

7. 具有執照的專業心理衛生諮商人員（LMHC）或具有執業證照專業諮商
人員（LPC）──此各州因執照法規與州政府決策要求不同而有所不同。

精選的專業組織

1. 國際復健專業人員協會（IARP），www.rehabpro.org

2. 全國復健協會（NRA），www.nationalrehab.org

3. 全國復健諮商協會（NRCA）[a]，www.ncra-net.org/

4. 職業評估與工作調適協會（VEWAA），www.vewaa.org

5. 國家私人復健服務提供者協會（NASPPR）[a]，
www.nationalrehab.org/website/divs/nasppr

6. 美國諮商協會（ACA），www.counseling.org

7. 美國復健諮商協會（ARCA）[b]，www.nchrtm.okstate.edu/ARCA

8. 美國個案管理學會（CMSA），www.cmsa.org

9. 國際生活照護規劃學院（IALCP），
www.internationalacademyoflifecareplanners.com/

---

[a] 全國復健諮商協會以及全國私立復健機構服務提供者協會都是全國復健協
會的專業部門。

[b] 美國復健諮商協會是美國諮商協會的一個專業部門。

第 十 四 章
個案量管理

Jack L. Cassell and S. Wayne Mulkey ◉ 著

花敬凱、許華慧 ◉ 譯

復健諮商的實務，是由「諮商」和「管理」兩股專業力量匯聚而成，這兩股力量必須互相調和，才能使這個領域的專業實務更為系統化。由於在復健諮商的領域中，兩股專業力量必須調和、平衡，我們不能說諮商或管理任何一個領域，可以主導復健諮商的概念與實務。專業人員若偏廢某一個基礎，就等於「傳教卻不相信福音，行道卻不遵守戒律」。

雖然在建立這個領域專業實務的歷程中，諮商和管理這兩股力量是同等重要的，但本章的重點，卻暫且放在這個調和結構中的「管理」功能之上。至於「諮商」的功能，將在本書的其他章節中探討。復健諮商的系統化實務，受到管理典範（management paradigm）中幾個要素所引導。誠如 Cassell 和 Mulkey（1985）所言：「顯然地，就算是最具有諮商導向的復健實務工作者，若不瞭解最起碼的管理技能，也很難順利提供適切的服務」。

◀◀ 典範 ▶▶

個案量管理（caseload management, CLM）的實務，是以「五點模式」（five-point model）為基礎。本章將探討以下五個重點：邊界定義

〔boundary definitions，亦即行動、微觀管理（micromanagement）、鉅觀管理（macromanagement）等詞彙的定義〕；技能群組（skill clusters，包括規劃、組織、協調、引導與控制）；個人控制（personal control，引導服務系統運作的）；行動決策（action decisions，設定目標、積極主動、注重成果），以及（符合政策規範的）系統方法（systems approach）。復健專業人員若能根據這些定義與規範執行工作，便能成為有效率的個案管理人員。顯然，根據這個典範的前提，復健實務工作者必須：

- 清楚認識引導其工作表現的操作型定義（operational definitions）。
- 切實具備管理方法的核心技能，因應身心障礙者個案量管理的複雜工作。
- 發展並遵循個人控制的內在指標（internal referent），將工作量控制在可管理的範圍之內。
- 做好漸進式、積極主動的行動決策，以達成既定的目標與預期成果。
- 培養系統化的思維（systems mentality），將複雜的資訊與資料，控制在可管理的狀態中。

◀◀◀ 邊界定義 ▶▶▶

　　邊界定義是用以維持系統化實務統整性、全面性與客觀性等品質的概念與詞彙。這些詞彙能夠提供若干基礎，引導我們對於實務的瞭解，也引導實務的持續發展。在專業中的每一位從業人員都必須根據這些定義行事。這些個人與專業定義形成實務工作者的專業認同以及對服務目的的認知，而這些認知同時會轉化成提供服務時的界線（或限制），對於服務成果形成有利或不利的影響。換句話說，個人的工作隨時都受到這些定義所引導，個人所遵循的定義，對其行動也產生直接影響。

因此，當專業人員受到精確、不模糊、描述性的（descriptive）的定義所引導時，便有助於提升其工作表現。相對地，當這些定義不夠明確、完備、甚至帶有負面意涵時，便容易造成專業人員的困擾與壓力，進而影響其工作表現。

管理者

雖然許多復健諮商人員不認為自己是管理者，但他們確實需要扮演管理者的角色。Reeves（1994）提到，有些人雖然不具備「管理者」的職銜，卻仍擔任管理的工作。「你或許不認為自己在做『管理者』的工作，但只要你的工作需要透過他人達成一些目標，這就是所謂的管理」（p. 4）。的確，復健實務工作者曾經有一度被稱為「復健行政人員」（rehabilitation administrator），而非諮商人員。

復健諮商人員對於「管理」缺乏明確的定義，可能會產生一些問題。在「管理學」中有一個前提：如果你不認為自己是個管理者，你的行為便無法像個管理者。復健專業人員若在本身的實務中抗拒、否定，甚至排除管理者的角色，便極有可能在服務體系中遭受責罰，實務工作上也容易產生混亂、不和諧的現象。無論如何，都不可能產生所謂的「系統化實務」（systematic practice）。

復健實務工作者既是諮商人員，也是管理者（Cassell & Mulkey, 1985），在發展系統化實務的過程中，遵循這個「兩頂帽子」的哲學（"two-hat" philosophy），是相當重要的。例如，許多個案管理的功能屬於諮商的角色，但個案管理者的功能，卻完全是管理的角色（Greenwood, 1992）。唯有適度結合諮商與管理的技巧，在評量成果時，才能測量實際的表現。

積極因應而非消極被動

廣義而言，個人的實務可以視為一套行為流程。而在實務中所表現的行為基礎，可以分成積極主動和消極被動兩種行為。在確立這樣的行

為基礎時，「定義」扮演關鍵的角色。因此，專業人員在進行個案量管理的過程中，若採取消極被動的定義，其工作表現便會缺乏主動性、對工作的參與度低，也較無法掌控工作的各個層面，甚至造成工作的延誤。

相對地，如果專業人員採取積極主動的定義，便能事先發掘問題，並防範可能的危機。採取積極主動的定義，能夠使專案人員更為敢言、負責、冒險，並能適時預防問題的發生（而不僅是一個問題的解決者）。

個案管理

個案管理（case management）這個詞，經常與個案量管理互相混淆。事實上，這兩個詞有時被當成同義詞，我們並不必去區隔兩者真正的不同為何。Peterson（2000）認為，這兩個詞有層次上的區隔，其中個案量管理屬於鉅觀管理，而個案管理則屬於微觀管理，Mullahy（1998）則從一個全面性的角度來描述個案管理者應具備的知識基礎。個案管理者是一個具有通才的實務工作者，他們的角色與社工人員、心理學家與神職人員，都有某些程度的重疊。因此，個案管理是一個合作的歷程，著重個別化服務的提供，以達到有效的成果。

Grech（2002）對於個案管理的演進歷程，則有精闢的見解，並因應目前強調成果的社會與政治因素，舉出幾個常用的模式。當這些已知的變項持續發展時，個案管理與身心障礙管理的方法也不斷演進（Mullahy, 1998; Shrey & Lacerte, 1995）。顯然，由於我們目前可以透過一系列的健康照護和支持性服務，滿足消費者的個別化需求，以致於個案管理與身心障礙管理的實務持續擴充。個案管理人員的認證程序始於 1993 年（Cassell, Mulkey, & Engen, 1997）。當時保險復健專家資格認定委員會（Certification of Insurance Rehabilitation Specialists Commission, CIRSC）首度引進合格個案管理人員（Certified Case Manager, CCM）的認證。CIRSC 在1996 年的年會中，通過決議將該委員會更名為「身心障礙管理專員資格

認定委員會」（Certification of Disability Management Specialists Commission），專業資格的認證名稱也隨之改變，從先前的「合格保險復健專員」（Certified Insurance Rehabilitation Specialist）更名為「合格身心障礙管理專家」（Certified Disability Management Specialist）。2002 年 7 月，《CCM 資格認定指南》（*CCM Certification Guide*）做了些許修正，該份文件對個案管理的哲學做了以下陳述：

> 個案管理本身並不是一項專業，而是專業中的一項實務領域，其中隱含的理念為，如果可以提升個人最高的服務與功能時，不僅對接受服務的人有益，其支持系統、健康照護輸送體系，以及各項補貼來源（reimbursement source）也會因此受益。
>
> 個案管理透過倡導、溝通、教育、界定服務來源，以及促進服務提供等方式，提升案主的福利與自主性。個案管理人員從一連串的服務提供者與設施當中，找出適合案主的服務，並確保這些服務資源能夠以及時、符合成本效益的方式，提供案主必要的服務。個案管理服務必須在個案管理人員、案主，以及相關服務人員充分直接溝通的情況下，才能發揮最大效益，並達成各方面最佳的成果。
>
> 個案管理人員的資格之所以需要加以認定，是為了確保這些人員具備必要的知識、技能和經驗，並能夠根據安全的專業原則提供適當的服務。

　　有許多教科書、文章和其他文獻的內容，都會特別探討個案管理，以及個案管理人員的需要，讀者若想進一步瞭解個案管理的重要性，可以參考這些文獻。但本章的重點仍將放在復健過程中的個案量管理，也就是鉅觀管理的相關因素。

個案量管理

　　個案量管理的定義並不是冗贅的，有些學者試圖將個案量管理與個案管理的定義加以區隔（Cassell & Mulkey, 1985; Gaines, 1979; Riggar & Patrick, 1984; Willey, 1978）。就本章討論的目的，我們將個案量管理定義為包含組織、規劃、協調、引導與控制的系統化歷程，幫助諮商人員與管理者以更主動的方式進行有效的決策。的確，個案量管理是一個包括起始階段、中間階段和結尾階段的歷程。起始階段需要進行的活動包括個案發現（case-finding）、事實發現（fact-finding）與服務資格認定（eligibility determination），中間階段的活動為提供服務，結案則是結尾階段的活動。對於許多非營利，或私人的營利性復健機構而言，個案量管理都必須經過這些階段，然而，實際的工作職責卻有所不同。要進行個案量管理，必須應用上述的五項管理功能。有效的個案量管理，有賴於諮商和管理兩者角色的密切互動，才能達成有效的決策。

　　Henke、Connolly 和 Cox（1975）在描述個案量管理時，並沒有提出明確的定義。他們認為個案量管理是：

> ……如何在同一個時間處理一個以上的個案、選擇適當的個案
> 以提供服務、關注不同個案、建立一套系統化的個案流程、並
> 設法達成更多服務目標的歷程。（p. 218）

　　與某些概念不同的是（例如，Greenwood, 1992），個案管理其實被含括在個案量管理的範疇之內，但個案量管理並不屬於個案管理的範疇。在許多教育／培訓課程中，個案管理與個案量管理這兩個概念經常被混為一談。例如，Cassell 和 Mulkey（1992）曾經針對復健教育諮議會（CORE）所認可的復健諮商人員教育方案進行一項調查，以瞭解這些方案的課程當中，是否包括個案量管理的相關主題。結果發現，在這些方案當中，只有不到 2%包含個案量管理的相關課程，個案量管理的概

念，多半被納入個案管理的課程中，而 39%的方案會開設個案管理的相
關課程。如果這樣的發現代表教學的實際狀況，當學生畢業後投入實務
工作時，大概對於個案量管理尚未有清楚的瞭解。在此，我們必須再次
強調，個案量管理是一個完整的概念，而個案管理只是其中的一個元
素。個案量管理人員必須要先能夠有效執行個案管理工作，才能達成更
高層次的工作成果。

257

　　吾人在理解個案量管理的概念時，必須從更廣的範圍、鉅觀管理的
觀點著眼，並考量多方面、相關的要素。這些相關要素包含個案開發
（case development）（Szufnarowski, 1972）、多元文化議題（multicul-
tural issues）（Sheppard, Bunton, Menifee, & Rocha, 1995），以及個案管
理（Riggar & Patrick, 1984）。

　　總之，復健諮商人員必須留意個案量管理的以下特性：

- 著眼於整體個案量，以及個案間的共通問題。
- 在諮商人員實務，與消費者所需的支持間求取調和。
- 在諮商人員實務，與機構／組織政策與程序間求取平衡。
- 結案的時機必須合乎邏輯。
- 根據組織的標準與目標，以績效責任的角度來衡量成果。

◀◀◀ 技能群組 ▶▶▶

　　技能群組是從一個中心概念所延伸出來的行動模式。當然，所謂技
能是一種經過學習，以勝任某項工作的能力，要發揮這些技能時，通常
需要仰賴另一項先備技能（prerequisite skill）。每一組技能都能構成一
項特定的行動，個案量管理人員在執行工作時，需要在個人實務和達成
組織標準兩個目標間力求調和。個案量管理人員必備的五個技能群組包
括：規劃（planning）、組織（organizing）、協調（coordinating）、引
導（directing）與控制（controlling）。

規劃

規劃的技能可以幫助個案量管理人員預想有哪些未來的需求，並防止不必要的外來影響干擾日常的工作，進而影響服務成果。Webber（1975）曾指出，進行規劃的原因「……並非證明我們能夠多準確地預測未來，而是事先列出我們需要做哪些事，未來才會產生想要的結果」（p. 268）。（從管理的觀點來看）如果想要掌握未來，今天就得開始做好規劃。

258

規劃是一個內部系統化（intrasystemic）的歷程，亦即規劃的發展必須從內部的系統開始。同時，在進行規劃時，必須採取系統化的步驟。規劃並不只是單純的洞察或預測，一個工作完善的個案量管理人員，必須根據模糊或不完整的資訊，提出最適當的假設或臆測，預想個案最佳的未來發展方向。以下，我們將探討規劃時經常用到的方法和技能。

技能 1：使用行事曆

要養成使用行事曆的固定習慣。一個復健實務工作者在工作條件有限，不盡令人滿意的情況下，還需面對許多不特定的因素（畢竟，這就是管理的精義）。因此，在追蹤個案的狀況時，行事曆便成為一項相當重要的工具。在使用行事曆時，可採用傳統的日誌，用於檢視一週概要的筆記本，甚至是目前常用、更為精密的電腦軟體。在稍後，我們將會談到備忘錄系統，也是使用行事曆進行規劃的方法之一。

技能 2：預先做決定

Ackoff（1970）深信，規劃是一種預先做決定的方法。必要時，專業人員必須考慮未來可能發生哪些事，並預先進行控制，才能從更高的層次實施預定的計畫。因此，預先做決定能夠幫助專業人員在執行計畫與做決策時，有更充分的準備。

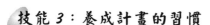

技能 3：養成計畫的習慣

養成每天、甚至在每天同一時間做計畫的習慣，才能養成固定的行動。養成計畫的習慣，能夠幫助個案量管理人員的工作更為系統化，並培養即時反應的能力。與任何習慣一樣，要養成即時反應的能力，必須先掌握「時間」和「一致性」兩個要素，才不致讓突發事件占據原本需要處理例行事務的時間。一個技能純熟的實務工作者，應該想想那些成功人士如何養成計畫的習慣（Covey, 1989）。

技能 4：遵循策略規劃的原則

規劃是一種策略，而不只是單純的預測。策略的意涵是，權衡最佳的替代方案，並採取行動，以達成系統化的目標。

長久以來，規劃就是管理者的一項基本策略。近來，許多學者（例 *259* 如，Cook & Fritts, 1994; Gibson & Mazur, 1995; Luther, 1995; Schoemaker, 1995; Tombazian, 1994）將探討的重點放在策略規劃之上，也就是指關鍵、重要、實質的規劃。Webber（1975）曾經以一種預言式的口吻強調，夢想和願景對於規劃來說是很重要的。因此，瞭解個案量目前的發展階段，並提供適當的服務，便可視為策略規劃的一部分。先前所提到 Ackoff（1970）預先做決策的觀念，也是策略規劃概念的延伸。雖然策略規劃主要是應用於組織層次，但也可用於個人的歷程。將策略規劃應用於個人層次，可分成以下幾個步驟：(1)發展個人願景；(2)寫下個案量服務的前提；(3)從上述前提陳述個案量的問題；(4)陳述你想要達成的目標；(5)發展測量目標的方法；以及(6)選擇適當的策略以達成目標。

最後，要進行有系統的規劃，在個案量管理的過程中，個人的、專業的，與組織的服務理念必須互相關連，並具有共同的目標。當然，這些理念均可以即時將我們的注意力，引導到應當關注的議題之上。從內在的本質來說，規劃是一項目標設定的活動。但切記，規劃本身並不是一個目標，而是界定個案量管理人員、消費者，以及服務方案應該努力的方向。規劃也不是僅止於提出一份計畫，而是有意識地選擇一系列，

可以互相補足的計畫。

組織

個案量管理人員接下來需要具備的另一組技能是組織，也就是將不同目標的優先順序加以排列。顯然在管理的過程中，規劃、組織、協調、引導與控制這五組技能，可以自成一個內部系統。在組織階段，我們需要回答的一個問題是，有哪些活動需要完成？當然，在規劃階段，當我們列出需要完成的活動時，便已回答了這個問題。

接下來，組織的目的在於列出優先順序。當一個個案量管理人員完成一件工作後，卻發現沒有下一個需要優先處理的工作，整個工作流程將會顯得相當混亂。試想一個個案量管理人員在處理一件工作不久後，需要馬上處理下一件工作，不到幾分鐘又再處理下一件的工作，這樣的忙碌不僅是自欺欺人，也容易製造無謂的壓力。久而久之，他們也就不清楚自己需要優先處理的工作是什麼。

260

技能 1：設定 ABC 不同層級的優先順序

Lakein（1973）指出，一個有效的管理者在面對各項工作要求時，應該將事情依照輕重緩急，分成 ABC 三個層級。「A」級行動代表需要格外注意，需要以系統化的方法加以回應的工作。「C」級行動代表優先順序不高，但需要挪出一大段時間處理的工作（例如，將重複性的例行工作累積後，再一次解決）。「B」級行動可依照其重要性，有時可歸類在「A」或「C」級工作中，要視這些工作是否值得管理者花時間處理。有時，「B」級工作若不即時處理，則容易出現拖延的現象。

技能 2：學習運用 ICE 策略處理個案量管理的問題

在處理具有優先順序的工作事項時，復健實務工作者需要學習 ICE 策略。I 代表隔離（insulation）：有時，實務工作者必須挪出可以控制的時間，甚至選擇性地「沒空」，以騰出時間處理個案量管理的各項工

作。C 代表專注（concentration）：運用 80-20 法則，將精力集中在 20%
少數、重要的工作之上，以發揮最大的工作成效。實務工作者必須學習
挪出時間區塊（block timing）的技巧，將相關的工作活動（在同一時
間）集中處理。E 代表排除（elimination）：避免無謂的活動、忽略重要
性較低的活動，甚至務實地說「不」。

技能 3：使用備忘錄系統

在組織工作事項時，使用某種備忘錄系統是重要的。備忘錄系統能
夠幫助我們記憶，檔案管理或行事曆系統，都可以適時提醒我們注意某
些活動。運用備忘錄系統的方法有很多，本章稍後的段落將討論有效的
策略。

協調

從 C. H. Patterson（1957）提出問題後，復健實務工作者便不斷思考
他們究竟是諮商者還是協調者。當然，Patterson 所感興趣的，大多著重
在諮商方面的技能，因此，即使到今天為止，從事教育培訓的人員還是
遵循這樣的想法，以致他們忽略了管理功能的重要性。但事實上，諮商
者和管理者的角色應該同等重要。諮商與管理皆不可偏廢，否則這樣的
平衡關係一旦被扭曲，復健專業人員在面對許多重要的工作時，便會顯
得無所適從。

進行協調時必備的技能，能夠幫助實務工作者辨認有哪些社區資
源，並將這些資源與消費者的需求做適度連結，以提供廣泛的服務，滿
足消費者的需求。協調的技能包括建立良好的公共關係，以幫助復健過
程中所涉及的各方人士，瞭解組織的理念、政策、方案，以及管理者負
責的業務。

雖然 Patterson 並沒有以整體的觀點來詮釋復健人員所扮演的角色，
但我們仍不可因此忽略管理的功能。今天，從事人類資源開發培訓的人
員，有責任提供復健實務工作者更紮實的訓練，使他們具備更完整的技

261

能，以提升個人的功能表現。

技巧 1：連貫性

這一類的技能有很多種形式。連貫性（continuity）是一種學習而來的技能，根據消費者被評估出來的需求，找到適合的資源，以滿足這些需求。連貫性也意味流暢性，幫助個案從一個階段順利進展到下一個合乎邏輯的階段。個案量管理人員若無法以系統化的方法整合各種專業與服務，以達到復健方案的要求，便會發現自己無法做到有效個案量管理中「即時性」的原則。

技巧 2：連鎖性

雖然連貫性的技能可以滿足緊急性和即時性的要素，連鎖性的技能卻可滿足其他相關的要素。換言之，專業人員需要對許多復健設施有一定的瞭解，並藉由各式方案策略，達成個案量服務的目標。這一類的有效技能，一向都是復健專業人員最基本的功能之一。在今天，復健實務工作者必須負起很大的責任，將各項服務資源串連在一起，為了順利執行協調的工作，「信用」就成為一個必要的前提。

技巧 3：權力溝通

藉由協調和連結的活動，專業人員便可以與組織中許多不同職位的人保持聯繫。這些人多半習慣於在組織的高層進行互動，因此藉由權力溝通有許多互動的機會，復健專業人員也需要培養若干基本技能，以促進組織內的權力溝通。

262

最後，在我們將協調的相關技能融入系統化個案量管理的歷程中，可能會因為過度運用這方面的技能，而產生一個明顯的威脅。協調的最終目的在於使消費者的復健之路走得更為順暢（亦即為他人提供服務）。但有時復健諮商人員也需要扮演「諮商者」的角色，基於助人行為，想要為所有人做好所有事。因此，復健人員在此時容易適得其反，

剝奪消費者發揮自主性的機會，反而為他們做了太多的事，當個案量一多的時候，這樣的情形就更加嚴重。

引導

在此強調，當我們瞭解規劃、組織這些可以幫助實務工作者做出並執行有效決策的基礎技能時，如何讓這些技能在系統內和諧地發揮功能，便成為另一個重要的議題。這時，我們就必須發揮引導方面的技能，使得先前所介紹的技能可以更加順利地運作。

透過引導，原先規劃的工作才能推展得更順利。然而在復健領域中，個案量管理人員在引導方面的技能，或許是最不足的。這樣的現象顯然是合乎邏輯的，因為引導通常是指：指點、操控、領導、教導、規範，以及行政方面的行為，與諮商者經常表現的助人、支持與同理行為，顯然格格不入。事實上，我們可以教導消費者如何設定目標，並設法達成目標，幫助他們在復健服務的過程中，發揮一點引導的功能，但專業人員往往忽略這樣做的重要性，而一味引導消費者應該怎麼做。

技能 1：自信

經驗告訴我們，專業人員在執行個案量管理的工作時，最普遍的顧慮便是不知如何適當的拒絕。當我們試著培養自信時，必須記住一句老生常談：「答應太多，壓力就隨之而來」。如果個案量管理人員不善加發揮協調的功能，試圖為所有人做所有事，這當然會造成不平衡，因為諮商者的角色，在此時便凌駕管理者的角色了。

技能 2：即時行動！

在大部分的時候，真正的個案量管理，無非在於克服行動上的惰性。專業人員經常容易掉入一些漩渦，使得動機和方向受到阻礙。克服這些心理慣性，就像克服物理慣性一樣困難。我們必須隨時提醒自己，在心中重複「即時行動！」這樣的指令（Lakein, 1973），讓這樣的行為

263

成為自動化的習慣，使得我們的行動更加積極。這樣自我引發的刺激，會導致連鎖的行為反應，有助於任務的完成。

技能 3：五個層次的主動行動

Oncken 和 Wass（1974）曾經告誡管理者，在進行個案量管理時，採取主動是相當重要的。復健個案量管理人員也必須學習如何幫助消費者採取主動的行為。消費者的主動行為，可以分成五個層次（Oncken & Wass, 1974; W. C. Parker, 2002）：

1. 等著別人來告訴他們要做什麼。
2. 主動問下一步該怎麼做。
3. 建議一個行動方案，然後採取某些行動。
4. 自己實際採取了某些行動，並向個案量管理人員回報，自己所採取的行動是什麼。
5. 自行採取行動，並定期回報。

站在個案量管理人員的角度來看，引導的重點在於幫助消費者達到第五個層次的主動行動。一般的個案量當中，大約有 20%到 40%的案主屬於第一階段，在諮商人員與消費者互動的循環當中，需要諮商人員代為處理所有的事，而非諮商人員和消費者合作完成某些工作。消費者若能達到第五個層次，便相當接近復健歷程的結案階段。

引導也牽涉其他的行為，包括有效溝通、適當的領導，並提高消費者的動機。引導是一項可以學習的行為風格。然而，要發揮引導的功能，通常需要典範的轉換（paradigm shift），從純粹的諮商導向，轉換成教導和挑戰，以引發消費者和病患表現出建設性的行為。這樣便能幫助消費者和病患的經驗更加正面，在過程中建立內在控制感，並提升復健成果的穩定度與持久性。

控制

在管理的過程中，控制是最後一組必備的技能，其目的為將之前所提到的各項技能，限定在運作範圍（operational boundaries）之內。在管理學的典範中，控制雖然被單獨視為一項技能，卻能將之前所提到的各項技能巧妙地串連在一起，讓系統中選擇、行動、評估結果等環節環環相扣，形成一個穩定、可重複運作的循環。「控制」是一個強而有力的變項，許多復健專業人員認為，控制並非屬於他們的實務範圍內。但在管理的過程中，若忽略這個關鍵的成分，系統化的實務便無法順利達成。稍後，我們將詳盡探討「控制」這個要素。

264

備忘錄系統

如何將上述技能轉化成實務？其中一個很好的例子，便是運用備忘錄系統（Elliott & Santner, n.d.）。再次強調，備忘錄系統是一套組織方法，能夠幫助我們快速記憶，並適時提醒我們應當注意的事項。

目前，由於電腦設備的進步，以及各州復健機構業務流程的改善，確實有助於復健專業人員執行個案量管理的工作。然而就筆者所知，這些系統並非都能滿足個案量管理人員的需求。這些系統通常只能在個案行動（例如：決定服務資格或結案）時發揮作用，但很少能執行例行性的個案量管理。個案量管理人員所需的系統，需要能適時提醒有哪些需要關注的個案。

復健機構常用的一套備忘錄系統，稱為「規劃備忘錄系統」（planning tickler system），這套系統運作的方式如下：

步驟 1：依下列基準排定個案的優先順序：(1)需要立即關注的個案；(2)有許多額外需求的個案；(3)需要結案的個案；(4)每次均需要花一個小時以上的時間加以關切的個案；(5)即將流失或不常聯絡的個案；(6)長期接受服務，每六十到九十天需要追蹤一次的個案。

步驟 2：設定每週審視整體個案量的循環。將整體的個案數目除以十五所得到的數字，代表需要花幾週的時間，才能完成檢視所有個案的循環。例如，一位專業人員若服務一百二十位個案，平均每天審視三位個案的資料，共得花八週的時間才能完成一個循環。因此，在這八週的期間內，每一位個案的情況都可以獲得適當的處理。但是否要遵循每天三位個案的循環，可依照實際個案量的大小做調整。步驟 1 和 2 均屬於準備階段，在建立備忘錄系統的初期，都只需要做一次即可。

步驟 3：開始啟用備忘錄系統。準備一個週曆，先填入個案量管理人員的預定活動行程，接著，將個案依照步驟 1 所設定的優先順序，按下列的原則填入週曆中：(a)將(1)和(2)的個案填入第一、二週的空檔內（這些是需要立即關注的最優先個案）；(b)將(3)的個案填入週曆中（在每個月的月初處理這些個案）；(c)將(4)的個案填入週曆中（每個個案旁須用星號註記，避免在一週內排入太多這一類的個案）；(d)選定一天專門處理(4)和(5)的個案（打電話或寫信聯絡這些長期接受服務的個案）。

步驟 4：開始並持續這樣的循環。每週開始工作的第一天，請助理將當週需要處理的個案資料，從檔案櫃中抽取出來。在當週內按時處理這些個案的資料，若有個案剛進入步驟 3 的程序，並在當週內與你約定額外的晤談時間，也需要一併處理。完成備忘的循環動作時，必須重新再過濾一次，是否都審閱每個個案的資料，確認每個個案都進行了一些活動，並達成了一部分的目標，再根據個案的需求擬訂下一個階段的目標。最後，寫下循環動作完成後，接下來要進行什麼活動。

執行這樣的備忘錄系統，對於個案量管理人員會有若干好處。Elliott 和 Santner（n.d.）指出，備忘錄系統能夠(1)建立處理整體個案量資料的固定循環；(2)個案量太大時，可以避免疏忽到任一個案；(3)避免工作時程的排定過於緊湊；(4)阻斷「急就章」的現象（每一個個案的一段時間內，都能受到某種程度的關注）；(5)有助於系統化的結案，而不是盲目地把個案從一個階段移往另一個階段（有助於控制個案量）；(6)提升個

案量管理人員的專注程度，進而提升個案服務的品質。

　　個案量管理人員可以採用這樣的備忘錄系統，或發展其他適合他們的系統。重點是，在處理龐大、複雜的個案量時，必須藉助某種系統，才能維持工作的品質。

◀◀◀ 個人控制 ▶▶▶

　　個人控制是系統典範（systems paradigm）中的一個關鍵成分。在專業實務中，如果上述的技能群組像是機械零件的話，個人控制就像是讓零件得以運轉的燃料。個人控制所產生的力量，能夠幫助專業人員在既定的服務目標，與不同的目標導向之間求取平衡。個人控制可以視為一個個人內在的歷程，幫助實務工作者透過評量，擬訂最佳的行動方案，以便掌握全局。換句話說，之所以採取這樣的行動，是在個案量專業服務的過程中，基於消費者的利益所做的決定。組織性或結構性的控制程序，並不在本章的探討範圍之內。

　　在本章中，個人控制的探討重點將放在內在或外在控制取向（internal versus external control orientations）之上（Rotter, 1966, 1975）。Rotter 將這個概念稱為「控制信念」（locus of control），自從這個詞見諸文獻之後，至今不斷有人加以研究（例如，Livneh, 2000; Kay, 2002; Strauser, Keim, & Ketz, 2002）。這個領域已經有許多研究，可以為個案量管理人員的工作，提供一個廣泛的概念基礎。一般而言，如果一個人認為自己的行為是造成事件後果的主因，這樣的概念稱為內控預期（internal control expectancy）。一個人若認為事件的發生並非自己的行為後果，這樣的預期會導致此人在過程中不願努力。個案量管理人員若不認為他們的行為對於事件成果有重要影響，即使具備上述的各項技能，也無法有效執行管理的任務。

　　具有內控信念的人比較勇於負責、冒險、做出有自信的反應、自我動機強，預期事情有好的結果。具有外控信念的人，在同時面對許多亟

266

待優先處理的事情時，會顯得不知所措、不敢冒險、人云亦云，自然也就無法執行系統化的個案量管理工作。此外，個案量管理人員本身具有的控制信念，也可能藉由示範、教導等行為，讓消費者也學習到這樣的信念，進而影響復健方案和服務策略的成效。

行動決策

商業相關與個人決策的關鍵，在於如何選擇（Freemantle, 2002）。Freemantle（2002）認為，我們必須瞭解到自己有所選擇，並且有許多可能的方案供我們選擇，達到預期成果的機率才會提高。一項網路來源（http://tip.psychology.org/decision.html）指出，決策（判斷和選擇）是人類最重要的技能之一。事實上，復健個案量管理人員向來都需要執行兩個層次的決策（亦即個案管理行動，與個案量管理行動）。一旦完成個案管理層級中的特定行動後，我們便可以做出更恰當的個案量管理決策，並朝向成功的服務成果邁進。

復健個案量管理人員在做決策時，會面臨一些共通的問題（Marshall & Oliver, 1995）。為了使復健成果達到理想目標，決策者必須從一些替代方案中，選擇一個最適當的行動。最頂尖的決策方式（apex decision）（Cassell & Mulkey, 1985）便是在一開始，就在要不要採取行動兩者之間做出選擇（決策）。拖延（亦即完全不採取行動）是對於行動決策最大的威脅。

在做行動決策時，復健個案量管理人員必須(1)設定目標；(2)主動；(3)著重成果。行動決策的歷程可以以視覺化的方式呈現，並且用旅行的概念來做類比。當我們決定要造訪哪一個目的地的城市後（目標），我們會預想要採取哪些行動（主動回應），這時便需要做一些計畫。隨後便循著計畫好的路線，及時到達目的地（注重成果）。行動決策提供我們一個評估各項要求（岔路或中繼站）以及潛在替代方案（改變目的地或城市）的方法，以確保達成有效的結果。

目前的實務愈來愈強調根據精確而適當的資訊，協助復健個案量管

理人員做決策（Cassell & Mulkey, 1985; Mittra, 1986; Brooks, Barrett, & Oehlers, 2002）。在瞭解並選擇決策變項時，折衷（compromise）是一個重要的概念。個案量管理人員必須對於如何整合或分別看待影響成果的決策變項，有一個清楚的理念和觀點。如此，個案量管理人員所採取的決策方法，才有助於個案服務流程的進展。

為了更清楚地說明上述概念，在服務的初期便設定能夠達成的目標，是相當重要的。這些目標必須是具體的、可以測量的、能夠達成的、有關連性的，並且是有時效性的。因此，SMART 這個縮寫也可以轉化成所有決策參與者的經驗。目標和意圖並不是相等的，在規劃的初期設定能夠達成的目標，是相當重要的。記住，要使得成果發揮預期的功能，就必須選擇適當的行動決策。在決策的過程中，必定有某種程度的不確定性，但有效率的個案量管理人員，必須盡可能根據最佳（精確而適當）的資訊採取行動，以求達到最適當的成果。

◀◀◀ 電子化個案量管理 ▶▶▶

雖然在本書的第十五章會談到科技在復健服務中的角色，但本章若不介紹個案量管理服務在「嶄新職場」的發展趨勢，似乎是有所疏漏的（Gephart, 2002）。Gephart（2002）指出我們正處於一個「新世代」，所有的組織正面臨重大的變革。專業人員正開始接觸電子工作（telework），可完成的目標愈來愈多，也更能做到個人和機構間的資源共享。Stensrud 和 Ashworth（2002）在說明復健領域的發展趨勢時，也提出相同的觀點。

268

J. B. Patterson（2000）最近在一篇文章中，曾經提到如何將網際網路整合到復健服務的各個階段。此外，復健議題通訊第 26 期（the 26th Institute on Rehabilitation Issues）的標題也是「網際網路如何成為各州職業復健諮商人員工作上的資源」（Dew, McGuire-Kuletz, & Alan, 2002），對於電子化的個案量管理也產生若干啟示。

對於個案量管理而言，電子化浪潮所帶來最明顯的價值，就是在於復健專業人員比以前更能夠掌握資訊的流通（Billingsley, Knauss, & Oehlers, 2002; Brooks, Barrett, & Oehlers, 2002; Patterson, Knauss, Lawton, Raybould, & Oehlers, 2002）。J.B. Patterson 等人（2002）更將探討的重點放在電子化個案量管理之上，認為「從個案發現到就業後服務，復健歷程的各個階段」（p. 10），都需要以有創意的方式，應用於專業實務中。

　　Brooks 等人（2002）強調，在電子化時代執行個案量管理的工作，諮商人員的資訊素養（information literacy）是一項關鍵的要素。資訊素養的定義為：「從不同的來源擷取資訊，並加以評估、組織、運用的能力」（p. 30），除此之外，我們認為還可以加上規劃、協調、引導與控制的能力。Oehlers 和 Billingsley（2002）則進一步強調系統化個案量管理實務的重要性，並主張為復健專業人員建構一個以電腦網路為基礎（web-based）的工作環境，以利資訊的組織與分享。

　　電子化的個案量管理，對於專業人員和消費者都有益處（Sarno & O'Brien, 2002）。對於消費者而言，復健服務的歷程一旦電子化，個案量管理人員便有時間提供更多的諮商服務。Sarno 和 O'Brien（2002）也指出，消費者可以透過電腦網路，檢索包括方案簡介出版品、服務資格、服務提供者相關資訊、可供選擇的服務方式、復健服務過程、機構政策，以及有效的履歷撰寫等資訊，並取得精確的主要或次要當地就業資訊，這些都能幫助消費者在復健歷程中取得更充分的資訊，以做出適當的選擇。

　　消費者也可以透過視訊會議等科技方法接受諮商服務（Glueckauf et al., 2002），這些科技對於居住在鄉村地區的消費者格外有用。同時，有些醫療方面的新觀念，也開始被採納，例如藉由遠距健診（telehealth）的方法治療慢性病（Liss, Glueckauf, & Ecklund-Johnson, 2002）。Puskin（2003）將遠距健診定義為：「運用電子資訊及通訊技術支援遠距的臨床健康照護、病患與健康相關專業人員教育，以及公共衛生行政。」Liss

等人更進一步強調，善用通訊技術不但有助於節省個案服務成本，更可降低特殊服務的收費。他們更進一步根據研究發現，指出「網際網路、電話與視訊會議，對於長期失能的患者而言，確實是一項有效的診療方法」（p. 25）。然而，Clawson 和 Skinner（2002）卻發現消費者在使用網際網路資源時，至少會面臨一項限制，因為有些網路資源將身心障礙者排除在外。

復健組織本身也可以加強新科技的運用。Luthans（2002）指出，我們可以以積極、正面的方式運用科技，強調組織的優勢，而非試圖補救其弱點。J. B. Patterson（2002）也指出，復健組織內網際網路通訊技術的改善，也有助於提升諮商人員的工作滿意度，以及對於機構的向心力。此外，遠距教育的進展，對於復健組織也有好處，由於諮商人員能有更多的時間待在辦公室，案主將可獲得更多的優質服務，以及與諮商人員互動的優質時間（Dew & Alan, 2002）。

最後，隨著新科技不斷融入復健個案量管理的實務，如何賦予消費者更多權利，以及讓服務流程更加順暢等議題，便更值得我們的關注。當然，如何服務輸送的要求，以幫助消費者根據充足的資訊做出選擇，仍然是我們在將服務工作電子化的過程中，需要持續關注的議題。

◀◀◀ 系統方法 ▶▶▶

管理典範中的系統方法意味，專業人員若不採納一套自行建構的運作系統，將很難發展出有效的實務。所有成功的個案量管理人員在行動或執行業務時，都會採納一套由數個子系統環環相扣而成的系統。系統取向牽涉的範圍很廣，從簡單的記錄工作日誌、排定工作時程，到複雜的電腦管理資訊系統。但無論如何，個案量管理人員必須養成系統化思考的習慣，才足以因應復健專業領域中的多重要求。

在充滿多元變數的環境中，許多變數雖然無法控制，但仍需做一定程度的管理。復健服務人員不能在一個毫無系統方法觀點的環境中工

作,「一切自己看著辦」。個案量管理和具有政治性規範的復健環境是不同步的,復健個案量管理人員所面臨的要求,是多樣而具競爭性的。例如,復健組織有其目標與服務方針,但消費者也主張,他們有權質疑專業決定的有效性,消費者也可以透過附屬的社會團體與組織,針對個案量管理人員的行動決策提出異議。這些情況均顯示,我們必須以系統化的方式衡量各種互相競爭的要求,才能設定行動的優先順序,並採取必要的行動。如果個案量管理人員只能有一個引導原則,那應該是:復健專業人員必須從運作的自我建構系統來運作。復健專業人員在執行個案量管理工作時,必須建構、採納一套系統,並不斷改進。當然,這個系統必須與組織政策的變數相調和,在目前這個「重量不重質」的環境中,這是生存的不二法門。對於個案量管理和個案管理的實務而言,一致性和效果是與系統觀念同義的。

第 十 五 章
科技

Marcia J. Scherer and Caren L. Sax ◉ 著

花敬凱、陳美利 ◉ 譯

什麼是每位復健諮商人員在科技方面的必備知識呢？如果你詢問十 *271*個復健專業人員，可能會得到十個不同的答案。但有一件事是可以確定的：科技已不再是我們要不要學習的問題，而是我們可以從哪裡獲取相關資訊的問題。所有的復健諮商人員都需要瞭解什麼是科技，包括教學或教育科技，以及輔助科技（assistive technology, AT）。根據暢銷媒體的報導，每天至少有五億人次上網運用各個科技，科技快速的進步已成為現代的趨勢，但有許多人仍努力嘗試有效整合科技，並且應用在商業、教育及日常生活當中。

對於復健諮商人員來說，電腦的使用及網路的暢通，對於評估、工作機會探索、資源開拓、紀錄的保存與溝通等工作來說，都是必備的工具。當諮商人員與消費者共同探索全球資訊網流通的廣大資源，將有助於復健流程的進行，線上通路標準（on-line accessibility standards）的知識也更顯重要。同樣地，復健專業人員認為輔助科技對於他們所服務的消費者來說，也是一個相當重要的工具。經由這幾年法令的修正（例如：1988 年身心障礙者科技相關輔具法、1990 年美國身心障礙者法案、1990 年身心障礙者教育法、1998 年輔助科技法案），輔助科技設備的取 *272*得及服務的暢通，的確增加許多身心障礙者得以完全參與職業、教育及社區環境的機會。復健諮商人員若要有效地執行其工作任務，充實輔助

科技的知識，並懂得如何辨別、取得與整合適當的輔具，是相當基本的要件。

本章將透過幾個觀點探討復健專業人員的科技使用與應用問題，並討論輔助科技的歷史發展與立法背景、簡介科技相關的學科領域，再針對消費者與專業人員在輔具服務過程中所扮演的角色提出建議。雖然本章主要是探討輔助科技，但也會提及教學與教育科技的相關議題。由於工作的性質和職場組成的型態不斷改變，復健工作人員的教育培訓方式也有所不同，特別是運用遠距科技（distance or distributed technologies）做為復健人員職前與在職教育的管道，逐漸成為一項普遍的做法（Dew & Alan, 2002）。現今或未來的復健專業人員在進行專業發展活動時，對於這些重要資源的評估與使用，應該具備基本的認識。

在美國的大學中，只有少數的復健諮商研究所提供輔助科技的課程。到 2002 年 10 月為止，僅有不到八個碩士學位的課程，會要求學生修習輔助科技的相關學分 （National Council on Rehabilitation Education, 2002）。但是，每一位復健諮商人員在與消費者商討其目標時，仍需運用到輔助科技。彌補教育與實務間落差的方法之一，便是像本書一樣，在導論的教科書中另闢專章，探討輔助科技或復健科技。

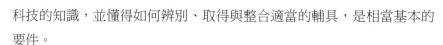

◀◀◀ 瞭解背景 ▶▶▶

輔助科技最常被引用的定義，首度出現在 1988 年身心障礙者科技相關輔具法（Technology-Related Assistance of Individuals with Disabilities Act of 1988，100-407 公法）中：「任何物品、設備零件或生產系統等，不論是由商業購買而取得、修改調整或訂製而成，皆能幫助身心障礙者增進、維持或促進其功能性的能力。」這是國際上大家普遍接受有關輔助科技的定義。

科技輔具的目的，在於協助身心障礙者執行其主要的功能性任務（functional tasks）。輪椅、電動機車、助行器及拐杖等都屬於行動輔具

（ATs for mobility），相關的產品還包括交通工具配備的升降梯，以及
可攜帶式的斜坡板（portable ramps）。不過，行動輔具在各類輔具中雖
屬大宗，但還有許多其他類型的輔具。例如日常生活環境的輔具、協助
個人照護與家務處理的科技、擴大性／替代性溝通輔具（augmentative/
alternative communication devices），以及補償感覺喪失（聽覺、視力）
的科技輔具。2002 年 10 月在「輔助科技資料庫」（ABLEDATA,   *273*
http://www.abledata.com）的網站上，由美國教育部「身心障礙與復健研
究院」（Institute on Disability and Rehabilitation Research）所贊助的輔助
科技產品資料庫中，列出了 28,000 種的輔助科技產品，現今已超過
19,000 種產品可購買得到。

　　儘管透過許多輔助科技的協助，身心障礙者的獨立性得以提升，未
來生活更有希望，可供選用的輔具也愈來愈多，但身心障礙者不使用
（nonuse）、廢用（abandonment）輔具，甚至不當使用（noncompli-
ance）的比例仍然很高（Scherer, 2000; Scherer & Galvin, 1996）。有關輔
具廢用的研究顯示，平均來說，所有提供的輔具中，大約有三分之一的
消費者最後會把輔具放置到櫥櫃、地下室或抽屜裡。不使用輔具最主要
的原因，是消費者並沒有參與選擇輔具的過程，這個議題確實需要在綜
合性評估的過程中，予以適當的關注（Scherer, 2000, 2002）。身心障礙
者若能夠以有意義的方式，來參與決定的過程，通常能提升他們對整體
服務的滿意度。

　　1998 年輔助科技法案強調「輔助科技服務」的重要性，並強調輔助
科技服務與輔具本身同等重要。輔助科技服務的定義如下：

> 任何直接協助身心障礙者在輔助科技輔具上的選擇、取得或使
> 用的服務。包括評估、購買、租用或其他提供輔具的方式，選
> 擇、設計、安裝、訂做、調整、應用、持續、維修或是更新輔
> 具，訓練及技術上的協助等等。

雖然根據許多重要法規的規定，輔助科技與服務儼然成為促進身心障礙者就業與獨立生活的關鍵因素，但在接受輔具服務轉介的個案當中，輔助科技廢用、不使用或不當使用的情形仍然相當常見。消費者所獲得的輔具與服務之所以產生不適合的現象，絕大部分是由於沒有根據消費者的目標與偏好進行完整評估，或提供適當諮詢、錯誤評估消費者參與社會的優勢及限制等因素所導致的結果（Scherer, 2000, 2002）。此外，具備適當晤談技巧的輔具服務人員嚴重不足，也使得身心障礙者較難獲得適當的輔具與服務。基於上述理由，復健諮商人員的角色更為獨特，他們必須具備輔助科技的廣泛知識，以協助身心障礙者確認最能符合其生活模式、需求、工作與社區生活參與需求的輔具選擇，並同時獲得輔具與其他的支持。

◀◀◀ 瞭解內容 ▶▶▶

　　復健諮商人員不需要在輔助科技的領域上成為專家，但不論如何，他們必須學會問重要的問題、願意傾聽他人的回答，並瞭解輔助科技如何能夠提升身心障礙者達成個人與職業目標的可能性。在成功達成上述目標之前，復健專業人員必須樂於求知，盡力瞭解科技，以及科技所帶來的好處與限制。

　　追求終生學習的能力，或持續研究的歷程，都是所有的專業人員需要培養的一項技巧。當個人面對快速變遷的世界時，最重要的技能就是「學習如何學習，以及自我引導的發問技巧」（引自 Knowles, 1990: 167）。隨著教育科技的持續發展，二十一世紀的復健諮商人員必須積極充實輔助科技方面的資訊，若不設法熟悉，並適應科技的應用，極有可能在工作上面臨重大挑戰。為了協助成人學習者更習慣透過科技去追求額外的知識，幫助他們清楚瞭解科技的成果，以及科技所帶來的周邊正面效益，是相當有用的。

◀◀◀ 成功課程的範例 ▶▶▶

　　為了幫助讀者更瞭解復健專業人員必備的基本知能，我們將介紹復健教育諮議會（CORE），同時也是臨床復健諮商人員的認證研究所方案（accredited graduate program）所建議的輔助科技導論課程內容。這樣的課程內容可以透過傳統面對面的課程、網路教學的課程，或混合二者的型態來授課，更已被重新設計成為大學部的課程。有部分的課程被有系統的組成一天或兩天培訓課程的模式，訓練活動包括輔助科技領域的介紹，並提供能夠讓學生熟悉適當科技如何與個人需求互相配對的實作活動。這個課程的哲學基礎在於強調整體、以個人為中心，以及跨領域專業團隊策略的運用，並幫助學員瞭解提供輔助科技服務時可能面臨的阻力。因此，這項課程有助於初步評估學員對於科技議題的接受程度，對於職前階段，或接受繼續教育的在職人員都能適用。一項簡單的調查，就像本章附錄 A 中的這個例子，就能夠很容易地測量出有關科技輔具的知識、經驗、熟悉程度等。

　　在理想的狀況下，有關輔助科技取得與使用的相關資訊，應該包含在復健專業人員教育與訓練的課程當中。CORE 一直討論輔助科技的指標，以便要求認證學術方案至少達成以下有關輔助科技的教育成果（CORE, 2002）：

- E.2.5　　促進個人的獨立自決及個人的責任。 *275*
- E.3.2　　在計畫中整合文化、社會、經濟、障礙相關，以及環境的因素。
- E.3.3　　規劃綜合性的個人評估程序（例如：人格、興趣、人際技巧、智力、相關功能性的能力、教育成就、工作經驗、職業性向、個人及社會適應、可轉移技巧以及就業機會）。
- E.3.12　輔助科技適當使用的確認與計畫，包括電腦相關的資源。

- E.5.10 復健過程中，隨時評估個人的復健工程／科技服務需求。
- E.6.4 適度的工作調整再構，以及輔具的使用。
- E.6.5 運用專家的諮詢提升個人的功能。
- E.6.6 教育潛在雇主有關雇用身心障礙者的好處，包括依照障礙相關法令，提供科技上的協助，以進行合理的調整。
- E.6.7 協助雇主辨明、修改，以及／或消除建築上、程序上與態度上的阻礙。（CORE, 2002）

　　以上這些成果多屬於 CORE 在 1997 年訂定的指標，增加的 E.2.5、E.3.2、E.3.3 以及 E.6.5 等項目，特別強調綜合評估、各種影響因素的整合（文化、社會、經濟、障礙相關及環境上的）、專家諮詢以及消費者的賦權等。為了讓主修復健諮商的學生能夠瞭解這些成果，可以在復健專業人員的課程或在職培訓的課程中，適度穿插以下的活動；或利用本章所介紹的活動來設計課程。

輔助科技的探索

　　簡單地來說，輔助科技為身心障礙者的行動、說話、閱讀與視聽提供媒介，幫助他們參與，並更能掌握其環境。學生及專業人員可能無法知道所有輔助科技種類的各種輔具、服務與策略，但提高對輔助科技的興趣，確實可以增加個人對輔具的熟悉程度，同時也可以建立對相關主題的熱忱。輔助科技新知的介紹，對於協助有「科技恐懼症」 的人（technophobes）在面對輔助科技時感覺更加自在，能夠發揮長遠的功效。其中一項教學策略，便是要求學生搜尋輔助科技最新發展的相關資訊，在學校研究所的輔助科技課程中，學生可以選修一門特別的課，報告一項新科技輔具的發展，或者一項身心障礙者所使用的新科技輔具。他們可以利用網路、雜誌、電視、收音機，或是其他有文字說明的資源來找資料，大部分的班級都是藉由分享所發現的資料開始，進而提供有關輔助科技研究及發展的最新資訊。相同地，選修線上課程的學生也需

要找出輔助科技的最新報導，然後貼到網路的討論區裡，如此一來，其他人不但可以閱讀，同學們也可以透過討論區探討相關主題。這種方式讓學生對科技的新趨勢變得更有覺察力，同時學習到創造思考及合作，最終提升身心障礙者社會參與的程度。

　　將這些課程的習作調整成一個開放性的在職訓練研討會活動，也可以提供參與者一個自我介紹的管道。進行活動時，可將輔助科技探索的文章發給每兩人為一組的參與者，要求他們閱讀後做成摘要，並與其他學員分享。探討某些輔助科技鮮為人知的用途，更能激發參與者的興趣，並提供真實生活中的實例示範，包括科技轉介、跨專業團隊的研究與發展，以及個案如何利用科技做為一項工具，來增進他們參與工作、學校、休閒與社區生活的成功故事。

網頁書目

　　另一個增加科技輔具相關知識的方法，便是列舉在特殊領域裡功能運用的範例，包括：

- 日常生活活動的輔具。
- 替代性／擴大性溝通。
- 電腦的使用。
- 日常生活／環境控制上的電子輔具。
- 人因工程學。
- 行動。
- 義肢與矯具（prosthetics）。
- 休閒。
- 機器人學（robotics）。
- 擺位。
- 開關的使用。
- 交通運輸。

- 全方位的設計及使用。
- 工作相關的職務再設計。

　　以上每一項領域可自成其研究、發展及應用的專業範疇，而無法在一門課程中全部涵括授課。因此，課程的目標，便是使學生熟悉每一項領域裡的輔具設備與服務的範圍。為了達成此目標，每位學生可利用網路選擇一項領域，將所有的領域都可以涵蓋進來。每位學生至少要找出有關某個領域主題的五個網址，針對每個網址的主要目的及內容提供摘要、資源及相關的連結。將全球資源定位器（URL）的位置編輯成有註解說明的表單，提供給每個人做為實用的工具。透過這樣的活動，學生將熟悉每一輔助科技專門領域裡的高科技、低科技，以及需要專門訂製的輔具，並將最新的研究及發展結合在一起；這項作業同時也要求學生能夠熟悉網路搜尋的技巧。

　　除了檢核內容外，學生也可以判斷網址可用性及可近性（accessibility）的程度，以瞭解最新的標準。有一種可以用來檢查網址可近性的工具，那就是 Bobby 指南（bobby@watchfire.com）。Bobby 利用全球資訊網國際財團網路通路發明（World Wide Web Consortium's Web Access Initiative）首創的指南，並使用「美國建築與運輸障礙申訴委員會」（Architectural and Transportation Barriers Compliance Board）508 條款指南來測試網頁。2002 年的 9 月，美國教育部的「隨時隨地學習夥伴方案」（U.S. Department of Education's Learning Anywhere Anytime Partnerships program），支持一項國際間線上學習領域玩家的合作計畫，形成一套可由網路取得的指南，特別是針對遠距教學的領域。在 IMS 與 PDF（http://ncam.wgbh.org/salt）的網址上，以讀者友善列印（screen-reader-friendly）的形式開放《IMS 創造可及性學習科技指南》（*IMS Guidelines for Creating Accessible Learning Technologies*）的下載。此 IMS 指南，是由 IMS 全球學習國際財團以及 CPB/WGBH 媒體國家中心聯合出版的。其他有關本章的網路資源放在附錄二中。

參訪當地輔助科技廠商

不論資訊的取得管道是傳統的課程、經由網路傳播，或是透過研習課程，復健專業人員必須熟悉當地的輔助科技資源，並熟知哪些人可以提供復健工程、職能與物理治療、語言治療等專業服務，以及適用於教育、就業與生活的特定輔助科技資源。我們可以設計各式活動，幫助學生更注意到當地有哪些實際的資源，學生也可參訪推薦的廠商，以瞭解有關服務、轉介過程、經費來源、服務時程或其他問題。他們也可以與一位在其中一項領域服務的專業人員進行晤談，以澄清他們在輔助科技歷程中所扮演的角色。學生需要學習如何取得未來輔助科技需求的服務資源，並探討適用於每一種資源的經費來源。當臨床專業人員在輔助科技過程中扮演一個更積極的角色，而建立自信心之時，他們會學習到如何整合這些服務。

278

瞭解 ADA 的可及性標準

自從 1990 年美國身心障礙者法案（ADA）通過後，美國的商業、運輸系統、溝通公司、聯邦政府的行政單位即刻回應法規，讓身心障礙者更容易融入我們的社區。許多的進步是有目共睹的，但仍有許多的事必須去完成。未來與現今的復健專業人員若想進一步瞭解所處社區的無障礙環境現況，其中一個方法就是根據 ADA 的相關規定，進行環境的可及性調查（accessibility survey）。例如，學生可以選擇一間當地的餐廳、旅館、零售商或其他設施進行調查，測量出入口與斜坡道的距離、計算障礙停車位數、確認標誌、評估場所裡的移動通道、分析緊急出入口的規定，並檢查洗手間、茶水間，以及其他一般空間的可及性。已經有許多復健專業人員會運用他們所實施的調查活動，當做進入單一窗口就業中心的自我介紹函，證明他們有能力分析職場環境的可及性，並建議改進事項。在有些例子當中，這些活動可引導出新的夥伴關係，其他的例子，則是有些學生藉此倡導環境的改變。

到目前為止，各項的活動及作業的呈現，透過友善使用者及同儕支持的做法（user-friendly and peer-supported approach），逐漸引導復健專業人員，使其熟悉輔助科技。不論是透過課程或在職訓練，參與者將學到有關低科技的解決方式（low-tech solutions），也就是運用簡單、自製，沒有太多機械或電子零件的輔具。這些輔具包括幫助身心障礙者抓握、用餐、書寫、從高的書架上拿取書本，或完成飲食、居住、清潔以及自我照顧等日常活動的用具。低科技輔具能夠使得身心障礙者更容易控制環境，對於第一次使用輔具，而且是猶豫考慮使用高科技輔具（high-tech equipments）的身心障礙者來說，使用低科技輔具將更為舒適自在。高科技輔具則是價格昂貴，且較為複雜的電子、水力學或電腦相關的設備，這些輔具或許吸引人，或許令人害怕，因個人的經驗與感受而不同。從電動輪椅到眨眼控制的電腦操作，高科技的設備能夠真正提高輔具使用者的生活品質，因為它是幫助使用者融入，並控制環境的最佳媒介。但我們需要記住最重要的一件事，每一個情境都是不相同的，每個人有其獨特的需求、經驗及期待。

◀◀◀ 瞭解消費者及專業人員的角色 ▶▶▶

在本章所提及的輔助科技的教育與訓練課程中，一般認為最值得我們關注的領域，是輔助科技使用者在呈現其喜好與目標時，並確認適當科技輔具時，確實扮演相當重要的角色。

我們經常可以從學生的評論中發現，儘管他們知道在消費者的輔助科技選擇過程中，一份優良的綜合評估相當有價值，但是他們仍經常認為評估任務只是浪費時間。除非他們歷經更多次的經驗之後，直接體驗到人本取向的任務（person-centered approach），而導致更佳的成果，並節省提供服務的時間，否則這樣的態度很難改變。

問題本位的學習

在訓練及正式課程中運用實際生活情節，提供復健專業人員及消費者澄清角色認知的機會。專業人員及消費者能夠以夥伴關係工作，提出正確的疑問，取得適當的資源，並進行腦力激盪來解決問題。在連續的訓練模式或一套課程中，這樣的教學策略首先透過一個活動，幫助學員找出有哪些可用的資源，學員在後續的課程中，藉著體驗媒合身心障礙者個人需求與合適輔具的過程，把知識實際運用於解決實際的問題。以上所描述的活動稱為科技團隊過程（tech team process），涵蓋復健專業人員應該在整個復健過程中操作的所有步驟。這個歷程強調綜合評估的重要性，綜合評估過程可以提升消費者的參與程度、決策能力、個人責任，以及適度運用專家資源的能力。

科技團隊過程

280

在 1990 年代初期，Langton 與同任職於南卡羅萊納州職業復健局的同事，第一次發展策略，將有關輔助科技的疑問整合到復健的過程中。在最新版的《整合復健科技：科技重點流程》（*Integrating Rehabilitation Technology: The TECH Point Process*）（Langton, 2000）一書中，鼓勵專業人員在第一次與潛在消費者晤談的時候，以及在復健過程的每一個步驟，都要考量輔助科技的可能性。

以此觀點為基礎，科技團隊過程包含四步驟：

- 確認個案使用輔助科技的益處，並與個案一同確認科技團隊還需包括哪些成員。
- 進行人本評估（person-centered assessment），以確認目的、活動，並選定一項介入策略。
- 探究與推薦可能使用的科技輔具，以符合所確認的需求。
- 探查選擇可能的經費來源，以利消費者購得科技輔具。

科技團隊包括家人、朋友、雇主、同事，或其他在特定專業領域中，能夠符合輔助科技的需求的專家，例如復健工程師、職能治療師、物理治療師，或是語言治療專業人員。指導的方針就是將輔助科技的使用者放在團隊的中心點，周圍圍繞著團隊其他成員，進行研究並探索所有可能的意見。復健專業人員經常扮演著整合者的角色，把團隊凝聚在一起，主動探究、接觸不同的專家，並確保團隊成員切實瞭解輔助科技使用者的興趣，並在提供服務的過程中納入考量。

　　這項人與科技之媒合（Matching Person and Technology, MPT）評估過程，與討論 MPT 過程發展原則的教科書（Scherer, 2000），最常被使用在這些課程中（Scherer, 1998）。這項評估過程透過參與式行動研究（participatory action research）發展而成，從輔助科技使用者及非使用者的經驗出發，包含一系列的表格，由復健諮商人員與消費者共同在過程中引導、探索消費者具備的優勢技巧。諮商人員完成一連串的調查表後，最典型的就是運用晤談的形式，判斷輔助科技使用者對整合輔具進入其生活中，所衍生的阻力與助力的看法。我們可以從三項主要的評估領域：(1)判斷影響使用的環境／背景因素（包括環境的物理／建築面、文化面、社會面以及經濟面）；(2)確認消費者的需求及偏好；(3)描述消費者最適合與最喜歡的科技輔具功能與型態。

281

　　為了與世界衛生組織（WHO）最近認可的〈國際功能、身心障礙與健康分類〉（International Classification of Functioning, Disability, and Health）同步，同時也為鼓勵消費者賦權以及社會參與，輔助科技裝置素因評估（Assistive Technology Device Predisposition Assessment）可以分成以下量表：

1. 生理能力。
2. 主觀的生活品質。
3. 社會心理特質。
   a. 情緒與自尊

　　b. 自我決策

　　c. 社會支持

　　d. 遵從復健專家的推薦

4. 輔具的比較（三項以上）。

　　一般而言，諮商人員指出，傳統上個案量的大小，經常使他們欠缺盡可能地瞭解消費者的意願。當他們運用 MPT 過程時，他們會很敏銳的覺察到他們遺漏掉的資訊，以及遺漏這些資訊的原因。結果，他們的建議往往是不夠謹慎，或是用處不大，讓他們也覺得自己未獲得來自消費者應有的尊敬。

　　一旦學生或諮商人員完成評估調查表，他們就會發現所需的指導方針，引導他們在服務過程中往前推進。他們確認適當的輔助科技領域之後，會探究符合個人需求且可取得的輔具類型，然後與科技輔具的使用者共同討論，列出至少三項推薦的輔具的優先順序，並盡可能詳細的資料（價格、共通點、圖樣等），包括可購買取得的項目、可修改的項目，或訂製調整的設計想法等。在最前面的兩個階段期間，需要諮詢輔助科技專家，或其他領域的專業人員，例如物理與／或職能治療師、語言治療師與工程師等。

　　下一個步驟是調查添購輔具的可能經費來源，以及取得便利性。這可能包括來自個人、復健部門、發展性障礙服務部門、私人保險、醫療保險的資金，或是透過私人或社區團體的募款。方案的最後階段要求學生對整體的服務過程做回顧，同時思考這樣的方案對其專業角色產生的影響。他們會探索以下的問題：

• 身心障礙者個人在整個科技團隊過程中是否感到舒適？　　　　　　*282*

• 你對過程感到舒適自在嗎？

• 你是否能夠符合他們的需求？

• 個人是否得到所推薦的任何科技輔具／設備？

- 你是否發現了在未來可用的新資源？
- 這樣的方案對你現在或是未來專業的角色，有何幫助？對下次有何建議？

評鑑教育

　　根據本章所介紹的網路研究所課程的評鑑指出，這些課程資訊、互動，及各項活動對復健專業人員來說，都是非常實用而有效的（Sax & Duke, 2002）。有一項針對畢業至少一年的專業人員所進行的調查研究，其目的為探討這些專業人員是否持續運用課程所教導的資源與策略，受訪者修完課程後是否較願意推薦輔助科技，或諮詢輔助科技專家的意見。該項研究共有 102 位受訪者接受調查，其中有 73 位（71.5%）完成並寄回調查問卷。大體來說，問卷調查的結果指出，這些復健專業人員在專業實務中，接觸輔助科技相關領域的頻率確實增加，包括科技輔具的建議（74%）、輔助科技轉介服務（68.5%）、諮詢輔助科技專家或提供者（57.5%）、提供輔助科技資源給同僚（63%）、運用個人中心的理論做評估（72.6%），以及線上資源的利用（74%）等。只有少數百分比的專業人員表示，他們在實務中運用科技輔具的情形維持與過去一樣，甚至除了一位受訪者以外，沒有人表示使用科技輔具的頻率降低。調查中也問受訪者是否在提供消費者輔助科技的建議時覺得自在，有 87.7% 的受訪者表示，確實比以前覺得自在。雖然 79.5% 的人表示有興趣參與輔助科技使用的更多訓練，但是只有 16.4% 實際參與相關課程，這樣的結果無疑是因為目前相關的繼續訓練課程仍嫌不足。

　　研究者還針對調查結果進行交叉分析，以決定專業人員在實務上使用科技輔具的頻率增加，是否與提供輔助科技建議的自在程度之間有相關性。正如所預期的，其相關性是較高的。例如，有 80.6% 的專業人員增加輔助科技輔具的建議次數，有 78% 的專業人員增加個案的輔助科技服務轉介，亦即表示他們對於科技輔具的感覺更加自在。追蹤調查結果顯示，至少他們自己感覺到，復健諮商人員已經將輔助科技的資訊、策

略以及資源整合到他們每天例行的工作中。在本章撰寫的同時，筆者比對最新一群學生的課前與課後的調查結果，更嚴密的去檢驗成為復健諮商人員的學生，他們將輔助科技資訊整合到日常工作活動的情形。結果再一次顯示，參與這些活動與作業的人，不僅對於輔助科技的使用感到更加自在，同時在輔助科技服務過程的參與程度也跟著提高。

擁抱科技

雖然自從 1999 年美國教育部進行調查之後，並沒有再進行一個遠距教育的全國性回顧，高等教育認證協議會（2002）仍蒐集了 2001 年 12 月到 2002 年 1 月的數據資料，探討十七個區域及全國性認證組織的遠距教學情形。他們發現「經認證的 5,655 所高等教育機構中，有 1,979 所機構提供遠距課程的教學型態，其中又有些課程在結業後授予學位」（p. 4）。從認證單位的立場來看，這類課程必須進行一定的品質控管，亦即要求方案必須具備彈性教學設計的能力，尤其是與課程、設備支持與學生學習成效有關的設計。當大專院校開始增設線上課程，甚至授予學位時，研究的焦點就放在如何檢驗此一教學型態的可靠性。根據一篇由復健議題機構（Institute on Rehabilitation Issues, IRI）第二十八分支所撰的文獻回顧（Dew & Alan, 2002），「遠距教學的支持者引述的許多研究發現顯示，遠距教育及傳統課堂經驗的成效比較，兩者並沒有顯著的差異性」（p. 26）。但是研究小組仍然從批判者陳述的反對意見，以及那些聲稱需要更多資料的人口中，發現評斷這些教學型態成效的證據；顯然，遠距教育是否具有成效，至今尚無絕對的定論。

IRI 的研究團隊（Dew & Alan, 2002）同時也檢驗遠距教育與公立職業復健方案的關係。這些復健專業人員提出有關遠距學習在三個領域的指導方針，分別是學習本位（learning-based）、焦點學習（learning-focused），以及系統本位（system-based）：「這三組指導原則間的協調關係，是復健臨床人員、行政人員以及消費者接受遠距學習的基礎，也是接受系統性教育與訓練課程的基礎」（p. 31）。這些指導方針為遠距

教育的未來發展與改進提供基礎，做為一種教育模式，遠距教育確實可以滿足專業人員的多變需求。

　　儘管學習方式的問題仍舊存在，遠距教育在高等教育的領域中，正處於起步階段（Coombs, 1998; Eldredge et al., 1999; Sax, 2002a, 2002b; Smart, 1999）。基於輔助科技訓練的驚人需求，這樣的教學型態非常適合提供一天二十四小時網路教學的捷徑。於是，教育機會得以擴充，那些因地理位置、時間限制、工作和家庭責任或其他個人問題，而無法容易地獲得傳統教育機會的問題，便可以獲得解決。

　　本章在一開始便提到，所有的復健諮商人員都必須瞭解教學或教育科技，同時對輔助科技有一定的認識。復健諮商人員可以利用科技，執行許多重要的工作，例如評量、工作探索、資源開發、保存紀錄與溝通。我們也藉由探討以下主題，強調科技使用與應用的重要性，包括回顧科技相關領域的重要立法、指出消費者和專業人員在輔具服務的過程中應扮演的角色，並舉出將輔助科技資訊融入復健諮商課程的例子。所有現在和未來的復健諮商人員，都必須對這些資源有基本的瞭解，一方面有助於自己的專業發展，也能夠改善提供給消費者的服務。藉由本章的介紹，我們希望幫助讀者更加瞭解輔助科技的相關議題。

284

◀◀◀ 附錄一 ▶▶▶

▏輔助科技網路調查▕

線上課程

1. 你成為復健專業人員有多少年？＿＿＿＿＿＿年

2. 你曾經為身心障礙者推薦過科技輔具嗎？　□　否　　□　是
   如果是，你最常建議哪幾種類型的科技輔具？〔用 1（最常）～8（最少）的次序標示出輔具類型〕
   □　　行動
   □　　溝通
   □　　電腦相關（硬體、軟體）
   □　　日常生活適應
   □　　環境控制
   □　　特定工作所需（購買或訂製）
   □　　開關
   □　　擺位

3. 你如何評價自己在科技輔具使用上的知識？
   □　　我非常瞭解輔助科技
   □　　我對輔助科技有一些瞭解
   □　　我對輔助科技的瞭解相當有限
   □　　我不知道什麼是輔助科技

4. 你如何評價自己取得輔助科技資訊的經驗？（可複選）
   頻率：□　我定期的尋求輔助科技資訊

☐ 我偶爾尋求輔助科技資訊

☐ 我從來沒有尋求過輔助科技資訊

來源：☐ 我從各種不同的管道尋求輔助科技資訊

☐ 我主要從一項管道尋求輔助科技資訊

☐ 我從來沒有尋求過輔助科技

5. 你有否修過任何輔助科技的課程？如果有，請寫出課程名稱及機構：

_____

6. 你有否參加任何輔助科技的在職進修？如果有，是誰贊助這項課程？

_____

7. 從你成為復健專業人員起，你已完成多少小時的訓練？_____

8. 當你推薦科技輔具時，你使用哪一（些）種類的評估工具？_____

_____

9. 當你決定科技輔具的適當需求時，你會諮詢其他專業人員嗎？

☐ 是　☐ 否，如果是，你會問誰？（複選）

☐　職能治療師

☐　物理治療師

☐　語言治療師／病理學家

☐　復健工程師

☐　人因學專門人員

☐　輔助科技的廠商

☐　其他

10. 這是你第一次選線上課程嗎？　☐ 是　☐ 否，如果不是，你還選了

其他哪些課程？＿＿＿＿＿＿＿＿＿＿＿＿＿＿＿＿＿＿＿＿＿

11. 最近你是否有選修碩士程度的線上課程？　□ 是　□ 否

287

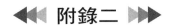 附錄二

輔助科技網路資源

www.abledata.com

美國教育部國家身心障礙與復健研究機構（National Institute on Disability and Rehabilitation, NIDRR）贊助架設，提供有關輔助科技綜合性的全面資訊，例如產品、書籍以及其他相關的資源等。

http://disabilityinfo.gov/

身心障礙相關政府資源的綜合性聯邦網址，以及美國障礙者新自由聯盟線上資源。網頁提供輔助科技、通路、溝通、科技權以及障礙相關機構的連結。

http://www.ncddr.org/rpp/techaf/lrp_ov.html

NIDRR 長程計畫——科技通路及功能研究：在文件中，NIDRR 確認工程及科技的研究優先次序，這將可協助提升功能性成果，並且容易取得感覺功能、移動、操作功能、認知功能、資訊溝通及建造環境等系統科技。此優先次序同時也將促進商業的參與及合作。

http://www.ed.gov/offices/OSERS/RSA/Research/studies/index.html

由復健服務部進行的評估研究，其目的為提升方案的管理及有效性，運用適當的研究方法與評估式研究設計，以瞭解服務方案的一般相關成本效益、方案影響，以及服務輸送的結構與機制。

http://www.ncd.gov/index.html

國家身心障礙總會，是一個獨立的聯邦機構，針對影響五千四百萬美國身心障礙者的議題，向總統與國會提出建言，網站內有許多優質的報告可供下載。

www.resna.org

288

北美復健工程學會（Rehabilitation Engineering and Assistive Technology Society of North America, RESNA）是一個對科技與身心障礙有興趣者皆可加入的跨專業協會。RESNA的成員包括復健專業人員與消費者，在澳洲、歐洲及日本都有姊妹組織。

http://ncam.wgbh.org/salt/

學習科技計畫說明書是一個與IMS全球學習聯盟合作的計畫，經由發展並促進說明書，以及可協助障礙學習者提升遊戲領域的有效模式，專供身心障礙者線上的學習資源。指南可由以下網址取得：

http://ncam.wgbh.org/salt/guidelines/

http://www.interwork.sdsu.edu

聖地牙哥州立大學Interwork機構，提供復健諮商遠距學習機會的資訊，以及科系與教職員協調的相關方案的資訊等。

第 十 六 章
臨床督導

James T. Herbert ◉ 著

花敬凱 ◉ 譯

臨床督導（clinical supervision）是一持續性的評估過程，督導者將關注點放在被督導者的專業與個人發展上，以確保案主獲得的服務符合組織目標與專業標準（Bernard & Goodyear, 1998; Rich, 1993）。在復健諮商實務中，為幫助復健諮商人員成為更有效的服務提供者，臨床督導是一項必要的專業活動（Ross, 1979）。此外，正如一般諮商文獻提及，若缺乏有力而持續的臨床督導，諮商人員的諮商技巧便有可能退步（Spooner & Stone, 1977; Wiley & Ray, 1986）。產生反後果而且有害的臨床督導，不僅會削弱督導關係，阻礙專業成長，也會使諮商人員產生無力感，進而不願主動談論在提供案主服務的過程中所犯的錯誤（Gray, Ladany, Walker, & Ancis, 2001）。諮商心理學的文獻中顯示，產生不良後果的督導，會使被督導者感覺缺乏支持與自主性（Wulf & Nelson, 2000），情感上覺得被忽略（Kozlowska, Nunn, & Cousins, 1997），並感到極度的壓力與自我懷疑（Nelson & Friedlander, 2001），以致無法有效解決案主的問題（Moskowitz & Rupert, 1983）。拙劣的督導（poor supervision）會使被督導者因高度焦慮而產生衝突，對督導感到不滿，進而對工作產生不滿（Olk & Friedlander, 1992）。上述的研究發現，是否能沿用於職前或在職階段的復健諮商情境中，我們不得而知，因為目前並沒有特定的研究，探討產生不良後果或有害的督導。然而，的確有研究支

持，員工離職率有部分會受到督導的品質所影響（例如，Riggar, Hansen, & Crimando, 1987）。最後，雖然有研究證實臨床督導對於專業養成訓練（pre-professional training）（Herbert & Ward, 1989）、持續專業發展（Herbert & Richardson, 1995; Maki & Delworth, 1995），以及服務輸送（Herbert, 1997）十分重要，一般卻認為臨床督導在復健諮商文獻中，是經常被忽略的議題（Herbert, Ward, & Hemlick, 1995）。因此，許多關於臨床督導的既有知識，只能擷取自諮商、心理學等相關領域（Stebnicki, 1998）。若將督導知能應用在復健實務上，目前僅限於專業養成訓練（Herbert, 1995）。

在過去二十三年間，僅有兩項研究探討公部門設立的職業復健方案中，諮商人員接受臨床督導的經驗。English、Oberle 和 Bryne（1979）進行第一個，也是唯一的全國性研究，調查復健諮商人員接受督導的經驗。這項研究所探討的面向包括行政層面（與機構政策、作業流程和效益有關），以及臨床層面（亦即諮商人員如何發展技能，以達到成功服務案主之成果），探討面向包括督導的背景、評鑑、實務工作、遴選與培訓。研究結果發現，督導者(1)將大部分的精力放在行政與個案諮詢上；(2)督導諮商人員時，主要的型態為檢查個案資料與實地觀察；(3)對諮商人員進行諮詢與評鑑的工作時績效欠佳（p. 11）。整體而言，復健諮商人員「對於所接受的督導多所批評，且對督導品質的改善不抱期望」（p. 12）。不幸地，這項研究雖然於二十三年前進行，其結果似乎與目前的現況相當一致。在一項最近的研究中，Schultz、Ososkie、Fried、Nelson 和 Bardos（2002）調查美國兩個州職業復健方案的督導實施現況，以及對督導關係所造成的影響，其結果也顯示出類似的問題。第一、大部分的督導僅在「必要時進行，以致缺乏事先採取行動（proactive activities），幫助諮商人員發展（有效技能）的機會」（p. 219）。第二、每三個諮商人員當中，不到一個人與督導進行定期會晤。第三、受訪者對於臨床督導的目的、實務，與潛在益處「嚴重缺乏理解」。由於缺乏相關研究，在各州公部門職業復健方案目前的專業發展活動中，我

們對於臨床督導的瞭解十分有限。無論在非營利或營利的私部門中，臨床督導的相關研究更是付之闕如（Herber, in press）。在這些實務情境中，我們對於臨床督導的進行方式，以及對於專業發展所造成的影響，可謂毫無所悉。

◀◀◀ 臨床督導的培訓 ▶▶▶

在復健諮商人員的教育中，關於臨床督導的特殊培訓，通常留待博士班才開始進行（例如，Allen, Stebnicki, & Lynch, 1995; Schultz, Copple, & Ososkie, 1999）。在碩士階段，一般學生只是接受督導，而非擔任督導。身為新進的諮商人員，碩士班學生需要學習助人歷程，並藉由適當的結構與支持，逐步發展對本身諮商技巧的自主性與信心（Maki & Delworth, 1995）。研究生在學分受到認可的復健諮商系所中，透過參與實習課程，以及督導者與被督導者的初步互動歷程，才能夠對於臨床督導的性質與機制有一些瞭解。而諮商人員能否將這些知識，在後續專業發展歷程做一定程度的延伸，端賴臨床督導者本身的技術、所受之訓練，以及日後與督導的互動情形。事實上，大部分在復健領域中擔任督導的人員，均沒有特別受過臨床督導的訓練（Thielsen & Leahy, 2001），對於督導的本質、目標與程序，也缺乏確切的認知（Schultz et al., 2002）。由於在專業養成階段缺乏相關訓練，而大部分的諮商人員，最後都必須負起督導和行政主管的角色（Crimando, Hansen, & Riggar, 1986; Riggar & Matkin, 1984），使得臨床督導的培訓，不論在人員養成或後續的專業發展階段，都成為不可或缺的部分。

雖然在研究所（碩士班）階段，臨床督導的培訓，並不包含在復健教育諮議會所規定的課程範圍當中，但一項新的提議，卻指出臨床督導應該被包含在課程內容之中（CORE, 2002）。這項提議要求碩士班學生對於「督導的理論、模式和技術」具備一定的知能，並有能力提供「基本的諮詢與督導」。這項提議若得以落實，將有助於學生準備日後擔負

起督導的角色。然而,在一項 Thielsen 和 Leahy(2001)所進行的研究結果指出,這些課程標準應該加以擴充,並強調復健諮商實務相關領域的知識。Herbert 和 Bieschke(2000)建議,臨床督導的研究所課程,應開設於進階碩士(advanced master)與博士班階段,課程內容應強調督導的理論、技術與實務議題,與此相關的討論,個別學習單元應包括:如何發展並維持有效的諮商關係、樹立合乎倫理與法令的諮商實務,並瞭解臨床督導有關的行政功能。讀者若對此議題有興趣,可參閱相關文獻,或本章中並未提及,但列在其他建議課程內的相關資料。值得一提的是,Herbert 和 Bieschke 所建議的課程,並未提供學生臨床督導實習的機會。雖然以資深學生督導資淺學生的模式確實存在(例如,Bernard, 1992),但目的僅是幫助學生對於督導歷程有進一步的瞭解,未必可用於培養督導技能。誠如先前所提,大部分的碩士班學生尚在培養他們對諮商人員的專業認同,若貿然以新進的諮商人員擔任其督導,此舉不但不恰當,也不符合專業倫理。將臨床督導開設為正式課程的好處,在於幫助學生成為「被告知的消費者」(informed consumers)。當學生離開學術環境,進入專業實務時,對於如何進行有效督導便有一定之瞭解,如果將來遇到能力不足的臨床督導者,也能夠適當與之互動。更重要的是,臨床督導的課程教學,有助於為學生奠定適當的知識基礎,日後可運用於臨床督導工作。

誠如先前所述,在許多州與聯邦職業復健方案中,臨床督導的進行大多不令人滿意。這些探討實務督導的少數研究結果(English et al., 1979; Schultz et al., 2002)如果代表實際現況,那麼提供有效臨床督導的充足訓練,在現行體制下似乎不可行。傳統上,州與聯邦職業復健方案中所進行的督導多為行政督導,欠缺臨床層面。正如 Lewis(1998)所指,臨床督導的重點可能與第一線督導者所持的理念有關,督導的進行多半傾向於「命令與監控」,而非「服務並支持」諮商人員。在「監控」導向(control orientation)下所進行的督導,通常較關注機構的政策與做法如何落實,並強調復健成果的成功與否(也就是案主是否能找到

工作，並維持就業狀態）。相對地，「支持架構」（supporting frame-
work）的督導強調諮商人員必須與案主發展有效的工作關係，以期最終
獲致成功的復健成果。雖然現有的研究對於州與聯邦方案中臨床督導的
實施多有所批評，非營利或營利復健機構中的臨床督導如何進行也有待
商榷，因為我們對於這些程序一無所悉。結果，由於缺乏正式研究去探
討復健機構中臨床督導的實施，使得我們對於督導實務現況的褒貶意見
相當分歧。

◀◀◀ 結構化發展模式 ▶▶▶

　　為瞭解一個專業的復健諮商人員，如何培養並維持其專業知能與統
整性的發展過程，我們需要一套概念架構。在呈現概念模式之前，我們
必須先對臨床督導做一番定義。以下的定義具功能性，且適用於專業的
探討範疇，臨床督導的定義為：

> 某一專業中的資深人員，為同一領域中較資淺人員所提供的介
> 入措施。此一關係具有評估性，需維持一段長時間，其目的在
> 於提升該名資淺人員的專業能力，並監控提供給案主的專業服
> 務品質；同時，對於即將進入該特定專業領域的人員，督導也
> 扮演守門人的角色。（Bernard & Goodyear, 1998: 6）

　　根據上述定義，臨床督導是個需要訓練有素的督導者執行的明確嚴
謹介入措施。因此，在臨床督導方面受過特定的教育訓練，便成為一項
基本條件。然而，無論在職前或繼續教育中的專業發展，督導的角色都
是相當關鍵性的。提供不當的臨床督導，可能使得諮商人員所提供的服
務品質欠佳，甚至導致案主的危機。

　　Maki 和 Delworth（1995）曾經提出結構化發展模式（structured de-
velopmental model, SDM）做為一個完整而相關的典範，其用意在於理

解諮商人員發展的歷程。SDM 是將 Stoltenberg 和 Delworth（1987）提出的整合性發展模式（Integrated Developmental Model, IDM）中的八個面向加以細部討論，藉以反映諮商實務。Stoltenberg 和 Delworth 認為，從第一階段諮商人員（Level-1 counselor），進展到第三階段統整者（Level-3 Integrated）的過程中，必須以相對系統化的方式，歷經八個面向或領域專業能力的學習。SDM 將這些面向分成兩個主要的類別：三個基礎面向，與五個過程面向。基礎面向對於每一位諮商人員都屬必須，分別是：對個別差異的敏銳度、理論導向與專業倫理。這前三大面向，為諮商人員進階到後續五個過程面向（process domains）的後設面向（meta-domains）。

　　五個過程面向代表傳統的個案服務流程，與復健諮商人員的功能相呼應，分別是：(1)人際評估（interpersonal assessment），亦即借用諮商關係評估社會技巧；(2)評量個別案主與其所處環境，將焦點放在其身心障礙如何對個人生活與功能造成影響，並整合心理計量程序與醫學諮詢；(3)個案概念化（case conceptualization），即整合人際評估與個別案主評量的資料，以形成提供案主服務的整體策略；(4)處遇目標與計畫；以及(5)介入策略。每一個過程面向，均含括互相關連的專門知識與技能，以協助諮商人員進行統整，進展至該模式的第四，也是最後的歷程，即第三階段統整者。該模式提供督導者達成臨床督導目標的遵循依據：提升諮商人員治療方面的知能，同時兼顧諮商人員的福祉。

　　以下將簡述該模式發展順序的輪廓，並定義先前所提到的各個階段。一般認為，如果督導者和實習、在職的諮商人員，都能瞭解這些發展順序與階段，對雙方都有好處，因為（第一線的）諮商人員，將來也有可能成為督導。這個概念模式能夠使得複雜而艱難的督導歷程，變得正常而更有效率。

　　該模式認為，在養成階段的諮商人員學習臨床諮商的過程中，必須經過四個階段。根據 Stoltenberg 和 Delworth（1987）提出的整合性發展模式，諮商人員在以下層面會持續改變，分別是：對自我與他人的認

294

知，動機與自主性。當諮商人員進展到不同階段時，各個面向的能力也隨之提升。

　　在第一階段時，諮商人員高度仰賴其督導，且學習動機強烈。他們會因為過度關注自己的諮商表現，過度注意自己的行為表現，以致忽略案主的感受。此一階段的諮商人員，受到督導方法或技術的影響極深，很可能透過模仿而學習適當的諮商技巧。

　　在第二階段，諮商人員就不會侷限於方法的使用，而將焦點逐漸轉向案主，並將個人風格融入諮商當中。諮商人員並開始對案主的情感與認知狀態，有較深的體認。在此階段，諮商人員需不斷努力培養對案主現實狀況的洞察能力，並根據案主的個別差異適度回應。由於技巧的精進，第二階段的諮商人員容易在仰賴督導與追求自主之間猶豫不決，動機開始游離。

　　第三階段的諮商人員，傾向與他們的督導者，和其他專業人員維持同儕關係（collegial relationship）。在此階段，諮商人員較能自在地表達自己的需求，或討論自己能力上的問題。此時的督導較具諮詢型態，並多半由諮商人員主動提出需求。第三階段的諮商人員，也較能展現對案主的同理心，並同時保持自我認知，具有清楚的專業界限（professional boundaries）。由於諮商人員此時發展出平衡的個人感知與專業認同，在動機方面也相對穩定。

　　經由 CORE 認證的復健諮商人員教育課程，其目的在培養諮商人員一定的職前基礎，能在日後成為可獨立作業的第三階段統整者。一般相信，要達到此一階段，必須透過畢業後的督導經驗與繼續教育。

◀◀◀ 臨床督導的實務議題 ▶▶▶

　　進行臨床督導時的首要考量，或許是對督導的性質與目的有清楚的瞭解。在專業發展前期接受臨床督導的新進諮商人員，可能在職場中會遇到與自己風格不同的督導者。在復健機構中，臨床督導的性質會因為

督導的訓練與經驗而有所不同，同時也與行政人員在督導過程中投入的程度有關。在某些情況下，諮商人員是否需要具備專業證照也是一項重要的考量。此時臨床督導的角色便格外重要，因為在專業認證的過程中，接受督導也是一個必要的環節（Stebnicki, 1998）。在某些公私立復健機構任職的復健諮商人員並不需取得專業諮商證照時，要接受專業督導便較為困難。在此情況下，復健諮商人員需要主動尋求工作場合以外的督導機會。

選擇適合的督導人員

復健諮商人員在尋求臨床督導時，所面臨的第一個問題通常是：「誰會是適當的臨床督導者？」，在大部分的情況下，機構都會指定機構內較具經驗的諮商人員擔任臨床督導。通常，由工作表現出色的復健諮商人員昇任，扮演督導角色（Crimando et al., 1986）。然而，工作績效良好的諮商人員，卻不一定能夠執行有效的督導。有意選擇臨床督導者的復健諮商人員，在選擇督導之前，需要從以下幾個點進行考量。首先，諮商人員必須考慮：(1)此人取得復健諮商人員認證的時間長短；(2)此人是否曾在研究所階段或工作期間，接受一定程度的臨床督導訓練；(3)此人提供直接臨床督導的時間長短；與(4)督導工作的性質。在認定有效督導所需的訓練和經驗方面，復健諮商人員資格認定委員會（CRCC）最近發展一項新的職稱，「合格復健諮商人員臨床督導」（Certified Rehabilitation Counselor-Clinical Supervisor, CRC-CS）（CRCC, 1999）。然而，由於專業人員缺乏興趣，這項職稱已不復存在（S. Gilpin, personal communication, September 2, 2002），以致無法提供復健諮商人員選擇適當臨床督導的專業機制，甚為可惜。於是有志從事臨床督導工作的復健專業人員，可尋求全國諮商人員資格認定委員會（National Board of Certified Counselors, 2002）所核發的臨床督導認可證（Approved Clinical Supervisor, ACS）。然而，意者需透過全國諮商師認證協會，取得心理衛生或臨床督導認證。要找到一名具有碩士學位的復健諮商督導，且在校期間修過

臨床督導的相關課程，是不太可能的事。但如前所述，復健教育諮議會已提議修改課程規範，若這項改變得以實施，未來的學生在完成經認證的復健諮商課程時，就需要接受臨床督導之訓練。目前，復健諮商人員可以透過專業的研討會與工作坊，獲得臨床督導的相關訓練。這些訓練活動大多是由諮商人員教育與督導協會（Association for Counselor Education and Supervision, ACES）所贊助舉辦，若復健諮商界在日後對臨床督導的訓練，產生進一步研究與專業的興趣，相關團體例如美國復健諮商協會與國家復健諮商協會，也將舉辦相關研習活動。

展開督導關係

在選擇適當的督導時，除了期待督導具備適當的經驗外，主要的考量應該放在該名督導是否能與被督導者建立良好工作關係。督導者與被督導者所形成之工作關係（working relationship）或結盟（alliance）的特質，可由以下三個要素加以觀察：(1)兩者間關係的緊密度；(2)兩者對於督導目標的共識程度；(3)為達成督導目標，兩者是否均同意完成某些工作（Bordin, 1983）。Bieschke 和 Herbert（2000）曾提出一個專業前的培訓模式（pre-professional training model），用以提升有效的工作結盟，該模式也適用於在職督導的情況。首先，督導者與被督導者應討論彼此的期待，以及對督導歷程進展的想法。督導者需詳述其理論導向、督導風格、評量過程，與督導實務相關的經歷為何。被督導者則需勾勒出所偏好的理論導向，以及在諮商技巧與案主議題方面需要哪些協助，並透過文獻閱讀，回顧過去的督導經驗與成果，使工作更有效率。同時，雙方必須擬訂清楚的書面計畫，詳載督導的性質與歷程，並在進行督導時，根據計畫內容處理產生的專業倫理和法律問題。

倫理與法律之考量

澄清督導進行的方式是相當重要的，其目的不僅在於將督導的本質具體化，也可以做為降低專業上業務過失的機制。在開始進行督導之

前，應該先討論業務過失（或疏失）的問題，因為督導者在法律上必須代表案主的利益，這稱為「歸責於上」（respondeat superior）。雖然是由諮商人員直接提供服務，但督導者必須監控其工作之進行，督導的功能就像「守門員」，在於確保服務的品質（Herbert, 1997）。在督導關係中，業務過失的構成涉及四個要素：照護法律責任（legal duty of care）、照護標準（standard of care）、傷害（harm），以及造成傷害的近因（proximate cause）（Guest & Dooley, 1999）。「照護法律責任」係指督導關係成立時，督導者與被督導者之間即存在隱含之契約，一旦沿用此一標準，督導往往就依據特定的專業準則，而擔負指定的照護責任。例如，「復健諮商人員專業倫理守則」（Code of Professional Ethics for Rehabilitation Counselors, CRCC, 2001）即包含幾項與督導有關的倫理標準。在該守則的 G 部分「教學、訓練與督導」中，就列有五項標準，規範復健諮商人員必須：(1)與學生或被督導者維持清楚的倫理、專業，與社會關係界限（p. 13）；(2)避免與被督導者發生性關係，或不能對其進行性騷擾；(3)對於擔任督導之領域，必須受過相關訓練，或具備專業經驗，以展現督導知能；(4)確保被督導者提供案主適切的復健諮商服務，以免造成案主的傷害；(5)在任用專業人員時，必須考慮應徵者是否達到適當的認證標準，以及其工作經驗、證照、修習之課程等。值得一提的是，若督導缺乏某一特定領域的知識或能力，或違背其他既有的倫理標準，將構成怠忽職守，基本上便可能為諮商人員的業務過失，提供合理的藉口。由於督導者與被督導者在潛在的職權有所不同（特別是當兩者同在一家機構共事時），督導關係可能會產生某些傷害。督導者若在所執行的工作領域中缺乏相關專業，或其專業不足以擔任督導時，一旦發生傷害自己或案主的情形，督導也必須負起責任。最後，「造成傷害的近因」係指督導的行為可能是造成案主或被督導者傷害的主要原因。

　　臨床督導者必須體認到，在講求法治的社會中，對於任何業務過失都需要採取預防措施，以避免其發生。一個安全的策略，便是發展督導

者與被督導者都同意,且能共同檢視的書面描述。書面描述的內容應包括督導服務的性質、評鑑過程、督導者在相關領域之能力、督導的費用、時段,以及督導者與被督導者的相關責任。 Blackwell、Strohmer、Belcas 和 Burton(2002)曾提供一份專業書面描述的範例。依照本身的能力,提供復健諮商人員專業而合乎倫理的督導,是臨床督導者的基本責任(Tarvydas, 1995)。最後,督導者必須留意在案主的諮商需求,與被督導者的專業發展之間取得平衡。

299

被督導者的評鑑

根據定義,臨床督導需要持續評量諮商人員的表現。在督導的情境中,督導者與被督導者對於採用何種方法來評量工作表現,需要取得共識。為了評價諮商人員的專業工作,督導必須評量復健諮商的知能與個案管理的相關技能。督導歷程的中心,便是瞭解諮商人員與案主的關係,如何影響其復健成果,基本上,這樣的認知必須來自對諮商時段(counseling sessions)的觀察。觀察可採用「延後法」(delayed methods),將案主與諮商人員的會晤加以錄影或錄音,或採用「現場法」(active methods),督導直接參與,並觀察諮商歷程。例如,在進行現場督導時,督導可直接並主動扮演「偕同諮商人員」(co-counselor)的角色,或扮演間接角色,不透過肢體語言的給予諮商人員回饋(例如,在觀察室中透過耳機瞭解諮商的進行)。督導也可以透過書面文件,或諮商晤談內容的逐字稿進行督導〔個案檢視法(case review methods)〕。由於督導方式的不同,可以預期的是,案主與諮商人員的互動程度,會因此而有所不同。例如,如果採用延後法,將諮商會晤的內容錄影或錄音,督導是否應評鑑全部或部分內容?督導若選擇只檢視某幾個時段的會晤,選擇的標準和評鑑的架構為何?督導的過程有時也會由相同領域的其他/多位督導共同參與〔團體督導(group supervision)〕,或邀集多個領域的人員共同參與〔團隊督導(team supervision)〕。若採用團體督導的形式,督導歷程將如何進展?何種程序將用以評鑑被督導者的表現?既然

在進行團體督導時，有許多不同的模式和相關工作（例如：Borders, 1991; Newman & Lovell, 1993），督導者必須提供架構，適時將回饋提供給團體中的成員，發展案例呈現（case presentations）的流程，並制訂團體成員必須遵守的個案資料保密與檢視規則。雖然臨床督導的方法，各有其優點與限制，但畢竟要選擇採用何種方法，還是需要考慮被督導者的需要，與督導者的能力，並取得案主的告知同意（informed consent）（Herbert, in press）。

300
　　督導採用何種方法發展諮商人員（被督導者）的能力固然重要，但仍不及臨床督導者用以評價被督導者的方式來的重要。Bernard 和 Goodyear（1998: 156-159），在回顧有效評價的相關文獻後，指出有效督導的進行，需包含以下幾個要素：

1. 認知到督導者與被督導者的關係是不平等的。既然督導牽涉評鑑的過程，難免對被督導者產生不利的後果。因此，督導者必須敏銳察覺被督導者的立場。
2. 被督導者在評鑑過程中所產生的防衛心態，應開誠佈公加以討論。為避免被督導者產生防衛心態，督導者應注意不加以重傷，並提供建設性的批評。在督導的過程中，督導者應檢視被督導者所表現之正面或負面的防衛行為，並加以適當處理。
3. 督導者必須做為被督導者的專業角色模範，持續地評價他們的專業發展，鼓勵被督導者參與評論，適時自我表露（self-disclosure），在持續評鑑被督導者專業發展的歷程中，提醒被督導者諮商專業不是一項既定事實，而是一個概念。
4. 不喜歡從事督導工作者，應避免擔任督導。若督導者本身認為，督導工作是令人沮喪、困難、缺乏成就感或痛苦的，則切勿督導其他人。正如筆者所云：「當被訓練者拒絕接受適當的督導與評鑑時，專業社群（professional community）的意識也將隨之消失」（p. 159）。
5. 在督導歷程中所引發的任何事件，均會對督導關係造成影響。督導可

能因為沒有效率而薄弱的督導關係，而隱瞞重要的評鑑資訊，而影響被督導者的專業發展。同樣地，受到扭曲或過於封閉的督導關係，也會對被督導者的評價產生負面影響（pp. 156-159）。

在對被督導者進行口頭或書面評鑑時，Larson（1998）建議督導者務求精確、提供具體回饋，並強調被督導者能力範圍之內可以改善之處。這些建議對於新進的復健諮商人員尤其中肯，因為他們正摸索如何與身心障礙者共事之道。新進的諮商人員，通常還未對於諮商技巧發展出穩定的自我效能，他們相信，好的諮商人員必須要能夠協助案主解決某些問題。例如，一名復健諮商人員在協助案主蒐集資料，或與潛在雇主面談時，感受到強烈的自我效能；然而，同一名諮商人員對於如何協助後天致障者處理憂傷與心理調適的問題，就不見得那麼有把握。雖然所面臨的問題因人而異，但新進諮商人員所面臨的一個共通問題，則是在與案主進行面質（confrontation）時缺乏自我效能。通常，新進諮商人員有意面質案主，卻擔心造成案主情感上更大的距離，而避免這麼做（Young, 1998）。為避免可能造成的疏離感，諮商人員會避免採取面質。由此可見，諮商人員的自我效能相當重要，因為將牽涉其是否能表達焦慮，進而影響諮商表現。有研究顯示，沒有經驗的諮商人員，自我效能可能較低，特別是諮商人員在面對新的情況，或面對曾經引發焦慮感的事例（Larson & Daniels, 1998）。此時，督導者需要展現較高的敏銳度，多提供正向回饋，以增強諮商人員的自我效能。正如 Daniels 和 Larson（2001）發現，提供正面的回饋，在提升新進諮商人員的自我效能方面尤其重要。為此，臨床督導者需要持續詢問被督導者，覺得自己知能以及有待改進的領域為何。相對地，經驗或能力較佳的諮商人員，傾向希望督導者以較為直接、平等的方式提供回應。當諮商人員的經驗從第一階段新進人員，進展至第三階段或「統整性」諮商人員時，督導者需要知道如何根據被督導者不同的能力水準，予以適當回應（Maki & Delworth, 1995）。有效的督導者必須體認被督導者的需求，會隨著專業發展階段的不同而

異,因此需要予以回應,藉此影響諮商人員的自我效能,甚而是諮商技能的發展。

與績效或功能不彰的督導者共事

　　先前的內容曾提及,被督導者在選擇一位合適的督導者時,需要考量哪些特質。如上所述,除非諮商人員與所在工作場合以外的督導者另立契約,否則督導者很可能從工作場合中就近提供。職場中的督導者是否瞭解並執行有效的臨床督導,在督導程序展開前是不得而知的。復健諮商人員可能被指派與績效或功能不彰(ineffective or impaired)的督導者共事。績效不彰的督導(ineffective supervisions)通常有以下特質:在進行督導時表現漠不關心的態度、拒絕尋求進一步的諮詢、同理心不足,與被督導者互動時,表現不耐與防衛心態(Watkins, 1997)。功能不彰的督導(impaired supervisions)通常是由於督導者本身行為或其他環境因素,以致無法履行督導職責(Muratori, 2001)。與能力不佳的督導者(incompetent supervisor)不同的是(能力不佳的督導者無法有效執行督導工作,但可進行其他教育訓練),功能不彰的督導者有時確實可有效執行督導工作,只是督導的能力稍差。雖然有研究指出,在復健諮商的臨床實習情境中,績效不彰或違反倫理的督導行為時而發生(Herbert & Ward, 1989; Stebnicki, Allen, & Janikowski, 1997),實務上是否也有類似情況,則不得而知。在研究所階段受過有效督導與訓練的新進專業人員,在進入職場之後,可能無法接收優質的督導。

　　雖然有關於功能不彰督導的文獻不多,但 Muratori(2001)提供一套有用的決策模式,可供被督導者因應績效或功能不彰的督導之用。該模式的關鍵部分,是要被督導者指出不當的督導行為,以及這些行為對於被督導者的影響。問題一旦釐清後,被督導者可參照合適的專業倫理準則,並找出哪些準則適用於解決督導功能不彰的問題,同時,諮詢其他同仁的意見也相當重要。對於合格復健諮商師(certified rehabilitation counselors, CRCs)而言,這是一項專業職責。

標準 K.2.a. 諮詢，當另一位合格復健諮商人員可能違反準則時，專業之職責為尋求諮詢，以決定是否有違反準則之事實。在此情況下，諮詢對象必須是熟悉倫理準則的復健諮商人員、同仁，或合適之主管機關，例如 CRCC、州立證照委員會，或法律諮詢單位。（CRCC, 2001: 19）

然而，此一規範僅是用於合格的復健諮商人員，萬一督導者並非合格的復健諮商人員，學生應繼續尋求諮詢經驗豐富或值得信賴的同仁。經過諮詢後，被督導者應列舉可採取的行動與步驟，首先是向督導者直接提出疑慮。當被督導者要針對督導者的專業行為提出面質時，Muratori 提出重要的一點，被督導者必須體認到，由於督導者與被督導者職權上的不同（特別是在專業前養成訓練階段），此舉可能引發懲處。為避免此一情況發生，較合理的做法應該是，先向同一工作場合中職權相當或較高的同仁徵詢意見。被督導者在描述個別情況時，應力求詳盡、客觀公正，避免批判或指控性的言詞。在所有情況下，針對問題行為的溝通，不應出現情緒化字眼，並避免攻擊督導者的個人特質（p. 53）。被督導者在決定是否向督導者提出面質的時候，應當仔細考量各種可行的方法，以及所涉及的風險。在決定採取某一項行動時，Muratori 建議應事先考慮以下問題：第一，一旦他人知道自己的行動後，被督導者是否能感覺自在？第二，當其他被督導者也遇到類似情況時，是否也值得提議他們採取同一做法？第三，一旦做出此一決定後，是否仍有其他疑慮？第四，不同督導者若在相同情況下，產生類似不當督導時，是否也應採取相同行動？無論採取何種行動，最終的建議是，將督導過程中的事件，以及與其他同仁的對話，均以書面記錄加以保存。雖然沒有人會希望被督導者經歷績效或功能不彰的督導，但鑑於目前實務上，績效或功能不彰的復健諮商人員可能存在，督導者與被督導者都必須採取適當行動，以解決此一問題。雖然行動有其困難，且令人感覺不自在，但忽略此一問題將是不合乎倫理，且不專業的做法。

303

結論

　　加強復健諮商人員臨床督導方面的訓練,已逐漸受到重視,無論在專業發展或持續研究上皆是如此。事實上,在過去五年內,對此一議題的關注已較過去進步。在復健諮商領域中,檢視不同單位(非營利、營利與州立/聯邦機構)臨床督導的現行做法十分重要,這樣有助於界定何謂有效的督導實務,並發展、評鑑,有效落實相關模式。此外,未來的研究也極需探討臨床督導的實施如何影響復健服務的成果。雖然從文獻中可以證實,合格的人員與成功的復健成果有一定之關係(例如,Szymanski, Herbert, Parker, & Danek, 1992),但我們仍無從瞭解,復健諮商督導如何促進其服務成果。一個重要的步驟,便是瞭解執行有效臨床督導所需具備的知識與技能,以及影響其知識技能的督導者與情境因素(Thielsen & Leahy, 2001)。在專業發展的歷程中,臨床督導仍是復健諮商實務的重要環節,但我們對於臨床督導的瞭解,目前仍處於起步階段。

第 十 七 章
行政、管理與督導

William Crimando ◉ 著

花敬凱 ◉ 譯

現代的復健組織中，每一個階段都會牽涉到管理。Fulmer（1988）將管理視為目標達成的過程，其中包含達成目標所需的知識，以及在組織中實際引導過程的人員。在復健組織中，管理者、行政人員與督導者有責任設計並維持其建制、取得並善用經費、人事與科技資源，以確保服務輸送的品質。若管理者、行政人員和督導者不能與直接服務的人員通力合作，復健組織的目標——也就是協助身心障礙者就業，改善其身心健康與生活品質——便無法達成。

雖然有些讀者認為將「行政」列為專章，放在復健諮商書籍中有些奇怪，但本書如此編排，有兩個重要原因：第一、研究顯示，一位諮商人員從新進人員到擔任督導者，為時相當短暫，大約只有十四個月左右（參考 Herbert, 1997）。不幸地，他們通常在沒有準備的情況下成為督導者（Edwards, 1999），迫使他們只能仰賴個人經驗與資源，或引導（組織運作的）文化（Frieberg, 1991），也就是「邊做邊學」。他們僅能憑藉過去擔任諮商人員所學到的方法去做事，但通常毫無建樹，抑或仿效先前督導的做法，但這些督導者可能也是訓練不足。Herbert（1997）所言甚是：「在當前的政治氣氛下，復健服務的傳輸與支持性方案都需要被嚴格檢視……對於行政人員、管理者與督導者而言，找出一套確保服務品質的方法是一件特別重要的事」（p. 246）。然而，誠如

Thompson（1992）所指：「當督導者缺乏知識技能，去營造且維持一個正向的工作環境時，工作生活的品質當然打折扣。結果呢？曠職、遲緩、人員替換、產能不佳、士氣低落……」（p. 16）。希望透過本章的介紹，鼓勵學有專精的諮商人員在尋求擔任管理職位的同時，也能充實管理方面的知識、技巧與能力。

第二、即使讀者無意進入管理或督導的相關領域，本章內容仍有其重要性。Matkin（1982）曾經提議，將行政與督導功能的培訓列為復健諮商人員專業課程的一部分。Herbert（1997）也指出，這樣的訓練能幫助復健諮商人員成為更好的管理知識消費者，亦即更能善用職場中所提供的指導、訓練、諮商，及其他服務管理。希望透過本章的介紹，能夠培養更多有管理知識的消費者。

本章除介紹復健行政、管理與督導等主題外，也針對第十六章「臨床督導」的內容加以補充。在探討行政與督導的過程中，首先將詳論管理的層級，以提供後續討論管理功能的背景知識，並舉例說明各個層級的活動。有關成功行政人員、管理者與督導者之行為特質的最新研究與實例報導，也將予以介紹。此外，鑑於復健諮商人員在擔任督導前很少受過相關訓練，但訓練確實有其重要性，本章將會以相當篇幅，探討教育訓練的需求與資源。

◀◀◀ 管理之層級 ▶▶▶

復健組織中，管理層級的數目各有不同。根據古典管理學（classic management）中「職權範圍」（span of authority）的原則，當組織愈大，就需要愈多階層的管理，才能夠有效率地執行工作。例如，各州職業復健系統每年可能要服務上萬個案主，因此需要非常龐大的組織，與較多的管理層級。從最頂端的中央行政組織開始，可能包括全州主管官員、一個或多個負責案主／實地服務或行政服務的主任、預算主任、規劃主任，以及其他高階行政人員。中階管理層級可能包括一到兩級的區

域管理者，負責協調各區的督導活動。最後，鄉鎮辦公室及個案工作督導，則負責各鄉鎮的日常業務。

另一方面，小型社區復健方案的管理型態，則傾向扁平化組織結構（flat organizational structure）（由於規模較小，管理層級少，因而稱之為「扁平」，相對地，管理層級愈多，則稱為「高層」）。這些方案的管理層級，可能從機構行政主管，直接到各單位督導者，而省略大型組織才有的中階層級。此外，由於財政因素，以及大型商業機構組織扁平化的趨勢，有些州的職業復健系統，也開始朝組織扁平化的方向努力。

大體上，高階行政人員所從事的活動與行為，由於範圍較廣，需要較長的時間加以執行，對於組織的影響，也較基層的督導者來得大。相對地，督導者則影響最低層次的管理功能（functions of management，將於下一段落探討）。因此，由於督導者是最接近消費者的管理階層，他們的各項活動與上層管理者同等重要。

◀◀◀ 管理功能 ▶▶▶

目前固然已有許多管理活動分類的方法，但 Crimando、Riggar、Bordieri, Benshoff 和 Hanley-Maxwell（1989; 參考 Riggar, Crimando, & Bordieri, 1991）所提出的分類方法，雖與其他方法類似，但較為明確，且適用於人類服務（human services）之相關領域。Crimando 等人和Riggar 等人均提到，所有的管理活動都可以分成五種功能，分別是：規劃（planning）、組織（organizing）、帶領（leading）、評鑑（evaluating），與人員配置（staffing），這些功能的意義詳述如下：

規劃

規劃是決定組織所預期達到的成果，並決定採取哪些行動最可能達成目標的歷程。規劃活動包括進行需求評估（needs assessment）、發展長程及短程目標，也包括提出執行計畫，以及預算與評鑑方式之規劃。

308

如前所述,高層行政人員所負責的規劃活動,其範圍不同於基層督導者。高層行政人員一般負責組織整體的長期策略規劃、發展預算與其優先順序,督導者則負責發展目標與執行計畫,同時為所屬單位提出預算需求。個別督導者的努力,必須與高層行政人員配合,以確保(1)雙方整合出的計畫確實符合策略規劃的目標;(2)各單位的計畫能彼此協調一致;以及(3)個別計畫有其合理性,與任務相關,並合乎倫理、法令,與財務的規範。

組織

組織是為達成目標,而指派管理者督導工作進行的系列活動,同時需強調企業內部的橫向與縱向協調與聯繫。第一線督導者所負責的組織活動,通常是指派工作給每一位員工,以及所屬單位與其他單位的協調。高層行政人員所負責的活動,則包括發展組織圖,這類工作需要較多的紙上作業,因為需要將組織內的工作,依照職務、職稱與單位的不同加以分配,並決定溝通、權責、監控與組織的動線,以確保各單位能通力合作。近來,有若干文獻(例如,Kinney, 1996; Montgomery, Hendricks, & Bradley, 2001; Morgan, 1997)提出以下觀點,將組織視為一個系統,其運作必須遵循系統原則(Kim, 1999),若缺乏系統思考,則是忽略現代組織日益複雜化,與外界環境競爭日益激烈的想法。

帶領

帶領是在組織中,涉及兩人或多人的內在或外顯社會契約(implicit or explicit social contract)。換句話說,便是以一個人的力量去影響他人的行為,以達成組織的目標。近來,文獻將「交易型領導」(transactional leadership)與「轉換型領導」(transformational leadership)加以區隔,前者係指對員工的表現給予直接而立即的獎懲(Bass & Avoglio, 1994),而轉換型領導則是指領導者:

激勵同僚與部屬以嶄新觀點看待自己的工作，激發員工對團隊組織任務與願景的認知，並幫助同僚及部屬發揮最大潛能，且在顧及自身利益之餘，同時追求團隊的利益。（Bass & Avoglio, p. 2）

文獻也將領導和管理加以區隔，將兩者視為互不隸屬的功能。然而當我們探討復健行政人員、管理者與督導者的有效行為時，卻可以發現他們同時執行「交易型領導」與「轉換型領導」，並同時扮演領導者和管理者的角色。在組織中，從高層行政人員到基層諮商人員、員工，甚至消費者，都可能成為領導者。高層行政人員的任務之一，便是確保組織中的領導者，都具有同一的方向。

評鑑

評鑑有時被視為一種「控制」，評鑑是為使組織運作更有效率，並決定其運作成效，而發展並實施一套機制的過程。在復健組織中，管理功能應以方案評鑑系統（program evaluation system）或成果管理系統（outcomes management system）為重。Posavac 和 Carey（2003）將方案評鑑定義為：

（方案評鑑）是一套用以決定人類服務是否需要，以及可能被使用的方法、技巧與敏感度，其目的在於決定服務是否能滿足消費者的需求，服務的提供是否依照原先的計畫，服務是否以合理的代價幫助有需要的人，且不會產生無法接受的副作用。（p.1）

實施方案評鑑的技術層面，通常交由專業的方案評鑑人員執行。然而，決定復健組織中要使用哪一套方案評鑑系統，這樣的系統是否符合組織的任務與目標與各方案的需求，卻屬於管理者的職權。此外，高層

行政人員應該確立評鑑的方向與優先重點順序,各層級的管理人員,也應當善用方案評鑑的回饋資料。

人員配置

人員配置的過程,是透過適當而有效的遴選、考核與人力資源發展,使組織的架構和目標得以運作,並幫助員工充分扮演在組織架構中的既定角色。Schmidt、Riggar、Crimando 和 Bordieri(1992)詳述人員配置的活動如下:

- 人力資源規劃(human resource planning):預期未來的企業與環境需求,並設法滿足應運而生的人事需要。
- 工作分析:從各種來源蒐集、評鑑與記錄有關特定職位的資訊。
- 招募(recruitment):在就業市場中找到並吸引有能力且有意願擔任特定職缺的人。
- 遴選(selection):選擇適當的人員填補職缺。
- 環境導引(orientation):向新進員工簡介其督導、職務與工作分組。
- 督導(supervision):以面對面、直接的方式,規劃並指導屬下員工的工作活動。
- 訓練與發展(training and development):提供員工正式與非正式的學習經驗,使他們能有效率而安全地執行目前與未來的工作。
- 工作表現之考核(performance appraisal):確認並衡量員工的表現,以做為決定員工留任、升遷、薪資與訓練需求的依據。
- 個別化計畫與安置(individual planning and placement):整合人員配置過程中的各項活動,諸如評量個人潛能、設立目標、生涯諮商、工作輪調,並為遭解雇員工介紹新職所進行的諮商(outplacement counseling)。

從實務的觀點來看,以上所列舉的活動中,前幾項的活動較具全面

310

性，且多由高層行政人員或中階主管執行。後幾項活動則與各業務單位的員工息息相關，且通常由第一線督導者或助理執行。

◀◀◀ 監督、管理與行政特質 ▶▶▶

在本書的較早版本（1997）中，Herbert 曾指出督導者、管理者和行政人員所需具備的行為特質，在此不加以複述，但讀者可逕行參閱。在最近的文獻中，也舉出一些重要的行為特質。本章所探討的文獻，大部分是根據權威性的實地報導（authoritative reportage）與個人軼事（personal anecdotes），僅有少部分是根據相關主題的實徵性研究。然而，實地報導與個人軼事仍有其價值，並可提供實徵性研究若干基礎。

311

Thompson（1992）曾舉出下列行為特質：包括允許員工參與問題解決和決策過程、認可並獎勵優良表現、提供員工所需的支持、提供成長與發展之機會、尊重員工的尊嚴與獨特性、鼓勵創意，以及讓員工以自己的工作為榮。Lisoski（1998）指出勇氣、個性與說服力（conviction），是一個傑出督導者需具備的條件。他認為勇氣的具體表現，包括對員工的能力有信心而願意冒險、對於不受歡迎的決定負起個人責任，以及保護員工免於受到上級無預警的責難；個性為具有做出困難決定所需的價值觀與道德感，並確保這些決定得以付諸實行；根據 Lisoski 的說法，所謂說服力則是「在艱難的情況下，仍堅守其立場」（p. 11）。Weiss（1998）則指出，促進有效的溝通，是成功督導的基礎，其次是予以具體的指導。此外，若干學者也提到保持清楚認知的重要性：Seidenfeld（1998）提到，有效的督導者必須花時間瞭解員工，以清楚認知個別員工的表現，與所遭遇的困難；Kaplan（2002）則指出，成功的執行者必須認知到自己的優勢與弱點。雖然大部分的作者都同意，讚美是激發動機的好方法，McCormack（2000）卻堅稱，督導者在使用讚美或批判時，需要同樣小心。Sforza（1997）認為，利用員工的恐懼心態以激發動機，各有其利弊得失，但 Waddell 和 Waddell（1997）則不以為然。

Seidenfeld（1998）則探討，對待員工的行為需公平一致，相關討論也可見於〈公平性孕育有效督導〉（Fairness breeds effective supervision, 2001）一文中。Seidenfeld（1998）也提出一個似乎互相矛盾之建議，認為在真誠關懷之餘，仍需保持距離。最後，Macoby（1997）指出，業務成功的關鍵在於建立信任，也就是說，信任員工、並讓員工感覺值得信任。

與 Herbert（1997）看法一致的是，目前似乎缺乏實徵性研究，探討特定的督導者行為特質，與組織關鍵任務成果的關連性。但確有證據顯示，不良的督導者基本上與員工的退縮行為，和組織人事變動有關（參考 Barrett, Riggar, Flowers, Crimando, & Bailey, 1997）。Tepper（2000）發現，認為員工愈是覺得督導者是個濫權的人，離職的可能性也就愈高。較可能離職的員工還具有以下特質，包括對工作的投入感低，以及對工作與生活感覺滿意度低，同時在工作與家庭之間，感受較大的心理壓力。Stout（1984）發現，認為督導者經常表現體貼行為（包括信任、尊重與溫暖）的員工，對於工作有較高的滿意度，當員工認為督導者願意以結構化的方法傳授秘訣（例如，提供團體活動的指導）時，則工作壓力會相對降低。在一項較新的分析結果中，Barrett 和 Crimando（1996）初步認為，督導者的提供結構化教導的同時，若不予以員工授權，對於員工的工作滿意度會產生負面影響。最後 Yoon 和 Thye（2000）則發現，督導者的支持與組織和同仁的支持呈現正面的相關性。

由此可見，研究的關注焦點，仍是放在督導者行為與工作滿意度、支持、心理壓力，員工或組織表現等環境因素的前後關係上。的確，由於在實際職場中，很難以隨機抽樣控制（研究中的）干擾變項，因此很難說督導者行為特質，與員工表現有何因果關係。

◀◀◀ 督導與行政之準備 ▶▶▶

鑑於僅有少數的復健行政人員、管理者和督導者，在缺乏正規訓練

的情況下，便擔任第一線的督導工作，訓練的重要性不言可喻。管理的角色需要具備技術的、人際的、概念的技巧，同時必須考量組織中不同層級的管理與組織的性質。但諮商人員在學習的過程中，僅會學到其中的部分技巧。

課程需求

　　根據長期回顧復健相關期刊內容的結果，職業復健機構行政人員的在職訓練需求時而相似，時而不同。無論任何職位，有些核心知識、技術和能力，經常是文獻所探討的主題，有些知識技能則較不常被提到，其原因與調查對象不同，和政治、經濟、社會、科技環境的改變有關。最早發表的訓練需求評估，是由 Hutchinson、Luck 和 Hardy（1978）所進行的研究。他們發現最迫切的訓練需求，通常是培養管理人事問題的能力。在一項由 Matkin、Sawyer、Lorenz 和 Rubin 於 1982 年進行的研究中，發現以下依輕重緩急排列的訓練需求：方案規劃與評鑑、財務管理、公共關係、一般人事管理、產品管理、專業管理、行銷、勞動關係，研究與出版。 在 Menz 和 Bordieri（1986）針對 1,600 名機構主任、助理主任，與方案管理者所做的調查中，將共通的訓練需求分成三大類，其中包括以下知識技能領域：組織規劃；商務運作，例如生產效率與合約發展等；社區印象與募款；人事行政與管理；管理技術；資訊系統的取得、控制與運用；核心勞動力的有效運用；行政責任；風險規避與控制；財務流程；機構物理空間設計與設備配置；以及組織的永續性、一貫性與穩定性。

　　Mount 和 Schumacker（1991）根據數個州或區域職業復健機構工作人員的看法，舉出研究所課程的需求應該包含的八項內容領域，分別是：員工的管理、發展與督導；問題解決；員工關係與溝通；預算編列；員工表現之評鑑；目標發展；管理理論與實務；方案評鑑。最新的研究（Barrett, Flowers, Crimando, Riggar, & Bailey, 1997）也反映出約略一致，但有些許不同的訓練需求。Barrett 等人訪查 295 位社區復健機構

313

的行政人員，發現以下的訓練需求：團隊建立、溝通技巧、法律／倫理
議題、社會安全工作補償金、個案量管理、壓力管理、權利倡導、時間
管理、方案評鑑、有效的員工督導、社區本位方案之管理、領導統御、
品質控制、公共關係與行銷、工作表現之考核、策略規劃，以及管理資
訊系統等等。

教育機會

　　復健專業人員可經由若干來源獲得從事行政、管理、督導相關職位
所需的知識、技術與能力。其中包括職前訓練，以及工作經驗中各種正
式與非正式的學習機會（Stephens, & Knapp, as cited in Herbert, 1997）：

314

* 全美國各大專院校提供的職前培訓方案，有時會與碩士班階段的復健
諮商課程互相結合，或單獨開設課程。第一個研究所階段的復健行政
研究課程，於 1957 年在南伊利諾大學 Carbondale 分校（SIUC）成立
（Barrett et al., 1997）。Herbert（1997）指出，復健行政課程存在至
今，雖有超過四十年的歷史。但在此期間，復健諮商課程增加的速
度，卻遠超過行政課程增加的速度。事實上，行政課程的數目有減少
的趨勢。在 1988 年， Riggar、Crimando、Bordieri 和 Phillips 指出，
全美共有十個復健行政相關課程。但根據全國復健教育諮議會 2001 到
2002 年的最新名錄記載，全美授予復健行政學位的大學只有四個，分
別是 SIUC、賀夫斯特拉大學、德瑞克大學，以及聖地牙哥州立大學。
此外，喬治華盛頓大學與維吉尼亞聯邦大學，則授予復健領導（reha-
bilitation leadership）的學位。威斯康辛大學 Stout 分校與伊利諾大學，
則授予行政相關領域的學位。

　　目前全美各州為有志受雇成為復健諮商人員的人士，提供若干教
育標準，但並未相對提出督導者與行政人員應達到之標準。再者，目
前提供復健行政相關認證的大學數量仍然不多。事實上，Herbert
（1997）曾指出，雖然對於復健行政認證的授予，各有其正反意見，

「但國家復健行政協會（National Rehabilitation Administration Associ-
ation，現更名為全國復健領導協會（National Association of Rehabilita-
tion Leadership）的成員們，並無強烈意願落實相關標準」（p.257）。
在缺乏標準的情況下，有意選擇課程方案者，應多加比較各大學開設
的復健行政課程內容（課程內容可從兩門課外加實習，到八門課外加
實地經驗的完整內容）。選擇課程時，應考量現有職位的要求，並考
慮課程的統整性、學術嚴謹度、價格合理性，以及課程可近性（acces-
sible program delivery）等因素。

- 「從做中學」，或較普遍的「邊做邊學」方式，較適合不願或無法參
與大學所提供的長期、廣泛課程的人（Herbert, 1997）。這樣的培訓
型態範圍很廣，從非正式的在職經驗，或由督導者扮演示範或教練的
角色（Riggar, Crimando, & Pusch, 1993; Viranyi, Crimando, Riggar, &
Schmidt, 1992），到類似工作輪調與見習機會、組織內部提供的在職
培訓機會，甚至是由組織內人力資源發展單位所提供的正式課程。在
各州職業復健機構或非營利組織任職的行政管理人員，也可以參與復
健繼續教育方案（Rehabilitation Continuing Education Program, RCEP），
或所屬社區復健方案所提供的進修機會；RCEP 通常最適合提供相關
課程（Riggar & Hansen, 1986）。某些行政人員，或未來的行政人員，
也可到奧克拉荷馬大學的「國家復健行政與領導研究院」（National
Executive Leadership Institute in Rehabilitation），選讀相關認證課程。
或結合職前與實務經驗的方式，修讀 SIUC 或維吉尼亞聯邦大學的復
健行政或領導碩士課程。

315

　　職前訓練或邊做邊學的經驗孰優孰劣，並不是二選一的問題。對於
復健行政人員或督導者而言，取得復健行政的碩士學位，並不代表盡到
獲得並保有能力的責任。正如 Riggar 等人（1993）所言，「學習永無止
境」，也就是說，培養有能力的督導者、管理者和行政人員，是一持續
的過程。這些作者主張，要在復健組織中培養學習的文化，並將每個嶄

新的情況都視為學習的經驗。他們指出，唯有如此，「才能確保組織的永續生存與成功」（p. 38）。

若不將線上學習（on-line learning）或e化學習（e-learning）視為廣泛遠距教育典範（distance education paradigm）的一部分，對於復健督導者或行政人員教育訓練的討論，便不夠完整（Rosenberg, 2001）。廣義來說，遠距教育是指將教學傳送給校園以外地域的學生，因此必須包含一套課程傳輸系統，使教師能在校園以外的某一中心點進行教學。同時包括函授課程、可供各教室播放的教學錄影帶，以及目前相當普遍的網際網路課程。「復健議題彙編」第 28 期（28th Institute on Rehabilitation Issues, 2002）曾列舉遠距教育的前景與危機。在報告中提到的優點包括：方便在職工作者（就近學習）、促進「終身學習」，並增加偏遠地區人士接觸（課程內容）的機會。至於其他優點，以網際網路課程為例，可以「隨時隨地進行教學」。Rosenberg（2001）曾舉出在商界推行e 化學習的十一項優點，包括降低培訓成本、提升商業反應能力、課程內容及時可靠、通用性（亦即透過通用的網際網路協定或瀏覽器傳輸課程，p. 31），以及可延展性（只要有網路建制，將課程傳輸給一萬個人，就像傳輸給十個人一樣容易）。

儘管有以上優點，我們還是可以用樂觀的態度，對線上學習和遠距教育提出疑慮。有幾項研究顯示，線上與一般課程的效果並無顯著差異（例如，Gange & Shepherd, 2001; Johnson, 2002; Johnson, Aragon, Shaik, & Palma-Rivas, 2000）。然而，無法發現顯著差異，可能是研究設計不良的問題，但通常也可能真的沒有顯著差異。1999 年「高等教育政策研究院」（Institute of Higher Education Policy, 1999）曾指出這些研究的缺點，包括：沒有控制干擾變項，因此無法進行因果關係的推論；沒有採用隨機抽樣；結果的測量缺乏信效度；對於師生的感覺態度之操弄不當。此外，「復健議題研究院」第 28 期（2002）也警告，e化學習革命可能使特定族群，例如身心障礙者或文化不利者的權益被忽略。

很清楚地，若希望透過線上方式，提供督導者與行政人員教育訓練，

就必須充分利用網際網路和電腦的特性來進行課程設計（參考Rosenberg, 2001），並遵循教學系統設計（Clark, 1995）、成人學習（Knowles, 1990）、教學訊息設計（instructional message design）（Fleming & Levie, 1993），以及全方位方案設計（universal program design）（28th Institute, 2002）的原則，消費者（包括在學和即將入學的學生，與職業復健機構）也應提出相對應的要求，唯有如此，線上學習的前景才能實現。

◀◀◀ 結論 ▶▶▶

　　本章對於復健行政、管理與督導之議題加以統整性探討（但仍嫌不足），並回顧管理的功能、行為特質與培訓需求。但礙於篇幅，本章尚未探討在管理運作環境中正在轉變的議題與因素。這些議題包括：目前立法上分歧的法律與政治觀點（Riggar, Flowers, & Crimando, 2002）；管理知識應用在跨世代、跨文化環境中與日俱增的重要性，職場中新的壓力因素，例如911事件所引發的恐懼心態、日漸增加的職場暴力（Barrett, Riggar, & Flowers, 1997），以及對管理普遍存在的不信任態度，這些議題無疑由於報紙近來報導倫理上與信託上的錯誤行為，而更加被渲染；其他議題還包括科技進展所衍生的顧慮，包括電腦安全性、電子化監控（electronic monitoring）與知識管理（knowledge management）。每一項議題，都對於同時需要履行日常規劃、組織、領導、評鑑與人員配置功能的復健行政人員、督導者與管理者，形成獨特而有待克服的挑戰。

317

附錄A
復健領域常見名詞縮寫

花敬凱 ◉ 譯

◀◀◀ 精選之組織 ▶▶▶

ACA	美國諮商協會	American Counseling Association

▌ ACA 各分會 ▌

AAC	諮商評量協會	Association for Assessment in Counseling
AADA	成人發展與老年協會	Association for Adult Development and Aging
ACCA	美國大學諮商協會	American College Counseling Association
ACEG	政府諮商人員與教育工作者協會	Association for Counselors and Educators in Government
ACES	諮商人員教育與督導協會	Association for Counselor Education and Supervision
AHEAD	人本教育與發展協會	Association for Humanistic Education and Development
AMCD	多元文化諮商與發展協會	Association for Multicultural Counseling and Development
AMHCA	美國心理衛生諮商人員協會	American Mental Health Counselors Association
ARCA	美國復健諮商協會	American Rehabilitation Counseling Association

ASCA	美國學校諮商人員協會	American School Counselor Association
ASERVIC	諮商靈性、倫理與宗教價值協會	Association for Spiritual, Ethical and Religious Values in Counseling
ASGW	團體工作專家協會	Association for Specialists in Group Work
IAAOC	國際毒癮與犯罪者諮商人員協會	International Association of Addiction and Offender Counselors
IAMFC	國際婚姻與家庭諮商人員協會	International Association of Marriage and Family Counselors
NCDA	國家生涯發展協會	National Career Development Association
NECA	國家就業諮商協會	National Employment Counseling Association
NRA	國家復健協會	National Rehabilitation Association

NRA 的分會

NAIL	國家獨立生活協會	National Association for Independent Living
NAMCRC	國家多元文化復健諮商協會	National Association of Multicultural Rehabilitation Concerns
NARI	國家復健教師協會	National Association of Rehabilitation Instructors
NARS	國家復健秘書協會	National Association of Rehabilitation Secretaries
NASPPR	國家私人復健服務提供者協會	National Association of Service Providers in Private Rehabilitation
NRAA	國家復健行政協會	National Rehabilitation Administration Association
NRAJPD	國家復健就業安置與發展協會	National Rehabilitation Association of Job Placement Development
NRCA	國家復健諮商協會	National Rehabilitation Counseling Association
VEWAA	職業評估與工作調適協會	Vocational Evaluation and Work Adjustment Association

其他組織

| AA | 酗酒者匿名組織 | Alcoholics Anonymous |

AAMFT	美國婚姻與家庭治療協會	American Association of Marriage and Family Therapists
ACRM	美國復健醫學總會	American Congress of Rehabilitation Medicine
APA	美國心理協會	American Psychological Association
Division 17	17 分會──復健心理學	Rehabilitation Psychology
Division 22	22 分會──諮商心理學	Counseling Psychology
ARA	美國復健協會	American Rehabilitation Association
ARC	復健諮商聯盟	Alliance for Rehabilitation Counseling
ARC	智障公民協會	Association for Retarded Citizens
ASHA	美國聽語學會	American Speech-Hearing Association
BIA	腦傷協會	Brain Injury Association
CARP	加拿大復健專業人員協會	Canadian Association of Rehabilitation Personnel
CMSA	美國個案管理學會	Case Management Society of America
CSAVR	州立職業復健行政人員協會	Council of State Administrator, of Vocational Rehabilitation
FRER	復健教育暨研究基金會	Foundation for Rehabilitation Education and Research
IALCP	國際生活照護規劃學院	International Academy of Life Care Planners
IAPRS	國際心理社會復健服務協會	International Association of Psycho-social Rehabilitation Services
NAMI	全國心理疾病聯盟	National Alliance of Mental Illness
NANWRW	全國非白人復健工作者協會	National Association of Non-White Rehabilitation Workers
NARPPS	全國私立復健機構服務提供者協會	National Association of Rehabilitation Professionals in the Private Sector
NCIL	全國獨立生活協會	National Council on Independent Living
NCRE	全國復健教育協會	National Council on Rehabilitation Education
NOD	全國身心障礙組織	National Organization on Disability
PVA	美國癱瘓之退伍軍人	Paralyzed Veterans of America
RESNA	北美復健工程學會	Rehabilitation Engineering Society of North America
WHO	世界衛生組織	World Health Organization

320

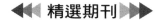

◀◀◀ **精選期刊** ▶▶▶

APM&R	《生理醫學與復健檔案》	Archives of Physical Medicine and Rehabilitation（ACRM）
AR	《美國復健》	American Rehabilitation（RSA）
IJRR	《國際復健研究學刊》	International Journal of Rehabilitation Research
ITD	《資訊科技與身心障礙》	Information Technology and Disabilities
JARC	《應用復健諮商學刊》	Journal of Applied Rehabilitation Counseling（NRCA）
JCD	《諮商與發展學刊》	Journal of Counseling and Development（ACA）
JJP	《工作安置學刊》	Journal of Job placement（NRAJPD）
JR	《復健學刊》	Journal of Rehabilitation（NRA）
JRA	《復健行政學刊》	Journal of Rehabilitation Administration（NRAA）
JRRD	《復健研究與發展學刊》	Journal of Rehabilitation Research and Development（DVA）
JVR	《職業復健學刊》	Journal of Vocational Rehabilitation
RCB	《復健諮商學報》	Rehabilitation Counseling Bulletin（ARCA）
RE	《復健教育》	Rehabilitation Education（NCRE）
Rehab BRIEF	《將研究帶入有效實務》	Bringing Research Into Effective Focus（NIDRR）
RP	《復健心理學家》	Rehabilitation Psychologist（APA Division 17）
VEWA BULLETIN	《職業評估與工作調適學報》	Vocational Evaluation and Work Adjustment Bulletin（VEWAA）
VR&CPR	《職業復健與諮商專業人員評論》	Vocational Rehabilitation and Counseling Professional Review

◀◀◀ **資格認定機構／證明文件** ▶▶▶

AASCB	美國州立諮商人員執業證照委員會	American Association of State Counselor Licensure Boards

ACS	經認可的臨床督導	Approved Clinical Supervisor
CAC	合格的勒戒諮商人員	Certified Addictions Counselor
CCM	合格個案管理人員	Certified Case Manager
CCMC	個案管理員資格認定委員會	Commission for Case Manager Certification
CCMHC	合格的心理衛生諮商人員	Certified Clinical Mental Health Counselor
CCRC	合格的加拿大復健諮商人員	Certified Canadian Rehabilitation Counselor
CCWAVES	工作適應與職業評量專家資格認定委員會	Commission on Certification of Work Adjustment and Vocational Evaluation Specialists
CDE	合格身心障礙檢驗人員	Certified Disability Examiner
CIRS	合格的保險復健專家：現更名為合格身心障礙管理專家（CDMS）	Certified Insurance Rehabilitation Specialists: now known as Certified Disability Management Specialist（CDMS）
CIRSC	保險復健專家資格認定委員會：現更名為身心障礙管理專家資格認定委員會（CDMSC）	Certification of Insurance Rehabilitation Specialists, Commission: now known as Certification of Disability Management Specialists, Commission（CDMSC）
COPA	中學後學術認證協會	Council on Postsecondary Accreditation
COTA	合格的職能治療助理	Certified Occupational Therapy Assistant
CRC	合格復健諮商師	Certified Rehabilitation Counselor
CRCC	復健諮商人員資格認定委員會	Commission for Rehabilitation Counselor Certification
CRC-MAC	合格復健諮商師——具勒戒諮商碩士學位	Certified Rehabilitation Counselor — Master's in Addition Counseling
CRRN	合格並已註冊的復健護士	Certified Rehabilitation Registered Nurse
CVE	合格職業評量人員	Certified Vocational Evaluator
FACP	美國醫師學會會員	Fellow of the American College of Physicians
FACS	美國外科醫師學會會員	Fellow of the American College of Surgeons
LPC	具有執照專業諮商人員	Licensed Professional Counselor

LPCC	具有執照的專業臨床諮商人員	Licensed Professional Clinical Counselor
LPMHC	具有執照的專業心理衛生諮商人員	Licensed Professional Mental Health Counselor
MAC	具碩士學位的勒戒諮商人員	Master Addictions Counselor
NBCC	全國諮商人員資格認定委員會	National Board for Counselor Certification
NCC	全國合格諮商師	National Certified Counselor
NCCC	全國合格生涯諮商人員	National Certified Career Counselor
OTR	經註冊的職能治療師	Registered Occupational Therapist
PT	物理治療師	Physical Therapist
PTA	物理治療師助理	Physical Therapist Assistant
RPRC	在加州註冊的專業諮商人員	Registered Professional Counselor — California

322

◀◀◀ 認證機構 ▶▶▶

CACREP	諮商與相關教育方案認證委員會	Commission on the Accreditation of Counseling and Related Educational Programs
CARF	復健設施認證委員會	Commission for Accreditation of Rehabilitation Facilities
CLCP	合格生活照顧規劃人員	Certified Life Care Planner
CORE	復健教育諮議會	Council on Rehabilitation Education
JCAHO	健康照顧組織認證聯合委員會	Joint Commission on the Accreditation of Healthcare Organizations

◀◀◀ 政府／法律名詞 ▶▶▶

ABA	建築物障礙法案	Architectural Barriers Act
ADA	美國身心障礙者法案	Americans with Disabilities Act
ADAAG	美國身心障礙者法案可及性指導原則	Americans with Disabilities Act Accessibility Guidelines
ATBCB	建築與運輸障礙申訴委員會	Architectural and Transportation Barriers Compliance Board
CAP	案主扶助方案	Client Assistance Projects

CDC	疾病管制中心	Center for Disease Control
CIL	獨立生活中心	Center for Independent Living
CRA	民權法案	Civil Rights Act
DBTAC	身心障礙商務與技術支援中心	Disability Business and Technical Assistance Centers
DOE	教育部	Department of Education
DOJ	司法部	Department of Justice
DOL	勞工部	Department of Labor
DOT	運輸部	Department of Transportation
DOT	《職業分類典》	Dictionary of Occupational Titles
DVA	退伍軍人事物部	Department of Veterans Affairs
DVR	職業復健部	Division/Department of Vocational Rehabilitation
EEOC	平等就業機會委員會	Equal Employment Opportunity Commission
FCC	聯邦通訊委員會	Federal Communications Commission
GAO	主計辦公室	General Accounting Office
GOE	職業探索指引	Guide to Occupational Exploration
HEW	衛生、教育與福利部	Department of Health, Education and Welfare
HHS	健康與人類服務部	Department of Health and Human Services
HUD	住宅與都市發展部	Department of Housing and Urban Development
IDEA	身心障礙者教育法	Individuals with Disabilities Education Act
IEP	個別化評量／教育計畫	Individual Evaluation/Education Plan
IL	獨立生活	Independent Living
ILR	獨立生活復健	Independent Living Rehabilitation
ILRU	獨立生活研究之應用	Independent Living Research Utilization
IWRP	個別化書面復健計畫	Individual Written Rehabilitation Plan
JAN	職務再設計資源網	Job Accommodations Network
NARIC	國家復健資源中心	National Rehabilitation Information Center

323

NCD	國家身心障礙協會	National Council on Disability
NCHRTM	國家復健訓練教材文獻交換所	National Clearinghouse on Rehabilitation Training Materials
NCMRR	國家醫療復健研究中心	National Center for Medical Rehabilitation Research
NIDRR	國家身心障礙與復健研究機構	National Institute on Disability and Rehabilitation Research
NIH	國家健康機構	National Institute of Health
NIMH	國家心理衛生機構	National Institutes of Mental Health
NOD	國家障礙組織	National Organization on Disability
OPM	人事管理辦公室	Office of Personnel Management
OSEP	特殊教育方案辦公室	Office of Special Education Programs
OSERS	特殊教育與復健服務辦公室	Office of Special Education and Rehabilitation Services
OSHA	職業衛生與安全行政局	Occupational Health and Safety Administration
PCEPD	美國總統設立之身心障礙者環境委員會	President's Commission on the Environment of Persons with Disabilities
PWI	與產業合作專案	Projects with Industry
QRP	合格的復健專業人員	Qualified Rehabilitation Professional
RCEP	區域性繼續教育方案	Regional Continuing Education Program
R&D	研究與發展（研發）	Research and Development
RSA	復健服務局	Rehabilitation Services Administration
RTC	研究與訓練中心	Research and Training Center
SSA	社會安全局	Social Security Administration
SSDI	社會安全身心障礙保險	Social Security Disability Insurance
SSI	安全生活補助金	Supplemental Security Income
UAF	隸屬於大學的設施	University Affiliated Facility
VA	退伍軍人局	Veterans Administration
VBA	退伍軍人福利局	Veterans' Benefits Administration
VHA	退伍軍人健康局	Veterans' Health Administration
VR&C	職業復健與諮商	Vocational Rehabilitation and Counseling
WID	世界身心障礙機構	World Institute on Disability

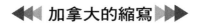

加拿大的縮寫

ACW	經學術認證之復健工作者	Accredited Rehabilitation Workers
CARP	加拿大復健專業人員協會	Canadian Association of Rehabilitation Professionals
CCA	加拿大諮商協會	Canadian Counselling Association
CCC	加拿大合格諮商師	Canadian Certified Counsellor
CCRC	加拿大合格復健諮商師	Canadian Certified Rehabilitation Counsellor
EAPD	身心障礙者就業協助	Employment Assistan for People with Disabilities
EPF	聯邦暨省安排與建立方案財務法案	Federal-Provincial Arrangements and Established Programs Financial Act
HRC	人權規則	Human Rights Code
ILRC	獨立生活資源中心	Independent Living Resource Centres
RRP	註冊之復健專業人員	Registered Rehabilitation Professional
VRDP	身心障礙者職業復健法	Vocational Rehabilitation of Disabled Persons Act

324

其他名詞

ATI	性向與處遇之互動	Attitude-treatment interaction
ATP	輔助科技專業人員	Assistive Technology Professional
CAI	電腦輔助教學	Computer-assisted instruction
CEU	繼續教育單位	Continuing education unit
CLM	個案量管理	Caseload management
DD	發展性障礙	Developmental disability
DSM-IV	心理異常診斷與統計手冊第四版	Diagnostic and Statistical Manual-4th ed.
EAP	受雇者扶助方案	Employee Assistance Program
EASI	公平取得軟體與資訊	Equal Access to Software and Information
ICD	國際身心障礙中心	International Center for Disability
ITV	互動電視	Interactive television
LDL	遠距學習	Long-distance learning

LTD	長期身心障礙	Long-term disability
OJE	工作崗位上之評量／在職評量	On-the-job evaluation
OJT	工作崗位上之訓練／在職訓練	On-the-job training
PDR	醫師用桌上型參考工具	*Physician's Desk Reference*
RCE	復健諮商人員教育	Rehabilitation counselor education
RCT	復健諮商人員訓練	Rehabilitation counselor training
RFP	專案計畫申請	Request for proposals
RTW	返回工作	Return to work
SGA	實際而有益之活動	Substantial gainful activity
TDD	聾人用電子通訊設備	Telecommunication Devices for the Deaf
TTY	電傳打字機	Teletypewriters
VDARE	職業診斷與剩餘就業能力之評估	Vocational Diagnosis and Assessment of Residual Employability
VE	職業專家	Vocational Experts

附錄 B
復健諮商的實務範圍

花敬凱 ◉ 譯

◀◀◀ I. 前言 ▶▶▶

1. 實務範圍之敘述,在於界定需要提供肢體、心智、發展、認知及情緒障礙者的有效復健諮商服務,以及專業人員需要具備的知識與技能。這些知能也含括在專業認證機構所制訂的標準中。

2. 復健諮商的中心領域,涉及若干復健領域與相關服務流程(例如職業評量、職務開發與就業安置、工作適應、個案管理)。復健諮商的領域,是復健專業中的一環,雖以諮商為中心,但與相關諮商領域有所不同。

3. 復健諮商實務領域,同時也與個人實務範圍有所區隔,雖有重疊,但較專業範圍更為專門。個人實務範圍的根基,是源自於個人教育方案或工作經驗中所獲得的知能與技巧。在倫理上,個人也應依循其實務範圍。

◀◀◀ II. 隱含之價值 ▶▶▶

1. 促進身心障礙者在社區與就業中的獨立、統整與融合。

2. 相信所有人的尊嚴與價值。

3. 透過調整展現公平、正義,使所有人享有平等之參與權利。並致力為身心障礙者倡導權益,並賦予身障礙權利,使他們能夠達到自我擁護之境界。

4. 強調人類功能的整體性,並透過以下技術,促進整體功能之利用:

   • 科際整合團隊。

   • 協助維持整體觀點的諮商。

   • 致力於在個人所處的家庭系統與社區中提供諮商。

5. 承認並重視個人資產的重要性。

6. 強調整合與統整性，消費者與復健諮商人員共同規劃之服務輸送模式。

◀◀◀ III. 實務範圍之敘述 ▶▶▶

復健諮商是一種系統性的過程，將諮商技術運用於服務歷程中，以協助生理、心理、發展、認知，或情緒障礙者在最融合的環境中，達成其個人、生涯與獨立生活的目標。諮商過程透過自我倡導，以及社會心理、職業、社會和行為上的介入，涵蓋溝通、目標設定，以及有效益的成長或改變。在復健諮商過程中所使用的特殊技術和形式有許多，但最常用的是下列幾種：

327

- 評估與衡鑑。
- 診斷與診斷計畫。
- 生涯（職業）諮商。
- 著重於幫助個人調適身心障礙所造成之醫學和心理社會影響的個人與團體諮商治療活動。
- 個案管理、轉介與服務統整。
- 方案評鑑與研究。
- 進行適當介入，以排除環境、就業，以及態度方面的阻礙。
- 牽涉多方與法律系統的諮詢服務。
- 工作分析、職務開發與安置服務，包括協助就業與職務再設計。
- 提供復健科技相關之諮詢與轉介服務。

◀◀◀ IV. 精選之定義 ▶▶▶

本附錄提供下列定義之目的，在於增進對復健諮商實務範圍敘述中，特定關鍵名詞與觀念之瞭解：

- **考核**（appraisal）：利用評量個人之態度、能力、成就、興趣、個人特質、障礙、心理、情緒與行為異常的工具，加以選擇、施測、計分，並解釋其結果。同時也包括採用藉由個人調適情境改變所採取行為之方法與技巧。
- **診斷與處置計畫**（diagnosis and treatment planning）：評量、分析、並提供心智、情緒，與行為狀況及障礙的診斷性描述，探索可能的解決策略，發展並執行促進心智、情緒、心理社會適應與發展的處遇計畫。診斷及處遇計畫不應被解釋為復健諮商人員在未經教育訓練的情況下，可執行任何行動。

- **諮商處遇介入**（counseling treatment intervention）：認知、情意、行為，
  以及系統諮商策略之應用，同時包括應用人類行為之發展、健康、病理，與
  多元文化原則。此種介入特別是在專業的諮商關係中進行，包括（但不限
  於）：個別、團體、婚姻、家庭諮商與心理治療；針對個人心理、情緒與行
  為異常與障礙的診斷性描述和處遇；促進正常成長與發展之輔導與諮詢，包
  括教育與生涯發展；利用功能性評量與生涯諮商，協助個人適應障礙或殘障
  情況；轉介、諮詢與研究。
- **轉介**（referral）：評估並指出被諮商者的需要，以決定是否可建議轉介給其
  他專家，根據所做出之判斷，提供被諮商者相關建議，並予轉介方進行適度
  溝通。
- **個案管理**（case management）：是一種結合諮商與管理概念技巧的系統化
  程序，透過使用本於直覺的技巧，以及經研究證實之方法，以提升決策的效
  果與效率，並主動針對自我、案主、環境，以及其他相關因素，進行功能性
  之管控。在個案管理中，諮商人員的角色著重於晤談、諮商、規劃復健方案、
  協調服務，與重要他人互動、安置案主並進行追蹤、監控案主之進步，與解
  決問題。
- **方案評估**（program evaluation）：決定規劃之方案所造成的結果或改變，
  將實際之改變（結果）與預想之改變（陳述之目標）進行比較，並找出活動
  （規劃之方案）造成改變之程度。
- **研究**（research）：以系統化方式蒐集、分析與解釋量化或質化資料，並描
  述個人或組織間的社會特質、行為、情緒、認知、障礙、心理異常，和人際
  交流如何互動。
- **諮詢**（consultation）：應用諮商與人類發展的科學原理與程序提供協助，以
  瞭解並解決被諮詢者與第三方（包括個人、團體與組織）之間，現有與潛在
  之問題。

328

附錄 C
復健諮商人員專業倫理準則

花敬凱 ◉ 譯

2001 年 6 月為 CRCC 所採納以執行會內復健諮商人員之認證

準則生效日期：2002 年 1 月 1 日

由復健諮商人員認證委員會（CRCC®）所發展與執行

地址：1835 Rohlwing Road, Suite E Rolling Meadows, Illinois 60008

電話：（847）394-2104　網址：http://www.crccertification.com

◀◀◀ 前言 ▶▶▶

　　復健諮商人員致力於促進身心障礙者個人、社會與經濟之獨立。為履行上述承諾，復健諮商人員應與相關人員、方案、機構，以及服務輸送體系通力合作。復健諮商人員所提供之服務，需在復健諮商實務範圍內（參見實務範圍之文件），並需體認無論作為或不作為，均會促進或損害（案主之利益）。復健諮商人員必須遵守倫理準則，並確保這些準則得以落實。復健諮商人員專業倫理準則（以下稱該準則）便為達成上述之目標而訂定。

　　該準則關注與尊重之基本精神，是基於五項倫理行為之原則，包括自主（autonomy）、追求利益（beneficence）、避免傷害（nonmaleficence）、正義（justice）與忠誠（fidelity），其定義如下：

自主：尊重個人決定之權利。

追求利益：維護他人之好處。

避免傷害：不損及他人之利益。

正義：公平、以平等之方式給予他人。

忠誠：忠心、誠實、信守承諾。

**　　復健諮商人員主要需對其案主負責。根據該準則之定義，所謂案主是指接**

受復健諮商人員服務之身心障礙者。不論直接與案主接觸，或提供間接服務，復健諮商人員均需遵守該準則。有時，復健諮商服務之對象可能包括身心障礙者以外的案主，例如學生族群。在所有情況下，根據該準則之規定，均需負起對案主的責任。

　　該準則之基本目的，在於提升公眾福利，並詳列復健諮商人員被期待遵守之倫理行為。該準則中可執行的標準（enforceable standards），視為一般與特殊情況之處理提供指南，並做為處理針對認證人員之專業倫理申訴案件之依據。

　　違反該準則之復健諮商人員將為懲處行動之對象。由於合格復健諮商人員的權限乃由復健諮商師資格認定委員會（CRCCR）所授與，CRCC 將對違規者保留取消權限之權利。規範性懲處措施的執行，依違反準則的情節輕重而定。所有規範性行動執行，均依據已公佈之程序。懲處之目的，是確保在申訴程序及依法公平保障的架構下，該準則得依適當方式加以落實。

◀◀◀ 倫理實務之可執行標準 A 部分：諮商關係 ▶▶▶

A.1 案主福祉

a. 案主之定義：復健諮商人員主要需對案主負責。案主之定義為，接受復健諮商人員服務之身心障礙者。

b. 復健與諮商計畫：復健諮商人員應與案主合作，發展並修訂統整、個別化之復健與諮商計畫。其內容包括符合案主能力與情況，實際且雙方同意之目標。

c. 生涯與就業需要：復健諮商人員協助案主考量之就業目標，必須符合案主之整體能力、職業限制、體能限制、心理限制、一般性格、興趣與性向、社會技巧、教育、一般資格、文化，及案主其他相關特質與需求。復健諮商人員不應讓案主處於可能損及案主、雇主，及大眾利益與福祉之情況。

d. 自主：復健諮商人員應尊重案主之自主權，若行動出於非自願，將損及案主之自主性。代替案主所做之決定，應謹慎為之。復健諮商人員有責任為案主的權益代言，並盡快恢復其自主權。

A.2 尊重多元性

a. 尊重文化：復健諮商人員需對案主的文化背景表示尊重。

b. 介入：復健諮商人員在發展與調整介入與服務時，必須將案主的文化觀點考慮在內，並認清案主所面臨之外在障礙，可能阻擾其達成有效之復健成果。

c. 禁止歧視：復健諮商人員不應對不同年齡、膚色、文化、障礙類別、種族、宗教、性傾向、婚姻地位，與社經地位的案主採取歧視措施。

A.3 案主權益

a. **對案主的告知事項：** 當諮商開始，以及整體諮商歷程中，復健諮商人員應告知案主（以書面與口頭形式為佳），有關諮商人員的認證資格、即將提供之服務目的、目標、方法、程序、限制、潛在風險，以及其他適當資訊。復健諮商人員應採取步驟，確認案主瞭解診斷之意涵、欲使用之測驗與報告、費用與收費程序。案主有權利：(1)期待其資料對特定人士保密，包括督導或處遇團隊中的專業人員；(2)取得個案紀錄中的清楚資訊；(3)主動參與復健諮商計畫的發展與實施；以及(4)在被告知拒絕接受服務的後果之後，決定是否拒絕或接受服務。

b. **第三方轉介（third party referral）：** 當復健諮商人員經第三方請求，與案主直接聯絡時，必須向其所直接聯絡之所有具有法定權利的各方人員（legal parties），定義其關係與角色。直接聯絡在此定義為任何書面、口語，以及電子形式之溝通。具有法定權利的各方人員包括案主、法定代理人、轉介之第三方，以及主動涉入相關復健服務之法律人員。

c. **間接服務之提供：** 受雇於第三方，擔任個案諮詢者或專家證人，以及負責與身心障礙者溝通之復健諮商人員，應向身心障礙者充分表明他們在諮商關係中的角色與限制。溝通包括任何口語及書面形式，不論使用何種通訊工具。當（機構）無意直接提供身心障礙者復健諮商服務時，復健諮商人員則無溝通或表明角色限制之必要。做為個案諮詢者或專家證人時，復健諮商人員應提供客觀、不偏頗之意見。復健諮商人員擔任專家證人時，應針對其涉入過程與結論，以個案註記或記錄之形式保留書面文件。

d. **選擇之自由：** 在可能範圍內，復健諮商人員應給予案主選擇之自由，決定是否進入諮商關係，或要求專業人員停止提供諮商服務，並充分解釋案主的選擇所受之限制。復健諮商人員應告知案主及其法定監護人，決定是否接受復健服務時，應考量哪些相關因素，並於確認案主及法定監護人得知相關因素後取得書面紀錄，顯示案主及法定監護人已被告知。

e. **無法予以同意之情事：** 輔導青少年，或無法自願提供知後同意之案主時，復健諮商人員應取得法定代理人之書面知後同意。當法定代理人不存在時，復健諮商人員應行動，以採取維護案主最佳利益。

f. **將重要他人牽涉其中：** 復健諮商人員應於適當時機，幫助案家瞭解服務內容，並將案家或重要他人涉入服務當中，成為正向資源。將案家或重要他人涉入服務前，必須先確認案主或其法定監護人之同意。

334

A.4 個人需要與價值觀

在諮商關係中，復健諮商人員應體認諮商關係所伴隨之責任義務，對案主

333

保持尊重,且不得為滿足個人之需要而犧牲案主利益。

A.5 與案主之親密性關係

a. 目前之案主:復健諮商人員不得與案主有任何型態之親密性關係,亦不得對與之發生性關係者提供諮商服務。

b. 以往之案主:復健諮商人員不得在諮商關係終止後五年內,與案主發生親密性關係。復健諮商人員若於諮商關係終止五年後,與案主發生性關係,需詳細檢視並證明,此一關係不具利用與剝削性質。所考量之因素包括諮商關係持續之時間,諮商關係開始至今為期長短、終止的情況、案主個人歷史與婚姻狀況、對案主的負面影響,以及諮商人員在諮商關係結束後,提議與案主展開性關係之計畫。復健諮商人員在與以往之案主發生性關係之前,應諮詢同儕的意見。

A.6 與案主之非專業關係

a. 潛在之傷害:復健諮商人員應體認,他們所處之地位對案主有影響力,且不得利用案主之信任和依賴。復健諮商人員應盡力避免涉入與案主有關之任何非專業關係,因而影響其專業判斷,或增加案主受到傷害之風險(此類關係之例包括家庭、社會、財務、商業,與案主之親密個人關係、志工關係,或受雇於案主主動接受服務之場所,但不以上述關係為限)。當非專業關係無法避免時,復健諮商人員應採取適當之專業預防措施,例如知後同意、諮詢、督導與書面記錄,以確保其判斷不受影響,且無利用與剝削(案主)之情事發生。

b. 上司與下屬關係:復健諮商人員的案主,不得與之在行政、督導、或評鑑方面具有上司或下屬關係。

A.7 多位案主

當復健諮商人員同意提供諮商服務給兩人以上有相互關係者(例如夫妻或親子)時,復健諮商人員應表明案主是誰,並闡明其他人與案主之間的關係。若復健諮商人員的角色在關係中顯然有衝突時,應加以澄清、調整,並適時抽離。

A.8 團體工作

a. 篩選:復健諮商人員應對團體諮商／治療的參與者加以篩選。在可能的範圍內,復健諮商人員應選擇的成員,其需要與目標應與團體目標一致,不會阻撓團體之進行,且不會因為團體經驗而危害其福利。

b. 保護案主:在團體情境中,復健諮商人員應採取合理之預防措施,以保護案主免於身心之危害。

A.9 終止服務與轉介

a.禁止遺棄： 復健諮商人員不得於諮商中遺棄或忽略案主。復健諮商人員為使處遇在某些必要時機，例如假期或停止追蹤時，得以持續，應做適度之安排。

b.無法協助案主： 若復健諮商人員無法持續提供案主專業之協助，應避免進入或立即終止諮商關係。

c.適當之終止： 復健諮商人員得終止諮商關係之適當時機包括——取得案主同意時、有合理而清楚的理由認為案主無法再藉由服務得益時、案主不再需要服務時、諮商不再符合案主之利益時、費用無法給付時（根據本準則 J 部分之規定）。

d.終止時之轉介： 復健諮商人員應對轉介資源有充分認識，並能夠建議適當之替代方案。若案主拒絕所建議之轉介，復健諮商人員有權不持續諮商關係。

A.10 電腦科技

a.電腦之使用： 當電腦設備被應用於諮商關係中，復健諮商人員應確保(1)案主在智能、感情，與體能上能夠使用電腦設備；(2)電腦之應用合乎案主之需求；(3)案主瞭解電腦設備之使用目的與操作程序；以及(4)提供後續追蹤，以指正案主之錯誤概念、不當之使用方法，並評估後續需求。

b.解釋其限制： 復健諮商人員應確認案主瞭解電腦科技之使用，為諮商關係之一部分，並適時解釋使用之限制。

c.取得電腦設備： 復健諮商人員應在諮商關係中，提供取得電腦設備之合理管道。

◀◀◀ B 部分：保密原則 ▶▶▶

B.1 隱私權

a.尊重隱私： 復健諮商人員應尊重案主的隱私權，避免在違法或不經授權的情況下，洩漏保密資料。

b.案主之棄權： 復健諮商人員應尊重案主，或其法律上認可之代理人，放棄隱私權之權利。

c.例外情形： 復健諮商人員對資料之保密，不適用於以下情形：為避免案主與他人遭受立即而明確之危險，依法要求保密資料需揭露時。復健諮商人員對於例外情形的有效性產生疑慮時，應徵詢其他專業人員之意見。

d.傳染性與致命疾病： 復健諮商人員應瞭解，在法律裁量的範圍內，他們依法必須透露傳染或致命疾病之情事。在法令許可之範圍內，得知該類資訊之復健諮商人員，應確認案主之疾病是否具傳染性與／或致命性。在法令許可的

336

337

情況下，復健諮商人員得將資訊透露給第三方，他／她與案主之接觸，是否造成疾病傳染之高度風險。在透露資訊之前，復健諮商人員應確認案主尚未將其疾病情事告知第三方，且案主無意在短期內告知第三方。

e. **法庭上之強制透露：**當法庭強制在未獲案主同意的情況下，透露隱私資訊時，復健諮商人員得以會造成諮商關係中案主的潛在傷害為由，請求不需透露隱私資訊。

f. **最低限度之透露：**在必須透露保密資訊的情況下，復健諮商人員只需透露必要之資訊。在可能的情況下，案主應被告知其保密資訊將被揭露。

g. **解釋其限制：**當諮商服務展開與服務的過程中，復健諮商人員應告知案主，保密原則有其限制，並指出保密原則必須被打破之必要情況。

h. **工作環境：**復健諮商人員應盡力維持工作環境中的保密原則，並確保職員、被督導者、事務助理與志工保護案主的隱私。

i. **處遇團隊：**若處遇過程中，有必要與其他團隊成員分享案主的資訊，案主必須在團隊形成時，隨即被告知此一事實。

j. **案主之協助者：**當案主由一位提供協助之人員（例如：口譯員、保育員等）陪伴時，復健諮商人員應確認該名人員被告知保密之必要性。

338

B.2 團體與家庭

a. **團體工作：**在進行團體工作時，復健諮商人員應清楚界定保密原則，以及進入特定團體需注意的事項、解釋其重要性，並討論在團體工作中，涉及保密原則之相關限制。在團體中無法保證完全保密之事實，也應與團體成員清楚溝通。

b. **家庭諮商：**在進行家庭諮商時，關於某一家庭成員的資訊，在未經同意的情況下，不得對其他成員透露。復健諮商人員應保護個別家庭成員的隱私權。

B.3 紀錄

a. **依規定之紀錄：**復健諮商人員應依照法規或機構之程序，在提供專業服務之同時，保存必要之紀錄。

b. **紀錄之保密：**復健諮商人員有責任對於其撰寫、保存、轉移或銷毀之紀錄，維持其安全性與保密性，無論紀錄是以書寫、錄音、電腦化，或其他形式加以儲存。

c. **允許記錄或觀察：**復健諮商人員應取得案主的許可，並以書面文件記載之，始可進行諮商時段的電子錄音（影）或觀察。在輔導未成年人，或無法自願給予知後同意者時，則必須取得監護人的同意。

d. **案主調閱：**復健諮商人員應體認，保存諮商紀錄是為了案主之利益。除非法

339　律加以禁止，當案主要求調閱相關紀錄時，應允提供。當紀錄中資訊涉及敏感或對案主不利時，復健諮商人員應向案主適度解讀資訊。當紀錄涉及多位案主時，所調閱之紀錄內容不得包括其他案主之保密資訊。

e. **透露或移轉**：復健諮商人員應取得案主的書面同意，始可將紀錄透露或轉移給法定之第三方，但 B.1 中所列舉之例外情況則不在此限。

B.4 諮詢

a. **尊重隱私權**：在諮詢關係中所取得的資訊，僅能就專業目的，和與個案有關之人員進行討論。書面與口頭報告中呈現之資料，應與諮詢目的有密切關係，並應盡力保護案主之身分，以避免不必要之侵犯隱私權。

b. **合作之機構**：在分享資訊之前，復健諮商人員應盡力確認，提供案主服務之其他機構，也能對資料有效保密。

B.5 其他溝通方式

　　復健諮商人員應盡力確認，在利用其他溝通方式（例如：傳真、行動電話、電腦與視訊會議）進行資料交換時，其方式能確保案主之隱私。若無法確保隱私，則需取得案主或監護人之同意。

◀◀◀ C 部分：擁護與可及性 ▶▶▶

C.1 擁護

340　a. **態度之障礙**：復健諮商人員應努力消除態度上的障礙，包括對身心障礙者的刻板印象與歧視，並提升個人對身障者的認知與敏銳度。

b. **協同合作機構之擁護**：復健諮商人員應對合作機構對案主所採取之行動保持警覺，並擁護案主權益，以確保服務之有效提供。

c. **充權**：復健諮商人員應提供案主適當資訊，並同時在個人和組織層次上，支持案主自我擁護之努力。

C.2 可及性

a. **諮商實務**：復健諮商人員應瞭解在實務工作中，必須採取哪些必要的調整措施，並提供身心障礙者無障礙的設施與服務。

b. **可及性之障礙（barriers to access）**：復健諮商人員應發現案主在物理環境、溝通與交通上面臨之障礙，並與相關公私立部門進行溝通，並排除其障礙。

c. **轉介之可及性（referral accessibility）**：做為身心障礙者的代言人，復健諮商人員在轉介案主之前，應確認案主可適時接觸方案、設施或職場。

◀◀◀ D 部分：專業責任 ▶▶▶

D.1 專業能力

a. **能力範圍：**復健諮商人員應執行其能力範圍所及之工作。所謂能力範圍是根據其教育訓練、接受督導之經驗、全州與全國性專業認證，與適當之專業經驗。復健諮商人員應致力於提升知能、個人認知、（專業）敏感度，與服務案主之技巧。復健諮商人員不應對案主錯誤解讀其角色與能力。 *341*

b. **轉介：**復健諮商人員應視案主需要，適時將案主轉介給其他專業人員。

c. **新專門領域之實務：**復健諮商人員唯有在接受適當的教育訓練與督導經驗後，始可執行新專門領域之業務。在發展新專門領域之技能時，復健諮商人員應採取步驟維持其工作能力，以免案主遭受可能之傷害。

d. **資源：**復健諮商人員應確保諮商歷程中使用資源之有效性與可靠性（例如：網路連結、治療使用之圖書等）。

e. **合乎資格之任職：**復健諮商人員只應接受與本身教育訓練、被督導經驗、全州及全國性專業認證，與適當專業經驗相符之職位。復健諮商機構在遴聘人員時，也只應遴聘在能力上符合專業復健諮商職位之人員。

f. **成效之監控：**復健諮商人員應採取合理步驟，尋求同儕督導，以評估他們做為復健諮商人員之效能。

g. **倫理議題諮詢：**當復健諮商人員對於他們的倫理責任或專業實務有疑慮時，應採取合理步驟，尋求其他復健諮商人員，或相關專業人員的諮詢。

h. **繼續教育：**復健諮商人員應參與繼續教育，以對於領域內活動的最新科學性及專業性資訊，維持合理程度之認知。他們應採取步驟，維持使用技巧的能力，對於新技術抱持開放態度，並發展、維持與所服務之多元／特殊族群共事之能力。

i. **失能情況：**當復健諮商人員在身體、心理，與情緒上的問題，可能傷害案主和其他人時，應重新評估終止其專業服務之提供。他們應尋求協助以解決問題，必要時應限制、暫停或終止其專業責任。 *342*

D.2 倫理標準

a. **法律與倫理之衝突：**在不違背倫理準則的情況下，復健諮商人員應遵守相關法令與判決之規範。若發現兩者有衝突時，應立即尋求諮詢和建議。

b. **法令之限制：**復健諮商人員應熟悉並遵守提供案主服務之法令限制，並與案主討論這些限制與相關益處，以促進公開、誠實之溝通，並避免不切實際之期待。

D.3 廣告與騷擾案主

a. **正確的廣告方式：**復健諮商人員所做的廣告應受限制。復健諮商人員進行廣告，以及向大眾推廣其服務的方式，應以正確無誤、不誤導、不欺騙的方式，介紹其認證資格。復健諮商人員呈現其學歷時，應提及本身在相關領域中取得之最高學位，以及授予學位之學院或大學，是否為該地區高等教育認證委員會所認可。

b. **證詞：**復健諮商人員在採用證詞時，不應造成案主或其他人的困擾，因為其特殊情況，可能因無謂之影響而受到傷害。在採用完全揭露之證詞時，應取得案主或監護人的知後同意。證詞的採用應有特定的時間和目的。

c. **他人所做之陳述：**復健諮商人員應採取合理步驟，以確保他人對於他們或復健諮商專業所做的陳述之正確性。

343 d. **透過就業之招募：**復健諮商人員不應以機構職銜，或與雇主之關係為名，為其私人業務招募案主、被督導者，以及被諮詢者。

e. **產品與訓練之廣告：**復健諮商人員若發展與其專業相關之產品，應主持相關工作坊，以確保該產品或事件廣告之正確性，並提供消費者適當資訊，幫助他們在知情的情況下做出選擇。

f. **對服務對象所做之推廣：**復健諮商人員不應利用諮商、教學、訓練與督導關係，以欺騙之方式推廣其產品或訓練活動，以免造成無謂之影響或傷害。復健諮商人員可為教學之目的，經授權改編教科書。

D.4 專業認證

a. **專業認證之聲稱：**復健諮商人員應聲稱自己具有之專業認證，並有責任澄清他人對其專業認證之誤解。專業認證包括：諮商及相關領域的研究所學位、研究所課程學分證明、全國性證照、政府所核發之證明或執照，以及其他對公眾表明其諮商方面專門知識和專業能力之認證。

b. **認證之指南：**復健諮商人員應遵守由認證核發單位訂定之認證使用指南。

c. **認證之錯誤呈現：**復健諮商人員對其專業能力之陳述，不應超越其認證之內容，亦不應以其他復健諮商人員缺乏認證為由，否定其專業能力。

d. **其他領域的博士學位：**復健諮商人員若取得諮商或相關領域的碩士學位，卻取得非諮商相關領域之博士學位，則不應以「博士」之頭銜執行其業務，亦不應對外聲稱所取得之博士學位，與他們現職復健諮商人員之關係。

344 ### D.5 合格復健諮商人員（CRC）之認證

a. **以 CRCC 名義之行動：**合格復健諮商人員的言談、寫作，和行事方式，不應使人誤信該名諮商人員正式代表 CRCC，除非獲得該委員會的書面認可。

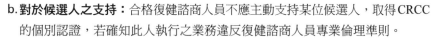
b. **對於候選人之支持：**合格復健諮商人員不應主動支持某位候選人，取得CRCC
的個別認證，若確知此人執行之業務違反復健諮商人員專業倫理準則。

D.6 公共責任

a. **性騷擾：**復健諮商人員不應涉入性騷擾。性騷擾在此定義為，與專業活動或
角色有關之性侵犯、身體之僭越，以性為本質之語言或非語言舉止，其行為
是：(1)復健諮商人員知道或被告知，該行為不受歡迎、有侵略性，並製造工
作場合中的惡意；(2)行為之嚴重性與強度，足以使場合內的人合理認為已構
成騷擾。性騷擾包括嚴重及強烈的單一行為，或多個持續與侵犯性之行為。

b. **對第三方之報告：**復健諮商人員應以準確、及時、客觀之方式，對適當之第
三方報告其專業活動與意見。所謂第三方包括法院、健康保險公司、接受評
估報告之人員，或其他人員。

c. **媒體呈現：**當復健諮商人員以公開講演、展示、電台或電視節目、預錄影帶、
印行之文章、郵寄資料，或其他媒體提供建議或評論時，應採取合理之事先
防範，以確保(1)所做之陳述基於適當之專業諮商文獻與實務；(2)所做之陳述
符合復健諮商人員專業倫理準則；(3)資訊的接收者不會被鼓勵而做出推論，
認為專業復健諮商關係已經建立。

d. **利益衝突：**復健諮商人員不應利用其專業職位，取得不正當之個人好處、性
關係之滿足、不公平之優勢，以及不勞而獲之商品與勞務。 *345*

e. **不誠實：**復健諮商人員不應從事任何不誠實之行動，或在專業活動中有欺瞞
性質之行為。

D.7 對其他專業人員之責任

a. **貶抑之評論：**復健諮商人員不應以貶抑的語氣討論其他專業人員或機構的能
力，或復健計畫之發現、使用之方法，或計畫之品質。

b. **個人之公開陳述：**在公開場合做個人陳述時，復健諮商人員應加以澄清，他
們的言論謹代表個人觀點，不代表所有復健諮商人員，或整個專業。

c. **由他人服務之案主：**當復健諮商人員得知案主與其他復健與處遇專業人員有
持續之專業關係時，應取得案主同意，告知其他專業人員，並盡力建立正向
之專業合作關係。檔案回顧（file reviews）、額外意見之服務（second-opinion
services），以及其他間接服務，不應被視為持續性專業服務。

◀◀◀ E 部分：與其他專業人員之關係 ▶▶▶

E.1 雇主與員工之關係

a. **負面情況：**復健諮商人員應提醒雇主可能干擾或傷害諮商人員之專業職責，

以致侷限工作績效之情況。

346
b.**評鑑：** 復健諮商人員應定期向督導者，或雇主之適當代表，提交檢核與評鑑報告。

c.**歧視：** 復健諮商人員，不論為雇主或員工，均應以公平之方式，進行招募、升遷與訓練。

d.**剝削之關係：** 復健諮商人員不應以督導、評鑑，或教學控制之權威，涉入與對方之剝削關係。

e.**員工政策：** 當復健諮商人員對政策擬訂有其關鍵性影響的情況下，應嘗試以具建設性的行動，影響組織內部之改變。當無法對改變產生影響時，復健諮商人員應採取適當的進一步措施，包括轉而求助於具有適當認證，或全州性執照之組織，或終止其現職。

E.2 諮詢

a.**以諮詢做為意見：** 復健諮商人員得就其案主之情況，選擇具專業能力之人士進行諮詢。復健諮商人員於選擇諮詢者（顧問）時，應避免讓諮詢者（顧問）處於利益衝突之情況，並排除延請提供案主適當協助之任一方人士擔任諮詢者（顧問）。復健諮商人員所處之工作環境，若與諮詢標準有所妥協時，應徵詢其他專業人員之意見，並考慮正當之替代做法。

b.**諮詢之能力：** 復健諮商人員應合理地確認，本身或所代表之組織，具有提供諮詢服務之能力與資源，並能取得適當之轉介資源。

E.3 機構與團隊關係

a.**以案主為團隊之成員：** 復健諮商人員應確保其案主與／或法律認可之代表，
347
有機會完全參與其處遇團隊。

b.**溝通：** 復健諮商人員應確保參與案主復健服務之所有合作機構，對於復健計畫有公平而相互之瞭解，復健計畫之發展，亦應以相互瞭解為基礎。

c.**不同之意見：** 在形成復健計畫及服務流程時，復健諮商人員應遵守並協助推動團隊之決議，即使當個人有不同意見時，除非決議與倫理準則有所抵觸。

d.**報告：** 當相關報告對於復健計畫之擬訂與服務提供有其重要性時，復健諮商人員應確保適當的報告或評估不會落入其他專家之手。

◀◀◀ F 部分：評估、評量與解釋 ▶▶▶

F.1 知後同意

a.**對案主進行解釋：** 在進行評量之前，復健諮商人員應使用案主（或其他法定代理人）所能瞭解之語言，解釋評量之性質與目的，以及結果之特定用途。

計分與解釋程序,無論是由復健諮商人員、助理、電腦,或其他委外服務為之,復健諮商人員應採取合理步驟,確保案主得知適當的解釋。

b. **結果之告知:**在決定向誰告知測驗結果時,必須考量對案主是否有利,是否事先取得案主的理解與同意。復健諮商人員在發表測驗結果時,應包含正確與適當之解釋。

F.2 向有能力之專業人員透露資訊

a. **結果之誤用:**復健諮商人員不得誤用評量結果,包括測驗結果與解釋,並應採取合理步驟,避免他人做如此之誤用。

b. **公佈原始資料:**復健諮商人員只有在獲得案主或其法定代理人之同意後,始得公佈原始資料(例如:測驗內容、諮商或訪談筆記,或問卷)。這些資料只能透露給復健諮商人員認為有能力解釋資料的人員。

348

F.3 研究與訓練

a. **資料掩飾之必要:**在使用取自諮商關係的資料,做為訓練、研究,及出版之目的時,內容必須加以適度掩飾,以確保所牽涉人員之匿名性。

b. **揭示身分之同意:**若在報告呈現或出版品中,欲揭示案主之身分,唯有在取得案主書面同意之情況下始得為之。

F.4 心理異常的適當診斷

a. **適當之診斷:**有資格針對心理異常進行適當診斷的復健諮商人員,進行診斷時必須特別注意。必須小心、適當選擇評量技術(包括個別晤談),並決定案主之照護措施(例如:治療的重點、型態,以及建議之追蹤服務)。

b. **文化敏銳度:**在做出心理異常之診斷時,應考量案主的障礙情形、社經地位,與文化經驗。

F.5 運用與解釋測驗之能力

a. **能力之限制:**復健諮商人員應認清本身之能力限制,並僅執行受過訓練之測驗與評量服務。他們應熟悉測驗之信度、效度、相關之標準化、測量誤差,以及其他技巧之適當運用。復健諮商人員運用電腦解釋測驗資料時,必須在使用電腦前,事先接受測量之構念,與特殊評量工具使用之訓練。

349

b. **適當之使用:**復健諮商人員有責任適當使用評量工具、計分,與解釋評量結果,不論評量的計分和解釋,是由復健諮商人員本身、電腦、抑或他人為之。

c. **根據結果所做之決定:**復健諮商人員在根據測驗結果做出決定時,必須參考相關人員意見與政策,並徹底瞭解教育及心理評量,包括測驗效標、研究,及測驗編製與使用指南。

d. **正確之資訊:**復健諮商人員在對評量工具或技術進行評論時,必須提供正確

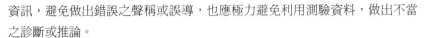

資訊，避免做出錯誤之聲稱或誤導，也應極力避免利用測驗資料，做出不當之診斷或推論。

F.6 測驗之選擇

a. **工具適切性**：復健諮商人員在為特定情況或案主選擇測驗時，應仔細考量其信度、效度、心理計量之限制與適切性。

b. **轉介資訊**：若需將案主轉介至第三方進行施測時，復健諮商人員應提出具體之轉介問題，與充分之客觀資訊，以確保適當測驗工具之運用。

c. **文化殊異人口**：復健諮商人員應謹慎為身心障礙者，或文化殊異人口選擇測驗，以避免社會化行為、認知型態與功能性能力之不當評量。

d. **常模之偏離**：針對測驗工具標準化常模尚未含括之人口，復健諮商人員在使用評量技術、評量與解釋其表現時，應格外謹慎、注意。

350

F.7 施測之情況

a. **施測情況**：復健諮商人員施測的情況，應與測驗所建立之標準化情況相同。當施測情況與標準情況不符，例如為身心障礙者進行測驗之調整，或在測驗時發生不正常行為或其他異常情形時，須在解釋測驗結果時加以註記。

b. **電腦施測**：當使用電腦或其他電子方式進行施測時，復健諮商人員有責任確保程式之適當運作，以提供案主正確之結果。

c. **未經監督之測驗**：復健諮商人員不得在未經督導者允許，或督導不周的情況下使用測驗與評量。若測驗或評量之設計、目的，與有效性，適用於自行施測與計分之情形，則不在此限。

F.8 測驗之計分與解釋

a. **報告保留之處**：在報告評量結果時，復健諮商人員應指出基於受測情況之不同，對於測驗信效度需有所保留之情形。

b. **受測者之多元性**：復健諮商人員在呈現與解釋測驗結果時，應適當考量下列因素，包括年齡、膚色、文化、身心障礙情況、族群、性別、種族、宗教、性傾向、婚姻狀態，與社經地位。

c. **研究工具**：復健諮商人員對於缺乏足夠資料以支持受試結果之研究工具，應審慎解釋其結果，並清楚向受測者表明測驗使用之特殊目的。

d. **測驗服務**：復健諮商人員若在評量過程中，提供計分與測驗解釋之服務，應

351 　確定解釋有其效力。評量資料的解釋，應與評量之特定目的有關。復健諮商人員應正確描述測驗之目的、常模、效度、信度、測驗程序之應用，以及使用測驗所需之特殊資格。

e. **自動化測驗服務**：公開提供之自動化測驗解釋服務（automated test interpretation service），應視為專業對專業之諮詢。諮詢者對被諮詢者應負有正式責任，但最終仍應對案主負責。

F.9 測驗安全性

復健諮商人員應維持測驗與其他評量技術的完整與安全性，並善盡法律與合約規範之義務。在未告知出版者，並取得同意之情況下，不得擅自分送、複製或修改已出版之測驗全部或部分之內容。

F.10 過時之測驗與測驗結果

復健諮商人員不應使用過時，或與當前目的不符之資料與測驗結果。復健諮商人員應盡力避免他人誤用過時之評量與測驗資料。

F.11 測驗之建構

復健諮商人員應利用已建立之科學程序、相關標準，以及目前有關測驗設計之專業知識，用以發展、出版、並運用教育及心理評量。

F.12 法律評估

提供法律評估時，復健諮商人員的主要責任為，根據適當的評估方法與資訊提供客觀發現，包括身心障礙之檢查報告，與／或相關紀錄之檢視。特別是尚未對案主之障礙情況進行檢查時，復健諮商人員應界定其報告與證詞之限制。

352

◀◀◀ G 部分：教學、訓練與督導 ▶▶▶

G.1 復健諮商人員之教育與訓練

a. **與學生和被督導者之關係界限：** 復健諮商人員應清楚界定，並維持與學生和被督導者之倫理、專業與社會關係。他們應認清：權力區分確實存在，但學生和被督導者未必瞭解權力區分之概念。復健諮商人員應向學生和被督導者加以解釋，以免雙方的關係遭到利用。

b. **性關係：** 復健諮商人員不應涉入與學生和被督導者之性關係，或對其進行性騷擾。

c. **督導之準備：** 復健諮商人員應基於其教育訓練、被督導經驗、全州與全國性專業認證，與適當之專業經驗，在能力範圍內執行督導業務。博士班學生若擔任督導者，應由訓練方案加以適度培訓、督導。

d. **對案主所接受服務之責任：** 復健諮商人員若督導他人提供案主復健諮商服務，應提供足夠之直接督導，以確保提供給案主之復健諮商服務有其適當性，而不會對案主造成傷害。

e. **背書：** 復健諮商人員不應為學生和被督導者的認證、執照、就業，或訓練方案的結訓做任何背書，若他們相信學生和被督導者不符合背書的資格。復健

353

諮商人員應採取適當步驟，以協助資格不符之學生和被督導者符合背書資格。

G.2 復健諮商人員教育訓練方案

a. **環境導引**：在學生入學之前，復健諮商教育人員應對學生提供視導，以說明復健諮商教育訓練課程之期待。視導的項目應包括，但不限於：(1)順利完成方案應具備之技能類型與程度、(2)涵蓋之學科內容、(3)評鑑之依據、(4)在訓練過程中鼓勵自我成長與自我揭露之訓練能力、(5)必修臨床實地經驗之督導類型與場所要求、(6)學生評鑑及退訓政策與程序，以及(7)畢業後最新之就業前景。

b. **評鑑**：復健諮商教育人員應在訓練之前，向學生和實習被督導者清楚說明期待知能力水準、考核方式，以及教學與經驗評鑑之時機。復健諮商教育人員應定期考核學生和實習被督導者之表現，並在訓練方案中提供評鑑回饋。

c. **倫理之教學**：復健諮商教育人員應教導學生和實習被督導者倫理責任、專業標準，以及學生和被督導者之專業倫理責任。

d. **同儕關係**：當學生被指派帶領諮商團體，或提供同儕臨床督導時，復健諮商人員應採取步驟，確保學生在擔任諮商教育者、訓練者，與督導者之角色，不與同儕之個人或利害關係相衝突。復健諮商教育人員在學生被指派帶領諮商團體，或提供同儕臨床督導時，應盡力確保同儕之權益不受侵犯。

354

e. **多元的理論立場**：復健諮商教育人員（在教學時）應呈現多元之理論立場，讓學生有機會做比較，並發展自己的立場。復健諮商教育人員所提供之專業實務資訊，應有其科學基礎。

f. **實地安置**：復健諮商教育人員應在教育方案中，發展有關實地安置與臨床經驗之明確政策。復健諮商教育人員應清楚說明學生與實習場所督導者之角色與責任。復健諮商教育人員應確認實習場所督導者有資格執行督導工作，並瞭解所擔任角色之專業及倫理責任。復健諮商教育人員不應接受由學生實習場所提供之專業服務、費用、佣金或回扣。

g. **方案之多樣性**：復健諮商教育人員應反映所屬機構對人員招募與留用之需求，培訓具有多元背景與特殊需求之方案行政人員與師生。

G.3 學生與被督導者

a. **限制**：復健諮商人員應透過持續的教育與考核，瞭解可能阻礙學生與被督導者表現之個人與學業限制。復健諮商人員應提供學生與被督導者必要之協助與補救，並在無法協助學生與被督導者克服個人與學業限制之情況下予以退訓。復健諮商人員在決定是否將學生與被督導者退訓或進行轉介時，應尋求專業諮詢。復健諮商人員於必要時，應建議學生與被督導者可採取之必要程

序。

b. **自我成長經驗：**復健諮商教育人員在自行設計訓練團體，或進行其他活動時，應告知學生自我揭露的潛在風險。復健諮商教育人員應尊重學生，不要求學生做有潛在危害性之自我揭露。學生自我揭露的程度，不應包含在評鑑標準之內。

c. **對學生與被督導者進行諮商：**若學生與被督導者需接受諮商時，督導者或復健諮商教育人員應做適度轉介。復健諮商教育人員扮演行政、教學或評鑑角色時，不應擔任學生與被督導者的復健諮商人員，除非是關乎訓練的短期角色。

d. **學生與被督導者之案主：**復健諮商人員應盡力使案主瞭解，提供服務之學生與被督導者的資格。案主應接獲專業揭露之資訊，並被告知有關保密原則之限制。學生與被督導者若在培訓過程中，使用有關諮商關係的資訊，應事先取得案主之同意。

e. **專業發展：**負有雇用及監督責任之復健諮商人員，應提供適當之工作環境、即時之評鑑、建設性之諮詢，以及適當的訓練機會與經驗。

◀◀◀ H 部分：研究與出版 ▶▶▶

H.1 研究責任

a. **以人做為參與者：**復健諮商人員在計畫、設計、進行與報導研究時，應採用能夠反映文化敏感度之方法，並遵循適當之倫理原則、聯邦與州／省政府之法令、所屬機構之規範，和以人做為研究參與者之科學標準。

b. **違反標準程序：**當研究問題意味違反可接受的標準程序時，復健諮商人員應尋求諮詢，並遵守嚴謹之提防程序，以保障研究參與者之權益。

c. **事前預防以避免傷害：**復健諮商人員利用人類參與者進行研究時，有責任在研究歷程中維護參與者之福祉，並採取事先預防之合理步驟，以避免造成參與者心理、生理，以及社會方面之傷害。

d. **主要研究者之責任：**當研究最終的倫理責任落在主要研究者身上時，參與研究之復健諮商人員，應分擔倫理義務，並為本身之行動負起完全責任。

e. **最低度干擾：**復健諮商人員應採取事先預防措施，避免因研究之進行，對參與者的生活造成干擾。

f. **殊異性：**復健諮商人員在面對文化殊異族群時，應對殊異與研究之議題保持敏感度，並適時尋求諮詢。

H.2 知後同意

a. **透露之主題：**在解釋研究目的，取得知後同意時，復健諮商人員應使用研究參與者可以瞭解之語言，並(1)明確解釋研究目的和依循之程序、(2)列舉任何實驗性或尚未嘗試之程序、(3)說明可預期產生之不適與風險、(4)說明個人或組織可合理預期之益處與改變、(5)透露對參與者有利之替代程序、(6)針對任何關於程序之詢問提供解答、(7)說明保密原則的任何限制、(8)告知研究參與者有權隨時退出或終止參與研究計畫。

b. **欺騙：**復健諮商人員不應進行涉及欺騙之研究，除非替代性程序不可行，且研究之未來價值使欺騙行為得以正當化。當研究過程中必須進行欺騙或欺瞞時，研究者應盡快說明採取行動之原因。

c. **自願參與：**研究之參與應自願參與研究，且不得對拒絕參與者予以處罰。非自願參與之適當時機，唯有在向參與者表明參與研究不會造成傷害，且為研究所必須之參與方式。

357

d. **資料保密：**在研究進行期間，所取得關於參與者之資料，應予以保密。當他人有可能取得相關資料時，應將其可能性，連同資料保密之計畫，一併向研究參與者解釋，以做為獲得知後同意程序之一部分。

e. **無法給予知後同意之人：**當個人無法給予知後同意時，復健諮商人員仍應做適度解釋，以徵詢參與研究之同意，並以適當方式取得法定代理人之同意。

f. **參與者之承諾：**復健諮商人員應採取合理行動，獎勵所有參與者（對研究參與）所做之承諾。

g. **資料蒐集後進行之解釋：**在進行資料蒐集後，復健諮商人員應向參與者完全澄清研究之性質，以去除錯誤觀念。當基於科學或人道理由，必須延遲或保留資料之發佈時，復健諮商人員應採取合理做法，以避免造成傷害。

h. **合作之同意：**復健諮商人員同意與他人進行研究或發表時，應履行同意合作之義務。

i. **贊助者的知後同意：**在試圖進行研究時，復健諮商人員應給予贊助者、機構與出版管道，和研究參與者相同之機會，並取得其知後同意。復健諮商人員應體認其對未來研究之義務，並給予贊助機構回饋資訊與適度認可。

H.3 報導結果

a. **影響結果之資訊：**在報導研究結果時，復健諮商人員應清楚提及研究者已知之所有影響研究結果或資料解釋的變數與情況。

358

b. **正確之結果：**復健諮商人員應正確地規劃、進行、與報導研究，並減低研究結果遭到誤導之可能性。他們應就資料之限制做充分討論，並提出替代性假設。復健諮商人員不應偽造研究、扭曲資料、以錯誤方式呈現資料，並刻意

錯誤解讀其研究結果。

c. **報導不利結果之義務：**復健諮商人員應將任何研究結果留待專業判斷，即使研究結果不利於機構、方案、服務、普遍意見，或多數利益。

d. **參與者之身分：**復健諮商人員在提供資料、協助他人研究、報導研究結果，以及公佈原始資料時，若未得到研究參與者特別之授權，應謹慎隱藏其個別身分。

e. **複製研究：**復健諮商人員有義務提供充分之研究原始資料，供合格專業人員複製研究之用。

H.4 出版

a. **對他人之認可：**在進行與報導研究時，復健諮商人員應熟悉與主題相關之先前著作，予以認可，遵守著作權法，並適時承認先前研究者所做出之貢獻。

b. **貢獻者：**復健諮商人員應透過共同著作權、致謝辭、註解敘述，或其他方式，認可對研究或概念之發展有顯著貢獻者，並將研究歸功於其貢獻。主要貢獻者應列為首位，次要技術與專業貢獻，可在註解或序論中加以致謝。

c. **學生研究：**若以學生之博碩士論文為基礎出版之文章，應將學生列為主要作者。

d. **重複投稿：**復健諮商人員於投稿送審時，一次應只投稿一種期刊。稿件若已在其他期刊或出版著作中，被全部或部分刊出時，在未獲得先前刊物同意時，不應逕行投稿。

e. **專業審查：**復健諮商人員若以出版、研究，或其他學術目的審查稿件時，應遵守保密原則，並尊重投稿者的智慧財產權。

◀◀◀ I 部分：電子通訊與新科技之應用 ▶▶▶

I.1 通訊

a. **通訊工具：**復健諮商人員無論使用何種形式的通訊（例如：手機、電子郵件、傳真、影帶、視聽設備），皆必須遵守與「復健諮商人員專業倫理準則」同等之行為規範。

b. **冒充之情事：**在復健諮商人員身分難以確認之情況下，案主、案主監護人，與復健諮商人員應採取步驟，處理冒充之疑慮，例如使用密語、數字或圖像。

c. **保密原則：**復健諮商人員應提供案主充分資訊，並適度強調與解釋以下限制：(1)電腦科技應用於諮商歷程之一般問題、(2)利用電子通訊進行資料傳輸，或透過網際網路進行線上諮商時，難以完全對案主加以保密。

I.2 諮商關係

360

a. **倫理／法律之審視**：進行遠距諮商（distance counseling）與督導時，若有違反法令和倫理準則之虞，復健諮商人員應適度予以審視。遠距諮商是指透過電子方式於遠距離間進行之諮商，例如網路諮商、電信諮商與視訊諮商）。

b. **安全性**：復健諮商人員應在可能之時機採用加密方式。若案主不採取加密措施時，案主應被告知網際網路上非安全資訊的潛在危險。危險可能包括諮商紀錄的傳輸，將遭到經授權或未經授權之監視。

c. **紀錄之保存**：復健諮商人員應告知案主紀錄是否將會被保存、如何被保存，以及紀錄保存之期限。

d. **自我描述**：復健諮商人員應比照面對面諮商的方式，提供（案主）關於他們本身的資訊（若可能，則透露本身的種族與性別）。

e. **消費者保護**：復健諮商人員應提供案主，促進消費者保護之認證團體或證照委員會之相關資訊，包括網站之連結。

f. **危機聯繫**：復健諮商人員應提供案主區域內至少一家機構，或一位待命諮商人員之姓名，以為危機介入之目的。

g. **不可及之情況**：復健諮商人員應教導案主，如何在無法透過電子方式的情況下與之聯繫。

h. **不當之使用**：復健諮商人員應在網站中，或與案主的初次聯繫中提到，哪些問題不宜透過遠距諮商加以呈現。

i. **技術之故障**：復健諮商人員應向案主解釋，可能之技術故障情形，並提供替代之通訊方式。

j. **潛在之誤解**：復健諮商人員應向案主解釋，如何在缺乏諮商人員或案主視覺線索或聲音語調之情況下，避免或處理潛在之誤解情況。

361

◀◀◀ J 部分：商業實務 ▶▶▶

J.1 收費

復健諮商人員應建立並保存收費紀錄，以正確反映所提供之服務，以及服務提供之時機，並清楚指出服務由誰提供。

J.2 停止服務

復健諮商人員在提供收費服務時，得在以下情況，因案主尚未付費而停止服務：(1)第三方已告知案主其付費之責任，以及不付費或停止付費之後果、(2)案主對自己或他人，不會造成立即危險。在停止服務時，復健諮商人員應將案主適時轉介給其他專業人員，以解決尚未解決之問題。

J.3 案主之紀錄

a. **正確之文件紀錄：**復健諮商人員應建立並保存文件紀錄，以正確反映所提供之服務，並指出由誰提供該項服務。個案註記若需變更，應保留原始註記，並註明修改之日期，並詳註修改人之身分，與修改之理由。

b. **充分之文件紀錄：**復健諮商人員應定期提供充分之文件紀錄（例如：個案註記、報告、計畫等）。

c. **隱私：**由復健諮商人員建立之文件紀錄，應在可能和適當的範圍內保護案主之隱私，並指包含相關資訊。

d. **保存：**復健諮商人員所保存之紀錄，應符合案主專業服務之需求，並依循適用法令、規範，與機構程序。結案後，紀錄應依法保存數年，或保存更長期限，以幫助合理規劃案主未來所需之服務。之後，紀錄必須加以銷毀，以符合保密原則。

362

J.4 費用與交換

a. **事先瞭解：**復健諮商人員在案主進入諮商關係之前，應清楚向案主解釋，與專業服務有關之所有財物安排，包括如何使用各機構之共同資源，以及為付款時必須採取之法律行動。

b. **建立費用：**在為專業復健諮商服務建立費用時：復健諮商人員應考量案主的財務狀況和地位。所建立之費用若與案主的財力不符，必須提供協助，以找到價格可接受之類似服務。

c. **不鼓勵交換：**復健諮商人員提供復健諮商服務時，不得接受案主所提供之貨物與服務，並應加以退還，以免造成專業關係的潛在衝突、被利用與扭曲。復健諮商人員只能在以下情況涉入交換行為：關係不被利用、案主要求、已有清楚之書面合約、如此安排與做法為案主之文化或社區所接受。

J.5 轉介費用

a. **接受案主支付之費用：**復健諮商人員不得接受其任職機構中接受服務之人士所支付的私人費用，或服務之其他回扣。然而，機構政策對於案主私下接受員工之復健諮商服務，可能另有之清楚規範。在此情況下，案主應被公開告知，他們有權選擇私人復健諮商服務。

363

b. **轉介費用：**復健諮商人員不得支付或收取佣金，或在將案主轉介給其他專業服務的過程中，收取任何形式的回扣。

◀◀◀ K 部分：解決倫理爭議 ▶▶▶

K.1 對於標準的知識

　　復健諮商人員有責任學習倫理準則，對於任何標準不甚理解時，應尋求澄

清。對於倫理責任缺乏認識及誤解，不應做為辯護其不合倫理行為之藉口。

K.2 疑似違規情事

a. **諮詢：**對於某一情況是否違反復健諮商人員專業倫理準則有疑慮時，復健諮商人員應徵詢其他熟悉倫理的復健諮商人員之意見，徵詢同事，與／或其他適當權威，例如 CRCC、州立認證委員會，或尋求法律諮詢。

b. **組織內衝突：**復健諮商人員所任職機構之要求，若與復健諮商人員專業倫理準則相衝突時，復健諮商人員應具體說明衝突之內涵，並向督導者或其他負責官員表達遵守復健諮商人員專業倫理準則之承諾。在可能之情況下，復健諮商人員應盡力進行組織內部之改革，以求完全符合復健諮商人員專業倫理準則。

c. **非正式解決：**當復健諮商人員有合理之原因相信，另一位復健諮商人員違反倫理標準時，應在可行之情況下，試圖與另一位復健諮商人員，以非正式的方法解決爭議。採取相關行動時，亦不得違反保密原則。

d. **通報疑似違規情事：**當非正式解決不適當或不可行時，復健諮商人員基於合理原因，應採取行動將疑似違反倫理之情事，通報至全州／全國性倫理委員會，或 CRCC，除非該項行動與保密原則有所衝突，且無法加以解決。

e. **無根據之訴願：**復健諮商人員不得提出、參與或鼓勵無根據之倫理訴願，或其他意圖傷害復健諮商人員，而非保護案主或大眾之無根據訴願。

K.3 與倫理委員會之合作

復健諮商人員應在程序上，協助復健諮商人員專業倫理準則之施行。復健諮商人員應配合 CRCC 倫理委員會，或其他有正當權利調查違規指控之協會組織之倫理委員會，所進行之調查、行動與要求。

致謝詞──CRCC 感謝美國諮商協會（American Counseling Association, ACA）准予改編 ACA 實務倫理準則與標準之部分內容。

參考文獻

Access Board (n.d.). *The Architectural Barriers Act (ABA) of 1968*. Retrieved October 25, 2002, from http://www.access-board.gov/about/ABA.htm

Ackoff, R. L. (1970). *A concept of corporate planning*. New York: Wiley Interscience.

Adair, J. G., Paivo, A., & Ritchie, P. (1996). Psychology in Canada. *Annual Review of Psychology, 47*, 341–370.

Adkins, C. L. (2001). *Case management salary survey*. Retrieved January 2, 2002, from www.advanceforpac.com/ppsalarysurvey.html.

Albrecht, G. L. (1992). *The disability business: Rehabilitation in America*. Newbury Park, CA: Sage.

Albrecht, G. L. (Ed.). (1981). *Cross national rehabilitation policies: A sociological perspective*. Beverly Hills: Sage.

Al-Darmaki, F., & Kivligham, D. M. (1993). Congruence in client-counselor expectations for relationship and the working alliance. *Journal of Counseling Psychology, 40*, 379–384.

Allen, B. P., & Adams, J. Q. (1992). The concept "race": Let's go back to the beginning. *Journal of Social Behavior and Personality, 7*, 163–168.

Allen, H. A., Stebnicki, M. A., & Lynch, R. T. (1995). Training clinical supervisors in rehabilitation: A conceptual model for training doctoral-level supervisors. *Rehabilitation Counseling Bulletin, 38*, 307–317.

Altman, B. M. (2001). Disability definitions, models, classification schemes, and applications. In G. Albrecht, K. Seelman, & M. Bury (Eds.), *Handbook of disability studies* (pp. 97–123). Thousand Oaks, CA: Sage.

American Educational Research Association, American Psychological Association, & National Council on Measurement in Education. (1999). *Standards for educational and psychological testing*. Washington, DC: American Educational Research Association.

American Psychiatric Association. (2000). *Diagnostic and statistical manual of mental disorders* (4th ed., text revision). Washington, DC: Author.

American Psychological Association. (1986). *Guidelines for computer-based tests and their interpretation*. Washington, DC: Author.

American Psychological Association. (2001). *Publication manual of the American Psychological Association* (5th ed.). Washington, DC: Author.

American Psychological Association. (2002). *Guidelines on multicultural education, training, research, practice, and organizational change for psychologists*. Washington, DC: Author.

Americans with Disabilities Act of 1990, 42 U.S.C.A. Sec. § 12101.

Anastasi, A. (1992). Tests and assessment. What counselors should know about the use and interpretation of psychological tests. *Journal of Counseling and Development, 70*, 610–615.

Arokiasamy, C. V. (1993). A theory for rehabilitation: *Rehabilitation Education, 7*, 77–98.

Arredondo, P., Toporek, R., Brown, S., Jones, J., Locke, D. Sanchez, J., et al. (1996). Operationalization of multicultural counseling competencies. *Journal of Multicultural Counseling and Development, 24*(1), 42–78.

Arthur, D. (1991). *Recruiting, interviewing, selecting, and orienting new employees* (2nd ed.). New York: AMACOM.

Ashley, M., et al. (1994). Post acute rehabilitation outcome: relationship to case management techniques and strategy. *Journal of Insurance Medicine, 26*(3), 348–354.

Atkins, B. J., & Wright, G. N. (1980). Three views: Vocational rehabilitation of Blacks. The statement, the response, the comment. *Journal of Rehabilitation, 46*(2), 40–49.

Atkinson, D. R., Morten, G., & Sue, D. W. (1993). *Counseling American minorities: A cross-cultural perspective* (4th ed.). Dubuque, IA: William C. Brown.

Atkinson, D. R., Thompson, C. E., & Grant, S. K. (1993). A three-dimensional model for counseling racial/ethnic minorities. *The Counseling Psychologist, 21*, 257–277.

Bailey, J. M. (1997). Gender identity. In R. C. Savin-Williams & K. M. Cohen (Eds.), *The lives of lesbians, gays, and bisexuals: Children to adults* (pp. 71–93). Forth Worth, TX: Harcourt Brace.

Bandura, A. (1982). Self-efficacy mechanism in human agency. *American Psychologist, 37*, 122–147.

Banja, J. (1990). Rehabilitation and empowerment. *Archives of Physical Medicine and Rehabilitation, 7*(1), 614–615

Banting, K. G. (1987). *The Welfare State and Canadian Federalism* (2nd ed.). Kingston, ON: McGill-Queen's University Press.

Barnartt, S., Schriner, K., & Scotch, R. (2001). Advocacy and political action. In G. Albrecht, K. Seelman, & M. Bury (Eds.), *Handbook of disability studies* (pp. 430–450). Thousand Oaks, CA: Sage.

Barrett, K., & Crimando, W. (1996). Empowering rehabilitation organizations: An analysis. *Journal of Rehabilitation Administration, 20*, 63–74.

Barrett, K., Flowers, C., Crimando, W., Riggar, T. F., & Bailey, T. (1997). Training never ends: Human resource development of rehabilitation administrators. *Journal of Rehabilitation Administration, 21*, 3–17.

Barrett, K., Riggar, T. F., & Flowers, C. (1997). Violence in the workplace: Preparing for the age of rage. *Journal of Rehabilitation Administration, 21*, 171–188.

Barrett, K., Riggar, T. F., Flowers, C., Crimando, W., & Bailey, T. (1997). The turnover dilemma: A disease with solutions. *Journal of Rehabilitation, 63*(2), 36–42.

Bass, B. M., & Avoglio, B. J. (1994). *Improving organizational effectiveness through transformational leadership*. Thousand Oaks, CA: Sage.

Bauman, H. D. L., & Drake, J. (1997). Silence is not without voice: Including deaf culture within the multicultural curricula. In L. J. Davis (Ed.), *Disability studies reader* (pp. 307–314). New York: Routledge.

Baumann, N. (1986). Keeping business advisory councils active and involved: The Aging in America model. *Journal of Job Placement, 2*, 16–17.

Beauchamp, T. L., & Childress, J. F. (1994). *Principles of biomedical ethics* (4th ed.). New York: Oxford University Press.

Bellini, J., & Rumrill, P. (2002). Contemporary insights in the philosophy of science: Implications for rehabilitation counseling research. *Rehabilitation Education, 16*, 115–134.

Benshoff, J. J. (1990). The role of rehabilitation and the issues of employment in the 1990s. In L. Perlman & C. Hansen (Eds.), *Employment and disability: Trends and issues for the 1990s* (pp. 50–59). Alexandria, VA: National Rehabilitation Association.

Benton, M. K., & Schroeder, H. E. (1990). Social skills training with schizophrenia: A meta-analysis evaluation. *Journal of Consulting and Clinical Psychology, 58*, 741–747.

Berkowitz, E. D. (1985). Social influences on rehabilitation: Introductory remarks. In L. Perlman & G. Austin (Eds.), *Social influences in rehabilitation planning: Blueprint for the 21st century* (pp. 11–18). Alexandria, VA: National Rehabilitation Association.

Berkowitz, E. D. (1987). *Disabled policy: America's programs for the handicapped*. New York: Cambridge University Press.

Berkowitz, E. D. (1992). Disabled policy: A personal postscript. *Journal of Disability Policy Studies, 3*(1), 1–16.

Berkowitz, M. (1987). *Disabled policy: America's programs for the handicapped*. London, England: Cambridge University Press.

Berkowitz, M. (1996, October). *Federal programs for persons with disabilities*. Paper presented at the Conference on Employment and Return to Work for People with Disabilities, Social Security Administration and National Institute on Disability and Rehabilitation Research, Washington, DC.

Berkowitz, M., & Hill, M. A. (Eds.). (1986). *Disability and the labor market: Economic problems, policies, and programs*. Ithaca, NY: Cornell University.

Berkowitz, M., Englander, V., Rubin, J., & Worrall, J. D. (1975). *An evaluation of policy-related research*. New York: Praeger.

Berkowitz, M., Englander, V., Rubin, J., & Worrall, J. D. (1976). A summary of "An evaluation of policy-related research." *Rehabilitation Counseling Bulletin, 20*, 29–45.

Bernard, J. M. (1992). Training master's level counseling students in the fundamentals of clinical supervision. *The Clinical Supervisor, 10*, 133–143.

Bernard, J. M., & Goodyear, R. K. (1998). *Fundamentals of clinical supervision* (2nd ed.). Needham Heights, MA: Allyn and Bacon.

Berven, N. L. (1979). The roles and functions of the rehabilitation counselor revisited. *Rehabilitation Counseling Bulletin, 23*, 84–88.

Berven, N. L. (1980). Psychometric assessment in rehabilitation. In B. Bolton & D. W. Cook (Eds.), *Rehabilitation client assessment* (pp. 46–64). Baltimore: University Park Press.

Berven, N. L. (1994, April). *Ten priority research topics to facilitate assessment in rehabilitation settings*. Paper presented at the Form on Rehabilitation Research and Practice, held at the meeting of the American Counseling Association, Minneapolis, MN.

Berven, N. L. (2001). Assessment interviewing. In B. F. Bolton (Ed.), *Handbook of measurement and evaluation in rehabilitation* (3rd ed., pp. 197–213). Gaithersburg, MD: Aspen.

Betan, E. J., & Stanton, A. L. (1999). Fostering ethical willingness: Integrating emotional and contextual awareness with rational analysis. *Professional Psychology: Research and Practice, 30*, 295–301.

Bickenbach, J. E. (1993). *Physical disability and social policy*. Toronto: University of Toronto.

Bickenbach, J. E. (2001). Disability human rights, law, and policy. In G. Albrecht, K. Seelman, & M. Bury (Eds.), *Handbook of disability studies* (pp. 565–585). Thousand

Oaks, CA: Sage.

Bieschke, K. J., & Herbert, J. T. (2000). The supervision practicum. *Rehabilitation Education, 12,* 155–162.

Billingsley, W., Knauss, J., & Oehlers, L. (2002). Introduction: Vocational rehabilitation meets the third wave. In D. Dew, M. McGuire-Kuletz, & G. Alan (Eds.), *Using the Internet as a resource to the work of the state VR counselor* (pp. 1–6). Washington, DC: The George Washington University.

Bishop, M., & Feist-Price, S. (2002). Quality of life assessment in the rehabilitation counseling relationship: Strategies and measures. *Journal of Applied Rehabilitation Counseling, 33*(1), 35–41.

Black, H. (1990). *Black's Law Dictionary* (6th ed.). St. Paul, MN: West Publishing.

Blackwell, T. L., Strohmer, D. C., Belcas, E. M., & Burton, K. A. (2002). Ethics in rehabilitation counselor supervision. *Rehabilitation Counseling Bulletin, 45,* 240–247.

Bloom, J., Gerstein, L., Tarvydas, V., Conaster, J., Davis, E., Kater, D., et al. (1990). Model legislation for licensed professional counselors. *Journal of Counseling and Development, 68,* 511–523.

Bolton, B. (1978). Methodological issues in the assessment of rehabilitation counselor performance. *Rehabilitation Counseling Bulletin, 21,* 140–153.

Bolton, B. (1979). *Rehabilitation counseling research.* Baltimore: University Park Press.

Borders, L. D. (1991). A systematic approach to peer group supervision. *Journal of Counseling & Development, 69,* 248–252.

Bordin, E. S. (1983). A working alliance model of supervision. *Counseling Psychologist, 11,* 35–42.

Boschen, K. A. (1989). Early intervention in vocational rehabilitation. *Rehabilitation Counseling Bulletin, 32,* 254–265.

Boschen, K. A., & Krane, N. (1992). A history of independent living in Canada. *Canadian Journal of Rehabilitation, 6*(2), 79–88.

Bowe, F. (1980). *Rehabilitating America: Toward independence for disabled and elderly people.* New York: Harper and Row.

Bowe, F. (1984). *U.S. Census and disabled adults.* Hot Springs, AR: University of Arkansas, Arkansas Services, Arkansas Rehabilitation Research and Training Center.

Bowe, F. G. (1993). Statistics, politics, and employment of people with disabilities. *Journal of Disability Policy Studies, 4*(2), 83–91.

Brodwin, M., & Brodwin, S. (1992). Rehabilitation: A case study approach. In M. Brodwin, F. Tellez, & S. Brodwin (Eds.), *Medical, psychological and vocational aspects of disability* (pp. 1–19). Athens, GA: Elliott & Fitzpatrick.

Brooks, D. J., Barrett, D., & Oehlers, L. (2002). The how chapter: Computer competency and information literacy. In D. Dew, M. McGuire-Kuletz, & G. Alan (Eds.), *Using the Internet as a resource to the work of the state VR counselor* (pp. 30–64). Washington, DC: The George Washington University.

Browder, D. (1991). *Assessment of individuals with severe disabilities: An applied behavior approach to life skills assessment* (2nd ed.). Baltimore: Paul H. Brookes.

Brown, C., McDaniel, R., Couch, R., & McClanahan, M. (1994). *Vocational evaluation systems and software: A consumer's guide.* Menomonie: University of Wisconsin-Stout, Stout Vocational Rehabilitation Institute.

Brown, D. (1988). Empowerment through advocacy. In D. J. Kurpius & D. Borwn (Eds.), *Handbook of consultation: An intervention for advocacy and outreach* (pp. 8–17). Alexandria, VA: Association for Counselor Education and Supervision.

Brown, D., Pryzwansky, W. B., & Schulte, A. C. (1995). *Psychological consultation: Introduction to theory and practice* (3rd ed.). Boston: Allyn & Bacon.

Brown, M., Gordon, W. A., & Diller, L. (1983). Functional assessment and outcome measurement: An integrative review. In L. Pan, T. E. Backer, & C. L. Vash (Eds.), *Annual review of rehabilitation: Vol. 3* (pp. 93–120). New York: Springer.

Browne, G., Roberts, J., Watt, S., Gafni, A., Stockwell, M., & Alcock, S. (1994). Community rehabilitation: Strategies, outcomes, expenditures. *Canadian Journal of Rehabilitation, 8*(1), 9–22.

Bruyere, S. M. (2001). Civil rights and employment issues of disability policy. *Journal of Disability Policy Studies, 11*(1), 18–36.

Bunderson, C. V., Inouye, D. K., & Olsen, J. B. (1989). The four generations of computerized educational measurement. In R. L. Linn (Ed.), *Educational measurement* (3rd ed., pp. 367–407). New York: Macmillan.

Burkhead, E. J., & Sampson, J. P., Jr. (1985). Computer-assisted assessment in support of the rehabilitation process. *Rehabilitation Counseling Bulletin, 28,* 262–274.

Byon, K. H., Chan, F., &Thomas, K. R. (1999). Korean international students' expectations about counseling. *Journal of College Counseling, 2,* 99–109.

California Workers' Compensation Institute. (1991). *Vocational rehabilitation: The California experience 1975–1989.* San Francisco: Author.

Campbell, F. (2001). Human rights issues and employee benefit plans. *Employee Benefits Journal, 26*(1), 41–48.

Campbell, M. K., DeVellis, B. M., Strecher, V. J., Ammerman, A. S., De Vellis, R. E., & Sandler, R. S. (1994). Improving dietary behavior: The effectiveness of tailored messages in primary care settings. *American Journal of Public Health, 84,* 783–787.

Canadian Association of Rehabilitation Professionals. (2000). *Registered Rehabilitation Professional (RRP) Application Guide.* Toronto, ON: Author.

Canadian Association of Rehabilitation Professionals, Ontario. (1999). *Practice Guidelines for Rehabilitation Counsellors in Ontario.* Toronto, ON: Author.

Canadian Counseling Association (2001). *Canadian Counsellor Certification.* Ottawa:

Author.

Carter, R. T. (1995). *The influence of race and racial identity in psychotherapy: Toward a racially inclusive model.* New York: Wiley-Interscience.

Case Management Society of America. (1994). CMSA proposes standards of practice. *The Case Manager,* 69–70.

Cassell, J. L., & Mulkey, S. W. (1985). *Rehabilitation caseload management: Concepts and practice.* Austin, TX: Pro-Ed.

Cassell, J. L., & Mulkey, S. W. (1992). Caseload management in the rehabilitation curriculum. *Rehabilitation Education, 6,* 151–158.

Cassell, J. L., Mulkey, S. W., & Engen, C. (1997). Systematic practice: Case and caseload management. In D. R. Maki & T. F. Riggar (Eds.), *Rehabilitation counseling: Profession and practice* (pp. 214–233). New York: Springer Publishing.

Chan, A. (1979). The role of advocacy in rehabilitation counseling: Implications and recommendations for training. *AMICUS,* 253–261.

Chan, A., Brophy, M. C., & Fisher, J. C. (1981). Advocate counseling and institutional racism. In National Institutes of Mental Health, *Institutional racism and community competence* (ADM 81-907) (pp. 194–205). Washington, DC: U.S. Department of Health and Human Services.

Chan, F., & Leahy, M. (1999). *Healthcare and disability case management.* Lake Zurich, IL: Vocational Consultants Press.

Chan, F., & Rubin, S. E. (1999). *Developing a multidimensional program evaluation system in rehabilitation.* (A field-initiated project proposal submitted to the National Institute on Disability and Rehabilitation Research.) Rolling Meadows, IL: Foundation for Rehabilitation Education and Research.

Chan, F., & Rubin, S. (2002). *Developing a multidimensional program evaluation system in rehabilitation: A final report submitted to the National Institute on Disability and Rehabilitation Research.* Rolling Meadows, IL: Foundation for Rehabilitation Education and Research.

Chan, F., Lui, J., Rosenthal, D., Pruett, S., & Ferrin, J. M. (2002). Managed care and rehabilitation counseling. *Journal of Rehabilitation Administration, 26*(2), 85–97.

Chan, F., McMahon, B. T., Shaw, L., & Lee, G. (in press). Psychometric validation of the Expectations About Rehabilitation Counseling Scale. *Journal of Rehabilitation Research.*

Chan, F., Rubin, S. E., Kubota, C., Lee, G., & Chronister, J. (in press). Counselors' and consumers' derived criteria for assessing the effectiveness of rehabilitations services. *Journal of Rehabilitation Research.*

Chan, F., Rubin, S. E., Lee, G., & Pruett, S. (2002). Empirically derived life skill factors for program evaluation in rehabilitation. *Professional Rehabilitation.*

Chan, F., Shaw, L. R., McMahon, B. T., Koch, L., & Strauser, D. (1997). A model for enhancing rehabilitation counselor-consumer working relationships. *Rehabilitation Counseling Bulletin, 41,* 122–137.

Chesler, M. A., Bryant, B. I., & Crowfoot, J. E. (1976). Consultation in schools: Inevitable conflict, partisanship, and advocacy. *Professional Psychology, 7*(4), 637–645.

Choppa, A. J., Shafer, K., Reid, K. M., & Siefker, J. M. (1996). Vocational rehabilitation counselors as case managers. *The Case Manager, 7,* 45–50.

Choudry, S. (2000). Bill 11, the Canada health act and the social union: The need for institutions. *Osgoode Hall Law Journal, 38,* 39–99.

Chouinard, V. (2001). Legal peripheries: Struggles over disabled Canadians' places in law, society and space. *The Canadian Geographer, 45*(1), 187–192.

Clark, D. (1995). Big dog's ISD page [Online]. Retrieved December 4, 2002, from http:// www.nwlink.com/%7Edonclark/hrd/sat.html.

Clawson, P. D., & Skinner, A. L. (2002). Accessibility of the ten most frequently used Internet career sites. *Journal of Applied Rehabilitation Counseling, 33*(2), 3–7.

Clendenin, D., & Nagourney, A. (1999). *Out for good: The struggle to build a gay rights movement in America.* New York: Simon & Schuster.

Cohen, E. D. (1990). Confidentiality, counseling, and clients who have AIDS: Ethical foundations of a model rule. *Journal of Counseling and Development, 68,* 282–286.

Cokley, K. O. (2002). Testing Cross's revised racial identity model: An examination of the relationship between racial identity and internalized racialism. *Journal of Counseling Psychology, 49,* 476–483.

Coleman, H. L. K., & Hau, J. M. (2003). Multicultural counseling competency and portfolios. In D. B. Pope-Davis, H. L. K. Coleman, W. M. Liu, & R. L. Toporek (Eds.), *Handbook of multicultural competencies in counseling and psychology* (pp. 168–182). Thousand Oaks, CA: Sage.

Collignon, F., Barker, L., & Vencill, M. (1992). The growth and structure of the proprietary rehabilitation sector. *American Rehabilitation, 18,* 7–10, 43.

Collison, B. B., Osborne, J. L., Gray, L. A., House, R. M., Firth, J., & Lou, M. (1998). Preparing counselors for social action. In C. C. Lee & G. R. Walz (Eds.), *Social action: A mandate for counselors* (pp. 263–278). Alexandria, VA: American Counseling Association.

Commission on Certification of Work Adjustment and Vocational Evaluation Specialists. (1999). *Standards and Procedures for Certification in Vocational Evaluation.* Rolling Meadows, IL: Author.

Commission on Rehabilitation Counselor Certification. (1990). *CCRC Certification Guide.* Rolling Meadows, IL: Author.

Commission on Rehabilitation Counselor Certification. (1994). *CRCC certification guide.*

Rolling Meadows, IL: Author.

Commission on Rehabilitation Counselor Certification. (1999). *Certified rehabilitation counselor–clinical supervisor: An adjunct designation for specialized practice within rehabilitation counseling.* Rolling Meadows, IL: Author.

Commission on Rehabilitation Counselor Certification. (2001). *Code of professional ethics for rehabilitation counselors.* Rolling Meadows, IL: Author.

Commission on Rehabilitation Counselor Certification. (2002). *Professional code of ethics for rehabilitation counselors.* Rolling Meadows, IL: Author.

Cook, D., & Bolton, B. (1992). Rehabilitation counselor education and case performance: An independent replication. *Rehabilitation Counseling Bulletin, 36,* 37–43.

Cook, J. S., & Fritts, G. G. (1994). Planning process determines results. *Health Care Strategic Management, 12*(12), 19–21.

Coombs, N. (1998). Bridging the disability gap with distance learning. *Technology and Disability, 8,* 149–152.

Corey, G., Corey, M. S., & Callanan, P. (2003). *Issues and ethics in the helping professions* (6th ed.). Pacific Grove, CA: Brooks/Cole.

Corrigan, P. W., McCracken, S. G., & Holmes, E. P. (2001) Motivational interviews as goal assessment for persons with psychiatric disability. *Community Mental Health Journal, 37*(2), 113–122.

Corrigan, P. W., Rao, D., & Lam, C. (1999). Psychiatric rehabilitation. In F. Chan & M. Leahy (Eds.), *Health care and disability case management* (pp. 527–564). Lake Zurich, IL: Vocational Consultants Press.

Cottone, R. R. (1987). A systematic theory of vocational rehabilitation. *Rehabilitation Counseling Bulletin, 30,* 167–176.

Cottone, R. R., & Claus, R. E. (2000). Ethical decision making models: A review of the literature. *Journal of Counseling and Development, 78,* 275–283.

Cottone, R., & Cottone, L. (1986). A systematic analysis of vocational evaluation in the state-federal rehabilitation system. *Vocational Evaluation and Work Adjustment Bulletin, 19*(2), 47–54.

Cottone, R., & Emener, W. (1990). The psychomedical paradigm of vocational rehabilitation and its alternatives. *Rehabilitation Counseling Bulletin, 34,* 91–102.

Cottone, R. R., Tarvydas, V., & House, G. (1994). The effect of number and type of consulted relationships on the ethical decision making of graduate students in counseling. *Counseling and Values, 39,* 56–68.

Coudroglou, A., & Poole, D. L. (1984). *Disability, work, and social policy.* New York:

Council for Higher Education Accreditation. (2002). Accreditation and assuring quality in distance learning. *CHEA Monograph Series 2002, 1.*

Council on Rehabilitation Education. (2002). *CORE standards revised draft.* http://www.core-rehab.org/CoreStandardsReview.html

Council on Rehabilitation Education (CORE). (1991). *CORE Policy and Procedures Manual.* Champaign-Urbana, IL: Author.

Council on Rehabilitation Education (CORE). (1997). *Accreditation manual.* Retrieved October 2002, from http://www.core-rehab.org

Covey, S. R. (1989). *The seven habits of highly effective people: Restoring the character ethic.* New York: Simon & Schuster.

Cox, T. (Ed.). (1993). *Cultural diversity in organizations: Theory, research, & practice.* San Francisco: Berrett-Koehler.

Craig, G. J. (1994). *Human development* (6th ed.). Englewood Cliffs, NJ: Prentice-Hall.

Crewe, N. M. (2001). Assessment of independence. In B. F. Bolton (Ed.), *Handbook of measurement and evaluation in rehabilitation* (3rd ed., pp. 215–232). Gaithersburg, MD: Aspen.

Crewe, N. M., & Dijkers, M. (1995). Functional assessment. In L. A. Cushman & M. J. Scherer (Eds.), *Psychological assessment in medical rehabilitation* (pp. 101–144). Washington, DC: American Psychological Association.

Crichton, A., & Jongbloed, L. (1998). *Disability and social policy in Canada.* North York, ON: Catpus Press.

Crimando, W., & Riggar, T. F. (Eds.). (1991). *Utilizing community resources.* Delray Beach, FL: St. Lucie Press.

Crimando, W., Hansen, G., & Riggar, T. F. (1986). Personnel turnover: The plague of rehabilitation facilities. *Journal of Applied Rehabilitation Counseling, 17*(2), 17–20.

Crimando, W., Riggar, T. F., Bordieri, J. E., Benshoff, J. J., & Hanley-Maxwell, C. (1989). Managing change: A P.O.L.E.S. perspective. *Journal of Rehabilitation Administration, 13,* 143–150.

Cronbach, L. J. (1990). *Essentials of psychological testing* (5th ed.). New York: HarperCollins.

Cronin, M. (1996). Life skills curricula for students with learning disabilities: A review of the literature. *Journal of Learning Disabilities, 29*(1), 53–68.

Cross, W. E., Jr. (1995). The psychology of nigrescence: Revising the Cross model. In J. G. Ponterotto, J. M. Casas, L. A. Suzuki, & C. M. Alexander (Eds.), *Handbook of multicultural counseling* (pp. 93–122). Thousand Oaks, CA: Sage.

Currier, K. F., Chan, F., Berven, N. L, Habeck, R. V., & Taylor, D. W. (2001). Functions and knowledge domains for disability management practice: A Delphi study. *Rehabilitation Counseling Bulletin, 44,* 133–143.

Czerlinsky, T., Jensen, R., & Pell, K. L. (1987). Construct validity of the Vocational Decision-Making Interview (VDMI). *Rehabilitation Counseling Bulletin, 31,* 28–33.

D'Andrea, M., & Daniels, J. (1997, December). RESPECTFUL counseling: A new way of thinking about diversity counseling. *Counseling Today, 40*(6), 30, 31, 34.

D'Andrea, M., & Daniels, J. (2001). RESPECTFUL counseling: An integrative model for counselors. In D. Pope-Davis & H. Coleman (Eds.), *The interface of class, culture and gender in counseling* (pp. 417–466). Thousand Oaks, CA: Sage.

D'Andrea, M., & Daniels, J. (in press). *Multicultural counseling: Empowerment strategies for a diverse society.* Pacific Grove, CA: Brooks/Cole.

Daniels, J. A., & Larson, L. M. (2001). The impact of performance feedback on counseling self-efficacy and counselor anxiety. *Counselor Education & Supervision, 41,* 120–130.

Davis, L. J. (1997). Constructing normalcy: The bell curve, the novel, and the invention of the disabled body in the nineteenth century. In L. J. Davis (Ed.), *Disability studies reader* (pp. 307–314). New York: Routledge.

Dawis, R. (1996).The theory of work adjustment and person-environment correspondence counseling. In D. Brown, L. Brooks, & Associates (Eds.), *Career choice and development* (3rd ed., pp. 75–120). San Francisco: Jossey-Bass.

DeJong, G., & Batavia, A. (1990). The Americans with Disabilities Act and the current state of U.S. disability policy. *Journal of Disability Policy Studies, 1*(3), 65–75.

Dembo, T., Leviton, G. L., & Wright, B. A. (1975). Adjustment to misfortune: A problem of social-psychological rehabilitation. *Rehabilitation Psychology, 2,* 1–100.

Dennis, R., Williams, W., Giangreco, M., & Cloninger, C. (1993). Quality of life as context for planning and evaluation of services for people with disabilities. *Exceptional Children, 59*(6), 499–512.

Deutsch, P. M. (1990). *A guide to rehabilitation testimony: The expert's role as an educator.* Orlando, FL: Paul M. Deutsch Press.

Deutsch, P. M. (1995). Life care planning. In A. E. Dell Orto & R. P. Marinelli (Eds.), *Encyclopedia of disability and rehabilitation* (pp. 436–442). New York: Simon & Schuster/MacMillan.

DeVinney, D., McReynolds, C., Currier, K., Mirch, M. C., & Chan, F. (1999). Vocational issues in disability case management. In F. Chan & M. J. Leahy (Eds.), *Health care and disability management* (pp. 183–212). Lake Zurich, IL: Vocational Consultants Press.

Dew, D. W., & Alan, G. M. (Eds.). (2002). *Distance education: Opportunities and issues for public vocational rehabilitation programs.* 28th Institute on Rehabilitation Issues. Washington, DC: George Washington University.

DiClemente, C. C. (1986). Self-efficacy and the addictive behaviors. *Journal of Social and Clinical Psychology, 4,* 302–315.

Dickinson, H. D., & Bolaria, B. S. (2002). The Canadian health care system: Evolution and current status. In B. S. Bolaria & H. D. Dickinson (Eds.), *Health, illness, and health care in Canada* (pp. 20–36). Scarborough, ON: Nelson Thomson Learning.

DiMichael, S. G. (1967). New directions and expectations in rehabilitation counseling. *Journal of Rehabilitation, 33,* 38–39.

Dixon, T. P., Goll, S., & Stanton, K. M. (1988). Case management issues and practices in head injury rehabilitation. *Rehabilitation Counseling Bulletin, 31,* 325–343.

Donnell, C. M., Lustig, D., & Strauser, D. R. (2002). The working alliance: Rehabilitation outcomes for persons with severe mental illness (2002 APA Annual Convention, Division 22 Poster Abstract). *Rehabilitation Psychology, 47,* 367.

Dowd, L. R. (1993). *Glossary of terminology for vocational assessment, evaluation, and work adjustment.* Menomonie: University of Wisconsin–Stout, Stout Vocational Rehabilitation Institute.

Drasgow, F., & Olson-Buchanan, J. B. (Eds.). (1999). *Innovations in computerized assessment.* Mahwah, NJ: Erlbaum.

Drummond, D. C., & Glautier, S. (1994). A controlled trial of cue exposure treatment in alcohol dependence. *Journal of Consulting and Clinical Psychology, 62,* 809–817.

Drury, D. (1991). Disability management in small firms. *Rehabilitation Counseling Bulletin, 34,* 243–256.

Dunn, P. L. (2001). Trends and issues in proprietary rehabilitation. In P. D. Rumrill, Jr., J. L. Bellini, & L. C. Koch (Eds.), *Emerging issues in rehabilitation counseling* (pp. 173–201). Springfield, IL: Charles C Thomas.

Ebener, D., Berven, N., & Wright, G. (1993). Self-perceived abilities of rehabilitation educators to teach competencies for rehabilitation practice. *Rehabilitation Counseling Bulletin, 37,* 6–14.

Edwards, P. (1999). Work activities of middle managers in rehabilitation facilities. *Journal of Rehabilitation Administration, 22,* 179–189.

Eisenberg, L. (1996). Foreword. In J. E. Mezzich, A. Kleinman, H. Fabrega, Jr., & D. L. Parron (Eds.), *Culture and psychiatric diagnosis: A DSM-IV perspective* (pp. xiii–xv). Washington, DC: American Psychiatric Association.

Eisenberg, M. G., Griggins, C., & Duval, R. J. (Eds.). (1982). *Disabled people as second class citizens.* New York: Springer.

Ekstrom, R. B., & Smith, D. K. (2002). *Assessing individuals with disabilities in educational, employment, and counseling settings.* Washington, DC: American Psychological Association.

Eldredge, G. M., McNamara, S., Stensrud, R., Gilbride, D., Hendren, G., Siegfried, T., et al. (1999). Distance education: A look at five programs. *Rehabilitation Education, 13,* 231–248.

Elliott, J., & Santner, D. (n.d.). *How to set up a tickler system that works.* Unpublished manuscript.

Embretson, S. E. (1992). Computerized adaptive testing: Its potential substantive contributions to psychological research and assessment. *Current Directions in Psychological*

Science, 1, 129–131.

Emener, W. G., & Rubin, S. E. (1980). Rehabilitation counselor roles and functions and sources of role strain. *Journal of Applied Rehabilitation Counseling, 11,* 57–69.

English, W. R., Oberle, J. B., & Byrne, A. R. (1979). Rehabilitation counselor supervision: A national perspective [Special issue]. *Rehabilitation Counseling Bulletin, 22,* 7–123.

Eriksen, K. (1997). *Making an impact: A handbook on counseling advocacy.* Washington, DC: Taylor & Francis/Accelerated Development.

Eriksen, K. (1999). Counseling advocacy: A qualitative analysis of leaders' perceptions, organizational activities, and advocacy documents. *Journal of Mental Health Counseling, 21*(1), 33–49.

Eriksen, L., Bjornstad, S., & Gotestam, K. G. (1986). Social skills training in groups for alcoholic: One-year treatment outcomes for group and individuals. *Addictive Behavior, 11,* 309–329.

Erikson, E. (1968). *Identity: Youth and crisis.* New York: Norton.

Esser, T. J. (1975). *Client rating instruments for use in vocational rehabilitation agencies.* Menomonie: University of Wisconsin-Stout, Stout Vocational Rehabilitation Institute.

Esser, T. J. (1996). *Gathering information for evaluation planning.* Menomonie: University of Wisconsin-Stout, Stout Vocational Rehabilitation Institute.

Evenson, T. L., & Holloway, L. L. (2002). What is professionalism? In J. Andrews & C. Faubion (Eds.), *Rehabilitation services: An introduction for the human services professional* (pp. 238–278). Osage Beach, MO: Aspen Professional Services.

Fairness breeds effective supervision. (2001, October 15). *Leadership for the front lines,* p. 8.

Federal/Provincial/Territorial Ministers Responsible for Social Services. (1997). *In unison: A Canadian approach to disability issues.* Hull, PQ: Human Resources Development Canada.

Feist-Price, S. (1995). African Americans with disabilities and equity in vocational rehabilitation services: One state's review. *Rehabilitation Counseling Bulletin, 39,* 119–129.

Felce, D., & Perry, J. (1995). Quality of life: Its definition and measurement. *Research in Developmental Disabilities, 16*(1), 51–74.

Feldman, D. (1981). The multiple socialization of organization members. *Academy of Management Review, 6,* 309–318.

Field, T. F. (1993). *Strategies for the rehabilitation consultant: Transferability, loss of employment, lost earning capacity, and damages.* Athens, GA: Elliot & Fitzpatrick.

Field, T. F., & Sink, J. M. (1981). *The vocational expert.* Athens, GA: VSB.

Flanagan, J. (1978). A research approach to improving our quality of life. *American Psychologist, 33*(2), 138–147.

Fleming, M., & Levie, W. H. (1993). *Instructional message design: Principles from the behavioral sciences.* Englewood Cliffs, NJ: Educational Technology.

Flowers, C., Griffin-Dixon, C., & Trevino, B. (1997). Cultural pluralism: Contexts of practice. In D. R. Maki & T. F. Riggar (Eds.), *Rehabilitation counseling: Profession and practice* (pp. 124–136). New York: Springer Publishing Company.

Follette, W. C., & Houts, A. C. (1996). Models of scientific progress and the role of theory in taxonomy development: A case study of the DSM. *Journal of Consulting and Clinical Psychology, 64,* 1120–1132.

Francouer, R. T. (1983). Teaching decision making in biomedical ethics for the allied health student. *Journal of Allied Health, 12,* 202–209.

Freemantle, D. (2002). *How to choose.* Upper Saddle River, NJ: Prentice Hall Business.

Freiberg, P. (1991). Surprise—most bosses are incompetent. *APA Monitor, 22*(1), 23.

Freire, P. (1989). *Pedagogy of the oppressed.* New York: Continuum.

Fry, P. (1998). Canada moves toward a fuller funding for its pension plan. *Social Security Bulletin, 61*(1), 63–64.

Fuhrer, M. J. (1987). Overview of outcome analysis in rehabilitation. In M. J. Fuhrer (Ed.), *Rehabilitation outcomes: Analysis and measurement* (pp. 1–15). Baltimore: Paul H. Brookes.

Fulmer, R. M. (1988). *The new management.* New York: Macmillan.

Gagne, M., & Shepherd, M. (2001). Distance learning in accounting: A comparison between a distance and traditional graduate accounting class. *T.H.E. Journal, 28*(9), 58–65.

Gaines, T. F. (1979). Caseload management revisited. *Journal of Rehabilitation Administration, 110,* 112–118.

Galassi, J. P., & Perot, A. R. (1992). What you should know about behavioral assessment. *Journal of Counseling and Development, 70,* 624–631.

Gann, C., & Moreland, T. (1992). Introduction to insurance and workers' compensation. In J. M. Siefker (Ed.), *Vocational evaluation in private sector rehabilitation* (pp. 67–98). Menomonie, WI: Materials Development Center.

Garb, H. N. (1998). *Studying the clinician: Judgment research and psychological assessment.* Washington, DC: American Psychological Association.

Garb, H. N., Klein, D. F., & Grove, W. M. (2002). Comparison of medical and psychological tests. *American Psychologist, 57,* 137–138.

Garcia, J., Cartwright, B., Winston, S. M., & Borzuchowska, B. (in press). Model for integrating culture into ethical decision-making in counseling. *Journal of Counseling and Development.*

Gatens-Robinson, E., & Rubin, S. E. (1995). Societal values and ethical commitments that influence rehabilitation service delivery behavior. In S. E. Rubin & R. T. Roessler (Eds.), *Foundations of the vocational rehabilitation process* (pp. 157–174). Austin,

TX: Pro-Ed.

General Accounting Office. (1993). *Vocational Rehabilitation: Evidence for federal program's effectiveness is mixed* (GAO/PEMD-93-19). Washington, DC: Author.

Gephart, R. P. (2002). Introduction to the brave new workplace: Organizational behavior in the electronic age. *Journal of Organizational Behavior, 23,* 327–344.

Gibson, T. F., & Mazur, D. A. (1995). Preparing for the strategic planning process helps ensure implementation success. *Health Care Strategic Management, 13*(1), 14–17.

Gilbride, D. (1993). Rehabilitation education in the private sector. In L. Perlman & C. Hansen (Eds.), *Private sector rehabilitation insurance: Trends and issues for the 21st century* (pp. 22–26). Alexandria, VA: National Rehabilitation Association.

Gilbride, D. (2000). Going to work: Placement trends in public rehabilitation. *Journal of Vocational Rehabilitation, 14,* 89–94.

Gilbride, D., & Burr, F. (1993). Self-directed labor market survey: An empowering approach. *Journal of Job Placement, 9*(2), 13–17.

Gilbride, D., & Stensrud, R. (1992). Demand-side job development: A model for the 1990s. *Journal of Rehabilitation, 58,* 119–129.

Gilbride, D., & Stensrud, R. (1993). Challenges and opportunities for rehabilitation counselors in the Americans with Disabilities Act era. *NARPPS Journal, 8,* 67–74.

Gilbride, D., & Stensrud, R. (1999). Demand-side job development and system change. *Rehabilitation Counseling Bulletin, 42,* 329–342.

Gilbride, D., Connolly, M., & Stensrud, R. (1990). Rehabilitation education for the private-for-profit sector. *Rehabilitation Education, 4,* 155–162.

Gilbride, D., Stensrud, R., & Johnson, M. (1994). Current models of job placement and employer development: Research, competencies and educational considerations. *Rehabilitation Education, 7,* 215–239.

Gilbride, D., Stensrud, R., Vandergoot, D., & Golden, K. (2003). Identification of the characteristics of employers who are open to hiring and accommodating people with disabilities. *Rehabilitation Counseling Bulletin, 46,* 130–137.

Gilligan, C. (1982). *In a different voice: Psychological theory and women's development.* Cambridge, MA: Harvard University Press.

Gleeson, B. (1999). *Geographics of disability.* New York: Rutledge.

Glosofs, H., Benshoff, J., Hosie, T., & Maki, D. (1995). The 1994 model legislation for licensed professional counselors. *Journal of Counseling and Development, 74,* 209–220.

Glueckauf, R. L., Fritz, S. P., Ecklund-Johnson, E. P., Liss, H. J., Dages, P., & Carney, P. (2002). Videoconferencing-based family counseling for rural teenagers with epilepsy: Phase 1 findings. *Rehabilitation Psychology, 47*(1), 49–72.

Goffman, E. (1963). *Stigma: Notes on the management of spoiled identity.* Englewood Cliffs, NJ: Prentice-Hall.

Goldman, B. A., & Mitchell, D. F. (2002). *Directory of unpublished experimental mental measures: Vol. 8.* Washington, DC: American Psychological Association.

Goldman, L. (1971). *Using tests in counseling* (2nd ed.). Pacific Palisades, CA: Goodyear.

Goodinson, S., & Singleton, J. (1989). Quality of life: A critical review of current concepts, measures and their clinical implications. *International Journal of Nursing Students, 26*(4), 327–341.

Gray, L. A., Ladany, N., Walker, J. A., & Ancis, J. R. (2001). Psychotherapy trainees' experience of counterproductive events in supervision. *Journal of Counseling Psychology, 48,* 371–383.

Grech, E. (2002). Case management: A critical analysis of the literature. *International Journal of Psychosocial Rehabilitation, 6,* 89–98.

Greenwood, R. (1992). Systematic caseload management. In R. T. Roessler & S. E. Rubin (Eds.), *Case management and rehabilitation counseling* (2nd ed., pp. 143–154). Austin, TX: Pro-Ed.

Grob, G. N. (1973). *Mental institutions in America: Social policy to 1875.* New York: The Free Press.

Groth-Marnat, G. (1997). *Handbook of psychological assessment* (3rd ed.). New York: Wiley.

Growick, B. (1993). Rehabilitation in workers' compensation: A growth potential. In L. G. Perlman & C. E. Hansen (Eds.), *Private sector rehabilitation: Insurance, trends & issues for the 21st century: A report on the 17th Mary E. Switzer Seminar* (pp. 68–70). Alexandria, VA: National Rehabilitation Association.

Gruber, J., & Trickett, E. J. (1987). Can we empower others? The paradox of empowerment in the governing of alternative public schools. *American Journal of Community Psychology, 15*(3), 355–371.

Guest, C. L., Jr., & Dooley, K. (1999). Supervisor malpractice: Liability to the supervisee in clinical supervision. *Counselor Education and Supervision, 38,* 269–279.

Gunn, L. D., & Gunn, T. R. (1999). A defense attorney's perspective on life care planning. In R. O. Weed (Ed.), *Life Care Planning and Case Management Handbook.* Boca Raton, FL: CRC Press.

Gutteridge, T., Leibowitz, Z., & Shore, J. (1993). Career development in the United States: Rethinking careers in the flattened organization. In T. Gutteridge, Z. Leibowitz, & J. Shore (Eds.), *Organizational career development: Benchmarks for building a world-class workforce* (pp. 11–34). San Francisco: Jossey-Bass.

Habeck, R. V., & Kirchner, K. (1999). Case management issues within employer-based disability management. In F. Chan & M. J. Leahy (Eds.), *Health care and disability management* (pp. 239–264). Lake Zurich, IL: Vocational Consultants Press.

Habeck, R. V., Hunt, H. A., & VanTol, B. (1998). Workplace factors associated with preventing and managing work disability. *Rehabilitation Counseling Bulletin, 42,*

98–143.

Habeck, R. V., Leahy, M. J., Hunt, H. A., Chan, F., & Welch, E. M. (1991). Employer factors related to workers' compensation claims and disability management. *Rehabilitation Counseling Bulletin, 34,* 210–225.

Habeck, R. V., Scully, S. M., VanTol, B., & Hunt, H. A. (1998). Successful employer strategies for preventing and managing disability. *Rehabilitation Counseling Bulletin, 42,* 144–161.

Hahn, H. (1985). Changing perception of disability and the future of rehabilitation. In L. Perlman & G. Austin (Eds.), *Social influences in rehabilitation planning: Blueprint for the 21st century* (pp. 53–64). Alexandria, VA: National Rehabilitation Association.

Hahn, H. (1988). The politics of physical differences: Disability and discrimination. *Journal of Social Issues, 44,* 39–47.

Hahn, H. (1993). The political implications of disability definitions and data. *Journal of Disability Policy Studies, 4*(1), 41–52.

Hahn, H. (1997). Advertising the acceptable employment image: Disability and capitalism. In L. J. Davis (Ed.), *The disabilities studies reader* (pp. 172–186). New York: Routledge.

Half, R. (1985). *On hiring.* New York: Crown.

Hall, J. H., & Warren, S. L. (Eds.). (1956). *Rehabilitation counselor preparation.* Washington, DC: National Rehabilitation Association and the National Vocational Guidance Association.

Halpern, A. S., & Fuhrer, M. J. (Eds.). (1984). *Functional assessment in rehabilitation.* Baltimore: Paul H. Brookes.

Handelsman, M. M., & Uhelemann, M. R. (1998). Be careful what you wish for: Issues in the statutory regulation of counsellors. *Canadian Journal of Counselling, 32*(4), 315–331.

Hannah, M. E., & Midlarsky, E. (1987). Differential impact of labels and behavioral descriptions on attitudes toward people with disabilities. *Rehabilitation Psychology, 32,* 227–238.

Hanson, M. A., Matheson, L. N., & Borman, W. C. (2001). The O*NET occupational information system. In B. F. Bolton (Ed.), *Handbook of measurement and evaluation in rehabilitation* (3rd ed., pp. 281–309). Gaithersburg, MD: Aspen.

Harrison, D. K., & Lee, C. C. (1979). Rehabilitation counselor competencies. *Journal of Applied Rehabilitation Counseling, 10,* 135–141.

Harrison, D. K., Garnett, J. M., & Watson, A. L. (1981). *Client assessment measures in rehabilitation* (Michigan Studies in Rehabilitation Utilization Series: 5). Ann Arbor: University of Michigan Rehabilitation Research Institute.

Haverkamp, B. E. (1993). Confirmatory bias in hypothesis testing for client-identified and counselor self-generated hypotheses. *Journal of Counseling Psychology, 40,* 303–315.

Havighurst, R. J. (1953). *Human development and education.* New York: Longman.

Havranek, J., Grimes, J. W., Field, T. F., & Sink, J. M. (1994). *Vocational assessment: Evaluating employment potential.* Athens, GA: Elliot & Fitzpatrick.

Helms, J. E. (1995). An update of Helm's White and people of color racial identity models. In J. G. Ponterotto, J. M. Casas, L. A. Suzuki, & C. M. Alexander (Eds.), *Handbook of multicultural counseling* (pp. 181–191). Thousand Oaks, CA: Sage.

Helms, J. E., & Cook, D. A. (1999). *Using race and culture in counseling and psychotherapy: Theory and process.* Boston: Allyn and Bacon.

Henke, R. O., Connolly, S. G., & Cox, J. S. (1975). Caseload management: The key to effectiveness. *Journal of Applied Rehabilitation Counseling, 6*(4), 217–227.

Herbert, J. T. (1995). Clinical supervision. In A. E. Del Orto & R. P. Marinelli (Eds.), *Encyclopedia of disability and rehabilitation* (pp. 178–190). New York: Macmillan.

Herbert, J. T. (1997). Quality assurance: Administration and supervision. In D. R. Maki & T. F. Riggar (Eds.), *Rehabilitation counseling: Profession and practice* (pp. 247–258). New York: Springer Publishing.

Herbert, J. T. (in press). Clinical supervision in rehabilitation settings. In F. Chan, K. R. Thomas, & N. Berven (Eds.), *Counseling theories and techniques for rehabilitation health professionals.*

Herbert, J. T., & Bieschke, K. J. (2000). A didactic course in clinical supervision. *Rehabilitation Education, 14,* 187–198.

Herbert, J. T., & Richardson, B. (1995). Introduction to the special issue on rehabilitation counselor supervision [Special issue]. *Rehabilitation Counseling Bulletin, 36,* 278–281.

Herbert, J. T., & Ward, T. J. (1989). Rehabilitation counselor supervision: A national survey of graduate training practica. *Rehabilitation Education, 3,* 163–175.

Herbert, J. T., Ward, T. J., & Hemlick, L. M. (1995). Confirmatory factor analysis of the Supervisory Style Inventory and Revised Supervision Questionnaire. *Rehabilitation Counseling Bulletin, 38,* 334–349.

Hergenhahn, B. R. (2001). *An introduction to the history of psychology* (4th ed.). Belmont, CA: Wadsworth.

Hershenson, D. (1996). A theoretical model for rehabilitation counseling. *Rehabilitation Counseling Bulletin, 33,* 268–278.

Higgins, P. C. (1992). *Making disability: Exploring the social transformation of human variation.* Springfield, IL: Charles C Thomas.

Himmelstein, D. U., & Woolhandler, S. (1998). Canada's national health program. In R. Chernomas & A. Sepehri (Eds.), *How to Choose? A Comparison of U.S. and Canadian Health Care Systems* (pp. 145–152). Amityville, NY: Baywood Publishing.

Holleman, M. P. (1991). *From darkness into light: The founding of the Canadian Paraple-*

gic Association. Toronto: The Canadian Paraplegic Association.

Holmes, G. E. (1993). The historical roots of the empowerment dilemma in vocational rehabilitation. *Journal of Disability Policy Studies, 4,* 1–20.

Holmes, G. E., Hall, L., & Karst, R. H. (1989). Litigation avoidance through conflict resolution: Issues for state rehabilitation agencies. *American Rehabilitation, 15*(3), 12–15.

Holzbauer, J. J., & Berven, N. L. (1999). Issues in vocational evaluation and testing related to the Americans with Disabilities Act. *Vocational Evaluation and Work Adjustment Bulletin, 32,* 83–96.

Hosack, K. (1998). The value of case management in catastrophic injury rehabilitation and long-term management. *The Journal of Care Management, 4,* 58–67.

Howe, R. S. (1999). Case management in managed care: Past, present and future. *The Case Manager, 10,* 37–40.

Hunsley, J. (2002). Psychological testing and psychological assessment: A closer examination. *American Psychologist, 57,* 139–140.

Hutchinson, J. D., Luck, R. S., & Hardy, R. E. (1978). Training needs of a group of vocational rehabilitation agency administrators. *Journal of Rehabilitation Administration, 2,* 156–159, 178.

Hutchinson, P., Dunn, P., Lord, J., & Pedlar, A. (1996). *Impact of independent living resource centres in Canada.* St. Catharines, ON: Brock University.

Institute for Higher Education Policy. (1999, April). *What's the difference? A review of contemporary research on the effectiveness of distance learning in higher education.* Retrieved December 4, 2002, from http://www.nea.org/aboutbe/diseddif.pdf

Ison, T. G. (1996). A historical perspective on contemporary challenges in workers' compensation. *Osgoode Hall Law Journal, 34,* 806–833.

Ivey, A., D'Andrea, M., Ivey, M., & Simek-Morgan, L. (2002). *Counseling and psychotherapy: A multicultural perspective* (5th ed.). Boston: Allyn & Bacon.

Jacobs, H. E., Wissusik, D., Collier, R., Stackman, D., & Burkeman, D. (1992). Correlations between psychiatric disabilities and vocational outcome. *Hospital and Community Psychiatry, 43,* 365–369.

Jaet, D. N., & McMahon, B. T. (1999). Implications of disability legislation for case managers. In F. Chan & M. J. Leahy (Eds.), *Health care & disability case management.* Lake Zurich, IL: Vocational Consultants Press.

Jaques, M. E. (1959). *Critical counseling behavior in rehabilitation settings.* Iowa City: State University of Iowa, College of Education.

Jaques, M. E. (1970). *Rehabilitation counseling: Scope and services.* Boston: Houghton Mifflin.

Jenkins, W., Patterson, J. B., & Szymanski, E. M. (1992). Philosophical, historic, and legislative aspects of the rehabilitation counseling profession. In R. M. Parker & E. M. Szymanski (Eds.), *Rehabilitation counseling: Basics and beyond* (2nd ed., pp. 1–41). Austin, TX: Pro-Ed.

Johnson, M. (2002). Introductory biology online: Assessing outcomes of two student populations. *Journal of College Science Teaching, 31,* 312–317.

Johnson, S. D., Aragon, S. R., Shaik, N., & Palma-Rivas, N. (2000). Comparative analysis of learner satisfaction and learning outcomes in online and face-to-face learning environments. *Journal of Interactive Learning Research, 11*(1), 29–49.

Jones, J. M. (1997). *Prejudice and racism* (2nd ed.). New York: McGraw-Hill.

Jones, R. J. E. (1994). *Their rightful place: Society and disability.* Toronto, ON: Canadian Academy of the Arts.

Kahneman, D., Slovic, P., & Tversky, A. (1982). *Judgment under uncertainty: Heuristics and biases.* New York: Cambridge University Press.

Kaplan, I., & Hammond, N. (1982). Projects with Industry: The concept and the realization. *American Rehabilitation, 8,* 3–7.

Kaplan, R. E. (2002). Know your strengths. *Harvard Business Review, 80*(3), 20–22.

Kaplan, R. M., & Saccuzzo, D. P. (1997). *Psychological testing. Principles, applications, and issues* (4th ed.). Pacific Grove, CA: Brooks/Cole.

Keith-Spiegel, P., & Koocher, G. P. (1998). *Ethics in psychology* (2nd ed.). New York: Random House.

Kelly, E. W. (1995). *Spirituality and religion in counseling and psychotherapy: Diversity in theory and practice.* Alexandria, VA: American Counseling Association.

Kenny, G. (1994). Multicultural investigation of counseling expectations and preferences. *Journal of College Student Psychotherapy, 9,* 21–39.

Key, S. (2002). Perceived managerial discretion: An analysis of individual ethical intentions. *Journal of Managerial Issues, 14*(2), 218–233.

Kiernan, W., Sanchez, R., & Schalock, R. (1989). Economics, industry, and disability in the future. In W. Kiernan & R. Schalock (Eds.), *Economics, industry, and disability* (pp. 365–374). Baltimore: Paul H. Brookes.

Kiesler, D. J. (1999). *Beyond the disease model of mental disorders.* Westport, CT: Praeger.

Kim, D. (1999). *Introduction to systems thinking.* Williston, VT: Pegasus Communications.

Kinney, C. F. (1996). Organizing work as a system. *Today's management methods,* p. 41, 14p. Retrieved November 25, 2002, from EBSCO database.

Kirk, S. A., & Kutchins, H. (1992). *The selling of the DSM: The rhetoric of science in psychiatry.* New York: Aldine Degruyter.

Kitchener, K. S. (1984). Intuition, critical evaluation and ethical principles: The foundation for ethical decisions in counseling psychology. *The Counseling Psychologist, 12*(3), 43–55.

Kleinfield, S. (1979). *The hidden minority: A profile of handicapped Americans.* Boston: Atlantic Monthly Press.

Knowles, M. (1990). *The adult learner: A neglected species* (4th ed.). Houston: Gulf Publishing.

Knowles, M. S. (1990). Adult learning: Theory and practice. In L. Nadler & Z. Nadler (Eds.), *Handbook of human resource development* (2nd ed., pp. 6.1–6.23). New York: John Wiley & Sons.

Koch, L. C., & Rumrill, P. D. (1997). Rehabilitation counseling outside the state agency: Settings, roles, and functions for the new millennium. *Journal of Applied Rehabilitation Counseling, 28,* 9–14.

Kohlberg, L. (1981). *The philosophy of moral development.* San Francisco, CA: Harper & Row.

Kosciulek, J. (1993). Advances in trait-and-factor theory: A person × environment fit approach to rehabilitation counseling. *Journal of Applied Rehabilitation Counseling, 24*(2), 11–14.

Kosciulek, J. F. (1999). The consumer-directed theory of empowerment. *Rehabilitation Counseling Bulletin, 42,* 196–213.

Kosciulek, J. F., & Merz, M. A. (2001). Structural analysis of the consumer-directed theory of empowerment. *Rehabilitation Counseling Bulletin, 44,* 209–216.

Kozlowska, K., Nunn, K., & Cousins, P. (1997). Adverse experiences in psychiatric training. *Australian and New Zealand Journal of Psychiatry, 31,* 641–652.

Kreider, J. (1996). All lines case management coverage. *The Case Manager, 7,* 47–52.

Kuehn, M. D. (1991). An agenda for professional practice in the 1990s. *Journal of Applied Rehabilitation Counseling, 22*(3), 6–15.

Kuehn, M. D., Crystal, R. M., & Ursprung, A. (1988). Challenges for rehabilitation counselor education. In S. Rubin & N. Rubin (Eds.), *Contemporary challenges to the rehabilitation counseling profession* (pp. 273–302). Baltimore: Paul H. Brookes.

Kunkel, M. A. (1990) Expectations about counseling in relation to acculturation in Mexican-American and Anglo-American student samples. *Journal of Counseling Psychology, 37,* 286–292.

Kurpius, D. J., Fuqua, D. R., & Rozecki, T. (1993). The consulting process: A multidimensional approach. *Journal of Counseling and Development, 71,* 601–606.

LaBuda, J. (1995, Fall). Counselors counsel; Clients sue. *CRC: The Counselor,* 6–7.

Lakein, A. (1973). *How to get control of your time and your life.* New York: Signet.

Langton, A. (2000). *Integrating rehabilitation technology: The TECH point process.* Columbia, SC: The Langton Group.

Larson, L. M. (1998). The social cognitive model of counselor training. *The Counseling Psychologist, 26,* 219–273.

Larson, L. M., & Daniels, J. A. (1998). Review of the counseling self-efficacy literature. *The Counseling Psychologist, 26,* 179–218.

Lauterbach, J. R. (1982, April 5). Coaching the disabled back to work. *Industry Week,* 52–55.

Leahy, M. J. (1994). *Validation of essential knowledge dimensions for case management (Technical report).* Rolling Meadows, IL: Foundation for Rehabilitation Certification, Education and Research.

Leahy, M. J. (1999). Practitioner accountability: Professionalism, credentials, and regulation. *Report of the 20th Mary Switzer Memorial Seminar.* Washington, DC: National Rehabilitation Association.

Leahy, M. J., Chan, F., & Magrega, D. J. (1997). Knowledge importance and training needs in rehabilitation counselling: Perceptions of Canadian certified rehabilitation counsellors. *Canadian Journal of Rehabilitation, 10*(3), 215–229.

Leahy, M. J., Chan, F., & Saunders, J. (2001). *An analysis of job functions and knowledge requirements of Certified Rehabilitation Counselors in the 21st century.* Chicago: Foundation for Rehabilitation Education and Research.

Leahy, M. J., Chan, F., & Shaw, L. R. (1999). Essential knowledge underlying case management practice. In F. Chan & M. J. Leahy (Eds.), *Health care and disability management* (pp. 61–88). Lake Zurich, IL: Vocational Consultants Press.

Leahy, M. J., & Holt, E. (1993). Certification in rehabilitation counseling: History and process. *Rehabilitation Counseling Bulletin, 37*(2), 71–80.

Leahy, M. J., Shapson, P. R., & Wright, G. N. (1987). Rehabilitation practitioners competencies by role and setting. *Rehabilitation Counseling Bulletin, 31,* 119–131.

Leahy, M. J., & Szymanski, E. M. (1995). Rehabilitation counseling: Evolution and current status. *Journal of Counseling and Development, 74,* 163–166.

Leahy, M. J., Szymanski, E. M., & Linkowski, D. C. (1993). Knowledge importance in rehabilitation counseling. *Rehabilitation Counseling Bulletin, 37,* 130–145.

Leahy, M. J., & Tarvydas, V. T. (2001). Transforming our professional organizations: A first step toward unification of the rehabilitation counseling profession. *Journal of Applied Rehabilitation Counseling, 32,* 3–8.

Lerner (1972). *Therapy in the ghetto: Political impotence and personal disintegration.* Baltimore: Johns Hopkins University.

Levers, L. L., & Maki, D.R. (1995). African indigenous healing and cosmology: Toward a philosophy of ethnorehabilitation. *Rehabilitation Education, 9*(2–3), 127–145.

Lewis, J., Lewis, M., Daniels, J., & D'Andrea, M. (2003). *Community counseling: Empowerment strategies for a diverse society.* Pacific Grove, CA: Brooks/Cole.

Lewis, J. A., & Lewis, M. D. (1983). *Community counseling: A human services approach.* New York: John Wiley.

Lewis, J. A., Hayes, B. A., & Bradley, L. J. (Eds.). (1992). *Counseling women over the life span.* Denver, CO: Love Publishing.

Lewis, W. (1998). A supervision model for public agencies. *Clinical Supervisor, 6*(2), 85–91.

Liachowitz, C. H. (1988). *Disability as a social construct: Legislative roots.* Philadelphia: University of Pennsylvania Press.

Linkowski, D. L., & Szymanski, E. M. (1993). Accreditation in rehabilitation counseling: Historical and current content and process. *Rehabilitation Counseling Bulletin, 37,* 81–91.

Lisoski, E. (1998). Courage, character and conviction—The three "c's" of outstanding supervision. *Supervision, 59*(9), 7–9.

Liss, H. J., Glueckauf, R. L., & Ecklund-Johnson, E. P. (2002). Research on telehealth and chronic medical conditions: Critical review, key issues, and future directions. *Rehabilitation Psychology, 47*(1), 8–30.

Liu, W. M., & Pope-Davis, D. B. (in press). Moving from diversity to multiculturalism: Exploring power and the implications for psychology. In D. B. Pope-Davis, H. L. K. Coleman, W. M. Liu, & R. L. Toporek (Eds.), *The handbook of multicultural competencies.* Thousand Oaks: Sage.

Livneh, H. (1995). The tripartite model of rehabilitation intervention: Basics, goals and rehabilitation strategies. *Journal of Applied Rehabilitation Counseling, 26*(1), 25–29.

Livneh, H. (2000). Psychosocial adaptation to spinal cord injury: The role of coping strategies. *Journal of Applied Rehabilitation Counseling, 31*(2), 3–10.

Loevinger, J. (1976). *Ego development.* San Francisco, CA: Jossey-Bass.

Lofquist, L. H., & Dawis, R. V. (1969). *Adjustment to work: A psychological view of man's problems in a work-oriented society.* New York: Appleton-Century-Crofts.

Lofquist, I., & Dawis, R. (2002). Person-environment-correspondence theory. In D. Brown (Ed.), *Career choice and development* (4th ed.). San Francisco: Jossey-Bass.

Lopez, S. R. (1989). Patient variable biases in clinical judgment: Conceptual overview and methodological implications. *Psychological Bulletin, 106,* 184–203.

Lui, J. (1993). Trends and innovation in private sector rehabilitation for the 21st century. In L. Perlman & C. Hansen (Eds.), *Private sector rehabilitation insurance: Trends and issues for the 21st century* (pp. 47–50). Alexandria, VA: National Rehabilitation Association.

Lui, J., Chan, F., Kwok, J. M., & Thorson, R. (1999). Managed care concepts in the delivery of case management services. In F. Chan & M. J. Leahy (Eds.), *Health care and disability management* (pp. 91–119). Lake Zurich, IL: Vocational Consultants Press.

Luthans, F. (2002). The need for and meaning of positive organizational behavior. *Journal of Organizational Behavior, 23,* 696–706.

Luther, D. B. (1995). Put strategic planning to work. *Association Management, 47*(1), 73–76.

Lynch, R. K. (1983). The vocational expert. *Rehabilitation Counseling Bulletin, 27,* 18–25.

Lynch, R., Habeck, R., & Sebastian, M. (1997). Professional practice: Consultation. In D. Maki & T. F. Riggar (Eds.), *Rehabilitation counseling: Profession and practice* (pp. 183–196). New York: Springer Publishing Co.

Lynch, R. K., & Lynch, R. T. (1998). Rehabilitation counseling in the private sector. In R. M. Parker & E. M. Szymanski (Eds.), *Rehabilitation counseling: Basics and beyond* (3rd ed., pp. 71–105). Austin, TX: Pro-Ed.

Lynch, R., & Martin, T. (1982). Rehabilitation counseling: A training needs survey. *Journal of Rehabilitation, 48,* 51–52, 73.

Lynch, R. K., Lynch, R. T., & Beck, R. (1992). Rehabilitation counseling in the private sector. In R. M. Parker & E. M. Szymanski (Eds.), *Rehabilitation counseling. Basics and beyond* (pp. 73–102). Austin, TX: Pro-Ed.

Lynk, M. (1998). A hardy transplant: The duty to accommodate and disability rights in Canadian labour law. *Labor Law Journal, 48,* 962.

Mabe, A. R., & Rollin, S. A. (1986). The role of a code of ethical standards in counseling. *Journal of Counseling and Development, 64,* 294–297.

Macoby, M. (1997). Building trust is an art. *Research Technology Management, 40*(5), 56–57.

Maki, D. R. (1986). Foundations of applied rehabilitation counseling. In T. F. Riggar, D. Maki, & A. Wolf (Eds.), *Applied rehabilitation counseling* (pp. 3–11). New York: Springer Publishing.

Maki, D. R., & Delworth, U. (1995). Clinical supervision: A definition and model for the rehabilitation counseling profession. *Rehabilitation Counseling Bulletin, 38,* 282–293.

Maki, D. R., McCracken, N., Pape, D. A., & Scofield, M. E. (1979). A systems approach to vocational assessment. *Journal of Rehabilitation, 45*(1), 48–51.

Maki, D., & Murray, G. (1995). Philosophy of rehabilitation. In A. Dell Orto & R. Marenelli (Eds.), *Encyclopedia of disability and rehabilitation* (pp. 555–561). New York: Macmillan.

Maki, D. R., & Riggar, T. F. (Eds.). (1997a). *Rehabilitation counseling: Profession and practice.* New York: Springer Publishing.

Maki, D. R., & Riggar, T. F. (1997b). Rehabilitation counseling. Concepts and paradigms. In D. R. Maki & T. F. Riggar (Eds.), *Rehabilitation counseling: Profession and practice* (pp. 3–31). New York: Springer Publisher.

Malkmus, D. D. (1993). Facility-based case management: Accountability for outcome, costs and value. In C. J. Durgin & N. D. Schmidt (Eds.), *Staff development and clinical intervention in brain injury rehabilitation* (pp. 303–334). Gaithersburg, MD: Aspen.

Mannock, T. J., Levesque, D. A., & Prochaska, J. M. (2002). Assessing readiness of clients with disabilities to engage in job seeking behaviors. *Journal of Rehabilitation, 68*(3), 16–23.

Marcus, B. H., Emmons, K. M., Simkin-Silverman, L. R., Linnan, L. A., Taylor, E. R., Bock, B. C., et al. (1998). Evaluation of motivationally tailored vs. standard self-help physical activity interventions at the workplace. *American Journal of Health Promotion, 12*, 246–253.

Marini, I., & Reid, C. (2001). A survey of rehabilitation professionals as alternative provider contractors with Social Security: Problems and solutions. *Journal of Rehabilitation, 67*(2), 36–41.

Marini, I., & Stebnicki, M. (1999). Social Security Administration's alternative provider program: What can rehabilitation administrators expect? *Journal of Rehabilitation Administration, 23*(1), 31–43.

Marshall, K. T., & Oliver, R. M. (1995). *Decision making and forecasting*. New York: McGraw-Hill.

Matkin, R. (1983). The roles and functions of rehabilitation specialists in the private sector. *Journal of Applied Rehabilitation Counseling, 14*, 14–27.

Matkin, R. (1987). Content areas and recommended training sites of insurance rehabilitation specialists. *Rehabilitation Education, 1*, 233–246.

Matkin, R. E. (1982). Preparing rehabilitation counselors to perform supervisory and administrative responsibilities. *Journal of Applied Rehabilitation Counseling, 49*, 25–28, 67.

Matkin, R. E. (1983). Credentialing and the rehabilitation profession. *Journal of Rehabilitation, 49*, 25–28, 67.

Matkin, R. E. (1985). *Insurance rehabilitation*. Austin, TX: Pro-Ed.

Matkin, R. E., Sawyer, H. W., Lorenz, J. R., & Rubin, S. E. (1982). Rehabilitation administrators and supervisors: Their work assignments, training needs, and suggestions for preparation. *Journal of Rehabilitation Administration, 6*, 170–183.

McArthur, C. (1954). Analyzing the clinical process. *Journal of Counseling Psychology, 1*, 203–208.

McCarthy, H. (1993). Learning with Beatrice A. Wright: A breath of fresh air that uncovers the unique virtues and human flaws in us all. *Rehabilitation Education, 10*, 149–166.

McClure, B. A., & Russo, T. R. (1996). The politics of counseling: Looking back and forward. *Counseling & Values, 40*(3), 162–174.

McCormack, M. (2000). The dangers of praise. *New Zealand Management, 47*(9), 17.

McCourt, A. E. (1993). *The specialty practice of rehabilitation nursing: A core curriculum* (3rd ed.). Skokie, IL: Rehabilitation Nursing Foundation.

McKenna, I. B. (1998). Legal rights for persons with disabilities in Canada: Can the impasse be resolved? *Ottawa Law Review, 29*, 153–197.

McMahon, B. T., Shaw, L. R., & Mahaffey, D. P. (1988). Career opportunities and professional preparation in had injury rehabilitation. *Rehabilitation Counseling Bulletin, 31*, 344–354.

McWhirter, E. H. (1994). *Counseling for empowerment*. Alexandria, VA: American Counseling Association.

McWhirter, E. H. (1997). Empowerment, social activism, and counseling. *Counseling and Human Development, 29*(8), 1–14.

Meara, N. M., Schmidt, L. D., & Day, J. D. (1996). Principles and virtue: A foundation for ethical decisions, policies, and character. *The Counseling Psychologist, 24*(1), 4–77.

Meili, P. (1993, April/May). The rehabilitation market. *Rehabilitation Management*, 96–102.

Melvyn, J. L. (1980). Interdisciplinary and multidisciplinary activities and the ACRM. *Archives of Physical Medicine and Rehabilitation, 61*, 379–380.

Menz, F. E., & Bordieri, J. E. (1986). Rehabilitation facility administrator training needs: Priorities and patterns for the 1980's. *Journal of Rehabilitation Administration, 10*, 89–98.

Meyer, G. J., Finn, S. E., Eyde, L. D., Kay, G. G., Moreland, K. L., Dies, R. R., et al. (2001). Psychological testing and psychological assessment. A review of evidence. *American Psychologist, 56*, 128–165.

Meyer, J., & Donaho, M. (1979). *Get the right person for the job*. Englewood Cliffs, NJ: Prentice-Hall.

Miller, L. A., Moriarty, J. B., Noble, J. H., Oestrich, R. P., Wright, G., & Collington, F. C. (1976). Reviews of "An evaluation of policy-related rehabilitation research." *Rehabilitation Counseling Bulletin, 20*, 46–61.

Miller, W. R., & Rollnick, S. (1991). *Motivational interview*. New York: Guilford.

Millington, M., Asner, K., Linkowski, D., & Der-Stepanian, J. (1996) Employers and job development: The business perspective. In R. Parker & E. Szymanski (Eds.), *Rehabilitation counseling: Basics and beyond* (pp. 277–308). Austin, TX: Pro-Ed.

Mittra, S. S. (1986). *Decision support systems*. New York: Wiley.

Montgomery, M. J., Hendricks, B. C., & Bradley, L. J. (2001). Using systems perspectives in supervision. *Family Journal, 9*, p. 305, 9p. Retrieved November 25, 2002, from EBSCO database.

Moore, C., & Feist-Price, S. (1999). Societal attitudes and the civil rights of persons with disabilities. *Journal of Applied Rehabilitation Counseling, 30*(2), 19–24.

Moore, C. L. (2001). Disparities in job placement outcomes among deaf, late-deafened, and hard of hearing consumers. *Rehabilitation Counseling Bulletin, 44*(3), 144.

Morelock, K., Roessler, R., & Bolton, B. (1987). The employability maturity interview: Reliability and construct validity. *Vocational Evaluation and Work Adjustment Bulletin, 20*, 3–59.

Morgan, G. (1997). *Images of organization* (2nd ed.). Thousand Oaks, CA: Sage.

Moriarty, J. B., Walls, R. T., & McLaughlin, D. E. (1987). The Preliminary Diagnostic Questionnaire (PDQ): Functional assessment of employability. *Rehabilitation Psychology, 32*, 5–15.

Morris, K. (1973). Welfare reform 1973: The social services dimension. *Science, 81*, 515–522.

Morrow, K. A., & Deidan, C. T. (1992). Bias in the counseling process: How to recognize it and avoid it. *Journal of Counseling and Development, 70*, 571–577.

Moskowitz, S. A., & Rupert, P. A. (1983). Conflict resolution within the supervisory relationship. *Professional Psychology: Research and Practice, 14*, 632–641.

Mount, R. E., & Schumacker, R. E. (1991). Rehabilitation administrator perceptions of graduate curriculum needs: A guide to curriculum development. *Rehabilitation Education, 5*, 53–58.

Moxley, D. P. (1989). *The practice of case management*. Newberry Park, CA: Sage.

Mullahy, C. (1998). *The case manager's handbook* (2nd ed.). Gaithersburg, MD: Aspen.

Mullahy, C. M. (1995). *The case manager's handbook*. Gaithersburg, MD: Aspen.

Muratori, M. C. (2001). Examining supervisor impairment from the counselor trainee's perspective. *Counselor Education & Supervision, 41*, 41–56.

Murphy, L. L., Plake, B. S., Impara, J. C., & Spies, R. A. (Eds.). (2002). *Tests in print VI. An index to tests, test reviews, and the literature on specific tests*. Lincoln: University of Nebraska Press.

Murphy, O., & Williams, J. (1999). *Assessment of rehabilitative and quality of life issues in litigation*. Boca Raton: CRC Press.

Murphy, S. T. (1975). Problems in research utilization: A review. *Rehabilitation Counseling Bulletin, 19*, 364–376.

Musco, T. D., et al. (1995, November). *A survey of disability income and medical rehabilitation/case management programs*. Washington, DC: Health Insurance Association of America.

Muthard, J., & Salomone, P. (1969). Roles and functions of the rehabilitation counselor. *Rehabilitation Counseling Bulletin, 13*, (whole issue).

Muthard, J. E., & Salomone, P. (1969). The roles and functions of the rehabilitation counselor. *Rehabilitation Counseling Bulletin, 13*, 81–168.

Nagi, S. Z. (1969). *Disability and rehabilitation: Legal, clinical, and self-concepts and measurements*. Columbus: Ohio State University.

Nathanson, R. (1979). Counseling persons with disabilities: Are the feelings, thoughts, and behaviors of helping professionals helpful? *Personnel and Guidance Journal, 58*, 233–237.

National Board of Certified Counselors. (2002). *The ACS credential*. http://www.cce global.org/acs.htm: Author.

National Council on Disability. (n.d.). *The Americans with Disabilities Act Policy Brief: Righting the ADA*. Retrieved October 30, 2002, from http://www.ncd.gov/newsroom/publications/carefullyconstructedlaw.htm

National Council on Rehabilitation Education. (2001–2002). *Membership directory*.

National Council on Rehabilitation Education. (2002) Online. Retrieved October 2002, from http://www.rehabeducators.org/schools.htm

National Head Injury Foundation Insurance Committee. (1988, September). *A review of gaps and problems in insurance coverages and their relationship to traumatic brain injury*.

National Institute on Consumer-Directed Long-Term Services. (1996). *Principles of consumer-directed home and community-based services*. Washington, DC: Author.

Neely, C. (1974). Rehabilitation counselor attitudes: A study to compare the attitudes of general and special counselors. *Journal of Applied Rehabilitation Counseling, 5*, 153–158.

Nelson, M. L., & Friedlander, M. L. (2001). A close look at conflictual supervisory relationships: The trainee's perspective. *Journal of Counseling Psychology, 48*, 384–395.

Nester, M. A. (1993). Psychometric testing and reasonable accommodation for persons with disabilities. *Rehabilitation Psychology, 38*, 75–83.

Newman, J., & Lovell, M. (1993). A description of a supervisory group for group counselors. *Counselor Education and Supervision, 33*, 22–31.

Nezu, A. M., & Nezu, C. M. (1993). Identifying and selecting target problems for clinical interventions: A problem-solving model. *Psychological Assessment, 5*, 254–263.

Nordlund, W. J. (1991). The Federal Employees' Compensation Act. *Monthly Labor Review, 114*(9), 3–14.

Nosek, M. A. (1998). Independent living. In R. M. Parker & E. M. Szymanski (Eds.), *Rehabilitation counseling: Basics and beyond* (3rd ed., pp. 107–141). Austin, TX: Pro-Ed.

Obermann, C. E. (1965). *A history of vocational rehabilitation in America*. Minneapolis, MN: T. S. Dennison.

Oehlers, L., & Billingsley, W. (2002). Some final interim thoughts. In D. Dew, M. McGuire-Kuletz, & G. Alan (Eds.), *Using the Internet as a resource to the work of the state VR counselor* (pp. 102–125). Washington, DC: The George Washington University Press.

Olk, M. E., & Friedlander, M. L. (1992). Trainees' experiences of role conflict and role ambiguity in supervisory relationships. *Journal of Counseling Psychology, 39*,

389–397.

Olkin, R. (1999). *What psychotherapists should know about disability*. New York: Guilford Press.

Olkin, R. (2002). Could you hold the door for me? Including disability in diversity. *Cultural Diversity and Ethnic Minority Psychology, 8*, 130–137.

Oncken, W., Jr., & Wass, D. L. (1974). Management time: Who's got the monkey? *Harvard Business Review, 52*(6), 75–80.

Parker, R. L., & Szymanski, E. M. (Eds.). (1987). *Rehabilitation counseling: Basics and beyond*. Austin, TX: Pro-Ed.

Parker, R. L., & Szymanski, E. M. (Eds.). (1992). *Rehabilitation counseling: Basics and beyond* (2nd ed.). Austin, TX: Pro-Ed.

Parker, R. L., & Szymanski, E. M. (Eds.). (1998). *Rehabilitation counseling: Basics and beyond* (3rd ed.). Austin, TX: Pro-Ed.

Parker, R. M. (2001). Aptitude testing. In B. F. Bolton (Ed.), *Handbook of measurement and evaluation in rehabilitation* (3rd ed., pp. 103–124). Gaithersburg, MD: Aspen.

Parker, R. M., & Hansen, C. E. (1981). *Rehabilitation counseling: Foundations, consumers, and service delivery*. Boston: Allyn and Bacon.

Parker, R. M., & Schaller, J. L. (1996). Issues in vocational assessment and disability. In E. M. Szymanski & R. M. Parker (Eds.), *Work and disability. Issues and strategies in career development and job placement* (pp. 127–164). Austin, TX: Pro-Ed.

Parker, R. M., Szymanski, E. M., & Hanley-Maxwell, C. (1989). Ecological assessment in supported employment. *Journal of Applied Rehabilitation Counseling, 20*(3), 26–33.

Parker, R., & Szymanski, E. (1992). *Rehabilitation counseling: Basics and beyond* (2nd ed.). Austin, TX: Pro-Ed.

Parker, R. M., & Szymanski, E. M. (1998). *Rehabilitation counseling: Basics and beyond*. Austin, TX: Pro-Ed.

Parker, W. C. (2002). Monkey Management. Retrieved October 2002, from http:workstar.net/library/monkey.htm.

Parsons, J. T., Huszti, H. C., Crudder, S. O., Rich, L., & Mendoza, J. (2000). Maintenance of safer sexual behaviors: Evaluation of a theory-based intervention for HIV seropositive men with haemophilia and their female partners. *Haemophilia, 6*, 181–190.

Patterson, C. H. (1957). Counselor or coordinator. *Journal of Rehabilitation, 23*, 13–15.

Patterson, C. H. (1966). The rehabilitation counselor: A projection. *Journal of Rehabilitation*

Patterson, C. H. (1967). Specialization in rehabilitation counseling. *Rehabilitation Counseling Bulletin, 10*, 147–154.

Patterson, J. B. (1998). Ethics and ethical decision making in rehabilitation counseling. In R. M. Parker & E. M. Szymanski (Eds.), *Rehabilitation counseling: Basics and beyond* (3rd ed., pp. 181–223). Austin, TX: Pro-Ed.

Patterson, J. B. (2000). Using the Internet to facilitate the rehabilitation process. *Journal of Rehabilitation, 66*(1), 4–10.

Patterson, J. B. (2001). Assessing work behavior. In B. F. Bolton (Ed.), *Handbook of measurement and evaluation in rehabilitation* (3rd ed., pp. 255–279). Gaithersburg, MD: Aspen.

Patterson, J. B. (2002). Internet applications and beliefs of state agency personnel. *Journal of Rehabilitation, 68*(2), 33–38.

Patterson, J., Knauss, J., Lawton, D., Raybould, R. & Oehlers, L. (2002). The why chapter or: Do you realize the size of my caseload? In D. Dew, M. McGuire-Kuletz, & G. Alan (Eds.), *Using the Internet as a resource to the work of the state VR counselor* (pp. 7–29). Washington, DC: The George Washington University Press.

Patterson, J. B., Allen, T. B., Parnell, L., Crawford, R., & Beardall, R. L. (2000). Equitable treatment in the rehabilitation process: Implications for future investigations related to ethnicity. *The Journal of Rehabilitation, 66*(2), 14.

Pepinsky, H. B., & Pepinsky, N. (1954). *Counseling theory and practice*. New York: Ronald Press.

Percy, S. L. (1989). *Disability, civil rights, and public policy: The politics of implementation*. Tuscaloosa: University of Alabama Press.

Perry, W. G. (1970). *Forms of intellectual and ethical development in the college years: A scheme*. New York: Holt, Rinehart, and Winston.

Peterson, D. (2000). Clinical problem solving micro-case management: Computer assisted instruction for information gathering strategies in rehabilitation counseling. *Rehabilitation Counseling Bulletin, 43*(2), 84–96.

Peterson, D. B. (2002). *International classification of functioning, disability, and health (IFC): A primer for rehabilitation psychologists*. New York University: Unpublished manuscript.

Peterson, D. B., & Growick, B. (2000). The Work Incentive Improvement Act of 1999. *Rehabilitation Psychology Newsletter (Division 22 of the APA), 27*(2).

Petrocelli, J. V. (2002). Processes and stages of change: Counseling with the transtheoretical model of change. *Journal of Counseling and Development, 80*, 22–30.

Piaget, J. (1977). *The development of thought: Equilibrium of cognitive structure*. New York: Viking.

Pinderhughes, E. B. (1983). Empowerment for our clients and our selves. *Social Casework, 64*(6), 331–338.

Plake, B. S., Impara, J. C., & Spies, R. A. (Ed.). (2003). *The fifteenth mental measurements yearbook*. Lincoln: University of Nebraska Press.

Pope, A., & Tarlov, A. (1991). *Disability in America: Toward a national agenda for prevention*. Washington, DC: Institute of Medicine, National Academy Press.

Pope-Davis, D. B., Liu, W. M., Toporek, R., & Brittan, C. (2001). How do we identify

cultural competence in counseling: Review, introspection, and recommendations for future research. *Cultural Diversity and Ethnic Minority Psychology, 7*, 121–138.

Pope-Davis, D. B., Toporek, R. L., Ortega-Villalobos, L., Ligiero, D. P., Brittan-Powell, C. S., Liu, W. M., et al. (2002). A qualitative study of clients' perspectives of multicultural counseling competence. *The Counseling Psychologist, 30*, 355–393.

Posavac, E. J., & Carey, R. G. (2003). *Program evaluation: Methods and case studies* (6th ed.). Upper Saddle River, NJ: Prentice-Hall.

Powell, S. K., & Wekell, P. M. (1996). *Nursing case management*. Philadelphia: Lippincott.

Power, P. W. (2000). *A guide to vocational assessment* (3rd ed.). Austin, TX: Pro-Ed.

Pransky, G., & Himmelstein, J. (1996a). Outcome research: Implications for occupational health. *Journal of Industrial Medicine, 29*, 573–583.

Pransky, G., & Himmelstein, J. (1996b). *Evaluating outcomes of workers' compensation medical care*. Occupational Health Program and the New England Center for Occupational Musculoskeletal Disorders (NECOMD), University of Massachusetts Medical Center, Worchester, MA.

Prestin, E. I., & Havranek, J. E. (1998). The future of private sector rehabilitation: A survey of perceptions of members of the National Association of Rehabilitation Professionals. *The Rehabilitation Professional, 6*, 30–39.

Prilleltensky, I. (1997). Values, assumptions, and practices: Assessing the moral implications of psychological discourse and action. *American Psychologist, 52*, 517–535.

Prochaska, J. O. (1994). Strong and weak principles for progressing from precontemplation to action on the basis of twelve problem behaviors. *Health Psychology, 13*(1), 47–51.

Prochaska, J. O., & DiClemente, C. C. (1983). Stages and processes of self-change of smoking: Toward an integrative model of change. *Journal of Consulting and Clinical Psychology, 51*(3), 390–395.

Prochaska, J. O., DiClemente, C. C., & Norcross, J. C. (1992). In search of how people change: Applications to addictive behaviors. *American Psychologist, 47*, 1102–1114.

Prochaska, J. O., DiClemente, C. C., Velicer, W. F., & Rossi, J. S. (1993). Standardized, individualized interactive and personalized self-help interventions for stages of smoking cessation. *Health Psychology, 12*, 399–405.

Puskin, D. (May 1, 2003). Welcome: So what is telehealth? http://telehealth.hrsa.gov/welcome.htm

Ramm, D. R. (1998). Consider the scientific study of morality. *American Psychologist, 53*, 323–324.

Rasch, J. D. (1979). The case for an independent association of rehabilitation counselors. *Journal of Applied Rehabilitation Counseling, 10*, 171–176.

Reagles, K. W. (1981). Perspectives on the proposed merger of rehabilitation organizations. *Journal of Applied Rehabilitation Counseling, 12*, 75–79.

Reeves, T. (1994). *Managing effectively: Developing yourself through experience*. Oxford, England: The Institute of Management, Butterworth Heinemann.

Reid, C. A., Deutsch, P. M., & Kitchen, J. (2001). Life care planning: An emerging rehabilitation intervention. In P. D. Rumrill, J. L. Bellini, & L. C. Koch (Eds.), *Emerging issues in rehabilitation counseling: Perspectives on the new millennium* (pp. 59–88), Springfield, IL: Charles C Thomas.

Reid, C. A., Deutsch, P. M., Kitchen, J., & Aznavoorian, K. (1999). Life Care Planning. In F. Chan & M. J. Leahy (Eds.), *Health care and disability management* (pp. 415–453). Lake Zurich, IL: Vocational Consultants Press.

Reno, V. P., Mashaw, J. L., & Gradison, B. (Eds.). (1997). *Disability: Challenges for social insurance, health care financing, and labor market policy*. Washington, DC: National Academy of Social Insurance.

Research Triangle Institute. (1998). *A longitudinal study of the Vocational Rehabilitation service program*. Washington, DC: Rehabilitation Services Administration.

Research Triangle Institute. (2002). *Longitudinal study of the Vocational Rehabilitation services program. Second final report: VR services and outcomes*. Washington, DC: Rehabilitation Services Administration.

Rest, J. R. (1984). Research on moral development: Implications for training psychologists. *The Counseling Psychologist, 12*(3), 19–29.

Rich, P. (1993). The form, function, and content of clinical supervision: An integrated model. *The Clinical Supervisor, 11*, 137–178.

Ridley, C. R. (1995). *Overcoming unintentional racism in counseling and therapy*. Thousand Oaks, CA: Sage.

Ridley, C. R., & Kleiner, A. J. (in press). Multicultural counseling competence: History, themes, and issues. In D. B. Pope-Davis, H. L. K. Coleman, W. M. Liu, & R. L. Toporek (Eds.), *The handbook of multicultural competencies*. Thousand Oaks: Sage.

Rigazio-DiGilio, S. A., & Ivey, A. E. (1993). Systemic cognitive-developmental therapy: An integrative framework. *Family Journal: Counseling and Therapy for Couples and Families, 1*, 208–219.

Riggar, T. F., & Hansen, G. R. (1986). Problem-solving, performance-based continuing education: A new RCEP paradigm. *Journal of Applied Rehabilitation Counseling, 17*(2), 47–50.

Riggar, T. F., & Matkin, R. E. (1984). Rehabilitation counselors working as administrators: A pilot investigation. *Journal of Applied Rehabilitation Counseling, 15*(1), 9–13.

Riggar, T. F., & Patrick, D. (1984). Case management and administration. *Journal of Applied Rehabilitation Counseling, 15*(3), 29–33.

Riggar, T. F., Crimando, W., & Bordieri, J. E. (1991). Human resource needs: The staffing function in rehabilitation—Part II. *Journal of Rehabilitation Administration,*

Pacific Grove, CA: Brooks/Cole.

Shapson, P. R., Wright, G. N., & Leahy, M. J. (1987). Education and the attainment of rehabilitation competencies. *Rehabilitation Counseling Bulletin, 31,* 131–145.

Shaw, L. R. (1995). Forensic rehabilitation: Historical and future perspective. In W. H. Burke (Ed.), *The handbook of forensic rehabilitation* (pp. 1–16). Houston: HDI Publishers.

Shaw, L. R., Leahy, M. J., & Chan, F. (1999). Case management: Past, present, and future. *Health care and disability management* (pp. 39–60). Lake Zurich, IL: Vocational Consultants Press.

Shaw, L. R., McMahon, B. T., Chan, F., & Hannold, E. (2002). Enhancement of the working alliance: Achieving expectation convergence by implementation of a training protocol. Manuscript submitted for publication.

Sheppard, C., Bunton, J., Menifee, S., & Rocha, G. (1995). Rehabilitation service providers: A minority perspective. *Journal of Applied Rehabilitation Counseling, 26*(2), 36–40.

Sherman, S., & Robinson, N. (Eds.). (1982). *Ability testing of handicapped people: Dilemma for government, science, and the public.* Washington, DC: National Academy Press.

Shilts, R. (2000). *And the band played on: Politics, people, and the AIDS epidemic* (1st Stonewall Inn ed.). New York: St. Martin's Press.

Shrey, D. (1979). The rehabilitation counselor in industry: A new frontier. *Journal of Applied Rehabilitation Counseling, 9,* 168–172.

Shrey, D. (1995). Worksite disability management and industrial rehabilitation. In D. Shrey & M. Lacerte (Eds.), *Principles and practices of disability management in industry* (pp. 3–53). Winter Park, FL: GR Press.

Shrey, D., & Lacerte, M. (Eds.). (1995). *Principles and practices of disability management in industry.* Boca Raton, FL: St. Lucie Press.

Silva, F. (1993). *Psychometric foundations and behavioral assessment.* Newbury Park, CA: Sage.

Sink, J., & Porter, T. (1978). Convergence and divergence in rehabilitation counseling and vocational evaluation. *Rehabilitation Counseling Bulletin, 9,* 5–20.

Sleister, S. (2000). Separating the wheat from the chaff: The role of the vocational expert in forensic vocational rehabilitation. *Journal of Vocational Rehabilitation, 14,* 119–129.

Smart, D.W., & Smart, J. F. (1997). DSM-IV and culturally sensitive diagnosis: Some observations for counselors. *Journal of Counseling and Development, 75,* 392–398.

Smart, J. (1999). Issues in rehabilitation distance education. *Rehabilitation Education, 13,* 187–206.

Smart, J. F. (2001). *Disability, society, and the individual.* Austin, TX: Pro-Ed.

Smith, D. A. (2002). Validity and values: Monetary and otherwise. *American Psychologist, 57,* 136–137.

Smith, D. C., & Growick, B. (1999). The vocational consultant as an expert in divorce litigation. *The Rehabilitation Professional, 7,* 30–34.

Sobsey, D. (1994). *Violence and abuse in the lives of people with disabilities: The end of silent acceptance.* Baltimore: Brookes.

Social Security Administration. (2002). *Social Security regulations: Rules for determining disability and blindness.* Washington, DC: U.S. Government Printing Office.

Sosin, M., & Caulum, S. (1983). Advocacy: A conceptualization for social work practice. *Social Work, 28*(1), 12–17.

Spooner, S. E., & Stone, S. C. (1977). Maintenance of specific counseling skills over time. *Journal of Counseling Psychology, 24,* 66–71.

Sprinthall, N. A., Peace, S. D., & Kennington, P. A. D. (2001). Cognitive-developmental stage theories for counseling. In D. C. Locke, J. E. Myers, & E. L. Herr (Eds.), *The handbook of counseling* (pp. 109–130). Thousand Oaks, CA: Sage.

Starr, P. (1982). *The social transformation of American medicine.* New York: Vintage.

Statistics Canada. (1993). *1991 Health and Activity Limitation Survey.* Ottawa: Author.

Stebnicki, M. A. (1998). Clinical supervision in rehabilitation counseling. *Rehabilitation Education, 12,* 159–164.

Stebnicki, M. A., Allen, H. A., & Janikowski, T. P. (1997). Development of an instrument to assess perceived helpfulness of clinical supervisory behaviors. *Rehabilitation Education, 11,* 307–322.

Steeves, L., & Smithies, R. (1998). Disability management in Canada: Rights and responsibilities. *Employee Benefits Journal, 23,* 37–39.

Steinburg, R. M., & Carter, G. W. (1983). *Case management and the elderly.* Lexington, MA: Brooks.

Stensrud, R. (2001). What employers want from us: Interviews with employers. *Journal of Job Placement and Development, 16,* 36–38.

Stensrud, R., & Ashworth, D. (2002). Information technology and organizational change. In D. Dew, M. McGuire-Kuletz, & G. Alan (Eds.), *Using the Internet as a resource to the work of the state VR counselor* (pp. 91–101). Washington, DC: The George Washington University Press.

Stensrud, R., & Gilbride, D. (1994). Revitalizing employer development: Placement in the ADA era. *Journal of Job Placement, 9,* 12–15.

Stoltenberg, C., & Delworth, U. (1987). *Supervising counselors and therapists.* San Francisco: Jossey-Bass.

Stone, D. A. (1984). *The disabled state.* Philadelphia: Temple University Press.

Stone, G. L. (1997). Multiculturalism as a context for supervision: Perspectives, limitations,

treatment adherence in schizophrenia. *Psychiatric Rehabilitation Journal, 26*(1), 23–32.

Rusk, H. A. (1977a). *Rehabilitation medicine* (4th ed.). St. Louis: Mosby.

Rusk, H. A. (1977b). *A world to care for: The autobiography of Howard A. Rusk, M.D.* New York: Random House.

Sales, A. (2002). History of rehabilitation movement: Paternalism to empowerment. In J. Andrews & C. Faubion (Eds.), *Rehabilitation services: An introduction for the human services professional* (pp. 1–42). Osage Beach, MO: Aspen Professional Services.

Salzman, M. B. (2001). Cultural trauma and recovery: Perspectives from terror management theory. *Trauma, Violence, & Abuse, 2,* 172–191.

Sarno, J., & O'Brien, J. (2002). Surf's up! Consumer use of the Internet. In D. Dew, M. McGuire-Kuletz, & G. Alan (Eds.), *Using the Internet as a resource to the work of the state VR counselor* (pp. 65–90). Washington, DC: The George Washington University Press.

Sartain, A., & Baker, A. (1978). *The supervisor and the job* (3rd ed.). New York: McGraw-Hill.

Savin-Williams, R. C. (1990). *Gay and lesbian youths: Expressions of identity.* New York: Hemisphere.

Savin-Williams, R. C., & Cohen, K. M. (Eds.). (1996). *The lives of lesbians, gays, and bisexuals: Children to adults.* Fort Worth, TX: Harcourt.

Sawisch, L. P. (1989). Workers compensation: Strategies for lowering cost and reducing worker suffering. In E. M. Welsh (Ed.), *Creating a context for disability management.* Fort Washington, PA: LRP Publications.

Sax, C. (2002a). Assistive technology online instruction: Expanding the dimensions of learning communities. In M. J. Scherer (Ed.), *Assistive technology: Matching device and consumer for successful rehabilitation* (pp. 213–227). Washington, DC: APA Books.

Sax, C. (2002b). Assistive technology education: An online model for rehabilitation professionals. *Disability and Rehabilitation, 24*(1–3), 144–151.

Sax, C., & Duke, S. (2002). Integration of AT education by rehabilitation professionals. In R. Simpson (Ed.), *Proceedings of the RESNA 25th International Conference, Technology & Disability: Research, Design, Practice, and Policy* (pp. 189–191). Arlington, VA: RESNA Press.

Scassa, T. (2001). Text and context: Making sense of Canada's new personal information protection legislation. *Ottawa Law Review, 32,* 1–34.

Schelat, R. K. (2001). The predictive capacity of the working alliance in vocational rehabilitation outcomes. *Dissertation Abstract, 61*(7-B), 3553.

Scherer, M. J. (1998). *Matching person & technology process and accompanying assessment instruments,* revised edition. Webster, NY: Institute for Matching Person & Technology. [http://members.aol.com/IMPT97/MPT.html].

Scherer, M. J. (2000). *Living in the state of stuck: How assistive technology impacts the lives of people with disabilities* (3rd ed.). Cambridge, MA: Brookline Books.

Scherer, M. J. (Ed.). (2002). *Assistive technology: Matching device and consumer for successful rehabilitation.* Washington, DC: APA Books.

Scherer, M. J., & Galvin, J. C. (1996). An outcomes perspective of quality pathways to the most appropriate technology. In J. C. Galvin & M. J. Scherer (Eds.), *Evaluating, selecting and using appropriate assistive technology* (pp. 1–26). Gaithersburg, MD: Aspen.

Scheurich, J. J. (1993). Toward a discourse on white racism. *Educational Researcher, 22,* 5–10.

Schmidt, M. J., Riggar, T. F., Crimando, W., & Bordieri, J. E. (1992). *Staffing for success: A guide for health and human service professionals.* Newbury Park, CA: Sage.

Schoemaker, P. J. H. (1995). Scenario planning: A tool for strategic thinking. *Sloan Management Review, 36*(2), 25–40.

Schriner, K. F. (1990). Why study disability policy? *Journal of Disability Policy Studies, 1*(1), 1–7.

Schultz, J. C., Copple, B. A., & Ososkie, J. N. (1999). An integrative model for supervision in rehabilitation counseling. *Rehabilitation Education, 13,* 323–334.

Schultz, J. C., Ososkie, J. N., Fried, J. H., Nelson, R. E., & Bardos, A. N. (2002). Clinical supervision in public rehabilitation counseling settings. *Rehabilitation Counseling Bulletin, 45,* 213–222.

Schur, E. M. (1971). *Labeling deviant behavior: Its sociological implications.* New York: Harper and Row.

Scofield, M., Pape, D., McCracken, N., & Maki, D. (1980). An ecological model for promoting acceptance of disability. *Journal of Applied Rehabilitation Counseling, 11*(4), 183–187.

Scotch, R. K. (2000). Disability policy. *Journal of Disability Policy Studies, 11*(1), 6–11.

Scotch, R. K., & Berkowitz, E. D. (1990). One comprehensive system? A historical perspective on federal disability policy. *Journal of Disability Policy Studies, 1*(3), 1–19.

Seidenfeld, M. (1998). The art of supervision. *Supervision, 59,* 14–16.

Seitel, F. (1984). *The practice of public relations.* Columbus, OH: Charles E. Merrill.

Selman, R. (1980). *The growth of interpersonal understanding: Developmental and clinical analysis.* New York: Academic Press.

Sforza, N. (1997). Is fear a good motivator? *Incentive, 171*(10), 47.

Shaffer, D. R. (1993). *Developmental psychology: Childhood and adolescence* (3rd ed.).

Pacific Grove, CA: Brooks/Cole.

Shapson, P. R., Wright, G. N., & Leahy, M. J. (1987). Education and the attainment of rehabilitation competencies. *Rehabilitation Counseling Bulletin, 31*, 131–145.

Shaw, L. R. (1995). Forensic rehabilitation: Historical and future perspective. In W. H. Burke (Ed.), *The handbook of forensic rehabilitation* (pp. 1–16). Houston: HDI Publishers.

Shaw, L. R., Leahy, M. J., & Chan, F. (1999). Case management: Past, present, and future. *Health care and disability management* (pp. 39–60). Lake Zurich, IL: Vocational Consultants Press.

Shaw, L. R., McMahon, B. T., Chan, F., & Hannold, E. (2002). *Enhancement of the working alliance: Achieving expectation convergence by implementation of a training protocol.* Manuscript submitted for publication.

Sheppard, C., Bunton, J., Menifee, S., & Rocha, G. (1995). Rehabilitation service providers: A minority perspective. *Journal of Applied Rehabilitation Counseling, 26*(2), 36–40.

Sherman, S., & Robinson, N. (Eds.). (1982). *Ability testing of handicapped people: Dilemma for government, science, and the public.* Washington, DC: National Academy Press.

Shilts, R. (2000). *And the band played on: Politics, people, and the AIDS epidemic* (1st Stonewall Inn ed.). New York: St. Martin's Press.

Shrey, D. (1979). The rehabilitation counselor in industry: A new frontier. *Journal of Applied Rehabilitation Counseling, 9*, 168–172.

Shrey, D. (1995). Worksite disability management and industrial rehabilitation. In D. Shrey & M. Lacerte (Eds.), *Principles and practices of disability management in industry* (pp. 3–53). Winter Park, FL: GR Press.

Shrey, D., & Lacerte, M. (Eds.). (1995). *Principles and practices of disability management in industry.* Boca Raton, FL: St. Lucie Press.

Silva, F. (1993). *Psychometric foundations and behavioral assessment.* Newbury Park, CA: Sage.

Sink, J., & Porter, T. (1978). Convergence and divergence in rehabilitation counseling and vocational evaluation. *Rehabilitation Counseling Bulletin, 9*, 5–20.

Sleister, S. (2000). Separating the wheat from the chaff: The role of the vocational expert in forensic vocational rehabilitation. *Journal of Vocational Rehabilitation, 14*, 119–129.

Smart, D.W., & Smart, J. F. (1997). DSM-IV and culturally sensitive diagnosis: Some observations for counselors. *Journal of Counseling and Development, 75*, 392–398.

Smart, J. (1999). Issues in rehabilitation distance education. *Rehabilitation Education, 13*, 187–206.

Smart, J. F. (2001). *Disability, society, and the individual.* Austin, TX: Pro-Ed.

Smith, D. A. (2002). Validity and values: Monetary and otherwise. *American Psychologist, 57*, 136–137.

Smith, D. C., & Growick, B. (1999). The vocational consultant as an expert in divorce litigation. *The Rehabilitation Professional, 7*, 30–34.

Sobsey, D. (1994). *Violence and abuse in the lives of people with disabilities: The end of silent acceptance.* Baltimore: Brookes.

Social Security Administration. (2002). *Social Security regulations: Rules for determining disability and blindness.* Washington, DC: U.S. Government Printing Office.

Sosin, M., & Caulum, S. (1983). Advocacy: A conceptualization for social work practice. *Social Work, 28*(1), 12–17.

Spooner, S. E., & Stone, S. C. (1977). Maintenance of specific counseling skills over time. *Journal of Counseling Psychology, 24*, 66–71.

Sprinthall, N. A., Peace, S. D., & Kennington, P. A. D. (2001). Cognitive-developmental stage theories for counseling. In D. C. Locke, J. E. Myers, & E. L. Herr (Eds.), *The handbook of counseling* (pp. 109–130). Thousand Oaks, CA: Sage.

Starr, P. (1982). *The social transformation of American medicine.* New York: Vintage.

Statistics Canada. (1993). *1991 Health and Activity Limitation Survey.* Ottawa: Author.

Stebnicki, M. A. (1998). Clinical supervision in rehabilitation counseling. *Rehabilitation Education, 12*, 137–159.

Stebnicki, M. A., Allen, H. A., & Janikowski, T. P. (1997). Development of an instrument to assess perceived helpfulness of clinical supervisory behaviors. *Rehabilitation Education, 11*, 307–322.

Steeves, L., & Smithies, R. (1998). Disability management in Canada: Rights and responsibilities. *Employee Benefits Journal, 23*, 37–39.

Steinburg, R. M., & Carter, G. W. (1983). *Case management and the elderly.* Lexington, MA: Brooks.

Stensrud, R. (2001). What employers want from us: Interviews with employers. *Journal of Job Placement and Development, 16*, 36–38.

Stensrud, R., & Ashworth, D. (2002). Information technology and organizational change. In D. Dew, M. McGuire-Kuletz, & G. Alan (Eds.), *Using the Internet as a resource to the work of the state VR counselor* (pp. 91–101). Washington, DC: The George Washington University Press.

Stensrud, R., & Gilbride, D. (1994). Revitalizing employer development: Placement in the ADA era. *Journal of Job Placement, 9*, 12–15.

Stoltenberg, C., & Delworth, U. (1987). *Supervising counselors and therapists.* San Francisco: Jossey-Bass.

Stone, D. A. (1984). *The disabled state.* Philadelphia: Temple University Press.

Stone, G. L. (1997). Multiculturalism as a context for supervision: Perspectives, limitations, and implications. In D. B. Pope-Davis & H. L. K. Coleman (Eds.), *Multicultural counseling competencies: Assessment, education and training, and supervision* (pp. 263–289). Thousand Oaks, CA: Sage.

Stout, J. K. (1984). Supervisors' structuring and consideration behaviors and workers' job satisfaction, stress, and health problems. *Rehabilitation Counseling Bulletin, 28*, 133–138.

Strauser, D., Keim, J., & Ketz, K. (2002). The relationship between self-efficacy, locus of control and work personality. *Journal of Rehabilitation, 68*(1), 20–26.

Strickland, T. (1996). The HIAA Study: Rehabilitation/case management programs yield substantial cost savings. *The Case Manager, 7*, 67–69.

Strohmer, D. C., & Leierer, S. J. (2000). Modeling rehabilitation counselor judgment. *Rehabilitation Counseling Bulletin, 44*, 3–9, 38.

Strohmer, D. C., Shivy, V. A., & Chiodo, A. L. (1990). Information processing strategies in counselor hypothesis testing: The role of selective memory and expectancy. *Journal of Counseling Psychology, 37*, 465–472.

Sue, D. W., & Sue, D. (1999). *Counseling the culturally different: Theory and practice* (3rd ed.). New York: John Wiley & Sons.

Sue, D. W., Arredondo, P., & McDavis, R. J. (1992). Multicultural counseling competencies and standards: A call to the profession. *Journal of Counseling and Development, 70*, 477–486.

Sue, D. W., Ivey, A. E., & Pedersen, P. B. (Eds.). (1996). *A theory of multicultural counseling and therapy.* Pacific Grove, CA: Brooks/Cole.

Sundberg, N. D. (1977). *Assessment of persons.* Englewood Cliffs, NJ: Prentice-Hall.

Sundberg, N. D., & Tyler, L. E. (1962). *Clinical psychology.* New York: Appleton-Century-Crofts.

Surgeon General Report. (2001). *Mental health: Culture, race, and ethnicity.* Department of Health and Human Services. Washington, DC: U.S. Government Printing Office.

Sutton, R. G., & Kessler, M. (1986). National study of the effects of socioeconomic status on clinical psychologists' professional judgment. *Journal of Consulting and Clinical Psychology, 54*, 275–276.

Swan, W. (1989). *Swan's how to pick the right people program.* New York: Wiley & Sons.

Szufnarowski, J. (1972). Case development: An organized system of steps and functions for the rehabilitation counselor. In T. J. Ruscio & J. P. Atsaides (Eds.), *Case development in rehabilitation what, why, how?* (pp. 19–27). Springfield, MA: Rehabilitation Services Department of Springfield College.

Szymanski, E. M. (1985). Rehabilitation counseling: A profession with a vision, an identity, and a future. *Rehabilitation Counseling Bulletin, 29*(1), 2–5.

Szymanski, E. M. (1991). The relationship of the level of rehabilitation counselor education to rehabilitation client outcome in the Wisconsin Division of Vocational Rehabilitation. *Rehabilitation Counseling Bulletin, 35*, 23–37.

Szymanski, E. M., & Danek, M. M. (1992). The relationship of rehabilitation counselor education to rehabilitation client outcome: A replication and extension. *Journal of Rehabilitation, 58*, 49–56.

Szymanski, E. M., & Parker, R. M. (1989). Relationship of rehabilitation client outcome to level of rehabilitation counselor education. *Journal of Rehabilitation, 55*, 32–36.

Szymanski, E. M., Leahy, M. J., & Linkowski, D. C. (1993). Reported preparedness of certified counselors in rehabilitation counseling knowledge areas. *Rehabilitation Counseling Bulletin, 37*, 146–162.

Szymanski, E. M., Herbert, J. T., Parker, R. M., & Danek, M. M. (1992). State vocational rehabilitation agency counselor education and performance in Pennsylvania, Maryland, and Wisconsin. *Journal of Rehabilitation Administration, 16*, 109–113.

Szymanski, E., Linkowski, D., Leahy, M., Diamond, E., & Thoreson, R. (1993a). Human resource development: An examination of perceived training needs of Certified Rehabilitation Counselors. *Rehabilitation Counseling Bulletin, 37*, 163–181.

Szymanski, E. M., Linkowski, D. C., Leahy, M. J., Diamond, E. E., & Thoreson, R. W. (1993b). Validation of rehabilitation counseling accreditation and certification knowledge areas: Methodology and initial results. *Rehabilitation Counseling Bulletin, 37*, 109–122.

Tannebaum, S. J. (1986). *Engineering disability: Public policy and compensatory technology.* Philadelphia: Temple University Press.

Tarvydas, V. M. (1987). Decision making models in ethics: Models for increased clarity and wisdom. *Journal of Applied Rehabilitation Counseling, 18*(4), 50–52.

Tarvydas, V. M. (1995). Ethics and the practice of rehabilitation counselor supervision. *Rehabilitation Counseling Bulletin, 38*, 294–306.

Tarvydas, V. M., & Cottone, R. R. (1991). Ethical responses to legislative, organizational and economic dynamics: A four level model of ethical practice. *Journal of Applied Rehabilitation Counseling, 22*(4), 11–18.

Tarvydas, V. M., & Cottone, R. R. (2000). The code of ethics for rehabilitation counselors: What we have and what we need. *Rehabilitation Counseling Bulletin, 43*, 188–196.

Tarvydas, V., & Leahy, M. J. (1993). Licensure in rehabilitation counseling: A critical incident in professionalization. *Rehabilitation Counseling Bulletin, 37*, 92–108.

Tarvydas, V. M., O'Rourke, B. J., & Malaski, C. (2003). Ethical climate. In R. R. Cottone & V. M. Tarvydas (Eds.), *Ethical and professional issues in counseling* (pp. 110–126). Upper Saddle River, NJ: Merrill/Prentice-Hall.

Tenth Institute on Rehabilitation Issues. (1983). *Functional assessment.* Dunbar: West Virginia University, West Virginia Research and Training Center.

Tepper, B. J. (2000). Consequences of abusive supervision. *Academy of Management Journal*. Abstract in: *Journal of Personal Selling & Sales Management*. (2001). *21*(1), 80–81.

Texas Workers' Compensation Commission (n.d.). *History of workers' compensation*. Retrieved October 19, 2002, from http://www.twcc. state.tx.us/information/historyofwc.html.

Thessellund, T. A., & Cox, R. (1996). Vocational case managers in early return-to work agreements. *The Journal of Care Management, 2*, 34–36, 40, 78.

Thielsen, V. A., & Leahy, M. J. (2001). Essential knowledge and skills for effective clinical supervision in rehabilitation counseling. *Rehabilitation Counseling Bulletin, 44*, 196–208.

Thomas, K. R. (1991). *Rehabilitation counseling: A profession in transition*. Athens, GA: Elliott & Fitzpatrick.

Thomason, T., Burton, J. F., Jr., & Hyatt, D. E. (Eds.). (1998). *New approaches to disability in the work place*. Madison: University of Wisconsin.

Thompson, A. (1990). *Guide to ethical practice in psychotherapy*. New York: John Wiley & Sons.

Thompson, N. (1992). Staff supervision. *Nursing Homes Long Term Care Management, 41*(5), 15–18.

Tinsley, H. E. A., Bowman, S. L., & Ray, S. B. (1998). Manipulation of expectancies about counseling and psychotherapy: Review and analysis of expectancy manipulation strategies and results. *Journal of Counseling Psychology, 35*, 99–108.

Tinsley, H. E. A., De St. Aubin, T. M., & Brown, M. T. (1982). College students' help seeking preferences. *Journal of Counseling Psychology, 29*, 52–533.

Titchkosky, T. (2001). Disability: A rose by any other name? "People-first" language in Canadian society. *The Canadian Review of Sociology and Anthropology, 38*(2), 125–140.

Tombazian, C. M. (1994). Looking to your future: Managing change through strategic planning. *Managers Magazine, 69*(9), 16–21.

Tooman, M. (1986). The job placement division. *Journal of Rehabilitation, 52*, 35–38.

Toporek, R. L., & Liu, W. M. (2001). Advocacy in counseling: Addressing race, class, and gender oppression. In D. B. Pope-Davis & H. L. K. Coleman (Eds.), *The intersection of race, class, and gender in multicultural counseling* (pp. 385–416). Thousand Oaks: Sage.

Toporek, R. L., & Reza, J. V. (2000). Context as a critical dimension of multicultural counseling: Articulating personal, professional, and institutional competence. *Journal of Multicultural Counseling and Development, 29*(1), 13–30.

Torjman, S. (2001). Canada's federal regime and persons with disabilities. In D. Cameron & F. Valentine (Eds.), *Disability and federalism: Comparing different approaches to full participation* (pp. 150–196). Kingston, ON: McGill-Queen's University Press.

Tucker, C. M., McNeil, P., Abrams, J. M., & Brown, J. G. (1988). Characteristics important to a rehabilitation supervisor: Perceptions of vocational rehabilitation staff. *Journal of Rehabilitation Administration, 12*, 40–43.

Turk, D. C., & Salovey, P. (1985). Cognitive structures, cognitive processes, and cognitive-behavior modification: II. Judgments and inferences of the clinician. *Cognitive Therapy and Research, 9*, 19–33.

Tversky, A., & Kahneman, D. (1974). Judgment under uncertainty: Heuristics and biases. *Science, 185*, 1124–1131.

28th Institute on Rehabilitation Issues. (2002). *Distance education: Opportunities and issues for public vocational rehabilitation programs*. Washington, DC: Rehabilitation Services Administration, U.S. Department of Education.

U.S. Bureau of the Census. (1990). *Geographic tools (Fact finder for the nation)*. Washington, DC: U.S. Government Printing Office.

U.S. Department of Labor. (n.d.). *The Federal Employees' Compensation Act*. Retrieved October 19, 2002, from http://www. dol.gov/esa/regs/compliance/owcp/fecafact.htm

Vandergoot, D. (1987). Review of placement research literature: Implications for research and practice. *Rehabilitation Counseling Bulletin, 31*, 243–272.

Vandergoot, D. (1992). The marketing responsibilities of placement professionals. *Journal of Job Placement, 8*, 6–9.

Vandergoot, D. (2002). Marketing: Revisited, again. *Journal of Job Placement and Development, 16*, 16–20.

VanHoose, W. H., & Kottler, J. A. (1985). *Ethical and legal issues in counseling and psychotherapy*. San Francisco: Jossey-Bass.

Vasquez, M. J. T. (1996). Will virtue ethics improve ethical conduct in multicultural settings and interactions? *The Counseling Psychologist, 24*(1), 98–104.

Viranyi, S., Crimando, W., Riggar, T. F., & Schmidt, M. J. (1992). Promoting mentoring relationships in rehabilitation. *Journal of Rehabilitation Administration, 16*, 56–61.

Vocational Evaluation and Work Adjustment Association. (1975). Vocational evaluation project final report. *Vocational Evaluation and Work Adjustment Bulletin, 8* [Special Issue].

Waddell, J. R., & Waddell, A. (1997). Are your employees afraid of you? *Supervision, 58*(10), 3–4.

Wainer, H. (2000). *Computerized adaptive testing: A primer* (2nd ed.). Mahwah, NJ: Erlbaum.

Walker, K., Johnson, G., Sanders, J., & Nikias, V. (1998). Rehabilitation service delivery systems in Canada: Transition and innovation. *Journal of Visual Impairment and Blindness, 92*, 113–116.

Wampold, B. (2001). *The Great Psychotherapy Debate*. Mahwah, NJ: Lawrence Erlbaum Associates.

Washburn, W. (1992). *Worker compensation disability and rehabilitation: An alert to claimants*. Arlington, VA: CEDI.

Watkins, C. E. (1997). The ineffective psychotherapy supervisor: Some reflections about bad behaviors, poor process, and offensive outcomes. *The Clinical Supervisor, 6*, 163–180.

Webber, R. A. (1975). *Management: Basic elements of managing organizations*. Homewood, IL: Richard D. Irwin.

Weed, R. O., & Riddick, S. N. (1992). Life care plans as a case management tool. *The Case Manager*, Jan/Feb/Mar, 26–35.

Weed, R. O., & Field, T. F. (1994). *Rehabilitation consultant's handbook* (revised ed.). Athens, GA: Elliot & Fitzpatrick.

Weed, R. O., & Field, T. F. (2001). *Rehabilitation consultant's handbook, revised*. Athens, GA: Elliot & Fitzpatrick.

Weed, R. O., & Hill, J. A. (2001). *CRC exam: Guide to success* (7th ed.). Athens, GA: E & F Vocational Services.

Weinrach, S. G., & Thomas, K. R. (1998). Diversity-sensitive counseling today: A postmodern clash of values. *Journal of Counseling and Development, 76*, 115–122.

Weiss, D. J. (1985). Adaptive testing by computer. *Journal of Consulting and Clinical Psychology, 53*, 774–789.

Weiss, D. J., & Vale, C. D. (1987). Adaptive testing. *Applied Psychology: An International Review, 36*, 249–262.

Weiss, W. H. (1998). Communications: Key to successful supervision. *Supervision, 59*(9), 12–14.

Welfel, E. R. (2002). *Ethics in counseling and psychotherapy: Standards, research, and emerging issues* (2nd ed.). Pacific Grove, CA: Brooks/Cole.

Wendover, R. (1989). *Smart hiring*. Englewood Cliffs, NJ: Prentice-Hall.

WHOQOL Group. (1995). The World Health Organization Quality of Life Assessment (WHOQOL): Position paper from the World Health Organization. *Social Science & Medicine, 41*(10), 1403–1409.

Wiley, M. L., & Ray, P. B. (1986). Counseling supervision by developmental level. *Journal of Counseling Psychology, 33*, 439–445.

Willey, D. A. (1978). Caseload management for the vocational rehabilitation counselor in a state agency. *Journal of Applied Rehabilitation Counseling, 9*(4), 156–158.

Willingham, W. W., Ragosta, M., Bennett, R. E., Braun, H., Rock, D. A., & Powers, D. E. (1988). *Testing handicapped people*. Boston: Allyn & Bacon.

Wilson, K. B. (2002). Exploration of VR acceptance and ethnicity: A national investigation, *Rehabilitation Counseling Bulletin, 45*(#), 168–169.

Wolfensburger, W. (1972). *The principle of normalization in human services*. Toronto: National Institute on Mental Retardation.

World Health Organization. (1980). *International classification of impairments, disabilities, and handicaps: A manual of classification relating to the consequences of disease*. Geneva, Switzerland: Author.

World Health Organization. (2001). *International classification of functioning, disability, and health: ICF*. Geneva: Author.

Wright, B. A. (1983). *Physical disability—A psychosocial approach*. New York: Harper & Row.

Wright, B. A. (1991). Labeling: The need for person-environment individuation. In C. R. Snyder & D. R. Forsyth (Eds.), *Handbook of social and clinical psychology: The health perspective* (pp. 469–487). New York: Pergamon.

Wright, G., Leahy, M., & Sharpson, P. (1987). Rehabilitation skills inventory: Importance of counselor competencies. *Rehabilitation Counseling Bulletin, 31*, 107–118.

Wright, G. N. (1980). *Total rehabilitation*. Boston: Little, Brown.

Wright, G. N., & Fraser, R. T. (1975). *Task analysis for the evaluation, preparation, classification, and utilization of rehabilitation counselor track personnel*. Wisconsin Studies in Vocational Rehabilitation Monograph No. 22, Series 3. Madison: University of Wisconsin.

Wulf, J., & Nelson, M. L. (2000). Experienced psychologists' recollections of predoctoral internship supervision and its contributions to their development. *The Clinical Supervisor, 19*, 123–145.

Wulff, J. J. (1994). Case management practices. In B. T. McMahon & W. R. Evans (Eds.), *The shortest distance: The pursuit of independence for persons with acquired brain injury* (pp. 131–142). Winter Park, FL: PMD Publishers Group.

Yate, M. (1987). *Hiring the best*. Boston: Bob Adams.

Yelin, E. H. (1992). *Disability and the displaced worker*. New Brunswick, NJ: Rutgers University Press.

Yelin, E. H. (1997). The employment of people with and without disabilities in an age of insecurity. *The Annals of the American Academy of Political and Social Science, 549*, 117–128.

Yoon, J., & Thye, S. (2000). Supervisor support in the work place: Legitimacy and positive affectivity. *Journal of Social Psychology, 140*, 295+. Retrieved November 28, 2002, from EBSCO database.

Young, M. E. (1998). *Learning the art of helping: Building blocks and techniques*. Columbus, OH: Merrill.

Young-Eisendrath, P. (1988). Making use of human development theories in counseling. In R. Hayes & R. Aubrey (Eds.), *New directions for counseling and human develop-*

ment (pp. 66–84). Denver, CO: Love Publishing.

Yuen, R. K. W., & Tinsley, H. E. A. (1981). International and American students' expectancies about counseling. *Journal of Counseling Psychology, 28,* 66–69.

Yuker, H. E. (Ed.). (1988). *Attitudes toward persons with disabilities.* New York: Springer.

Zadney, J., & James, L. (1977). Time spent on placement. *Rehabilitation Counseling Bulletin, 21,* 31–38.

Zautra, A., Beier, E., & Cappel, L. (1977). The dimensions of life quality in a community. *American Journal of Community Psychology, 5*(1), 85–97.

Zhan, L. (1992). Quality of life: Conceptual and measurement issues. *Journal of Advanced Nursing, 17,* 795–800.

Zola, I. K. (1989a). Aging and disability: Toward a unified agenda. *Journal of Rehabilitation, 55*(4), 6–8.

Zola, I. K. (1989b). Toward a necessary universalizing of a disability policy. *Milbank Quarterly, 67,* 401–428.

Zola, I. K. (1993). Disability statistics, what we count and what it tells us. *Journal of Disability Policy Studies, 4,* 9–39.

Zuckerman, M. (1990). Some dubious premises in research and theory on racial differences: Scientific, social, and ethical issues. *American Psychologist, 45,* 1297–1303.

索引

（條目後的頁碼係原文書頁碼，檢索時請查正文側邊的頁碼）

國家圖書館出版品預行編目資料

復健諮商手冊／T. F. Riggar, Dennis R. Maki 編；
　吳明宜等譯. --初版-- 臺北市：心理, 2008.03
　　面；　公分. --（障礙教育系列；63073）
參考書目：面
含索引
譯自：Handbook of rehabilitation counseling

ISBN 978-986-191-104-5（平裝）

1. 心理諮商　2. 心理復健

178.4　　　　　　　　　　　　　　　96024738

障礙教育系列 63073

復健諮商手冊

編　著　者：T. F. Riggar & Dennis R. Maki
校　　　閱：林幸台
譯　　　者：吳明宜、花敬凱、許華慧、許靖蘭、陳美利
執行編輯：高碧嵤
總　編　輯：林敬堯
發　行　人：洪有義
出　版　者：心理出版社股份有限公司
地　　　址：台北市大安區和平東路一段 180 號 7 樓
電　　　話：(02) 23671490
傳　　　真：(02) 23671457
郵撥帳號：19293172 心理出版社股份有限公司
網　　　址：http://www.psy.com.tw
電子信箱：psychoco@ms15.hinet.net
駐美代表：Lisa Wu（Tel: 973 546-5845）
排　版　者：龍虎電腦排版股份有限公司
印　刷　者：龍虎電腦排版股份有限公司
初版一刷：2008 年 3 月
初版二刷：2014 年 4 月
I S B N：978-986-191-104-5
定　　　價：新台幣 450 元